Dieter Stolz
Günter Grass

Dieter Stolz

Günter Grass

Der Schriftsteller

dtv

Editorische Notiz: Alle Zitate von Günter Grass folgen der alten Rechtschreibung, sie erscheinen mit freundlicher Genehmigung des Steidl Verlags sowie der Günter und Ute Grass Stiftung.

MIX
Papier aus verantwortungsvollen Quellen
FSC® C019821

3., aktualisierte und erweiterte Neuausgabe

1. Auflage 1999 (Junius Verlag);
2., aktualisierte und erweiterte Auflage 2005 (Steidl Verlag)

Umschlaggestaltung: hißmann, heilmann, hamburg
Umschlagfoto: Renate von Mangoldt
Satz: Fotosatz Amann, Memmingen
Gesetzt aus der Berling LT Std
Druck und Bindung: Druckerei C.H.Beck, Nördlingen
Printed in Germany · ISBN 978-3-423-35206-2

Für Manfred Bissinger

Inhalt

Prolog: Günter Grass – ein (un-)zeitgemäßes Porträt

»Il faut imaginer Sisyphe heureux.«
Albert Camus

Günter Grass polarisiert vom Beginn seiner steilen Karriere an und reizt über seinen Tod hinaus zum Widerspruch.[1] Mehr noch, er hat es in seiner Doppelrolle als erfolgreicher Autor und engagierter Staatsbürger mit internationaler Reputation sehr schnell geschafft, »allgegenwärtig« zu sein und das zu bleiben, »was man in Deutschland mit dem kreuzbraven Euphemismus ›umstritten‹ bezeichnet«: »Bei keinem anderen Künstler hierzulande ist der Spannungsbogen der Wertschätzung so groß«[2]. Und so wird eine jahrzehntealte Geschichte in Zeitgeistvariationen immer wieder neu aufgelegt, das medial inszenierte Grass-Symptom und kein Ende. Bis heute sorgt *Der Unbequeme*, so der Titel eines Dokumentarfilms über den Arbeitsalltag des Dichters aus dem Jahr 2007, für oft unerbittlich geführte, aber nur selten von profunden Textkenntnissen zeugende Kontroversen. Für die einen ist der streitbare Sozialdemokrat schon immer ein »rotes Tuch«, andere stecken ihn kurzerhand in die aschgraue Kutte des unfehlbaren Moralpredigers.

Für die einen ist sein Besserwisser-Gehabe als omnipräsenter Politikberater ohne Mandat eine Zumutung, der Gestus des Oberlehrers unerträglich, für die anderen gilt die unermüdliche Aufklärungsarbeit des Homo politicus als geradezu beispielhaft. Für die einen ist er seit seinem Erinnerungsbuch *Beim Häuten der Zwiebel* (2006) nur noch der endgültig diskreditierte, zum verbalen Abschuss freigegebene »SS-Mann«[3], für die anderen wird er gerade aufgrund des in aller Öffentlichkeit erst spät, allerdings aus eigenem Antrieb eingestandenen »Makels« zum selbstkritischen Verfechter einer Erinnerungskultur, die den Namen verdient.

Gestreute Respektlosigkeiten und gezielte Kampagnen hin, sachkundige Apologien und gut gemeinte Ehrenrettungsversuche her, die Tatsache, dass es sich beim 2015 gestorbenen Literaturnobelpreisträger Günter Grass, geboren 1927 in Danzig, um einen der bedeutendsten deutschsprachigen Schriftsteller der Nachkriegszeit handelt, scheint angesichts der bisweilen hysterisch anmutenden Debatten seines letzten Lebensjahrzehnts in Vergessenheit zu geraten. Über mögliche Gründe für dieses Phänomen lässt sich nicht nur aus ostwestdeutscher Perspektive unendlich lange streiten. Doch mit dem einzigartigen Wortkünstler – vom Zeichner, Graphiker, Buchgestalter und gelernten Bildhauer ganz zu schweigen[4] – haben diese sehr unterschiedlich motivierten Auseinandersetzungen in der Feuilletonregel nur wenig zu tun.

Zurück: Ein Stein des Anstoßes, Attraktion und Ärgernis war der selbsternannte Gegengeschichtenerzähler von seinem Debütroman an.[5] Für die wahlverwandten Geister aus dem Kreis der nun schon legendären »Gruppe 47« repräsentierte er nach der weltweit Aufsehen erregenden Publikation der *Blechtrommel* (1959) den enthusiastisch gefeierten, produktive Unruhe stiftenden Störenfried. Seine Widersacher stempelten den »heidnischen Katholiken« (20, 482) demgegenüber fix zum Nihilisten bzw. zum Gotteslästerer, so das von mangelndem Kunstverstand zeugende Urteil konservativer West-Kritiker, oder zum kleinbürgerlichen »Highbrow-Pornographen«[6], so Heiner Müller als einer der wenigen Rezensenten aus der DDR. Der wegweisende Dramatiker, der zu Lebzeiten selbstkritisch genug war, um über seine anregenden Zynismen gewinnend zu lächeln, beendete den Verriss der ersten Grass'schen Gedichtsammlung, *Die Vorzüge der Windhühner* (1956), mit den Worten: »Leute wie Grass haben uns und wir haben ihnen nichts zu sagen«. Versteinerungstendenzen über die Grenzen hinweg.

Seitdem sind fast sieben Jahrzehnte vergangen. Aber der über die Landesgrenzen hinaus wohl prominenteste deutschsprachige Autor steht noch immer im Kreuzfeuer der Kritik. Insbesondere im plötzlich – trotz der vehementen Widerrede des vom Einheitsprozess enttäuschten Bürgers – wiedervereinigten »Novemberland« ist man auch Jahrzehnte nach der sogenannten Wende geteilter Meinung über die provokativ zugespitzten Kassandra- bzw. Unkenrufe des geschichtsbewussten Mahners. Alles wie gehabt: Für die einen war und ist Grass ein wirklichkeitsferner Schwarzseher, für die anderen ein von den Realitäten mittlerweile sogar weit übertroffener Hellseher.

Jenseits dieser undifferenzierten Polarisierungen stehen die erst seit dem Mauerfall in beiden Teilen des Landes zugänglichen, von Zwischentönen und Widersprüchen lebenden Texte des nachdenklichen Skeptikers und sinnenfrohen Ästheten. Auch weniger bekannte Werke, etwa die wegweisende Lyriksammlung *Gleisdreieck* (1960), die Hans Werner Richter gewidmete Barockerzählung mit Gegenwartsbezug *Das Treffen in Telgte* (1979), die besten Episoden aus *Mein Jahrhundert* (1999) oder *Grimms Wörter* (2010), eine »Liebeserklärung« an die deutsche Sprache, wollen erst noch entdeckt werden. Sie warten – neben herausragenden Gedichten, bemerkenswerten Theaterspielen und den epischen Welterfindungen des Romanciers – auf neugierige Rezipienten, die noch immer oder wieder bereit sind, genau hinzusehen. Sie warten auf Leserinnen und Leser, die sich lustvoll in Zeichenlabyrinthen verlaufen, ohne dabei ihre Vernunft oder ihre Reflexionsfähigkeit preiszugeben. Erkenntnisgewinn verspricht die Einsicht, dass eindimensionale Interpretationsansätze oder starre Rezeptionsmodelle dem vielschichtigen Œuvre des kunstvoll lügenden Dichters nicht gerecht werden. Selbst weniger komplexe Nebenwerke aus seiner Werkstatt verlangen nach mehr.

Doch wie verhält es sich mit den ungezählten, oft weniger subtilen Verlautbarungen des zur gezielten Polemik neigenden Wahlredners, Laudators und Essayisten, in denen sich 60 Jahre bundesrepublikanische Gesellschaftsgeschichte spiegeln?[7] Natürlich waren Günter Grass die durchaus ernst zu nehmenden Einwände gegen seine Doppeltätigkeit als Autor und zeitgeistkritischer Trommler – etwa für wechselnde Regierungskoalitionen in Bonn oder gegen den Niedergang der politischen Kultur in der »Berliner Republik« – jederzeit bekannt. In seiner Frankfurter Poetikvorlesung unter dem programmatisch lastenden Titel *Schreiben nach Auschwitz* aus dem Jahr 1990 räumt er in diesem Zusammenhang ein: »Die dem Schriftsteller gemäße Distanz droht verlorenzugehen; seine Sprache sieht sich versucht, von der Hand in den Mund zu leben; die Enge jeweils gegenwärtiger Verhältnisse kann auch ihn und seine auf Freilauf trainierte Vorstellungskraft einengen, er läuft Gefahr, in Kurzatmigkeit zu geraten« (22, 437).

Trotzdem hielt Grass es als Bürger für selbstverständlich, sich einzumischen, d. h. in beiden Bereichen aktiv zu sein, ohne dadurch die (sicher nicht in allen literarischen Werken ganz eindeutige) Trennlinie zwischen Kunst und Politik aufheben zu wollen: »Seien wir uns dessen bewußt: Das Gedicht kennt keine Kompromisse; wir aber leben von Kompromissen. Wer diese Spannung tätig aushält, ist ein Narr und ändert die Welt.« (20, 200 f.) Nur so schien es dem widerständigen Verfechter »dritter Wege« möglich zu sein, der Ohnmacht »ein leises ›dennoch‹ abzunötigen« (10, 77), nach Enttäuschungen nicht aufzugeben, sondern stets neue, von zwiespältigen Gefühlen begleitete Anläufe zu nehmen. Hin- und hergerissen zwischen seiner keinesfalls euphorisch stimmenden Geschichtsphilosophie – »Ich glaube, daß die

Geschichte ein absurder Prozeß ist, aus dem zu lernen schwerfällt«[8] – und den Intentionen eines am Gedankengut der europäischen Aufklärung geschulten Citoyens, hat demnach auch Günter Grass sich den oft vergeblich anmutenden Bemühungen der schöpferisch tätigen Menschen vom Stamme Sisyphos verschrieben: »Ich las den ›Mythos von Sisyphos‹ Anfang der fünfziger Jahre. Doch vorher schon, ohne Kenntnis des sogenannten Absurden, dumm wie mich der Krieg entlassen hatte, war ich, der Zwanzigjährige, mit allen Seinsfragen und also mit dem Existentialismus auf du.« (11, 82)

Die sich unermüdlich abrackernde Gestalt der antiken Mythologie und ähnlich absurde Narren avancierten für den Überzeugungstäter, »dem Melancholie und Utopie Zahl und Adler der gleichen Münze sind« (8, 293), zu Leitfiguren seines künstlerischen und politischen Handelns. Vertraut mit der Komik des Scheiterns, »angeekelt vom christlich-marxistischen Hoffnungsquark« (11, 82 f.), hat der nach Camus' Interpretation vorbildliche Steinewälzer seinen Marmorblock, der nicht zu verwechseln ist mit dem Stein der Weisen, gesucht und gefunden: »Kein himmlisch Jerusalem kann sein Tauschwert sein, kein irdisches Paradies ihn unnütz machen.« (11, 83) Für den scharfzüngigen und im besten Fall durchaus selbstironischen »Wanderprediger« (11, 17) gibt es demnach keine erlösenden Endziele. Er legt es vielmehr darauf an, jedem Prinzipiendenken mit fragendem Zweifel zu begegnen, rein abstrakte Entwürfe an sinnlich erfahrbaren Realitäten zu überprüfen.

Mit alleinseligmachenden Heilslehren und Säuberungsprozessen im Zeichen barbarischer Vorstellungen von Rassen- oder Geisteshygiene hat das frühzeitig »gebrannte Kind« (20,160) – der verblendete Hitlerjunge und siebzehnjährige Rekrut der Waffen-SS-Division »Jörg von Frundsberg« dachte bis 1945, »daß unser Krieg richtig war«[9] – nichts mehr im Sinn. Idealistische Ideologien jeglicher Couleur, totalitäre Staatssysteme und politisch-religiösen Extremismus jeder Ausprägung lehnt der Kriegstraumatisierte im Vollbesitz seiner künstlerischen Talente nach einem leidvollen Lernprozess ab. Als undogmatischer »Revisionist« (20,496) und erklärter Gegner gewaltsamer Revolutionen setzt er sich seitdem ganz konkret als tatsächlich besorgter und durchaus strategischer Kopf ausdauernd für die Flexibilität garantierende Position der permanenten Revolte ein. Der traditionsbewusste Moderne steht im hier skizzierten Kontext demnach für eine in jeder Beziehung bewegliche Position: »Vorbehalten bleibt Irrtum.« (1,159) Denn der selbsternannte »Ketzer« (8,37) verlacht jede Idee, die ihm »die letzte Ankunft, die endliche Ruhe des Steins auf dem Gipfel verspricht« (11,83). Er bleibt sein Leben lang dem bewährten Überlebensprinzip der »Firma Sisyphos« und also der Erde augenzwinkernd treu: »Das hört nicht auf. Nie, sag ich dir, nie wird das aufhören. Immer wartet unten der Stein.« (11,82)

Ein griechischer Mythos in der Auslegung eines nicht zuletzt an Friedrich Nietzsches Diagnosen anknüpfenden Franzosen, aktualisiert durch einen weltoffenen Bürger, der sich über die Drittrangigkeit der deutschen Fragen im von grenzüberschreitenden Umwelt- und globalen Wirtschaftsproblemen bestimmten Maßstab im Klaren ist; ein wohltuend internationaler Standpunkt. Kurzum, wir dürfen uns Günter Grass im Nachhinein selbst in einer Epoche allgegenwärtiger Kriege, Krisen und Katastrophen als einen im Camus'schen Sinne *glücklichen* Menschen vorstellen.

Vom privaten Motivkomplex zum poetischen Weltentwurf

»Ever tried. Ever failed. No matter.
Try again. Fail again. Fail better.«
Samuel Beckett

»Anfangen heißt Auswählen.« (6, 457) Von den mit spitzen Federzeichnungen überprüften *Vorzügen der Windhühner* (1956) bis zu den farbenfroh zerfließenden »Aquadichten« in der Sammlung *Fundsachen für Nichtleser* (1997), von dem mit Fettkreidezeichnungen durchsetzten Lyrikband *Gleisdreieck* (1960) bis hin zu den »letzten«, durch ausdrucksstarke Zeichnungen ins Bild gesetzten Liebesspiel-Tänzen (2003), von schonungslosen Selbstbefragungen (1967) bis zum Vorabdruck des umstrittenen Prosagedichts *Was gesagt werden muß* (2012): Die Lyrik stellt neben den bildkünstlerischen Arbeiten des Multitalents eine durchgehende Konstante im Opus von Günter Grass dar. Mehr noch, alle seine literarischen Werke sind nach vielfach belegten Angaben aus »lyrischen Momenten« (24, 198) entstanden, gelegentlich mit dramatischen Ausweitungen bis zur vielseitigen Romanform. Denn die Arbeit an Gedichten ist für den Schriftsteller gleichzeitig eine Möglichkeit der »Bestandsaufnahme« (24, 46) und eine Art Experimentierfeld angesichts der zunächst noch amorphen Stoffmassen. Sie bietet ihm immer wieder Gelegenheit, sich selbst in Frage zu stellen, erste Orientierungsmarken zu suchen, die Spielräume »neu zu vermessen« (24, 657), ohne das lyrische Abfall-, Zwischen- oder Endprodukt gering zu schätzen.

Dennoch erkennt der an Sekundärliteratur interessierte Leser schon mit einem flüchtigen Blick in die beharrlich verlängerten Grass-Bibliographien, dass sich die mehr oder weniger »fröhlichen Wissenschaftler« nach wie vor mit Vorliebe auf seine Prosawerke einlassen. Die nicht minder bemerkenswerte Lyrik findet nur zurückhaltende Aufnahme, von den nahezu unbekannten, aber keineswegs reizlosen Theaterstücken und aufschlussreichen Wechselbeziehungen zwischen den Textsorten ganz zu schweigen. Der damit angesprochenen Tendenz soll hier ein etwas anders gewichtetes Korrektiv an die Seite gestellt werden, das sich nur aus heuristischen Gründen scheinbar streng an die Gattungsgrenzen hält, ein Lesemodell mit grenzüberschreitendem Charakter, das hoffentlich überraschende Ein-, Durch- und Ausblicke eröffnet.

Denn gerade die flexibler umzugestaltenden Werke haben eine äußerst wichtige Funktion im Arbeitsprozess und damit entscheidende Bedeutung für die künstlerische Entwicklung des die Gattungen auf seine Art verschmelzenden Dichters. Alle Publikationen des Schriftstellers Günter Grass bestätigen diesen Eindruck: »Die unterirdische Kommunikation zwischen den verschiedenen Werken Grassens – unabhängig von den Gattungsgrenzen – zeigt sich in Selbstzitaten, werkübergreifenden Themen und Konzepten, verkappten Fortsetzungen und einem konstanten Motivreservoir.«[1]

Der Sprachkünstler bezieht sein Zeichenmaterial im Laufe der Zeit offensichtlich sogar zunehmend aus eigenen Beständen. Doch die letztlich unberechenbare, nie abgeschlossene Werkstattwelt zeigt – trotz der meist parodistischen Übernahme traditioneller Muster, trotz vieler Rückgriffe auf zeitlose Topoi – nicht die Konsistenz allgemeinverständlicher Aussagen und erfährt keine Auflösung im Horizont verbindlicher Kategorien. Denn auch die von Buch zu Buch neu gesetzten, in ihrem Bedeutungsgehalt nie restlos zu fixierenden Bilder aus dem eigenen Reservoir können wiederum Bedeutungsverschiebungen auf allen Bezugsebenen durchlaufen oder durch ironisierte Variationen der alten Chiffren ausgetauscht werden. Die arbiträren Motivverknüpfungen machen einerseits ständig Metamorphosen durch, sie können andererseits aber auch »eigentümlich starr und schematisch sein. Der Interpret, verführt, ein Bezugssystem zu sehen, muß im nächsten Moment seine Ratlosigkeit eingestehen«.[2] Eine bequeme Lesart der vom flexiblen Umgang mit ambivalenten Zeichen geprägten, mit festgefahrenen Erwartungshaltungen spielenden Werke kann also auch hier nicht angeboten werden.

Es besteht jedoch kein Grund zur philologischen Resignation; jedenfalls davon, dass die den beweglichen Gesetzen der Ästhetik verpflichteten Grass-Texte »prinzipiell interpretationsfeindlich«[3] sind, kann auch angesichts der produktiven Widerstände nicht gesprochen werden. Dem durch das Verfahren ästhetischer Selbstausbeutung zunächst irritierten Leser erschließt sich die durch viele bewusst inszenierte Querverweise verknüpfte Motivik in dem Maße, in dem er bereit ist, sich auf weitere Spielarten des Autors sowie auf mögliche Quellen und Vorbilder für seine vieldeutigen Allegorien einzulassen. Diese Chiffren sind dann weit entfernt davon, interpretationsfeindlich zu sein, wenn man sie synchron im Rahmen des Gesamtwerks und seiner Bildstereotypen aufschlüsselt und diachron aus der Bildwelt der Tradition zu verstehen versucht.[4] Ohne zu große Erwartungen an die Leistungsfähigkeit eines solchen Projekts wecken zu wollen – ein poetischer Mikrokosmos wird nie zum abgeschlossenen System –, lässt sich festhalten: Sowohl die Ausarbeitung einer »Ikonographie zum Werk von Grass«[5] als auch das Studium der ästhetischen Strukturmechanismen, die seine nie ganz losgelöst vom geschichtlich-gesellschaftlichen Bereich zu betrachtenden Spielwelten im Innersten zusammenhalten, erscheinen gerade im Rahmen einer fragmentarischen Gesamtdarstellung angemessen und sinnvoll.

In dieser bewusst textnah angelegten Einführung in das literarische Werk von Günter Grass, die selbstverständlich keinen Anspruch auf die vollständige Erfassung aller interpretationsrelevanten Aspekte erheben kann, geht es demnach nicht um den streng systematisch konzipierten Versuch, alles sofort auf die gängigen Begriffe nachmoderner Provenienz zu bringen. Es dreht sich vielmehr darum, möglichst aufmerksam zu lesen, d. h., den Schriftsteller – jenseits von biographisch-psychologischen Deutungsmustern – beim Wort zu nehmen und dadurch zum besseren Verständnis der ästhetischen Ordnungsprinzipien seiner Textwelten beizutragen. Dieser Ansatz läuft auf einen zwischen dem Selbstverständnis des »fragwürdigen Zeugen« in eigener Sache (vgl. 21, 375) und den Spielregeln eigendynamischer Kunstwerke changierenden Lektürevorschlag hinaus; in der Gewissheit, dass ein gewichtiger Rest ungesagt bleibt.

Der sich im Titel dieses Kapitels spiegelnde Argumentationsgang – von der »privatmythologischen« Bildwelt zum poetischen Weltbild – wird durch die sukzessive Annäherung an Konstanten und Entwicklungen im jetzt abgeschlossenen Gesamtwerk des Autors und durch die partielle Durchleuchtung der poetologischen bzw. philosophischen Hintergründe seiner Texte bestimmt. Auf dem hier vorgeschlagenen, um Anschaulichkeit und um angemessene Differenzierungen bemühten Weg soll, unter Berücksichtigung bereits erarbeiteter Forschungsergebnisse, versucht werden, detailgetreu zu argumentieren, ohne die Einheit in der Vielfalt der Einzelwerke aus dem Auge zu verlieren.

Und somit fange ich endlich an mit dem »Hauptvergnügen der Germanisten, also der Interpretation« (22, 423), und zwar in der auch vom Erzähler der *Blechtrommel* einleitend beschworenen Hoffnung, dass dem Bedeuter alles einfallen möge, »was an Nebensächlichkeiten nötig ist, um die Hauptsache aufs Papier bringen zu können« (4, 22). Das Ziel wäre allerdings schon dann erreicht, wenn die sieben Lektüreanläufe oder auch der ganz persönliche Ausklang dieses Buches einige Leserinnen und Leser dazu verführen könnten, sich erstmals bzw. erneut auf das Primäre, auf die nicht wegzuinterpretierenden Werke des vielseitigen Sprachkünstlers einzulassen.

Lyrik: Von den ersten »Gelegenheitsgedichten« zu den letzten »Eintagsfliegen«

»Jedes legt noch schnell ein Ei. –
Und dann kommt der Tod herbei.«
Wilhelm Busch

Die Vorzüge der Windhühner

Auch wenn Günter Grass im Titel seines ersten Buches ausdrücklich die Vorzüge seiner »zeichnend geprüften Gebilde« (21, 379) in den Vordergrund stellt, aus Sicht des erstmalig mit der Vorstellungswelt des Debütanten konfrontierten Lesers bleibt zunächst ein vermeintlicher Nachteil festzuhalten: Die der Phantasie des Dichters entschlüpften Geschöpfe – der vom Begriff »Windei« abgeleitete Neologismus steht hier offensichtlich als Metapher für das lyrische Kunstwerk – machen es dem Rezipienten nicht leicht, zum Verständnis ihres eigenwilligen Wesens vorzudringen. Zumindest auf den ersten Blick scheint der direkte Zugang zu den mit kaum nachvollziehbaren Assoziationen, rätselhaften Reminiszenzen und dunklen Bildern gespickten Texten versperrt zu sein. Selbst Grass-Interpreten, die sich intensiv auf seine »ersten lockeren Gelegenheitsgedichte« (21, 379) eingelassen haben[1], sprechen vom Verzicht auf sprachlich erkennbare Beziehungen zwischen den Zeichen, vom idiolektischen Charakter der Metaphern, der rein persönlichen Bildwelt des Verfassers bzw. von fehlenden Wegweisern zum Sinn der Gedichte, die im Grunde nur von ihrem Autor adäquat verstanden werden können. Diese Schlussfolgerung aus den durchaus zutreffenden Einzelbeobachtungen soll im Folgenden relativiert werden. Denn wer es sich zur Aufgabe macht, den zentralen Themen- und Motivkomplexen dieser Sammlung nachzugehen, wird durchaus in die Lage versetzt, »mehr Licht« in das Dunkel zu bringen, ohne dass dabei alle Räume ausgeleuchtet werden können.

Bereits im Klappentext der Erstausgabe der *Windhühner* steht das für den dichtungstheoretischen Ansatz des jungen Lyrikers programmatische Titelgedicht. Es vermittelt einen ersten, metaphernreichen Eindruck vom Selbstverständnis des wenig theoriefreundlichen Künstlers, gibt Rechenschaft über seine lyrische Grundhaltung und eröffnet eine bis zu seinem letzten Buch fortgeführte Reihe von Texten zur immanent-poetologischen Selbstreflexion des Schreibens:

»Weil sie kaum Platz einnehmen
auf ihrer Stange aus Zugluft
und nicht nach meinen zahmen Stühlen picken.
Weil sie die harten Traumrinden nicht verschmähen,
nicht den Buchstaben nachlaufen,
die der Briefträger jeden Morgen vor meiner Tür
verliert.

Weil sie stehen bleiben,
von der Brust bis zur Fahne
eine duldsame Fläche, ganz klein beschrieben,
keine Feder vergessen, kein Apostroph ...
Weil sie die Tür offen lassen,
der Schlüssel die Allegorie bleibt,
die dann und wann kräht.
Weil ihre Eier so leicht sind
und bekömmlich, durchsichtig.
Wer sah diesen Augenblick schon,
da das Gelb genug hat, die Ohren anlegt und
  verstummt.
Weil diese Stille so weich ist,
das Fleisch am Kinn einer Venus
nähre ich sie. –

Oft bei Ostwind,
wenn die Zwischenwände umblättern,
ein neues Kapitel sich auftut,
lehne ich glücklich am Zaun,
ohne die Hühner zählen zu müssen –
weil sie zahllos sind und sich ständig vermehren.«
  (1, 9)

Den in diesem Schlüsseltext umschriebenen Kunstgebilden ist die Sympathie ihres Erfinders gewiss. Die luftigen Geschöpfe der Grass'schen Einbildungskraft scheinen ständig in Bewegung, auf jeden Fall nicht eindeutig fixierbar zu sein. Sie beziehen keinen festen Standpunkt, beflügeln im besten Fall die Phantasie und sind in einer

Art Schwebezustand zwischen den unterschiedlichen Realitätsebenen anzusiedeln. Immer dann, wenn der Leser glaubt, das zwischen den Extremen vermittelnde Wesen dieser unruhigen Zugvögel erfasst zu haben, verflüchtigen sie sich bereits wieder, denn »Windhühner« können nicht stillsitzen. Ihr Element ist nicht etwa die Ewigkeit, sondern der in Allegorien erfasste Augenblick und die flüchtige, stets mehrdeutige Welt des von erotischen Bildern durchwobenen Traums.

Diese Gedichte haben nichts mit den zielstrebigen Postsendungen oder den eindimensionalen Zeitschrifteninformationen zu tun, die der Briefträger – als Vermittlungsinstanz zwischen Ich und Welt – jeden Tag vor der Tür zu ihrer von der Außenwelt abgezäunten Innenwelt verliert. Sie gehören einer künstlich geschaffenen Sphäre an, sie existieren in einem Raum jenseits der in Kalendertage eingeteilten Zeit, jenseits jeder menschlichen Zeitrechnung. Der sich bewusst abschirmende Schöpfer der lyrischen Kunstwerke scheint mit sich und der begrenzten Werkstattwelt ganz zufrieden zu sein. Denn hier, in der selbstgeschaffenen Metaphernidylle, erlebt der Melancholiker Momente der Ruhe, der Geborgenheit, des Glücks. Im geräumigen Innenraum seiner Vorstellungen bleibt dem Dichter-Züchter offenbar genügend Platz für phantastische Wirklichkeiten. Niemand bedroht seine dort durch nichts in Frage gestellte Position.

Kunst als zeitloses Phänomen wird im optimistischen Titelgedicht dieser Sammlung demnach ebenso wie im säkularisierten *Credo* (I, 43) zum Zufluchtsort des lyrischen Ich, das sich aus dem gesellschaftlichen Leben in eine windstille, gegen alle Störfaktoren abgeschottete Kammer, in eine Art Elfenbeinturm zurückgezogen zu haben scheint. In diesem fiktiven »Zimmer« steigt der Zigarettenrauch unbehelligt in die Höhe; die Spinne kann sich in diesem Text ungehindert herablassen, jede Untiefe ausloten, den Dingen auf den Grund, den Abgründen nachgehen. Von der Gefahr, dass ein starker Luftzug oder eine Schicksalsgöttin diesen seidenen Faden, von dem in dieser Welt aus Sprache sehr viel abzuhängen scheint, zerreißen könnte, ist mit keinem Wort die Rede. In der heilen Welt des Arbeitsraums gibt es keine bedrohlichen Widerstände, keine etwa durch eiskalten Wind heraufbeschworenen Erkältungsgefahren; hier muss kein Mensch stolpern, sich das Knie aufschlagen, weil alles dem allmächtigen Willen des Autors nachgibt.

Diese zeitlosen Wunschgedichte sind demnach ein naiv-selbstbewusstes Plädoyer für die scheinbar grenzenlose Freiheit des Dichters, die unbedingte Souveränität seiner Phantasie, die es ihm erlaubt, ein privates Universum nach seinen eigenen, wandelbaren, von ästhetischen Kriterien bestimmten Gesetzen aufzubauen, denn hier geht es um lebendige Bilder, nicht um erstarrte Begriffe.

Der Lyriker erschafft imaginäre Kunstgebilde, in deren Rahmen die räumlichen, zeitlichen und kausalen Zusammenhänge relativiert werden, wenn es ihm, dem in seinem Bereich gottähnlichen Schöpfer, beliebt.

Viele Versgruppen dieser Sammlung können trotz der durch die Außenwelt vorgegebenen Grenzen als verspielte Apologie der subversiven Möglichkeiten dichterischer Einbildungskraft gelesen werden. Der Autor abstrahiert weitestgehend von historischen Perspektiven und direkten politischen Bezügen. Spielerische Artistik und skurrile, traumnahe Metaphern bestimmen die Atmosphäre. Das poetische Spiel als wesentliches Gestaltungsprinzip entrückt diese Gedichte in eine sehr persönliche Sphäre. Das weiße Papier, »eine duldsame Fläche« (1, 9), macht alles möglich; erlaubt dem Künstler Gleichzeitigkeit auf den verschiedensten Zeit- und Bedeutungsebenen: »niemals werden wir stranden« (1, 43).

Parallel dazu gilt es allerdings, die Ambivalenz des zuletzt zitierten Satzes zu beachten. Denn die zunächst uneingeschränkte Zuversicht dokumentierende Behauptung deutet bereits an, dass die verspielte Künstlichkeit der bislang analysierten Texte nur den einen Pol des Bandes umschreibt. Obwohl das lyrische Ich bei paradiesischem Ostwind (vgl. Gen 2,8) manchmal »glücklich am Zaun« (1, 9) lehnt, weiß es um die Durchlässigkeit der willkürlich gezogenen Grenzen. Der Schriftsteller im selbstgewählten Exil ist sich über die Widersprüche, denen auch er nicht entgehen kann, im Klaren. Der Kunstschaffende ahnt, dass sein nur kurzzeitig aufrechtzuerhaltendes Refugium permanent in Frage gestellt wird. Die Tür zu seiner Werkstatt steht immer einen Spalt breit offen. Das autonome Paradies existiert nur in der Sehnsucht, im Wünschen, im Hoffen. Der vermeintliche Elfenbeinturm – »in abgestecktem, windstillem Revier« (1, 30) – wird von ihm selbst als Teil einer kafkaesken Wirklichkeit entlarvt, die nie als überschaubare Einheit, sondern als ein in Einzelteile zersplitterter Mikrokosmos erfahren wird. Alle gegen die Realitäten errichteten Zäune und Gitter bieten keinen langfristigen Schutz: In den »von Hecken und Mäuerchen begrenzten Hotelgarten« (2, 292) dringen schon bald Stürme ein, die jede empfindliche Kartenhausidylle zusammenknicken lassen.

Eingeleitet werden *Die Vorzüge der Windhühner* mit dem Wunschbild einer künstlichen Enklave der Stille, am Ende ertönt lärmende *Blechmusik*:

»Damals schliefen wir in einer Trompete.
Es war sehr still dort,
wir träumten von keinem Signal,
lagen, wie zum Beweis,
mit offenem Mund in der Schlucht –
damals, ehe wir ausgestoßen.

War es ein Kind, auf dem Kopf
einen Helm aus gelesener Zeitung,
war es ein irrer Husar,
der auf Befehl aus dem Bild trat,
war es schon damals der Tod,
der so seinen Stempel behauchte?

Heute, ich weiß nicht, wer uns geweckt hat,
vermummt als Blumen in Vasen oder in Zuckerdosen,
von jedem bedroht, der Kaffee trinkt
und sein Gewissen befragt:
ein oder zwei Stückchen oder gar drei.

Nun fliehen wir und mit uns unser Gepäck.
Alle halbleeren Tüten, jeden Trichter im Bier,
kaum verlassene Mäntel, stehengebliebene Uhren,
Gräber, die andre bezahlten,
und Frauen, die sehr wenig Zeit haben,
füllen wir kurzfristig aus.

In Schubladen voller Wäsche und Liebe,
in einem Ofen, der nein sagt
und nur seinen Standpunkt erwärmt,
in einem Telefon blieben unsere Ohren zurück
und hören, nun schon versöhnlich,
dem neuen Zeichen Besetzt zu.

Damals schliefen wir in einer Trompete.
Hin und zurück träumten wir,
Alleen gleichmäßig bepflanzt.
Auf ruhigem, endlosem Rücken
lagen wir jenem Gewölbe an
und träumten von keinem Signal.« (1, 55 f.)

Dieses Gedicht gestaltet einen exemplarischen Lebenslauf des Menschen, der gegen seinen Willen aus dem zeitlosen Schutzraum in eine ihm fremde, feindlich gesinnte Welt gestoßen wird. »Damals, ehe wir ausgestoßen«, im pränatalen Sein, ruhten »wir« im Gefühl der absoluten Geborgenheit in einem Hohlraum, der mit dem Innenraum einer Trompete in Verbindung gebracht wird: »Es war sehr still dort«. Abgeschirmt von allen störenden Einflüssen der Außenwelt schlummert der

Embryo vertrauensvoll im Schutz bietenden Mutterleib: »Auf ruhigem, endlosem Rücken lagen wir jenem Gewölbe an.«

Doch die paradiesische Ruhe im stillen Schoß der Mütter wird durch ein unüberhörbares Signal gestört. Wer diesen Ton erzeugt, bleibt offen. Das lyrische Ich weiß nicht, es ahnt, wer die Bewohner des dunklen Höhlengewölbes geweckt hat, verzichtet aber auf eine dezidierte Festlegung. Entscheidend ist die unwiderrufliche Tatsache, dass nunmehr Blechmusik zu hören ist, die vom aus der Muttermundtrompete ausgestoßenen Ich wohl lieber nie gehört worden wäre, da sie den Schlussakkord bzw. den unheilvollen Klang der Totentrompete bereits erahnen lässt.

Mit diesem Weckruf beginnt die von Vergänglichkeit geprägte Existenz in der Zeit, d.h. im unumkehrbaren, nicht wiederholbaren Nacheinander. Angst und ein grenzenloses Bedürfnis nach Unterschlupf bestimmen von nun an das Leben, das sich als vergebliche Suche nach Erlösung darstellt. »Nun fliehen wir« vor dieser Gewissheit, ohne Aussicht auf ein rettendes Ziel. Nur »kurzfristig« bieten sich Pausen, trügerische Augenblicke der Ruhe auf der Flucht, denn selbst stehengebliebene Uhren können nicht darüber hinwegtäuschen, dass die ohnehin kurz bemessene Lebenszeit nun unaufhaltsam abläuft. Die Ruhe des vorgeburtlichen Seins ist verloren, ein gleichwertiger Ersatz nicht zu finden.

Sowohl in der auf Sexualität reduzierten »Liebe«, die als Erinnerung an »die vielen behaarten Dreiecke« (vgl. 1, 21) aufbewahrt wird, als auch in allen anderen Beziehungen zur Welt wird der hier ins Bild gesetzte Mensch mit seiner durch nichts zu durchbrechenden Einsamkeit konfrontiert. Was schlägt zu Buche? – »Frauen, die sehr wenig Zeit haben,/ füllen wir kurzfristig aus«, ein wenig Befriedigung bringendes Geschäft. Selbst der Ofen erwärmt in diesem von Gefühlskälte geprägten Bilderkosmos nur seinen eigenen Standpunkt; und auch eine gewünschte Telefonverbindung, die das noch immer vorhandene Verlangen nach zwischenmenschlichem Kontakt dokumentiert, kommt nicht zustande. In Bezug auf den Bewusstseinszustand vergleichbar mit dem ähnlich wie Kafkas Gregor Samsa hilflos auf dem Rücken liegenden Käfer K. (1, 48 f.), der kurz vor dem Exitus seine letzten Stunden zu zählen beginnt, hört der isolierte Mensch in dieser Elegie »nun schon versöhnlich,/ dem neuen Zeichen Besetzt zu«.

Desillusioniert, müde und einsam, alleine »unter der windigen Glocke« (1, 14), bleibt ihm am Ende eines unruhigen Lebens nur noch die unerfüllbare Sehnsucht nach dem zum paradiesischen Zustand verklärten »Damals«, solange es zumindest in der Erinnerung noch möglich ist, im Schutz bietenden Phantasieraum, entgegen der Chronologie, hin und zurück auf das grenzenlose Meer des Unbewusstseins und der erträumten Unendlichkeit hinauszuschaukeln, während die Bewegungsrichtung in der Horizontalen durch die gnadenlos vorwärts schreitende, zum Endpunkt führende Lebenslinie vorgegeben ist. Kein Weg führt in den idealisierten Mutterschoß zurück. Die Rückkehr ins verlorene, als wohlgeordnet vorgestellte Paradies – »Alleen gleichmäßig bepflanzt« –, das in der letzten Strophe der *Blechmusik* noch einmal beschworen wird, bleibt für den in diese absurde Welt Geworfenen – die Beziehungen dieses Gedichts zum Existentialismus in seiner absurdistischen Ausprägung der fünfziger Jahre sind nicht zu übersehen – ein unrealistischer Wunschtraum.

Am Anfang steht das Gefühl der Absurdität, am Ende erwartet den auch nach Camus' Interpretation von der Zeit gejagten Menschen unwiderruflich ein völlig humorloser Spielverderber: »La mort est là comme seule réalité. Après elle, les jeux sont faits.«[2] Der sich bereits frühzeitig ankündigende, in wechselnden Erscheinungen auftretende Halbbruder des Schlafes hat den jederzeit bedrohten Menschen seinen Stempel bereits mit der Geburt, dem unausweichlichen Anfang vom sicheren Ende, aufgedrückt. Die existentielle Bedeutung der hier lyrisch verarbeiteten Grunderfahrung wird durch viele Variationen des gleichen Themas in zahlreichen anderen Werken dieser an den Regeln moderner Lyrik seit Baudelaire orientierten Sammlung unterstrichen.

Das Bewusstsein für das von unauflösbaren Antinomien geprägte Leben in der Zeit als ein von unheilbaren Krankheiten überschattetes Dasein hin zum Tode wurde geweckt, die Sehnsucht nach Rückkehr in einen vorbewussten Zustand oder die Aussicht auf eine zukünftige Erleuchtung bleibt lebenslang unbefriedigt. So nimmt das keinesfalls mit dem biblischen Auferweckungswunder oder dem Begehen des buddhistischen Heilsweges zu verwechselnde Geschehen seinen Lauf. Einmal in Unruhe versetzt, scheint der verunsicherte Mensch zum permanenten Aufbruch, zur ziellosen Bewegung gezwungen. Der Liegende wird genötigt, sich aus der Schlafstellung in die Senkrechte zu bewegen, das behaglich warme, Schutz bietende Bett zu verlassen. Der solchermaßen Auferstandene sucht vergeblich nach einem ruhigen Sitzplatz: »Sitzen, sitzen, fast Buddha« (1, 13), doch eben nur fast, denn vom Eingang des Erwachten ins vollkommene, den Willen zum Leben überwindende »Nirwana der Buddhaisten«[3] kann in diesem Textzusammenhang keine Rede sein. Es ist nichts mehr zu machen. Selbst wer immer strebend sich bemüht, kommt weder aus eigener Kraft ans ersehnte Ziel noch wird er von unbekannten Göttergewalten aus seiner Zwangslage befreit. Der »heiße, immerwährende Wunsch, Klarheit zu bekommen« (2, 274), bleibt in der schlechtesten aller Menschenwelten unerfüllt. Ein zwischen den Extremen vermittelnder Erlöser, der zudem »Auferstehungsgewißheit« vermitteln könnte (zum »Leben aus der Auferstehung« vgl. 1 Kor 15,29 ff.), ist nicht zu erwarten, denn »sichere Ruhe« bzw. »Rettung« gibt es nur »beim Herrn« (Jon 2,10), und der spielt in der entzauberten Textwelt ihres ungläubigen Schöpfers offensichtlich keine wegweisende Rolle. Die Protagonisten dieser Gedichte haben wohl oder übel gelernt, sich in der absurden, an Ersatzstoffen reichen Welt einzurichten und nach je eigener Fasson der »Blasmusik« (4, 35) zu entfliehen, ohne Aussicht auf paradiesische Stille, von der geschrieben steht, dass sie zumindest am allerersten Tag, der für die mit Regressionsgelüsten ausgestatteten Grass-Figuren dem letzten – der ewigen Waagerechten – entspricht, geherrscht haben soll.

Wo man auch hinschaut, überall finden sich Bilder der Vergeblichkeit und aussichtslose Versuche, der immer wieder umschriebenen Tragik des menschlichen Lebens – komische Kapriolen schlagend – zu entgehen. Doch selbst die Geburt Immanuels (Jes 7,14), die auf Jesu Geburt gedeutete Prophezeiung, bringt keine Auflösung des Dilemmas mit sich, selbst sie kann in diesem antibiblischen Kontext keinen traumlosen Schlaf bedeuten. Das alljährlich angekündigte Wunder bleibt aus. Adventslieder erklingen, aber die gemeinhin gnadenbringende Weihnachtszeit vergeht, ohne dass Gottes Sohn geboren wird. Am Ende, so lautet der Grundtenor dieser Textgruppe, erwartet die Menschen vermutlich keine Wiedergeburt, keine Metamorphose und schon gar keine Auferstehung zum ewigen Leben, sondern das diesseitige Grab, der viereckige Sarg. Erst auf dem Friedhof werden alle zur letzten Ruhe gebettet, wobei niemand mit Gewissheit sagen kann, ob sie auf dem totenstillen Gottesacker dann tatsächlich in Frieden ruhen oder zum Jüngsten Gericht erneut mit blechernem Posaunenschall geweckt werden.

Diese hier komprimiert zusammengefasste Motivkette verweist paradigmatisch auf den kritischen Umgang des Autors mit seiner unverkennbar christlichen Erblast. Die Intensität der Auseinandersetzung mit dem Christentum manifestiert sich insbesondere in impliziten und expliziten Anspielungen auf religiöse Motive und christliche Allegorien, in Hinweisen auf die zentralen Feiertage des Kirchenkalenderjahres, in mannigfaltigen Bibelreferenzen und nicht zuletzt in der Präsenz liturgischer

Formen und Formeln aus dem reichen Fundus des Katholizismus. Sein solides theologisches Wissen dient dem Autor, bei aller Sympathie für die ethischen Grundwerte des ursprünglichen Christentums (vgl. 20, 484; 21, 416 ff.) und für die sinnlich-heidnischen, schillernd-erotischen Elemente der katholischen Glaubenslehre (vgl. 24, 104 und 277 ff.), in erster Linie dazu, sich sowohl von der Institution Kirche, bzw. ihren beamteten Vertretern,[4] als auch vom auf den »Falschmünzer« Paulus zurückgehenden Erlösungsgedanken zu distanzieren.[5]

Dem aufgeklärten Skeptiker geht es in diesem Zusammenhang allerdings nicht nur darum, durch die satirische Säkularisierung religiöser Sprachformen oder eschatologischer Begriffe, bzw. durch eine ironische Umkehr der Perspektiven, diese Grundpfeiler des Glaubens zu parodieren. Grass rückt vielmehr rigoros vom ursprünglich metaphysischen Gehalt der zitierten Bilder und Zeremonien ab. Die von ihm aufgegriffenen Glaubenssätze des Evangeliums werden ad absurdum geführt, um die gepredigte Botschaft zu annullieren, jede heilsgeschichtliche Erwartung in Frage und ihre fatale Wirkungsgeschichte ins aufklärende Licht zu stellen.

Bilder des Todes, gashaltige Atemluft und bittere Erfahrungen determinieren demzufolge die in der *Krönung* lyrisch konzentrierte Entwicklung, die sich als von Menschenhänden initiierte Fehlentwicklung zu erkennen gibt:

»Blaue Flammen in den Zweigen.
Atmen noch im Gasometer
bittre Kiemen ohne Fisch.
Immer älter wird die Kröte,
lebt von Nelken, lebt von Düften
aus des Todes linkem Ohr.
Niemand folgte, kaum der Mörtel.
Ohne Segel und Gebärde,
in der grünen Truhe Pfingsten
trugen sie die Taube fort.
Glatt und aufgerollt die Kabel,
zwölf Lakaien und Beamte
führt die Schnur aus jedem Nabel
nur zur Wochenendpotenz.

Freitags krönten sie den König.
Von Geburt her blinde Nelken,
mit dem Atem einer Kröte,
mit dem blauen Gasometer,
Mitternacht und Mandelscheitel,
Vorstadt um Jerusalem.« (1, 33)

»Niemand folgte« dem schon historischen Jesus von Nazareth. In der »grünen Truhe Pfingsten« wird eine längst tote Taube fortgetragen, die, so die biblische Überlieferung, bei der Einführung Jesu in das Messiasamt auf den erst von seinen Predigern zum Sohn Gottes verklärten Menschensohn herabkam (Mk 1,10). Die vergeblich grün gefärbte Holzkiste wird hier zum Sarg für den Heiligen Geist. Als überlebensfähig erweisen sich dagegen das fragwürdige Werk der »zwölf Lakaien«, die Amtskirche und die Staatsreligionen. Wohin diese »falschen Propheten« ihre Gemeinden mit rhetorisch geschliffenen Sonntagsreden von Kanzeln und politischen Tribünen führen werden, scheint in diesem Gedicht bereits angedeutet zu sein. Die Liebesbotschaft, das ethische, insbesondere in der Bergpredigt verkündete, Programm, wurde – so ist also schon 1956 zwischen den Grass-Zeilen nachzulesen – durch den katastrophalen Verlauf der von systematischer Gewaltausübung geprägten (Ideologie-)Geschichte als »Menschenwerk« pervertiert.

Unschuldig an dieser kirchenpolitischen Entwicklung mit weltgeschichtlichen Folgen bis heute ist die eigentliche Zentralfigur des Gedichts, der dornengekrönte König der Juden (Mt 27,37), der gekreuzigte Menschensohn, nicht zu verwechseln mit dem nach Paulus' Interpretation wiederauferstandenen Erlöser Jesus Christus. Die Dornenkrone besiegelt den Tod Jesu, der bereits vom Moment seiner Geburt in Bethlehem an dazu verurteilt war, unwiderruflich zu sterben. Das messianische Fest findet nach dem Grass'schen Kalender nicht statt. »Karfreitag ist Schluß mit ihm« (4,176), behauptet auch Oskar Matzerath in der *Blechtrommel* und beklagt – wie Schopenhauer – die Langeweile der Sonntage. Denn es gilt diesen wenig feierlichen Texten zufolge, lebenslang mit der Vorstadt des himmlischen Jerusalem vorliebzunehmen und eines Tages ohne die Aussicht auf ein Erweckungswunder das Zeitliche zu segnen.

Vor diesem wenig lebensfroh stimmenden Hintergrund stellt sich auch das vorletzte Gedicht der Sammlung, *Möbel im Freien* (1, 54), als eine lyrische Momentaufnahme zum unwiederbringlichen Verlust der (Selbst-) Sicherheit des menschlichen Individuums im Allgemeinen und seiner Glaubensgewissheit im Besonderen dar. Eine »umgestürzte Gartenbank« wird dort zur poetischen Chiffre der nachmythischen Existenz im postchristlichen Zeitalter.[6] Die daraus resultierende Freiheit, die von den freien Geistern par excellence – etwa im Sinne Zarathustras – verherrlicht werden mag, wird vom hier ins Bild gesetzten Ich als Last empfunden. Selbst der »liebe Gott«, den die Menschen sich gerne warmhalten würden (1, 42), kann es in dieser heillos-verkehrten Welt – in den Monstranzen liegen profane Kekse, keine geweihten Hostien (1, 54) – nicht verhindern, dass er langsam zu kaltem Kaffee, d. h. zur Sprachfloskel und also »böse« wird. Die Vertreibung aus dem Garten Eden ist unwiderruflich vollzogen, die Erlösung nach der Tortur im Garten Gethsemane bleibt aus. Es kann sich nur noch darum handeln, im Zustand des fragenden Zweifels zu verharren, das Weltlabyrinth offenen Auges zu durchirren.

Umfassender hätte die an Nietzsche und seinem Anwalt Camus geschulte Kritik des Christentums in der Sammlung *Die Vorzüge der Windhühner* kaum ausfallen können: Gott ist tot, der dornengekrönte Mittler Jesus Christus (1 Tim 2, 5) starb, ohne am Ostersonntag wiederaufzuerstehen, und auch der Heilige Geist wird in den Gedichten des Religionskritikers, der offensichtlich nicht viel vom gepredigten Bild des dreieinigen Gottes bzw. von der Idee der metaphysischen Trinität hält, zu Grabe getragen.

Hier geht es also ganz menschlich, gewissermaßen allzumenschlich zu. Doch auch dieser Interpretationsansatz, der darauf hinausläuft, dass es vielleicht das Beste wäre, nie geboren worden zu sein, bzw. dass es das Zweitbeste wäre, sich schleunigst wieder zu verflüchtigen, behandelt freilich nur eine Seite der in poetischen Metaphern eingekreisten, von Venus (1, 9), Mars (1, 45) und Saturn (2, 199) beherrschten Vorstellungswelt.

In anderen Texten des Bandes liegt der Akzent weniger auf dem schwermütigen »Lamento« (1, 36) als auf dem trotzigen Appell, die Lebenszeit nicht lethargisch verstreichen zu lassen, sondern neugierig zu bleiben, den vielfältigen Reizen mit allen Sinnesorganen zu folgen. Denn das Bewusstsein von der Hinfälligkeit der irdischen Erscheinungen – traditionelle Herbstmotive zuhauf – bringt für den gegen »die Pervertierung des Sinneslebens durch moralischen Überbau« (24, 184) anschreibenden Autor keineswegs von vornherein ihre Entwertung mit sich. Natürlich werden die kühlen Herbststürme den warmen Sommer hinwegfegen, der nur noch an wenigen goldenen Altweibersommerfäden hängt, die schon bald von der nahenden »Zugluft« (1, 11) abzerrissen werden; denn es gibt niemanden, der sie abstellen kann, also kein ewiges Leben. Aber gerade deshalb kommt es darauf an, zuvor noch, im besten Fall »jetzt gleich« (1, 11), ein rauschendes Fest der Sinne zu feiern, beispielsweise ein deftiges, gut gewürztes Mahl zu genießen:

»Bevor die grünen Dotter welken –
die Hennen brüten einen frühen Herbst –,
jetzt gleich, bevor die Scherenschleifer
den Mond mit hartem Daumen prüfen,
der Sommer hängt noch an drei Fäden,
den Frost verschließt ein Medaillon,
noch eh der Schmuck, verwandt dem Regen, wandert,
noch eh die Hälse nackt, vom Nebel halb begriffen,
bevor die Feuerwehr die Astern löscht
und Spinnen in die Gläser fallen,
um so der Zugluft zu entgehen,
vorher, bevor wir uns verkleiden,
in ärmliche Romane wickeln,
laßt uns noch grüne Bohnen brechen.
Mit gelben Birnen, einer Nelke,
mit Hammelfleisch laßt uns die grünen Bohnen,
mit schwarzer Nelke und mit gelben Birnen,
so wollen wir die grünen Bohnen essen,
mit Hammelfleisch, mit Nelke und mit Birnen.« (I, II)

Carpe diem: Bevor das lyrische Ich sich in todessehnsüchtiger Erwartung des grauen, trostlosen Winters verliert, »in ärmliche Romane wickelt« und damit der rein geistigen, oft trübsinnig stimmenden Lust verfällt, kommt es ihm darauf an, die weniger abstrakten, d. h. die fleischlichen Bedürfnisse zu befriedigen. Sein Credo lautet: Neben dem selbstgenügsamen Geist muss auch dem Körper, der sich nicht mit der salzlosen Diätküche der Magenkranken abspeisen lässt, eine ihm genehme Nahrung zukommen. Zumindest der in *Bohnen und Birnen* das Wort führende Genießer, dem nichts Irdisches fremd zu sein scheint, lebt ganz offensichtlich nicht vom himmlischen Brot allein. Er pocht im Gegensatz zu den an christlich-ethischen Idealen ausgerichteten »Verächtern des Leibes« in Gottes grüner Gärtnerschürze (vgl. 1, 12) auf die sinnlich erfahrbaren Wahrheiten ohne Ewigkeitsanspruch, singt also nicht das alte Entsagungslied und pfeift wie Heine auf das einlullende »Eiapopeia vom Himmel«.

Doch der bittersüße Nachgeschmack, die Nähe des Todes bleibt trotz der vehementen Verteidigung der Befriedigung körperlicher Gelüste in jeder der in diesem Themenzusammenhang relevanten Bildkonstellationen präsent: »Der Duft um Kerne/ aufgetan, das Bittre deutlich« (1, 36). Memento mori: Aber damit ist nicht ausgesagt, dass der Blausäure enthaltende Kern in diesem Beispiel den Beweis dafür liefert, »daß Obst schon Sünde« (1, 36) sei. Die Erbsündenlehre wird in der Nachfolge des auf dem geraden Weg nach Damaskus bekehrten Paulus, der den Tod der Sünde Sold nennt (Röm 6,23), verworfen. Unwidersprochen bleibt dagegen die unauflösbare Verflechtung von Eros und Thanatos, allerdings jenseits jeder moralischen Bewertung. Der Begriff »Sünde« spielt in diesen Textzusammenhängen dementsprechend keine Rolle. Das Dogma der christlich-paulinischen Glaubenslehre, nach der alle Menschen mit der Erbschuld des sogenannten Sündenfalls belastet seien, der in diesem Kontext mit Schopenhauer als Befriedigung der Geschlechtslust verstanden werden kann, wird hier ins Reich der biblischen Legenden verwiesen.[7] Zumindest all denen, die wie das oft hilflose Ich dieser Gedichte nur den eigenen Tisch übersehen, fehlt jede Hoffnung auf einen wohlwollenden Gott, der den sterblichen Menschen das ewige Leben in Christus schenkt: »Immer wenn jemand Christkindchen sagt,/ muß ich mir eine Zigarette anzünden./ Der Heiland dieser Welt/ ruiniert meine Gesundheit.« (2, 202)

Der Phönix steigt in Grass-Inszenierungen nie ohne Ironie aus der Asche. In seinen Kunstwerken ist nicht von endlosen Verwandlungs- bzw. Verjüngungsmöglichkeiten, sondern vom irdischen Leben bis zum endlichen Untergang die Rede. Hier wird also nicht etwa an das ewige Licht, sondern an nur begrenzt haltbare Glühbirnen geglaubt. Doch bis es zum endgültigen Kurzschluss kommt, wird den zwischen der Sehnsucht nach Totalität und den Grenzen der Erkenntnis, zwischen Lebensfreude und Todesangst, Sinnenlust und Seelenfrieden hin- und hergeworfenen Zeitgenossen zweierlei empfohlen (vgl. 1, 47): zum einen die Gedankentürme zu vergraben, deren Spitzen bis in den Himmel reichen sollen, zum anderen das Bergwerk, d. h. die nicht zu verleugnenden Untiefen des Bewusstseins, an die Oberfläche zu bringen. Diesem skeptischen, gegen alle Existenzlügen gerichteten »Ratten«-Credo folgend, kommt es immer wieder darauf an, an betonharten »Fundamenten« zu »knabbern« (1, 47) – die fleißigen Nagetiere sind also bereits in der ersten Textsammlung des Autors präsent –, sich von der Tragfähigkeit der medial vermittelten und technisch reproduzierbaren Scheinwirklichkeiten zu überzeugen – »Mater dolorosa in technicolor« (1, 47) –, um allen unrealistischen Heilsprophezeiungen die Grundlage zu entziehen.

Eine erste Zwischenbilanz: »Le climat de l'absurdité est au commencement.«[8]

Die gefährdete Idylle erweist sich vor diesem alle Formen der Entfremdung spiegelnden Hintergrund als zentrales Motiv der frühen Grass-Gedichte. Oft sieht es zunächst so aus, als sollte der Leser mit einer heilen Weltordnung bekannt gemacht werden. Doch schon nach wenigen Zeilen folgt mittels ironischer Brechung die verunsichernde Ernüchterung. Die vermeintliche Harmonie wird als Teil einer absurden Wirklichkeit entlarvt. Die Position des Menschen, der sich bislang als Maßstab aller Dinge verstand, wird dadurch radikal verändert. Er ist ein Produkt des Zufalls und als solches aus dem Zentrum des lyrischen Universums verschwunden. Der Anspruch des Subjekts, über die Dingwelt bestimmen oder Endgültiges über die es überlebenden Objekte aussagen zu können, erweist sich jenseits der »besitzanzeigenden Fürwörter« (I, 110) als Illusion.

Das unerschütterliche Sprachvertrauen des jungen Lyrikers wird von diesen Einsichten allerdings nicht grundsätzlich in Frage gestellt. Dem Zeichenkünstler geht es um grotesk-surrealistische Verfremdungseffekte: Redensarten werden beim Wort genommen, Sprachklischees ad absurdum geführt, abstrakte Gedanken in konkrete Bilder umgesetzt, und dieses Material wird aus ungewohnten Blickwinkeln neu zusammengesetzt. Grass bemüht sich darum, erstarrte Formeln und hohle Phrasen wieder in eine phantasieanregende Schwebe zu bringen. Einschläfernd vertraute Sinngebungen und Bezugsordnungen werden durch paradoxe Sentenzen und die witzige Verknüpfung des scheinbar Heterogenen zu ungewöhnlichen, alogischen, vom raum-zeitlichen Kontinuum gelösten Beziehungsnetzen bewusst zerstört. Der ironische Ansatz des Dichters ist in diesem frühromantischen Sinne destruktiv und schöpferisch zugleich, da sich seine eine artifizielle Gegenwelt gegen die Welt aufbauenden Werke nicht im reinen Zerstörungsakt erschöpfen, sondern einander im freien Spiel entgegengesetzter Kräfte stets zu neuen Perspektiven führen, die sich wiederum gegenseitig in Frage stellen.

Fest steht, Grass schreibt in dieser Phase keine politischen Lehrgedichte, seinen *Windhühnern* fehlt jede plakativ moralische oder didaktische Tendenz. In einer für die deutschsprachige Nachkriegslyrik ungewöhnlich realitätsnahen Tonlage wird hier vielmehr die Situation des verunsicherten Menschen der Moderne mit avanciertem Kunstanspruch aus einer radikal subjektivierten Perspektive beschrieben. Es werden künstlerische Wahrheiten umkreist. Das erst vor diesem Hintergrund verständliche, für seine lyrischen Texte lebenslang charakteristische Spiel mit traditionellen Formen – Balladen, Kinderreimen, Dinggedichten, Naturlyrik, Jahreszeitendichtung, Hymnen, Klage- und Lobgesängen – kennt keine Grenzen. Der Autor strebt jederzeit an, seine Leser durch einen »überscharfen Realismus« (20, 26) auf der Höhe der jeweiligen Zeit mit dem irritierenden Abbild nur scheinbar vertrauter Realitäten zu konfrontieren und dadurch die Fragwürdigkeit jeder vermeintlich sicheren Lebensgrundlage zu enthüllen: »Glaube hin, Glaube her, hier wird gezweifelt. Hier wird der Finger in die Luft gestreckt oder sonstwohin.« (2, 261)

Seine unverbesserlichen Helden sind in der Regel gottlos und humorvoll genug, um auch ohne Eintrittskarte zum Himmelreich auf der harten Spötterbank zu sitzen. Ihnen und dem in jeder Beziehung standhaften Finger – er ist in diesem phantastisch-realistischen Bilderkosmos sowohl der kurzfristigen Bedürfnisbefriedigung als auch dem permanenten Prinzip Zweifel verpflichtet – gehört die uneingeschränkte Vorliebe ihres Erfinders. Sein skeptisches Dichten bzw. Philosophieren dreht sich um mögliche Fragen und Antworten, nicht um feststehende Glaubenssätze, denn: »Von Eiern, die als weich gekocht serviert wurden, überzeugt man sich am besten mit dem Löffel« (20, 23).

Gleisdreieck

Die zweite Lyriksammlung des Autors ist ein Dokument des Übergangs. Es handelt sich bei diesem herausragenden Band um eine Zusammenstellung von »Gelegenheitsgedichten« aus den für die Entwicklung des Schriftstellers so bedeutenden Jahren 1956 bis 1960. Grass hatte in Paris inzwischen seinen ersten Roman, *Die Blechtrommel* (1959), vollendet, einen weiteren – nun wieder zurückgekehrt nach Berlin – unter dem Arbeitstitel »Kartoffelschalen« bereits in Angriff genommen. Dieses Werk wurde nach der Auskopplung der Episoden-

Novelle *Katz und Maus* (1961) als *Hundejahre* (1963) abgeschlossen. Jene mit diesen ersten Hinweisen auf die erst sehr viel später so genannte *Danziger Trilogie* angedeuteten Veränderungen sind auch an der Arbeit des Lyrikers nicht spurlos vorbeigegangen. Die verstärkte Hinwendung zu prosanahen Strukturen in den nach wie vor betont rhythmischen Gedichten, die genauere zeitliche und örtliche Lokalisierung einzelner Werke, die zunehmende Berücksichtigung gesellschaftlich vermittelter Wirklichkeiten, die Thematisierung pragmatisch gelöster Konflikte zwischen privater und öffentlicher Sphäre, die Behandlung von Ehe- und Generationsproblemen und nicht zuletzt der wiederholte Versuch, die von Menschen gemachte Geschichte mit lyrischen Mitteln zu entdämonisieren – das sind die zumindest in Ansätzen unübersehbaren Folgen der hier skizzierten Entwicklung.

Bereits die Sammlung *Gleisdreieck* ist in diesem Sinne ein Plädoyer dafür, jenen mit den Verbrennungsöfen der Konzentrationslager assoziierten Gestank, »jene Fäulnis« (vgl. I, 114), zu benennen. Geschichtliche Tatsachen, insbesondere die mit kollektiven Schuldbekenntnissen, den sogenannten Persilscheinen, und die mit der fragwürdigen Gnade der späten Geburt bis heute oft verdrängten Gräueltaten der Hitlerzeit, werden hier poetisch benannt: »Wir wollen nun den Mund aufmachen,/ die schlimmen Goldzähne,/ die wir den Toten brachen und pflückten,/ auf Ämtern abliefern« (I, 114). Das in späteren Texten wiederholt in Stellvertreterfunktion genannte Konzentrationslager Auschwitz ist für Grass der

»Maßstab« (21, 56), der zumindest im Nachhinein nicht nur an die eigenen Werke angelegt wird.

Im Mittelpunkt der Bestandsaufnahmen steht erneut die sinnliche Erscheinungsweise der für den Menschen letztlich unüberschaubaren Welt. Unverkennbar ist der daraus resultierende »triomphe du charnel«[9] im subjektiven Akt der Anschauung, der die sprachlichen Zeichen durch die Andeutung einer Vielzahl möglicher Perspektiven bewusst in der Schwebe hält. Gegen die Sphäre des reinen Geistes, gegen die Flucht in substanzlose Abstraktionen und idealistisch fundierte Welterklärungs- bzw. globale Weltverbesserungskonzepte setzt der detailverliebte Lyriker willentlich die nur perspektivisch zu erfassenden Erscheinungen des alltäglichen Lebens. Paradoxe Argumentationsschemata, das Spiel mit Erwartungshaltungen und der kreative Rückgriff auf geschichtliche, mythische bzw. religiöse Muster dienen ihm zur Charakterisierung der durch unaufhebbare Widersprüche gekennzeichneten Wirklichkeit. Eine besondere Rolle spielen in diesem Zusammenhang wiederum die als sinnlich-konkrete Phänomene eingeführten Dinge des Alltags, die zu mehrdimensionalen Bedeutungsträgern avancieren. Viele der bereits in den *Windhühnern* verwendeten Motive, die vom Besonderen ausgehenden, sich zunehmend zum Allgemeinen hin öffnenden Spielmaterialien des Autors, werden erneut aufgegriffen und variiert. Das Sammelsurium seiner privatmythologischen Chiffren ist erneut zur Stelle.

Doch während in der sorgfältig abgegrenzten Traumwelt seines Debüts auf den ersten Blick keine Stolper-

bzw. Verletzungsgefahr für den Bewohner der künstlich ausgepolsterten Innenwelt des Ateliers besteht – »weil alles nachgibt« (1, 43) –, scheint das einige Jahre später auftretende Ich keineswegs gegen Blessuren gefeit zu sein: »Zumeist sind es ruhende Gegenstände,/ an denen sich montags/ mein Knie aufschlägt.« (1, 106) Der Dichter hat sein Reservat, seine sonntäglich-windstille Werkstatt auch auf die Gefahr hin verlassen, sich nunmehr außerhalb des Windschattens an alltäglichen Realitäten wundzustoßen, sich die Augen an der in dieser Sammlung sogar titelgebenden *Zugluft* (1, 109) zu entzünden. Unverkennbar ist der Wille, sich stärker als bisher den kantigen Wirklichkeiten, den harten Gegenständen der Außenwelt zu stellen, um den luftigen, himmlisch leichten Geschöpfen seiner Einbildungskraft die Flügel ein wenig zu stutzen. Seine Phantasie hat sich nunmehr verstärkt an dem zu erproben, was der Dichter gemeinhin die »stinkenden Realitäten« (vgl. 20, 188) nennt. Auf diesem Weg versucht er offenbar bewusster als zuvor, rein abstrakten bzw. völlig störungsfrei verlaufenden Höhenflügen, d. h. der »bodenlosen Phantasterei« (24, 256), vorzubeugen: »Immer lehnte ich ab,/ von einer schattenlosen Idee/ meinen schattenwerfenden Körper verletzen zu lassen.« (1, 106)

Die Phantasie-Hühner dieses Bandes fallen konsequenterweise etwas bodenständiger aus, damit sie nicht in himmlische Höhen entweichen, sich nicht einfach in Luft auflösen. Denn der ansonsten zu befürchtende Absturz aus den ideologischen Sphären des Geistes auf den harten Boden der Realität würde zweifellos ihr unrühmliches Ende bedeuten. Daraus ergibt sich für den Verfasser dieser Gedichte die Aufgabe, das Phantastische so exakt wie möglich zu beschreiben bzw. es mit nicht zu verleugnenden Tatsachen zu konfrontieren: »Je phantastischer der Einfall ist, um so genauer muß er belegt sein.« (24, 52) Seinem artistischen Talent verordnet der gereifte Poet – ein an begrifflich eindeutigen Erörterungen aber nach wie vor weitgehend uninteressierter, jederzeit verspielt-ironischer Zeuge in Sachen Dichtungstheorie – schwere »Bleigewichte« (22, 424). Der an jeder Patentlösung grundsätzlich zweifelnde Autor wettert dementsprechend gegen »Formverächter«, »inhaltsfeindliche Künstler« und modische Phrasendrescher im Kunstbetrieb. Er macht sich sowohl über die Zettelkastenmethoden epigonaler Pseudopoeten lustig als auch über die sterile Traumlaborästhetik marktgerechter, aufgesetzt schwermütiger oder klangverliebter Dekorateure. Und er setzt seinen »mißtrauischen Dialog« (20, 20) gegen die allwissenden Dichterpriester im Dienste des metaphysisch bedürftigen, bisweilen systematisch verdummten Volkes. Mit anderen Worten, Grass bemüht sich auch in seinem hier zitierten Grundsatzessay *Der Inhalt als Widerstand* (1957) darum – seine eigenen Anfänge als Lyriker karikierend –, paradoxe, auf ein undefinierbares Drittes zielende Argumentationsschemata zu entwickeln, Skepsis zu verbreiten und Misstrauen zu säen. Seine Helden legen im besten Fall noch immer den Finger in die Wunden, ohne dadurch bekehrt zu werden; sie bemühen sich durch das mürrische Abklopfen der geweißelten Außenwände eines jeden Mysteriums darum, allen dunklen Geheimnissen auf die Spur zu kommen; sie versuchen, alle vermeintlichen Wunder in geduldiger Handarbeit ins rechte Licht zu rücken, jede unaufgeklärte Idylle radikal zu entzaubern: »Wir wollen uns eine neue Muse stricken.« (20, 22)

Eine der elementaren Grundvoraussetzungen eines Künstlers, der diese Bezeichnung nach Grass tatsächlich verdient, ist die Bereitschaft zur permanenten Revision des einmal Geschaffenen. Der *Radiergummi* (2, 206 ff.) wird demzufolge zum Attribut seiner Arbeit als Zeichner und Lyriker: »Ich und mein Radiergummi, wir sind sehr fleißig,/ arbeiten Hand in Hand.« (2, 207) Von diesem »Teamwork« (2, 207) zwischen dem unternehmungslustigen Gummi und seinem Besitzer, das die produktive Bewegung zwischen Zerstörung und Aufbau garantiert, lebt jedes unter die Haut gehende Kunstwerk.

In *Racine läßt sein Wappen ändern* (1, 93 f.) wird dieses im Selbstverständnis des Schriftstellers notwendige Wechselspiel von »Schwan« und »Ratte«, von reiner Kunst und unreiner Wirklichkeit zum zentralen Thema. Für Grass sind die handfesten Realitäten nunmehr »der unvermeidliche Widerstand, der Vorwand für die Form« (20, 18 f.). Auch in anderen Texten der zweiten Lyriksammlung ist die hier zum Ausdruck kommende Akzentverschiebung im Programm des Autors deutlich zu erkennen. Diese Schwerpunktverlagerung könnte man pointiert als Entwicklung vom freien Spiel der dichterischen Einbildungskraft zum asketischen Spiel mit dem Inhalt als Widerstand (20, 18 ff.) umschreiben. Es ist jedoch zu betonen, dass es dem Schriftsteller in beiden antimetaphysischen Spielarten auf die »Entideologisierung« (vgl. 20, 26) des Weltbezugs ankommt.

Die Interdependenz von formal-ästhetischen und inhaltlichen Gesichtspunkten kommt besonders deutlich im nicht nur für viele Interpreten, sondern auch für den Dichter selbst programmatischen Gedicht *Askese* (1, 92) zum Ausdruck:

»Die Katze spricht.
Was spricht die Katze denn?
Du sollst mit einem spitzen Blei
die Bräute und den Schnee schattieren,
du sollst die graue Farbe lieben,
unter bewölktem Himmel sein.

Die Katze spricht.
Was spricht die Katze denn?
Du sollst dich mit dem Abendblatt,
in Sacktuch wie Kartoffeln kleiden
und diesen Anzug immer wieder wenden
und nie in neuem Anzug sein.

Die Katze spricht.
Was spricht die Katze denn?
Du solltest die Marine streichen,
die Kirschen, Mohn und Nasenbluten,
auch jene Fahne sollst du streichen
und Asche auf Geranien streun.

Du sollst, so spricht die Katze weiter,
nur noch von Nieren, Milz und Leber,
von atemloser saurer Lunge,
vom Seich der Nieren, ungewässert,
von alter Milz und zäher Leber,
aus grauem Topf: So sollst du leben.

Und an die Wand, wo früher pausenlos
das grüne Bild das Grüne wiederkäute,
sollst du mit deinem spitzen Blei
Askese schreiben, schreib: Askese.
So spricht die Katze: Schreib Askese.«

Es ist im Grunde von sekundärer Bedeutung, welche konkreten Assoziationen sich zu den in fünf Strophen referierten »Geboten« der gottvaterähnlichen Katze im Einzelnen einstellen. Denkbar sind Beziehungen zwischen übertriebenem Nationalgefühl und militärischer Gewalt, die Flucht in private Liebesabenteuer, besinnungslose Rauschzustände, biedermeierliche Scheinidyllen oder religiös inspirierte Ekstasen jeder Art. Die Überlagerung verschiedener Bedeutungsebenen macht eine genaue Festlegung unmöglich. Doch in der Farbmetaphorik des Textes versteckt sich ein alle Anspielungen bündelnder Aspekt: die Verführbarkeit der Menschen, ihre Sehnsucht nach bunten, d. h. attraktiven Erlösungsmodellen, denen es nach Ansicht der hier das Wort führenden »Katze Erinnerung« zu widerstehen gilt: »aus grauem Topf: so sollst du leben«. Die Protagonistin des Gedichts misstraut ebenso wie ihr Erfinder – der in seiner rückblickend Zusammenhänge knüpfenden Rede *Schreiben nach Auschwitz* betont, dass er ihre Gebote ausdrücklich als die seinen verstanden wissen möchte (22, 422 ff.) – allen verführerischen Heilsangeboten jeglicher Couleur und jeder Schwarzweißmalerei, wenn diese fatale Folgen zeitigenden Versprechen nicht zugleich mit dem Grauschleier des Zweifels überzogen werden. Die Katze schlägt damit den für Grass »bestimmenden Grundwert Grau an« (22, 422), der angesichts der Asche, die an die Toten aus den KZ-Krematorien gemahnt, den Verzicht auf alle farbenfrohen Paradiesversprechungen impliziert:

»Und obendrein verlangte dieses Gebot Reichtum neuer Art: Mit den Mitteln beschädigter Sprache sollte die erbärmliche Schönheit aller erkennbaren Graustufungen gefeiert werden. [...] Also raus aus der blaustichigen Innerlichkeit. Weg mit den sich blumig plusternden Genitivmetaphern, Verzicht auf angerilkte Irgendwie-Stimmungen und den gepflegten literarischen Kammerton. Askese, das hieß Mißtrauen allem Klingklang gegenüber, jenen lyrischen Zeitlosigkeiten der Naturmystiker, die in den fünfziger Jahren ihre Kleingärten bestellten und – gereimt wie ungereimt – den Schullesebüchern zu wertneutraler Sinngebung verhalfen. Askese hieß aber auch, seinen Standort zu bestimmen.« (22, 424 f.)

»Ascèse«[10], die tägliche Anstrengung des schöpferischen Menschen im Bewusstsein um die Absurdität des Daseins, ist nicht nur die zentrale Losung im Umgang mit der Sprache, also nicht nur ein Schreib-, sondern zugleich ein Denk- und Lebensstil. Mit anderen Worten, erst wenn man diese Zielsetzung des Autors mit dem omnipräsenten Ideologieverdacht von der formal-ästhetischen Ebene auf das hier zum Ausdruck kommende Weltverständnis ausweitet, ist das Grundmotiv seines lyrischen Sprechens genannt. Das mit dem Sprachkunstwerk anvisierte Lebensgefühl verweist damit keineswegs nur auf die poetologische Diskussion der fünfziger Jahre, es evoziert gleichzeitig die hinter diesen Fragen stehenden philosophisch-weltanschaulichen Implikationen, in diesem Kontext insbesondere Theodor W. Adornos kritische Maximen und seine *Reflexionen aus dem beschädigten Leben* (1951) sowie den für viele Intellektuelle der Nachkriegszeit richtungsweisenden Streit zwischen Albert Camus und Jean-Paul Sartre.

Grass stellt sich in dieser Auseinandersetzung um philosophische, ästhetische und politische Grundsatzfragen unmissverständlich auf die Seite Camus'. Er wählt das poetische Verfahren der künstlerischen Askese, um gegen das (Un-)Veränderbare zu revoltieren. Der Autor, der sich schon frühzeitig den vermeintlich sinnlosen Tätigkeiten, die er als eigentlich menschliche Tugenden schätzt (vgl. 20,18), verschrieben hat, lässt dementsprechend die welterfahrene und darum prinzipiell skeptische »Katze« sein bis zuletzt aktuelles Glaubensbekenntnis verkünden. Sie wendet sich sowohl gegen die trügerischen Hoffnungen ihrer heilsversessenen und erlösungshungrigen Adressaten als auch implizit gegen alle absolut gesetzten Welterklärungssysteme. Ihre Maßstäbe setzenden Gebotstafeln, die jede Transzendierung des Irdischen durch christliche Sublimierungsaskese oder andere Vergewaltigungen der menschlichen Natur ausschließen, dienen in diesem Kontext als Regulative der poetischen Einbildungskraft: »Es galt, den absoluten Größen, dem ideologischen Weiß oder Schwarz abzuschwören, dem Glauben Platzverweis zu erteilen und nur noch auf Zweifel zu setzen, der alles und selbst den Regenbogen graustichig werden ließ.« (22, 424)

Im Gegensatz zu Kant, der sich mit seinen »Postulaten« trotz aller Erkenntniskritik ein Hintertürchen in Glaubensfragen offenhält, ist Grass nicht bereit, seine antidogmatisch-ironische Position bzw. sein universell zu begreifendes »Prinzip Zweifel« aufzugeben. Er setzt dagegen, ganz im Sinne des trotzigen Steinewälzers – die philosophische Figur, die der Schriftsteller bis zu seinem Tod immer wieder beschwört –, auf »la raison lucide qui constate ses limites«[11]. Dort, wo dem Glauben die rote Karte gezeigt und selbst das farbenfrohe Zeichen des Bundes zwischen Himmel und Erde in Frage gestellt wird, kann kein Gefühl der Geborgenheit mehr aufkommen. Im Gegenteil: Den Menschen im Zeitalter der transzendentalen Obdachlosigkeit fehlt ein Sicherheit spendendes Dach über dem Kopf. Hinweise auf einen messianischen Lebenswegbegleiter fehlen: »Es ist ein Loch, das uns begleitet,/ ein Amboß ohne Widerspruch,/ ein Papagei, der am Karfreitag schrie« (1, 129). Das »Loch in der Schöpfung« (3, 7), ein für viele Grass-Texte zentrales Motiv, ist demnach auch in der Sammlung *Gleisdreieck* nicht zu stopfen. Der perspektivische Charakter jeder Wahrnehmung und die damit implizierte Relativität scheinbar feststehender Einschätzungen und Wertsetzungen machen vielmehr deutlich: Misstrauen gegen apodiktische Urteile, auch gegen solche, die in diesen Texten ausgesprochen werden, ist jederzeit angebracht. Die Ungewissheit über verlässliche Antworten stellt eine notwendige Konsequenz aus der mittlerweile auch erkenntnistheoretisch fundierten Skepsis des Autors dar, der den existentiell zu denkenden Zweifel zum Strukturprinzip seiner Dichtung erhebt.

Denn die guten alten Zeiten, in denen jedermann noch zuverlässig davon ausgehen konnte, unter der Obhut eines gerechten Gottes zu stehen, bei dem er jederzeit »Zuflucht« finden kann (Ps 62,8), sind offensichtlich vorbei. Hier herrscht der von Menschen erfundene Mythos vom bösen Demiurgen-Gott, der seine Kinder frisst. Das aus existentiellen Verunsicherungsprozessen resultierende, plötzlich alle Lebensbereiche erfassende Fremdheitserlebnis hat Grass zum Thema des in diesem Kontext zentralen Gedichts mit dem Titel *Saturn* (1, 123 f.) erhoben. Seine zentrale Botschaft lautet: Für den Menschen, der aus der Routine des Alltags heraustritt, werden die banalsten Tätigkeiten wie das Aufschließen einer Tür oder das Ausziehen der Schuhe zu Zeichen für die absurde Dimension des Daseins und damit zum Anfang einer Bewusstseinsregung. Mit der radikalen Verunsicherung kommt gleichzeitig ein Gefühl der Bedrohung auf, ein nicht mehr rückgängig zu machender Prozess. Dem lebenslustigen Melancholiker bleibt offenbar nichts anderes übrig, als rauchend darauf zu warten, dass der saure, jenseits von Gut und Böse agierende »Himmelsathlet« (2, 211) sich seiner von saturnischen Bleigewichten bedrückten Seele schließlich erbarmt. Den vielen, auch in diesem Text nicht endgültig zu klärenden Fragen steht nur eine einzige Gewissheit gegenüber: Am Ende erwartet alle Menschen der Tod. Bis dahin sind zumindest die in diesen Gedichten auftretenden Protagonisten gezwungen, mit unaufhebbaren Widersprüchen zu leben, das absurde Dasein in der Zeit auf sich zu nehmen, ein ruheloses Leben im geschlossenen Weltenei zu führen, ohne jemals zu wissen, ob und von wem sie in welcher Absicht behütet bzw. gebrütet, be- bzw. gekocht werden:

»Wir leben im Ei.
Die Innenseite der Schale
haben wir mit unanständigen Zeichnungen
und den Vornamen unserer Feinde bekritzelt.
Wir werden gebrütet.

Wer uns auch brütet,
unseren Bleistift brütet er mit.
Ausgeschlüpft eines Tages,
werden wir uns sofort
ein Bildnis des Brütenden machen.

Wir nehmen an, daß wir gebrütet werden.
Wir stellen uns ein gutmütiges Geflügel vor
und schreiben Schulaufsätze
über Farbe und Rasse
der uns brütenden Henne.

Wann schlüpfen wir aus?
Unsere Propheten im Ei
streiten sich für mittelmäßige Bezahlung
über die Dauer der Brutzeit.
Sie nehmen einen Tag X an.

Aus Langeweile und echtem Bedürfnis
haben wir Brutkästen erfunden.
Wir sorgen uns sehr um unseren Nachwuchs im Ei.
Gerne würden wir jener, die über uns wacht,
unser Patent empfehlen.

Wir aber haben ein Dach überm Kopf.
Senile Küken,
Embryos mit Sprachkenntnissen
reden den ganzen Tag
und besprechen noch ihre Träume.

Und wenn wir nun nicht gebrütet werden?
Wenn diese Schale niemals ein Loch bekommt?
Wenn unser Horizont nur der Horizont
unserer Kritzeleien ist und auch bleiben wird?
Wir hoffen, daß wir gebrütet werden.

Wenn wir auch nur noch vom Brüten reden,
bleibt doch zu befürchten, daß jemand,
außerhalb unserer Schale, Hunger verspürt,
uns in die Pfanne haut und mit Salz bestreut. –
Was machen wir dann, ihr Brüder im Ei?« (1, 78 f.)

Der in seiner Aussagekraft über die weltanschauliche, geschichtsphilosophische und ästhetische Position des Autors Günter Grass kaum zu überschätzende Text – *Im Ei* war zunächst als Titelgedicht vorgesehen und knüpft motivisch unter anderem an das Ringelnatz-Gedicht *O Welt in einem Ei* an[12] – fasst die erkenntniskritischen Aspekte komprimiert zusammen. Hier wird die traditionsreiche Frage nach einer möglichen Transzendenz und damit nach dem Verhältnis von Gott, Welt und Mensch auf erfrischend unkonventionelle Weise gestellt. Henne, Ei und Eibewohner dienen dem Autor in diesem Gedicht dazu, dem Problem der für alle streng Gläubigen metaphysischen Trinität auf seine humorvoll-skeptische Art nachzugehen. Zunächst scheint alles in bester Ordnung zu sein. Ein gutmütiges Geflügel wacht über seine Schutzbefohlenen. Doch von Strophe zu Strophe wird diese vom lyrischen Ich wohl nie ganz ernst genommene Weltinterpretation mehr und mehr in Zweifel gezogen. Die Gewissheit entpuppt sich als reine Spekulation und naives Wunschdenken (»wir nehmen an, daß wir gebrütet werden«), bevor sie in der letzten Strophe ganz in eine Haltung des fragenden Zweifels übergeht. Der theologisch ausgerichteten Weltsicht wird eine sich im säkularisierten Bild manifestierende Ansicht entgegengestellt, ohne dass damit eine Antwort gegeben oder Alternativen aufgezeigt worden wären. Niemand weiß, wie lange die Brutzeit noch dauern wird oder »ob dieses jahrhundertelange Brüten nicht endlich doch zum Selbstzweck« (4, 238) wird bzw. längst geworden ist. Vielleicht werden »wir« also gar nicht gebrütet oder – wenn doch – nicht von einem strahlend weißen, sondern von einem bunten bzw. bedrohlich schwarzen Federvieh, was dann?

Das Gedicht verharrt in der Frage. Es demonstriert, dass es den »Küken im Ei« nicht möglich ist, zu sicheren Aussagen oder absolute Gültigkeit beanspruchenden Einschätzungen ihrer unaufhebbar vernebelten Lage zu kommen. Alle Eibewohner werden auf ihre eigenen Traum- bzw. Hirngespinste über und unter der Gürtellinie zurückgeworfen. Derjenige, der an nichts mehr glaubt, sorgt in diesem Gefängnis aus Langeweile für Brutkästen, die zumindest den Nachwuchs, also das Überleben der Gattung, das Werden im Ei garantieren. Andere hoffen dagegen noch immer aus echtem, aber unbefriedigtem Bedürfnis, dass die Schale eines wunderschönen Tages doch aufspringt und eine befreiende Wahrheit ans Licht der »eiförmigen Welt« (6, 365) kommt.

Aber die bislang entwickelten, offensichtlich untauglichen Patente der Menschen vermögen keine optimistisch stimmenden Ausblicke zu eröffnen. Das lyrische Ich bietet dem Leser lediglich einen Katalog von Möglichkeiten, die allesamt in der Schwebe bleiben. Das vom Autor gesetzte Ich kann keinen festen Standpunkt beziehen, keine unerschütterlichen Postulate verkünden. Es bleibt ebenso wie seine Brüder im Ei lebenslänglich im unauflöslichen Spannungsfeld von Ungewissheit über den angenommenen Tag des Ausschlüpfens bzw. die Gut- oder Bösartigkeit der sie vermutlich brütenden Henne gefangen. Und es gibt nicht vor, den Sinn oder den Zweck der Eigeschichte zu durchschauen. Der Erkenntnishorizont der Eibewohner bleibt stets der begrenzte

Horizont ihrer Kritzeleien. In diesem Bewusstsein macht sich das Ich über die psychologischen Erklärungsmodelle und die Adventismen seiner leichtgläubigen Mitgefangenen sowie über die gleichfalls dort ansässigen Propheten der Eschatologie lustig, die vorgeben, einen Weltgerichtstag X verkünden zu können. Und diese Unheilsgeschichte wird wohl auch, das suggeriert jedenfalls ein Zitat aus *Vonne Endlichkeit* (2015), nie enden:

»Doch da wir seit jüngst verstrichener Zeit auf diese oder jene erklügelte Weise fähig sind, die uns umschließende Schale eigenhändig zu sprengen, sprießen in meinem Gärtchen allerlei Ängste als Unkraut: Keinen außerirdischen Mutwillen braucht es – oder gar gottgewollten Appetit –, um aus uns Rührei zu machen.

Selbst wenn wir eines Tages so gewitzt sein sollten, den Legeprozeß zu rationalisieren, also das würfelförmige Huhn und ihm entsprechende Eier zu züchten, werden wir dieser neuen Produkte, so marktgerecht sie den Verbrauch steigern mögen, bald überdrüssig sein und zerstören, was uns in Gestalt dünnwandiger Kuben ein wenig Sicherheit verheißen hatte.« (2, 361)

Zukunftsmusik? Nachzulesen ist, das fiktive Ich entwirft schon in diesem frühen geschichts- und transzendentalphilosophischen Grundsatzgedicht mit dem Titel *Im Ei* ein absurdes Weltbild ohne Gott. Der Lyriker stellt sich und seinen Lesern die aus epistemologischer Sicht zentralen Fragen nach den Möglichkeiten bzw. den Grenzen der menschlichen Vernunft und damit nach den

Bedingungen der Möglichkeit von Heilslehren, ohne abschließende Antworten geben zu können. Die Verschärfung der cartesianischen Fragestellung, die über Kant, Schopenhauer und Nietzsche hin zu Camus' Philosophie des Absurden führt, eine für das Schaffen des Autors Grass prägende Traditionslinie, kennzeichnet die hier ins lyrische Bild gesetzte Problematik.

Ausgefragt

Diese Sammlung aus dem Jahre 1967 ist ein mit Rück- und Ausblicken durchsetztes Buch der Inventur. Der Wortkünstler zieht eine lyrische Zwischenbilanz vor dem Hintergrund seiner politischen Aktivitäten als engagierter Bürger und Wahlkämpfer für die SPD. Unmittelbar ins Auge fallen insbesondere die thematischen Auswirkungen seines parteipolitischen Engagements in den zurückliegenden Jahren, ohne dass alle Werke von den mit seiner Doppelrolle verknüpften Entwicklungen geprägt wurden. Die neuen Themenschwerpunkte sind jedoch nicht zu übersehen: »die Alltags-, Ehe- und Erinnerungsthematik, die Problematik des Schreibens und der ›schiefen‹ Schönheit und schließlich von literarischem Engagement und politischer Ohnmacht«[13].

Darüber hinaus hat die sich parallel zur Zeitgeschichte entwickelnde »Tendenz des Schriftstellers zur Zeitanalyse«[14], die kritische Auseinandersetzung mit dem tagespolitischen Geschehen – Politikernamen, Hinweise auf weltpolitische Konflikte und die Verarbeitung von Wahlkampfreiseerfahrungen sind keine Seltenheit –, die Atmosphäre dieser poetischen Reflexionen grundlegend verändert. Die Sprache des politisierten Lyrikers drängt aus der Metapher heraus, sie ist nüchterner geworden. So finden sich zwar auch in diesem Band unbeantwortete Fragen in Hülle und Fülle, doch ihre Stoßrichtung hat sich verschoben. Seinen liebgewonnenen Zeichen bleibt der Autor auf der Suche nach neuen Variationen dagegen weitgehend verpflichtet. Es ist allerdings zu beobachten, dass viele der bereits in anderen Textzusammenhängen eingeführten Bild- und Motivkomplexe in dieser Sammlung an Vielschichtigkeit, die Bezugsnetze an Dichte verlieren. Zu beobachten ist ferner, dass die sich in den vorangehenden Lyrikbänden herauskristallisierende, in der Regel sehr differenzierte Auseinandersetzung mit philosophischen bzw. religiösen Traditionshintergründen in dem Maße abnimmt, in dem die moralisch-didaktische Wirkungsabsicht der Gedichte steigt. Dass die zunehmende Annäherung von politischer und ästhetischer Praxis nicht ganz spurlos an diesen Werken vorbeigegangen ist, räumt in diesem Fall selbst der ansonsten sorgfältig auf die gewichtigen Unterschiede zwischen Ästhetik und Parteipolitik bedachte Autor ein. In der Tat: Es wird sich zeigen, dass Grass seiner eigenen Forderung, Literatur und Wahlkampfengagement aus guten Gründen getrennt zu halten (vgl. u. a. 24, 34 und 133 f.), in dieser Sammlung nicht immer gerecht geworden ist.

Das einleitende Titelgedicht (I, 135) beansprucht zweifellos richtungsweisenden Charakter. In diesem Text wird der explizit »fragwürdige« Versuch unternommen, die literarische und die politische Dimension zurückblickend miteinander in Einklang zu bringen. *Ausgefragt* beginnt dementsprechend mit einer selbstkritischen Bestandsaufnahme, dem poetischen Versuch einer vorläufigen Standortbestimmung. Das ästhetische Konstrukt erscheint als Mittel der eingehenden Selbstbefragung nach einer Phase, die von primär außerliterarischen Arbeiten geprägt wurde. Das fiktive Autor-Ich steht Rede und Antwort, es setzt sich, so der Anspruch, einer möglichst kompromisslosen Selbstüberprüfung aus, legt Rechenschaft ab und stellt sich selbst in Frage: Was kann ich wissen? Was soll ich tun? Was darf ich hoffen? Im Zentrum dieser Selbstüberprüfung stehen die Reflexionen über persönliche Erfahrungen und politische Aktivitäten des Schriftstellers – »Arbeit ohne Netz« (1, 135) –, die Grenzen der menschlichen Erkenntnisfähigkeit, seine bereits enttäuschten Hoffnungen und zukünftigen Erwartungen sowie die aus diesen Prämissen resultierenden Konsequenzen für die Poetologie der vorliegenden Gedichte.

Nach dem »Salto« des Bürgers auf dem legislaturperiodenlang gespannten Hochseil der Politik geht der Künstler in sich, um hinter sein Tun bzw. sein Wollen lyrische Fragezeichen zu setzen. Er weiß allerdings, wie schwer es sein kann, »den Schnitt/ zwischen davor und danach zu ermitteln« (2, 225). Nachdem Grass sich in Ausübung des pragmatischen Geschäfts der Politiker bewusst »schmutzig« gemacht hat, scheint das lyrische Ich nun offensichtlich das Bedürfnis nach Reinigung zu verspüren, ohne dass der Autor seine Hände nachträglich in

Unschuld waschen oder sie zukünftig tatenlos in den Schoß legen möchte.

Weitgehend schonungslos gibt er dem Leser Auskunft über seine permanent präsenten Bedenken gegen das eigene politische Engagement, seine Hochgefühle und Krisen, über Teilerfolge und Verluste, innere Wut und äußere Widerstände, über unüberwindbare Widersprüche zwischen dem skeptischen Kopf und der handelnden Faust sowie dem »guten Zweck«, der angeblich jedes Mittel heiligt: »Und deine Hoffnung? – Log die Wüste grün«. Was bleibt, sind nicht etwa »Glaube, Hoffnung, Liebe, diese drei« (1 Kor 13,13), sondern »Zorn, Ärger und Wut« (1, 178). Und die Wut ist die größte unter ihnen.

Doch trotz allem, selbst wider besseres Wissen, besteht zumindest für das lyrische Ich kein Grund zur Resignation oder zur melancholischen Gleichgültigkeit. Es will nicht warten, bis ausschließlich die Schwarze Galle den Rhythmus der Texte diktiert, sondern permanent neu ansetzen, um zu erkennen, was sich anschauen lässt. Auf das nicht erkennbare Ganze bedacht, nimmt der sich sammelnde Schreiber den Kampf gegen die Zerstreuung auf, ohne sich in »kurzatmigen Revolten« zu erschöpfen. Hier hat sich also erneut jemand dem langen Atem der gegen die Zeit kämpfenden Helden verschrieben. Geduldig reiht und ordnet der Schriftsteller vereinzelte Silben, Satzfragmente, unzusammenhängende Gedanken und ins Leere weisende Wortspiele. Der illusionslose Resteverwerter im vielleicht sinn-, aber keineswegs geschichtslosen Vakuum konfrontiert seine Leser auf kurvenreichem Wege mit dem erlebten bzw. angelesenen Chaos, allerdings »in verbesserter Ausführung« (1, 141), um das Ungenaue möglichst genau zu treffen. So entsteht ein Lyrik-Mosaik jenseits des Raum-Zeit-Kontinuums, eine Montage, die zusammengesetzt wird, um sogleich wieder in die Grundelemente neuer Formen zerlegt zu werden. Ein für alle Mal feststehende Tatsachen oder gesicherte Erkenntnisse gibt es in der vom revisionsbereiten Zeichensetzer beschriebenen Werkstatt »Welt« nicht. Das spannungsgeladene Ganze bleibt Stückwerk. Das nach wie vor an den Radiergummi glaubende Ich erhebt den nicht aufzuhebenden Zwiespalt zum Strukturmerkmal seiner Werke. Ein Ende des aus diesem Ansatz resultierenden Auflösungs- und Aufbauprozesses – das ewige »Stirb und werde« – ist aus der Perspektive des künstlerisch tätigen Beobachters weder wünschenswert noch zu erwarten. Das Grundsatzgedicht zur Grass'schen Poetik mit dem Titel *Schreiben* (1, 140 f.) schließt konsequenterweise mit einem auf Zukunft setzenden Doppelpunkt ab.

Denn Stoff für anregende Geschichten gibt es jederzeit in Hülle und Fülle. Den auf bewegliche Anschauungsformen versessenen Lyriker interessieren darüber hinaus nach wie vor alle Formen der sinnlichen Erkenntnisarbeit und also alle Spielarten der Liebe. Das von Frühlingsgelüsten umgetriebene Ich nimmt demzufolge kein beschönigendes Blatt vor den Mund, es bringt sein irdisches Verlangen auf den Punkt:

»als ich [...] die Fotzen heilig sprach,/ als meine Finger läufig wurden/ und längs den Buden jedes Astloch deckten,/ als ich die Automaten, bis game over,/ bei kleinen Stößen Klingeln lehrte,/ [...] als ich ein Ohr besprang, um Ablaß bat:/ Zu trocken sind die Engel und zu eng! –/ als nur noch Kopfstand mir Vokabeln gab:/ Ich liebe dich. Ich liebe dich.« (1, 210 f.)

Bei aller Liebe, der ambitionierte Künstler mit dem unverkennbaren Hang zum scheinheiligen Spiel mit Metaphern im Umfeld religiös-erotischer Ekstase öffnet den Lesern abschließend auch hier nicht etwa den Eingang in den für andere erlösenden Schoß der Kirche; er ermöglicht ihnen jedoch den unverschleierten Blick auf eine gezeichnete Vulva, das detailgenau erfasste Objekt seiner Begierde. Nur sie, so bleibt zu vermuten, repräsentiert aus seiner – fernab des Dogmas der »unbefleckten Empfängnis« anzusiedelnden – Perspektive einen »dritten Ort« (2, 225), an dem es zeitweilig gelingen könnte, die schmerzhaften, nie ganz verheilenden, immer wieder aufbrechenden Wunden für bewusstlose Augenblicke zu vergessen. Nur auf verunreinigten Bettlaken oder in »feuchtbestellter Scham« findet der rastlos Umhergetriebene zumindest kurzzeitig Geborgenheit, Momente der Ruhe auf der alltäglichen Flucht: »Ich hab genug. Komm. Zieh dich aus« (1, 211).

Das fiktive Ich bekennt sich darüber hinaus zur Lust am humorvollen, ganz und gar zwecklosen Unsinn, zur »falschen«, gegen alle zweckorientierten Regeln verstoßenden »Schönheit« (1, 209): »Alles Schöne ist schief.« (1, 139) Zum wegweisenden »Maß« (1, 151) im lyrisch-weltanschaulichen Protest gegen »Stechschritt und Parademarsch« (1, 192) wird dem Dichter die sich im Marmordenkmal manifestierende Verbeugung eines Musikers, dessen Schulter schon zu Lebzeiten »hinkte« (1, 151), das mehrfach gestörte Ebenmaß einer schrägen, sich schieflachenden Figur oder auch der allzu früh gestorbene Regisseur Walter Henn (1, 152 f.), dem Grass auch die *Hundejahre* widmet. Er verkörpert den Typus des kreativen Lebenskünstlers, der es versteht, sich seine Mobilität zu bewahren und jede Symmetrie zu zerlächeln. Doch selbst diesen rastlosen, keineswegs einseitig idealisierten Menschen ist natürlich der von außen diktierte Schluss sicher, auch ihre an den Leib gebundene Seele ist sterblich. Alles, was die ruhelosen Künstlernaturen zurücklassen, sind ihre Werke und ein durch nichts auszufüllendes »Loch«, das die Unruhe der zurückgebliebenen Freunde noch steigert. Der tröstende Glaube an ein Jenseits fehlt. Vom Nachleben toter Fische in der Pfanne – »Gott lebt! Gott lebt!/ und krümmt sich kategorisch« (1, 159) – und von dubiosen Heilsboten, die vorgeben, zu wissen, wie man das menschliche Leid überwinden kann, wird dagegen in *Ausgefragt* sehr ausführlich berichtet.

Die Grenzen zwischen dem politisch-moralischen und dem literarischen Engagement sind gerade in den Gedichten dieser Werkgruppe fließend, zumal der Lyriker die auch vom Wahlredner ständig wiederholten Motive aufgreift. Zum Beispiel: *NEUE MYSTIK oder: Ein kleiner Ausblick auf die utopischen Verhältnisse nach der vorläufig allerletzten Kulturrevolution* (1, 190 f.); als einer der im Abseits stehenden Skeptiker, die sich weder ihre Ideologiekritik noch ihren hin und wieder Kopfschmerzen bereitenden Zweifel ausreden lassen wollen, macht sich der satirische, alle übermenschlichen Erlösungskonzepte kurzerhand in einen Topf werfende Protagonist dieses Textes über die Beglückungslehren jeglicher Konfession lustig. Sein Standpunkt ist klar. Auch die angebotene Alternative lässt an Eindeutigkeit nichts zu wünschen übrig: »ich rat Euch, Es-Pe-De zu wählen« (1, 193). Denn noch immer speisen übelriechende, d. h. aus philosophischen Abstrakta und Kasernenhofjargonausdrücken zusammengerührte »Sprachabwässer« das gesamtdeutsche »Sein« (1, 189). Nach wie vor wird die nationalsozialistische Vergangenheit der deutschen Bauleiter schlichtweg einbetoniert. Wie eh und je werfen dunkle Wolken ihren Schatten auf das geteilte »Heideggerland« (1, 189), den erneut in voller Blüte stehenden »Krautgarten des Irrationalismus« (21, 55) diesseits und jenseits der Mauer. Mit anderen Worten, wenn ästhetische Kriterien in den Hintergrund treten, entsteht »Gebrauchslyrik« (14, 20). Und selbst wenn sich der Befürworter des anregenden Wechselspiels zwischen den Extrempositionen als kompromisslos »Jein« sagender Verfechter der SPD-Kunst des Möglichen stets ein Hintertürchen zur Kammer des künstlerisch tätigen Narren offenhält, bleibt insbesondere im Kontext der gegen den Studentenprotest gerichteten Werke dieses Bandes (vgl. 1, 160) festzuhalten: Die in den vorangegangenen Sammlungen zu bewundernde Bedeutungsvielfalt der um aschgraue Suppen aus bleischweren Töpfen kreisenden Motive geht in diesen Gedichten zum tagespolitischen Geschehen hin und wieder verloren. Insbesondere der unter dem Titel »Zorn

Ärger Wut« (1, 177) zusammengebraute Lyrik-Eintopf des Dichter-Kochs, der zuvor schon gehaltvoller serviert wurde, ist in einigen Versgruppen zur geschmacklosen Polemik verkocht.

Seinen weltanschaulichen Prinzipien bleibt der agile Zeitgenosse demgegenüber auch in *Ausgefragt* verpflichtet. Grass, der sich in der Rede über seinen Lehrer Döblin aus dem Jahre 1967 zu jenem Romancier bekannte, der, »bevor er von Kierkegaard herkam, von Charles de Coster hergekommen war« (20, 311), versagt nach wie vor all denen seine Gefolgschaft, die nach einer Phase der rückhaltlosen Suche plötzlich glauben, das erlösende Ziel für sich und andere gefunden zu haben. Weder der als »klein, nervös, sprunghaft« (20, 310) und kurzsichtig vorgestellte Lehrmeister Döblin, der nach seiner Kierkegaard-Lektüre das ästhetische Stadium hinter sich ließ und unaufhaltsam begann, »zuerst Christ, dann Katholik zu werden« (20, 312)[15], noch der mit großen Hoffnungen in die Kommunistische Partei Schwedens eingetretene Schriftsteller Peter Weiss können den »Delphin« davon überzeugen, einen ähnlichen Weg einzuschlagen:

»Ich, gelehrig, sah im Sprung meinen Lehrer:
den Konvertiten hinter dem Mikrofon.
Hörte ihn abschwören und zerlachte ihm seine Beichte.
Schülergelächter, Delphinengelächter.
Er stülpte sich um, lächerlich um:
Damals war ich, heute bin ich.
Doch als er altbackenen Kuchen erbrochen
und frische Semmel getischt hatte,

als Saulus, gleich nach der Häutung,
in mir – ich sprang! –
den belehrbaren Delphin entdeckte,
als ich dran glauben sollte, dran glauben sollte,
säuerte Angst mein Gelächter:
Ich sicherte den Ausgang,
tauchte und schwamm mich frei.« (1, 168)

Für alle Freunde von verschlungenen Um- und Abwegen ist und bleibt der zielstrebige »Sprung« in den Glauben ein »peinlicher Vorfall«, von dem auch der Döblin-Schüler Brecht sein lyrisches Lied zu singen wusste. Das fiktive Ich dieses Grass-Gedichts sieht allerdings keinen Königsweg, der aus dem Dilemma herausführen könnte. Der durch seine persönlichen Erfahrungen und die deutsche Ideologiegeschichte Belehrte bevorzugt es offenbar, unter den Fangnetzen aller denkbaren Menschenfischer hinwegzutauchen (Mt 4,19), sich nicht einfangen zu lassen, dritte Ausgänge zu sichern und zwischen allen Angeboten hindurch immer wieder ins Freie zu schwimmen, denn »wer springt, fällt in Gnade« (1, 167).

Der dichtende Wahlkämpfer tut in den sechziger Jahren demgegenüber das aus seiner Sicht »Selbstverständliche«. Grass erweist der »Realität seine Reverenz« (20, 188), selbst auf die Gefahr hin, sich und andere bei dieser »politischen Sisyphosarbeit« (24, 119) hin und wieder zu verletzen: »Ihr Utopisten und Sektierer in Eurem schönen, windstillen Gehäuse: Tretet vor die Tür! Stoßt Euch Knie und Stirn wund an unserer Realität!« (20, 142) Mit den kleinen, ohnehin nicht zu vermeidenden Wunden lässt es sich nach seiner Überzeugung besser leben als mit der bodenlosen Ernüchterung nach dem flüchtigen Rausch: »Wer Bauchläden voller Lösungen bot,/ singt jetzt die Leere an,/ bis sie Mode wird. [...] Was spielen wir jetzt?« (2, 223)

Mariazuehren

Der 1973 erschienene Kunstband – eine formbewusste Collage aus (handschriftlichen) Texten und (technisch reproduzierten) Bildern – vereint Fotografien von Maria Rama sowie Graphiken, kalligraphische Spielereien und ein längeres Gedicht des auf haltbare Werke bedachten Zeichenkünstlers Günter Grass (1, 215 ff.): Der die winterliche Erstarrung überwindende Frühling bringt beeindruckende Zeichen der Wiederbelebung und kraftvolle Bewegungen mit sich. Keimende, vor Lebenskraft strotzende Kartoffeln, grün ausschlagende Weiden, landeinwärts ziehende Wolken sowie der schnelle Wechsel von Sonnenlicht und Schatten zeugen einleitend vom Aufbruch der Natur. Die legendären Bedeutungen legt erst der Mensch selbst als Betrachter dieser Szenerie in die beobachteten Prozesse hinein.

Die Entwicklung verläuft von den »geilen« Frühlingsgefühlen der ersten Strophe bis zur »Gräte der Gräte«, dem gedoppelten Memento mori, in der letzten. Ein Kunstwerk mehr über das Leben und die Liebe von der Geburt bis zum Tod. Die hier getroffene Auswahl bezeichnender Augenblicke bleibt willkürlich – »schau, was ich wegließ« –, ein subjektiver, teils systematisch arrangierter, teils zufälliger Ausschnitt, ein Teil vom sich stetig wandelnden, beständig neu zusammengesetzten »Ganzen«: »Jetzt bin ich fünfundvierzig und noch immer erstaunt«. Angeregt durch das ihn faszinierende Naturschauspiel an den Ufern der Elbe, scheint der philosophierende Motivsucher darum bemüht zu sein, sich erneut, ohne das »reine Weltauge« zu verkörpern, auf die beweglichen Realitäten in ihren vielfältigen äußeren und inneren Erscheinungsformen einzulassen. Der sinnenfrohe Phänomenologe möchte genau hinsehen, bevor das Geschaute auf nicht eindeutig feststehende Begriffe gebracht wird. In *Mariazuehren* wird demnach – philosophiegeschichtlich betrachtet in der Nachfolge Schopenhauers – der nie endende Versuch beschrieben, vor dem Erkennen anzuschauen und möglichst »niemals nach Hegelscher Methode vorgefasster Erkenntnis die Beweise der Anschauung nachzuliefern« (8, 49).

Sprachlich wird diese Hommage an Maria Rama und die Jungfrau Maria – »an sie, sagte Grass, glaube er, ohne an Gott zu glauben«[16] – einerseits durch die in seinen Texten häufig in strukturbildenden Funktionen eingesetzten Techniken bzw. Fachtermini aus dem stets mit ironischer Distanz betrachteten Bereich der Fotografie geprägt, andererseits durch die in ambivalenten Sprachbildern dokumentierten Arbeitsschritte des detailversessenen Künstlers und Verbalerotikers. Das Spiel mit mythologischen Mustern, religiösen Ritualen und heidnischen Bräuchen, eine Flut von Selbstzitaten sowie die vitale Sinnlichkeit der derben Metaphern verleihen den Schnappschüssen dieser Bilderbuchcollage die nötige Tiefenschärfe. Versgruppe für Versgruppe entsteht ein neues Element der barock anmutenden Privatmythologie des Lyrikers im irdischen Jammertal, ein philosophisches Grundsatzgedicht des sensualistisch ausgerichteten Schriftstellers, eine mit sexuellen Konnotationen aufgeladene »Marienchronik«, die zudem wichtige Aufschlüsse über die ästhetische Konzeption des nach eigenen Angaben »bildergeilen« Autors gibt.

Vergängliche Werke, etwa die flüchtige Erscheinung einer bei Ebbe auf den Elbsand gezeichneten Chiffre, die unweigerlich von der Flut zerstört werden wird, dienen dem in seiner existentiellen Not überall zwanghaft Bildideen kreierenden Künstler als immer neu zu entwerfende Beweise seines endlichen Lebens: »Ich setze ein Zeichen und lösche es mit dem nächsten./ Die Hühner, die Nonnen, die Vögel, die Scheuchen«. Der Lyriker versucht, durch das poetische Verfahren der permanenten Revision jede unbeabsichtigte Symbolisierung oder Mystifizierung, jede eindeutige Festlegung oder unangemessene Ausbeutung der beweglich vorgestellten Chiffren zu verhindern. Er ist darum bemüht, sich trotz seiner unübersehbaren Vorliebe für bestimmte Motive, bezeichnende Kontrastpaare und Allegorien kein allzu statisches Bildnis von dem zu machen, »was droben im Himmel oder auf der Erde unten oder im Wasser unter der Erde ist« (Ex 20,4). Das nie endgültig zu erreichende Ziel der Auseinandersetzung besteht darin, mit seinen vielfach zerschnittenen und neu zusammengestellten Montagen aus aufschlussreichen »Fundsachen« dem inneren und äußeren Chaos häufig wechselnde, aber stets spannungsreiche Formen abzugewinnen. Grass geht es in seiner Arbeit nicht zuletzt darum, der moralischen, die Gegensätze erst schaffenden Ausdeutung der empirisch gesammelten Phänomene eine ästhetische Anschauung entgegenzusetzen, eine Poetik der Ambiguität jenseits von binären Gut-Böse-Dichotomien. Um welche Dinge es dem heiter-melancholischen Ich mit dem Wunsch, sich ganz und gar zu verflüchtigen, zur Abfassungszeit dieses Gedichts geht, welche poetischen Chiffren von ihm bevorzugt mit Muscheln und Stöcken in den Sand gezeichnet bzw. mit Nadeln, Pinseln und Federn auf Kupferblech oder Papier gestottert werden, um sogleich wieder überspült, wegradiert oder in alle Winde zerstreut zu werden, wird auch in diesem Kontext unmissverständlich gesagt:

»Maria, knips mal die Spuren,
die Reste, den Abschaum und meine Kippen,
die ich seit Tagen, um Dich zu ehren
und mich zu beweisen – den Rauch.
[...]
Schau den gebrauchten Tisch.
Plappernde Fundsachen.
Die Gräte der Gräte.
Mit Sorgfalt leichthin: Mariazuehren.« (1, 215 ff.)

Auf dem hier beschriebenen Schaffensweg entsteht ein lyrisches Bilderbuch aus gezielt ausgesuchten und zufällig aufgefundenen Überresten, ein sorgfältig komponiertes, trotzdem problemlos wieder in seine Einzelteile zu zerlegendes Stimmungsbild, dessen dialektisch aufeinander bezogene Strophen zwischen Schwermut und sinnlichem Genuss die immer gleiche, von unauflösbaren Widersprüchen geprägte Lebensgeschichte jedes Mal ein bisschen anders erzählen.

Der selbstbewusste Autor des Gedichts zitiert sichtbare, fühlbare, mit dem Geruchssinn wahrgenommene und eingebildete Wirklichkeiten aus der ihn umfangenden Realität herbei: verwischte Fußspuren, geduldige Schnecken, entwurzelte Pimmelpilze, »die himmelwärts zeugen« (1, 215) und damit bereits auf den *Butt* verweisen, natürlich den überfüllten Aschenbecher des unvernünftigen Rauchers, den langsam, aber sicher seine Farbe verlierenden Tisch, die abgesaugte Fischgräte, das Krachen der Äpfel, die anschließende Stille sowie die bevorzugt gegen Zahn-, Kopf- und Weltschmerzen oder Liebeskummer eingesetzten Tabletten aus dem »Täschchen voller Krimskram« (1, 215).

Schon diese problemlos zu verlängernde Liste heterogener Zufallsfunde macht deutlich, dass auch durch den künstlerischen Gestaltungswillen kein übergeordneter, jedenfalls kein transzendenter Sinnzusammenhang zwischen den sich nach wie vor fremd gegenüberstehenden Bausteinen des Bildmosaiks gestiftet werden kann. Der Versuch, die fehlende Weltordnung spielerisch durch künstlerische Ordnungsformen zu ersetzen, eine Fluchtbewegung mit kompensatorischen Zügen, muss in diesem Sinne scheitern, ohne dadurch überflüssig zu werden. Alles schmeckt nach mehr, niemand hat langfristig, was er will: »Wieder zeugen die leeren Schuhe.«

Sie erzählen auch im hier zitierten, gleichfalls im »Jahre achtundzwanzig nach Auschwitz« entstandenen Gedicht zum männlichen Kriegshandwerk mit dem Titel *V.* von der Vergänglichkeit der menschlichen Existenz: »Vier Striche senkrecht einen quer./ Soviel Tod./ Ich will nicht mehr zählen.« (2, 234) Immer die gleiche »Arie« (2, 257), der niemand entgehen kann. Der fünfte Strich, die »schwarze Diagonale«, die dem Autor bis zuletzt über jeder »grünen Wiese« (vgl. 2, 253 ff.) erscheint, entspricht dem Strich durch jede wirklichkeitsferne Rechnung, durch jedes angeblich vollkommene Weltsystem. Trotzdem – so lautet das alle »Vater unser« ersetzende Glaubensbekenntnis der Grass'schen Texte – gilt es ausdauernd nach neuen, zumindest vorübergehend befriedigenden Lebensmitteln und den resistenten Abfallprodukten Ausschau zu halten. Diese Überreste von den Schutthalden der Zivilisation (»Müll unser«) verbürgen jene modernen Aufklärungsmythen und realen Märchen der Jetztzeit, die sich als widerstandsfähig gegen die verstreichende Zeit erweisen.

Novemberland

Drei Jahre nach der Wende war nicht nur »im traurigen Monat November« zu beobachten, wie angestauter Fremdenhass in Gewalt umschlägt: »Eigentlich nichts Neues, nur das Alte in vergröberter Ausgabe.« (23, 42) Brennende Asylantenheime und applaudierende Zuschauer in allen Gazetten, auf allen Fernsehkanälen frei Haus; in

Mölln werden am 23. November 1992 drei Türkinnen ermordet, ein vorläufiger Höhepunkt der rechtsradikalen Ausschreitungen gegen ausländische Mitbürger. Auch Grass reagiert im Rahmen seiner Möglichkeiten impulsiv auf die skandalösen Vorfälle vor seiner Haustür. Er fährt spontan zum Tatort, hält provokative Reden angesichts des gesamtdeutschen Rückfalls in die neonazistische »Barbarei« (23, 43), und schließlich schreibt er innerhalb kürzester Zeit dreizehn die auf der Straße liegenden Themen bündelnde Gedichte: eine literarische Antwort auf den politischen Zustand des seines Erachtens zum reinen Wirtschaftsstandort degenerierten Landes, ein lyrisch verdichteter Kommentar zur aktuellen Lage der von ostwestdeutschen Entfremdungserscheinungen geprägten Staatsnation im Zentrum der »Festung Europa« (23, 25).

Schon im Titel des modernen, d. h. vielfach gebrochenen, eher an Gryphius als an Petrarca oder Shakespeare gemahnenden Sonettenzyklus, der sich sowohl in seinen variantenreichen Reimstrukturen der unregelmäßig rhythmisierten Einzeltexte als auch in seiner nicht auf ein idealtypisches »Meistersonett« hinauslaufenden Gesamtkomposition von den strengen Formzwängen der klassischen Vorbilder unterscheidet, wird das entscheidende Assoziationsfeld dieses düsteren Vanitas-Arrangements – »Aus bittrem Sud fließt meine Litanei« (1, 302) – unmissverständlich beim Namen genannt. Im Zentrum steht (trotz der Warnung Schillers, mitten im Schmerz den Schmerz nicht zu besingen) das gegenwärtige Deutschland aus der Perspektive eines traurigen Narren, »der im Novemberregen weint« (1, 300), und damit die von Verdrängungsmechanismen, verhängnisvollen Kontinuitäten und immer neuen Untaten geprägte Geschichte des schuldbeladenen »Vaterlandes«, das an fatale, im Aberglauben wurzelnde Traditionen anzuknüpfen scheint. Es schlägt erneut dreizehn, was weder im Land des Mauerbaus noch in den Texten von Günter Grass, die in diesem Fall in jeweils zwei Quartetten und einem Sextett dargeboten werden, etwas Gutes zu bedeuten hat:[17]

»Da komm ich her. Das feiert jährlich alle Neune.
Von dem ich weg will über selbsterdachte Zäune,
doch in verkehrten Schuhen dahin laufe, wo ich heiße
und ruchbar bin für die zurückgelaßne Scheiße.

Das bleibt veränderlich sich gleich
und ähnelt unterm Schutt der Moden –
mal sind es Jeans, dann wieder Loden –
den abgelebten Fotos aus dem Dritten Reich.« (1, 294)

Gerade der »uns Deutschen so eingefleischte 9. November« (14, 94) darf in diesem Kontext nicht fehlen. Im Land der Kegelbrüder, Bruderschaften und Wehrsportvereine wird jeder Hinweis auf die Proklamation der deutschen Republik 1918 schon durch Hitlers Marsch auf die Feldherrnhalle konterkariert. Jede Feierstunde zum Fall des viele Menschenleben kostenden »Schutzwalls« erinnert zugleich an die unzählbaren, mit der Reichspogromnacht von 1938 eingeleiteten Verbrechen im Namen des deutschen Volkes. Der vorletzte Monat des Jahres ist und bleibt hierzulande auch in den nichtkatholischen Regionen ein verregneter Monat des Totengedenkens im Zeichen von (Haken-)Kreuzen und Gasgeruch: Allerseelen, Volkstrauertag, Totensonntag. Hier ist alles »eitel«, »die letzten Sonnenblumen stehen schwarz Modell« (1, 305), also nicht Rembrandts leuchtende Blumenpracht, sondern die »verwelkt Sonneblum«[18] aus Büchners trostlosem Antimärchen, das die Großmutter in seinem Dramenfragment *Woyzeck* erzählt:

»Die Angst geht um, November droht zu bleiben.
Nie wieder langer Tage Heiterkeit.
Die letzten Fliegen fallen von den Scheiben,
und Stillstand folgt dem Schnellimbiß der Zeit.«
(1, 300)

Auch die anderen, kunstfertig verflochtenen, aber sprachlich nur wenig Überraschendes bietenden Anspielungsreihen, Metaphernketten und Motivstränge – sie gruppieren sich insbesondere um die Wortfelder »Marktwirtschaft« (Konjunktur, Preis, Schuldenlast, Treuhand, Rechnung), »Natur« (Jahreszeiten, Landschaften, Vegetation, Wetter) und »Religion« (Jüngstes Gericht, Gott-Vater, Advent, Krippenkind) – evozieren ein rabenschwarzes Gesellschaftspanorama mit apokalyptischen Zügen ohne Silberstreif am Horizont: Eiseskälte bestimmt das gesundheitsgefährdende Klima, in dem der Mensch als Wolf im Schafspelz »sich bei Gelegenheit vertiert« (1, 303); winterliche Erstarrung spiegelt politische Stagnation, abermals gespiegelt in Talkshowinszenierungen mit dem obligatorisch unverbindlichen Ende.

Endzeitstimmung schattiert das zum Vergänglichkeitszyklus gerundete Fragment. Weit und breit ist, trotz des mehrfach zitierten (Kirchen-)Liedguts, kein Engel hell und klar zu erkennen, der in der Lage wäre, die bereits seit Jahrzehnten geschichtsmächtig über dem »Heideggerland« drohenden Phrasenstürme umzuleiten, den undurchschaubaren Wortnebel zu zerstreuen oder manipulative Bildfluten aus der mittlerweile medial drapierten Vorstellungswelt zu schaffen. Der »vaterländische Gesang« bzw. das von flinken Marktschreiern ausgestoßene »Adventsgebrüll« fürs leichtgläubige Volk der Dichter und Denker – »stets ein Hölderlin im Brotsack mit Gedichten« (1, 301) – dokumentiert im unlängst friedlich vergrößerten »Germanien« diesen gereimten Prognosen nach nur eins: »demnächst droht Weihnacht dem Novemberland« (1, 305).

Kein Zweifel, diese trostlose Versgeschichte geht böse aus. Hier hat der ohnmächtig-zornige, undistanziert-involvierte Homo politicus zur Feder gegriffen, um nach einem poetischen Modell für seine anhaltende Empörung zu suchen und appellative Zeichen gegen den Rassismus zu setzen; ein sehr verständlicher Impuls. Verständlich demnach auch, dass das Ergebnis im Hinblick auf ästhetische Kriterien – Erkenntnisgewinn durch konzentriert-reflektierten Ausdruck, komplexe Dichte und produktiv-irritierende Spracharbeit jenseits der kritisierten Zeitgeistfloskeln – problematisiert werden kann. Was vorliegt, sind dreizehn formal und inhaltlich bewusst sperrige Texte und triste Sepiazeichnungen, ein Horrorszenario, ein antiutopischer Aufklärungszyklus aus Unheil beschwörenden Gelegenheitsgedichten in der Tradition der politischen Sonettisten, »Meinungslyrik, die erklärtermaßen den Raum der politischen Wirksamkeit, ja des Skandalons«[19] gesucht und wohl auch gefunden hat.

Fundsachen für Nichtleser

Nur vier Jahre später überrascht Grass seine Leser mit einem großformatigen Lyrikbuch, das eine ganz andere Atmosphäre, eine heitere Altersgelassenheit mit wehmütig-trotzigen Untertönen fernab der selbstauferlegten Reimzwänge ausstrahlt. Die durch intensive politische und literarische Kontroversen gewachsene Distanz zum tagespolitischen Geschehen und zur traditionsreichen deutschen Misere ist nun unverkennbar. Andere Gegenstände und existentielle Probleme – Liebe, Krankheit, Tod – drängen sich auf.

Das dem inzwischen siebzigjährigen Zeichenkünstler offenbar sehr nahestehende Ich dieses abwechslungsreichen, aus kurzen Gedichten und Aquarellen komponierten Bildbandes schlendert im Bewusstsein um das näher rückende Lebensende durch ein alle Zeiten umfassendes Jahr, erkundet wechselnde Landschaften und Wohnräume, fixiert ganz alltägliche, (Privat-)Geschichten erzählende Dinge aus verrückten Perspektiven, betrachtet die Krone der Schöpfung – »O MENSCH! Selbst deine Scheiße/ fällt eigensinnig,/ riecht ichbezogen/ und ist ohne Vergleich« (1, 336) – durch die Zerrbrille des zeitgenössischen Humoristen und kramt mit Lust am Wortspiel im überfüllten Fundbüro seiner trübsinnig, nachdenklich oder kurzzeitig glücklich stimmenden Erlebnisse und zukunftsweisenden Erinnerungen: »SOMMERGLÜCK/ [...] fünf Dutzend Jahre zurück/ in die Blaubeeren gehn,/ auf daß wir sie später aus Tellern löffeln,/ in denen die Milch sich färbt,/ bis unsere Zungen Beweis sind;/ wir zeigen sie uns wieder und wieder.« (1, 325)

Der hier das wohlüberlegte, pointensichere Wort und den satten Farbpinsel führende »Aquadichter« nimmt sich Zeit, um noch einmal genau hinzuschauen, sich seiner Lebens- und Leseerfahrungen (selbst-)ironisch zu versichern und eine überlebensfähige Form für die Reflexionen und Abstraktionen zu finden, die sich an die subjektive Anschauung anschließen. So entsteht überzeugende, auf paradoxe Formulierungen und vielgestaltige Wahrheiten setzende Poesie:

»MEINE ALTE OLIVETTI
ist Zeuge, wie fleißig ich lüge
und von Fassung zu Fassung
der Wahrheit
um einen Tippfehler näher bin.« (1, 316)

Souverän, leichtsinnig, verspielt, unruhig und doch konzentriert bei der Sache: Der erfrischend unpathetische Zeichen setzende Virtuose, der selbstbewusste »Zauberer auf weißem Papier« (vgl. 1, 349) geht insgeheim selbst in dieser sehr persönlichen, von skurrilem Humor zeugenden Jahreszeitendichtung aufs nie restlos überschaubare Ganze vom großen A bis zum kleinen »sz«[20]: »Alles, was abseits der Buchstaben/ wie von Sinnen ins Auge fällt:/ dieses Dingsda,/ krumme Nägel oder Krümel,/ die ein Radiergummi hinterließ.« (1, 309)

Ausdauernde Grass-Rezipienten kommen demzufolge erneut auf ihre Kosten. Denn das fiktive Ich, das seit anno dazumal mit dem (ein permanentes Revisionsbedürfnis ins Bild setzenden) Radiergummi zusammenarbeitet und gegen falsche Idyllen sowie die ablaufende Zeit anschreibt, zitiert zum einen die mittlerweile vertrauten Utensilien seines »Sieben-Sachen«-Universums herbei (vgl. 1, 313), ist aber zugleich in der Lage, den altbekannten Themen und Motiven – nicht zuletzt durch die im Grunde unauflösbare Konfrontation von Text und Bild – überraschende Nuancen zu entlocken und dem entdeckungsfreudigen Betrachter dadurch neue Wahrnehmungshorizonte bzw. Phantasiespielräume zu eröffnen: »Eine meiner Enkeltöchter,/ [...] es war schwarzäugig Giulia –,/ habe ich in ein blühendes Rapsfeld gesetzt,/ in eine dieser hektarweit geklonten Sorten./ Ganz still ist sie./ Mal sehen,/ was sich verändert.« (1, 312)

Hinter der poetischen Bildwelt des genusssüchtigen Geschichtsskeptikers nahezu unverändert erscheint dagegen das auch in diesen »Aquadichten« insbesondere mit den Namen Schopenhauer, Nietzsche und Camus verbundene Weltbild. Im Grunde müssen nur geringfügige Variationen im beweglichen Schriftkunstprogramm des melancholischen Überbleibselsammlers auf der lebenslangen Suche nach unbestimmten »Fundsachen« verbucht werden: Die sich zwischen handlichen Steinen und wohlgeformten Gläsern des Pfeifenrauchers austobende »Freiheit des Willens« führt zwangsläufig zu Scherben (1, 309); Gott ist in der »kurzen Sonntagspredigt« explizit »verstorben«, »doch als Mehrzweckwaffe/ immer noch tauglich/ und weltweit im Handel,/ weil urheberrechtlich nicht geschützt« (1, 329); und selbst vor dem möglichst fröhlich zu wälzenden Felsbrocken des aufgeklärten Individuums macht die globale, viele gute Absichten zerstörende Vermarktungswelle nicht halt:

»Auf Zeit und gegen Gebühr
verleiht ihn die Firma Sisyphos
in verschieden gewichtigem Format;
und neuerdings gehören faltbare Steine,
die bei Bedarf aufzublasen sind,
günstig zum Angebot.« (1, 320)

Letzte Tänze

Ein bewährtes Prinzip des Multitalents: Nach jahrelanger Arbeit an bedrückenden epischen Stoffen geht der im besten Sinn des Wortes leergeschriebene »Wiederholungstäter« (1, 377) zunächst anderen Leidenschaften nach und macht kurzerhand »etwas Heiteres« (1, 357) zum Gegenstand seiner Laune. Der auf Prometheuslegenden anspielende Schöpfergeist modelliert in diesem Fall Figuren aus Ton. Er formt tanzende und kopulierende Paare. Er zeichnet Kakteen, verewigt zerbrochene Hohlkörper oder skizziert sich selbst beim verunglückten Kopfstand – und findet parallel zu diesem Schaffensrausch langsam wieder zu Worten. Zunächst entstehen vereinzelte Verse, bisweilen direkt in den Bildern, dann eigenständige Texte, die den »gottähnlichen« Dichter nach langen prosaischen Durststrecken dazu animieren, erneut in sich zu gehen und seine Lebenswelt aus veränderter Perspektive unter die Vorstellungslupe zu nehmen. Am Ende dieses Prozesses steht im Herbst 2003 ein dreiteiliger, von eindrucksvollen Kohle- und drastischen Rötelzeichnungen – meist Mann und Frau in Bewegung – illustrierter Lyrikband mit dem koketten Titel *Letzte Tänze*.

Und so dreht sich in diesem klar strukturierten, allerdings von offenbar nicht abzuweisenden Abschweifungen ins tagespolitische und historische Feld durchkreuzten Lyrikbuch – »schon wieder droht Krieg« (1, 369), »unverjährte Schuld« (1, 378) meldet sich ungefragt zu Wort – fast alles um die mit viel Verständnis und ein wenig Selbstironie beschworenen Erinnerungen an sexuell stimulierende Tänze der Jugend und das Liebesleben im hohen Alter. Es dreht sich um zeitlose Wünsche des über aktuelle Entwicklungen empörten Zeitgenossen und um die an Don Quijotes Kapriolen erinnernden Kopfstände des närrischen, auch im Alter noch gierig auf Neues gebliebenen Dichters. Das Ergebnis sind haltbare Liebeserklärungen an das Augenblicksglück und die Beschwörungskraft der Poesie:

»Komm, tanz mit mir, solang ich noch bei Puste
und von den Sohlen aufwärts existiere.
Was ich von Kindesbeinen her an Wechselschritten
  wußte,
ist mir noch immer wie das ABC geläufig,
doch pocht in linker Wade häufig
ein Schmerz, den ich im Ruhestand verliere.
Drum bitt ich dich um eine Pause Toleranz,
bis ich gelenkig bin zum nächsten Tanz.

Komm, lieg mir bei, solang mein Einundalles steht
und wichtig tut, als stünd er zum Beweis,
worum in aller Welt es laut Statistik geht:
Nah dem Polarkreis, in der Wüste Gobi koitieren
selbst Greise noch, bevor sie kollabieren
und suchen Lustgewinn um jeden Preis.
Drum bitt ich dich, Geduld als Stütze zu begreifen,
bis er – du staunst – beginnt, sich zu versteifen.

Komm, sieh mir zu, ob ich den Kopfstand schaffe
und aus verkehrter Sicht die Dinge rings erkenne,
wie ich schon immer schräg von oben als Giraffe
und schräg von unten aus des Menschenwurmes Blick
mir reimte, was behinderlich dem Glück
und was zuerst auf Erden war: das Ei? die Henne?
Drum bitt um Nachsicht ich, wenn meine Kopfständ
  gleichen
letztendlich einem Fragezeichen.

Komm tanz, lieg bei, sieh zu und staune,
was mir noch möglich ist bei Gunst und Laune.«
(1, 387)

Mal furios, mal leise, mal augenzwinkernd, oft von schamloser Offenheit, nie peinlich berührt, immer souverän; Witz gepaart mit Melancholie und der Gabe, einem tief empfundenen Gefühl mit der gebotenen Distanz und ohne falsche Sentimentalität einen berührenden Ausdruck zu verleihen:

»Unser Hündchen ist tot.
Niemand hebt mehr den Kopf,
wenn ich, weil schlaflos,
nachts die Küche heimsuche.
Im Wald ist mir niemand
drei Schritte voraus
und zeigt an,
wo es lohnt, haltzumachen,
die einzelne Eiche, engstehende Buchen
mit Stift und Papier wahrzunehmen:
Stämme, Geäst.

Schneller als mein voreiliger Gedanke,
folgsamer, als ich je sein könnte,
treuer, als selbst die Liebe es fordert,
war unser Hündchen.
Wenn ich den Stock weit
in die schlappen Wellen warf,
war ihm nie – mir schon –

die Ostsee zu kalt.
Leer ist der Korb,
doch immer noch schau ich mich um,
wenn ich – unschlüssig wohin – vors Haus trete.«
(1, 391)

Ungewöhnliche Grass-Töne, eine ganz private Rückschau, die ebenso leidenschaftliche wie abgeklärte Ohrenbeichte eines an Bildern und Erfahrungen reichen Mannes, bisweilen beseelt von der anarchischen Frechheit eines verspielten Kindes. Die dichte Atmosphäre des Bandes resultiert aus dem unauflösbaren Widerspruch zwischen ungebrochener Lebenslust und Todesnähe. Das lyrische Ich weiß und wir wissen, »daß demnächst,/ wenn nicht sogleich, Schluß ist, hoffen aber/ auf Zugaben bis zuletzt.« (1, 376) Eine elegische Abschiedsstimmung bestimmt den Rhythmus dieser heiter-schwermütigen Feier erinnerter und bis ins Alter gelebter Vitalität. Freilich mit dem immer lauter aufspielenden Eintänzer »mit der altmodischen Fiedel« (1, 373) im Ohr und vor Augen. Dennoch: »Laß uns tanzen im Schnee« (1, 364), solange es noch geht, »der Beat/ hört nicht auf zu hämmern« (1, 361). Gelangweilt von abstrakten Sinnbildern des Sensenmanns oder übermenschlichen Unsterblichkeitsphantasien, vertraut sich das Nirwana-unwillige Autor-Ich dieser Gedichte ganz irdischen Engeln an. Nicht zuletzt seiner geliebten Frau, die ihn und sich selbst regelmäßig mit schmerzstillenden Tabletten und anderen Überlebensmitteln versorgt. Das traute Paar bleibt der Erde nicht nur beim nächtlichen Slowfox in der Küche, die Musik dazu kommt aus dem Hiobsbotschaften verkündenden Radio, treu.

Auch wenn *Fundsachen für Nichtleser* und *Letzte Tänze* in der Tradition der Idylle stehen, wird in diesen Texten keine feierliche Idylle beschworen. Sie bieten nichts Gefälliges, nichts Rührseliges. Alles ungebrochen Harmonische, Vorschriftsmäßige, jeder donaublaue Walzer – »zu selig/ und ohne Ecken« (I, 366) – lassen den Protagonisten kalt. Er favorisiert jenseits wechselnder Moden die ungestüm-treibende Polka, jenen schon in Kriegszeiten erlernten und offenbar beim ersten halbstarken Kontakt mit dem anderen Geschlecht hilfreichen Schieber oder auch den abgründigen Nachkriegsblues, vor allem aber den unsterblichen Tango. Ob nocturno oder mortale, der getanzte Geschlechtsakt wird in all seiner Ambivalenz aus Nähe und Ferne, Einsamkeit und Symbiose, Bewegung und Stillstand zum sinnlichen Lesevergnügen:

»Der Herr knickt die Dame,
nein, biegt sie, so beugsam die Dame,
der Herr gibt sich steif.

Zwei Körper, die eins sind, doch nichts
von sich wissen, geschieden in Treue,
in Treue vereint.

Die Hand in der Beuge, gedehnt tropft die Zeit,
bis plötzlich die Uhr schlägt:
fünf eilige Schritte.

Wir stürzen nach vorne und retten uns rücklings,
wo nichts ist als Fläche,
nach vorne zurück.

In Angst, doch ich fange – der Sturz
ist gespielt nur – mit rettendem Händchen
dich oftgeübt auf.

Sind leer jetzt mit Haltung und schauen
im Schleppschritt, beim Leerlauf mit Haltung
uns unbewegt zu.

Das ist der Tango, die Diagonale.
Aus Fallsucht zum Stillstand.
Ich höre dein Herz.« (1,362)

Die altbekannte schwarze Diagonale und das ewig kurze Glück, Eros und Thanatos, mal wieder eng umschlungen. Schon Oskar Matzerath, der im unreinen »Dunstkreis der Greff'schen zu jenem breit epischen Atem« kam, der es ihm später als Erzähler erlaubte, »Fronterfolge und Betterfolge in einem Satz zu nennen« (4, 383), lief gerade dann zur verbalerotischen Hochform auf, wenn es um seine ganz eigenen Interpretationen von Tanzorgien und Musikerlebnissen ging. Sein Erfinder steht ihm in nichts nach. Auch er weiß als vom Katholizismus verführtes Kind noch im hohen Alter von einer Sinnlichkeit zu schwärmen, die – in- oder außerhalb der Ehe ausgelebt – an Religion grenzt. Und, man höre und staune, im Traum werden selbst diese Grenzen lustvoll überschritten:

»Heute nacht, Liebste,
träumte mir,
ich läge dir bei.
Aber das warst nicht du,
auch du nicht,
verjährte Geliebte –
nein, natürlich nicht meine Mutter! –,
vielmehr war ich der besagte Erzengel,
und die Jungfrau – jadoch, Maria! –
erkannte mich: beinebreit.

Wollte erwacht lästerlich
meine katholische Herkunft verfluchen,
dann aber begann ich mir Sorgen zu machen
um mein Söhnchen,
des kleinen Erlösers bekannte Zukunft.« (1, 385)

Denn selbst den vermeintlichen Retter würde im heillosen Grass-Kosmos ein Totentanz erwarten. Alle metaphysischen Fluchtwege sind verstellt, Auferstehungsfeste mit anschließendem Freudentanz auf dem eigenen Grab sind ebenfalls kaum zu erwarten. Dem Lamento »Ach, stünde die Welt doch Kopf!/ Vielleicht fiele ihr was/ aus der Tasche./ Der Schlüssel, zum Beispiel,/ passend für einen Ausweg« (1, 390) wird wohl oder übel kein Lobgesang auf die Öffnung der Himmelspforte folgen, denn hier werden noch immer niemandem »die Schlüssel des Himmelreiches« (Mt 16,19) an die Hand gegeben.

Immerhin: Ganz weltliche »Wunder« stehen hin und

wieder durchaus auf der Tagesordnung, allerdings im Zeichen fleischlicher Gelüste beziehungsweise »Fäden ziehender« Knäuelliebesspiele (vgl. 1, 384 und 4, 348). Über den Austausch von Körperflüssigkeiten hinaus wird hier wie eh und je mit Begeisterung in die Pilze gegangen, es werden Federn geblasen und zivil geordnete Wörter gesucht – meistens »danach« (1, 384), um einander die unbegreifliche Welt zu erklären, »bevor des Cowboys Raketen/ abermals sprechen« (1, 366). Fürwahr, insbesondere aus der Sicht des Sprachkünstlers ist das ein jederzeit unverzichtbarer Formgebungs- und Verbalisierungsversuch, der allerdings gerade in einigen allzu stark simplifizierenden Gedichten zur Ideologiegeschichte (*Kopfständlers Lied* zur Hegelschelte, zum Kommunistischen Manifest und zur Kapitalismuskritik; 1, 389) oder zum aktuellen Zeitgeschehen (*Military Blues* zur Rassenproblematik, zum Irakkrieg und zum globalen Geschäft der Bosse aus der Unschönen Neuen Welt; 1, 374 f.) weniger überzeugend ausgefallen ist.

Doch Günter Grass wäre nicht Günter Grass, wenn er nicht trotz aller ihm hinlänglich bekannten Bedenken selbst im Gelegenheitsgedicht immer wieder probieren würde, »dicke Bretter« zu bohren. Und zwar ausdrücklich auf die Gefahr hin, an den damit verbundenen Herausforderungen inhaltlicher und also formaler Art zu scheitern. Auch Ikarus und Ikara stürzen in seiner lyrischen Mythenbearbeitung schneller ab als gedacht, »landen aber weich in den Dünen,/ wo sie – noch steiler –/ den nächsten Flug planen« (1, 381):

»Vor allen Freuden war mir eine ganz besonders lieb:
den Stein zu wälzen streng nach Sisyphus-Prinzip.
War froh, fand ich ihn unten, mürrisch, wenn er oben,
ließ mich als patentierten Steinewälzer loben
und nannte Glück, was mich bergaufwärts trieb.

Dann wiederum war ich auf selbstgespanntem Seil
ein Tänzer, der im Abgrund sucht sein Heil
und doch mit Wörtern, luftig in Balance,
ein Netz sich spannt, vorsorglich seinem Tanze;
es ist die Furcht des Mutes feig verschwiegner Teil.

Nur manchmal, wenn ich Stein und Tanz entkam
und mich vergrub in feuchtbestellter Scham,
gelang mir ein Gedicht, in dem sich nichts mehr reimte,
jedoch ein Körnchen Wahrheit zwischen Zeilen keimte,
mein Versfuß gab sich hinkend, doch nicht lahm.«
(1, 379)

Das unschuldige Weiß zwischen den in dieser »halbherzigen« Beichte (1, 377) abgelegten Bekenntnissen plaudert vom verschwiegenen Rest, »als Mehrwert oder Hypothek« (1, 379). Denn jeder (un-)bedachte Schritt, jeder sinnliche Eindruck, jede Fundsache, jede verquere Erinnerung könnte der Anfang sein zu einem neuen Tanz, zu einem vielleicht sogar den Seiltänzer selbst überraschenden Zauberkunststück auf leeren Blättern, die, einer reinen Seele gleich, mit Grautönen aller Schattierungen besudelt werden wollen: »Fortsetzung folgt.« (1, 370)

Die nächsten Gelegenheiten dafür ließen dementsprechend nicht lange auf sich warten, auch wenn der frisch ausgezeichnete Nobelpreisträger sich auf der Höhe seines Ruhms sicher andere Anlässe für den 2007 erschienenen Lyrikband und die damit verbundene Bestandsaufnahme bzw. Neuorientierung gewünscht hätte. Es blieb ihm jedoch keine Wahl: Günter Grass musste sich mit den für ihn als Künstler und Persönlichkeit des öffentlichen Lebens einschneidenden Folgen auseinandersetzen, die sich entgegen seiner Erwartungshaltung aus der von ihm selbst thematisierten Zugehörigkeit des naziglaubigen Siebzehnjährigen zu einer Division der Waffen-SS »unter dem Namen ›Jörg von Frundsberg‹« (17, 164) ergaben. Für den durch diese natürlich für kontroverse Diskussionen sorgende Hintergrundinformation plötzlich »zum Abschuß« Freigegebenen (1, 504) galt es aus der Perspektive des in die Enge gedrängten Autors, der Diskreditierung seines Lebenswerks und der Demontage seiner internationalen Reputation mit den Mitteln der Kunst zu begegnen, auch wenn er sich darüber im Klaren war, dass alle Ansätze zur Selbstverteidigung nur scheitern konnten.

Die Vorgeschichte ist ja mittlerweile hinlänglich bekannt: Im Sommer, genauer, im August 2006 wurde der im professionellen Umgang mit Medien erfahrene, durchaus zur werbewirksamen Selbstdarstellung neigende Großschriftsteller nach allen Regeln des Marktes an den Medien-Pranger gestellt. Zuerst in der *FAZ*, und zwar nach einem Exklusivinterview, das eigentlich kurz vor dem Erscheinen des Grass'schen Erinnerungsbuches *Beim Häuten der Zwiebel* für wohlwollende Aufmerksamkeit sorgen sollte. Nachzulesen ist, dass diese handelsübliche Vermarktungsgeschichte aus Sicht des ausnahmsweise wohl allzu naiven Schriftstellers gründlich schiefging. Er wurde von gewieften Medienprofis nach allen Regeln ihrer Inszenierungskunst vorgeführt:

»WAS BLEIBT

Im Verlauf dreier Jahre,
in denen das Übliche geschah,
schrieb ich mit Lust, unter Schmerzen
und anhand von Hilfsmitteln auf,
was von der Wirrnis
und aus dem Gefälle junger Jahre
zu erinnern war,
bis alles zum Buch wurde;
dabei geriet ich –
weil leicht zu verführen –
ins Erzählen.

Dann aber schnitt ein Jemand,
geschickt im Gewerbe der Niedertracht,
einen Satz aus dem weitläufigen Gefüge
und stellte ihn aufs Podest,
gezimmert aus Lügen.

Immerhin blieben restliche Sätze.« (1, 433)

Doch nachdem die Medienmaschinerie eine über angemessene Differenzierungen hinwegwalzende Eigendynamik entwickelt hatte, widmet sich kaum noch jemand der autofiktionale Maßstäbe setzenden Erzählung über seine jungen Jahre, und schon gar nicht ernsthaft analysierend. Das dem Autor besonders wichtige »Zwiebel-Buch« wird damit flugs zur Nebensache degradiert. Derjenige, der sich als politisch engagierter Zeitgenosse bzw. ewiger Besserwisser nicht nur Freunde gemacht und seinerseits fleißig ausgeteilt hat, muss nun kräftig einstecken. Er wird, um die Metaphern der Gedichte aufzugreifen, vom Jäger zum Gejagten, vom erfolgreichen Kämpfer in der politischen Arena zum Prügelknaben, so dass die letzte Runde naht, und der Sockel des »Praeceptor Germaniae«-Denkmals, auf dem Günter Grass nach eigenen Angaben nie stehen wollte, auf dem er aber jahrzehntelang dennoch nicht ganz schuldlos stand, wankt.

All das schmerzt, ist für den primär Betroffenen offenbar kaum auszuhalten. (Vgl. 1, 410) Er präsentiert demzufolge ein Panorama des Jammers. Glücksmomente sind Mangelware. Selbst die ansonsten Trost spendenden Sinnenfreuden erscheinen allesamt radikal entwertet. Die Entzauberung durch die tagtäglich ins Haus kommenden Zeitungsmeldungen ist dem Grundtenor dieser Texte folgend total. Es gibt also im Gegensatz zu den guten alten »Windhühner«-Zeiten kein Entkommen, nirgends.

Kurzum, *Dummer August,* die vom ersten Gedicht an mit Gegensatzpaaren arbeitende Sammlung im Spannungsfeld von »Wahrheit« und »Lüge«, »Anklage« und

»Apologie« kann nur als direkte Reaktion auf den sogenannten SS-Skandal verstanden werden. Deshalb widmet der zwischen den Gefühlsextremen schwankende Autor diesen Lyrikband auch seiner geschätzten Kollegin und Leidensgenossin Christa Wolf, die Grass seinerseits im »deutsch-deutschen Literaturstreit« gegen die Diffamierungen namhafter Feuilletonisten in Schutz genommen hatte.

Was bleibt ihm in dieser fatalen Zwangslage also zu tun? Der angezählte »Boxer« zieht sich »angeekelt« vom erbarmungslosen Presserummel zurück (vgl. 1, 411), doch die anhaltend aggressiven Angriffe gehen auch weiterhin nicht spurlos an ihm vorüber. Grass ist und bleibt tief »verletzt« (1, 408). Seine Widersacher gehen in ihrer Beurteilung sogar noch einen vernichtenden Schritt weiter, für sie, die, so das Urteil des Angeklagten, »nur des Scharfrichters Ehrgeiz juckt« (1, 425), ist der angeschlagene »Schwarzseher« und »Moralapostel« der Nation »endgültig erledigt« (1, 408): »Seht, nun steht er gehäutet da,/ rufen jetzt viele« (1, 399) mit geradezu biblischen Anklängen und einer unmissverständlichen Botschaft: »Soll endlich schweigen, das Großmaul!« (1, 408)

Unüberhörbar ist dementsprechend der Grundtenor dieser von Gift und Galle zeugenden Gedichte des ganz bewusst ohne zeitliche und emotionale Distanz ans Werk gehenden Dichters. Denn nicht nur den verhassten Repräsentanten der »allmächtigen Niedertracht«, sondern auch den »literaturkundigen Kommentatoren« (1, 408), also den kleingeistigen Kritikern mit großen Ambitionen, ist nunmehr aus seiner subjektiven Sicht jedes Mittel recht, um ihren Lieblingsfeind aus unterschiedlichsten Gründen endlich »mundtot« zu machen: »Wurde auch Zeit!« (1, 408) Sie kennen demzufolge, so der verbitterte Lyriker weiter, kein Pardon und schon gar keine Scham, während er aus seiner Perspektive doch längst die entscheidenden Lektionen gelernt und sowohl gesellschaftspolitische als auch ästhetische Konsequenzen aus seinem Versagen als verblendeter »Jungnazi« (17, 39) und ignoranter »Egomane« (17, 304) gezogen hat:

»MEIN MAKEL

Spät, sagen sie, zu spät.
Um Jahrzehnte verspätet.
Ich nicke: Ja, es dauerte,
bis ich Wörter fand
für das vernutzte Wort Scham.

Neben allem, was mich kenntlich macht,
hängt mir nun Makel an,
deutlich genug
für Leute
mit makellos weisendem Finger.

Schmuck für restliche Jahre.
Oder sollte Verkleidung,
der Mantel des Schweigens probiert werden?
Fortan umgäbe mich Stille
inmitten quakender Frösche.

Aber schon sage ich ja, nein und trotzdem.
Nicht zu bemänteln
ist sanktioniertes Unrecht.
Nie zu spät wird, was war und ist,
beim Namen genannt.

Makel verpflichtet.« (I, 426)

(Un-)Gerechtigkeit und Makel(-losigkeit): Vor diesem auch von undifferenzierten Polarisierungen und pathetischen Selbststilisierungen geprägten Hintergrund vergleicht sich der clowneske Wahrheitssucher mit der tragikomischen Figur des Dummen August. Der traurige Spaßvogel wird allerdings darüber hinaus – plakativ genug – mit der Rolle des von ebenso humor- wie skrupellosen Ideologen verleumdeten Ketzers in Verbindung gebracht, insbesondere durch den in diesem Kontext aus Zeitungen von vorgestern gedrehten Spitzhut, mit dem nicht nur im Rahmen der chinesischen Kulturrevolution Schindluder getrieben wurde. Mit anderen Worten, Grass sieht sich nach fünf Jahrzehnten intensiver Aufklärungsarbeit als Schriftsteller und engagierter Bürger zu Unrecht »vors Schnellgericht/ der Gerechten« gestellt. Und nun klagt der Ausgegrenzte seine selbstherrlichen Ankläger im Rahmen lyrischer Klagegesänge an, nicht minder problematisch, unter umgekehrten zeitgeschichtlichen Vorzeichen mit historisch vorbelasteten Diffamierungsbegriffen.

Obwohl also Bilder des Verfalls und der Ausweglosigkeit, Weltekel und Eskapismus die Atmosphäre dieses Bandes dominieren, obwohl das ganze Konvolut als ein von Selbstmitleid befeuertes Lamento im Zeichen von maßloser Enttäuschung erscheint, sind hier (zumindest nach der Überwindung einer ersten Schockstarre) durchaus Signale von trotzigem Selbstbehauptungswillen des von jeher zu Depressionen neigenden Melancholikers zu erkennen, »wenn auch langsam« (1, 412), »denn noch ist nicht alles gesagt« (1, 397).

Nachzutragen bleibt: In dem Bewusstsein, dass »alle Inseln verkauft sind«, »und an Großmutters Röcken,/ unter denen zeitweilig Zuflucht zu finden war,/ ein Zettelchen klebt/ das mit Großbuchstaben BESETZT sagt« (1, 397), in dem Bewusstsein, dass ihm weder Heilpflanzen inklusive der »wahrheitsliebenden Binse« (1, 408) noch die billig zu habenden Ratschläge guter Freunde (1, 410) langfristig helfen werden, in dem Bewusstsein, dass ihn weder regressive Unterschlupfgelüste noch die den Zeichenkünstler bezaubernde Stille des Waldes aus der selbstverschuldeten Bredouille befreien können, treten der Dichter und der bildende Künstler nach einer kurzen Phase des Rückzugs die Flucht nach vorne an. Sie bringen Wort-Bild-Kombinationen, wild wuchernde Satzkaskaden und kurzgefasste Gedichte mit motivverwandten Zeichnungen zu Papier, »auf daß ihr ausplaudert, wie mir geschah im August« (1, 430); künstlerische Arbeit als Schmerztherapie und Überlebensstrategie.

Und so erweist sich der existentiell verunsicherte Geschichtenerzähler »deutscher Zunge« (1, 406), der um die Grenzen aller Kompensationsversuche weiß, letztlich als ein zum vertrauten Selbstbewusstsein zurückfindender Polemiker, der sich nur zu gerne in die schon von Goethe zusammengereimte »Gemütsruhe des Wanderers« unter Berücksichtigung des neuesten medialen Standes (vgl. I, 435) retten würde. Dazu zitiert er auf der Suche nach Bundesgenossen gegen die auch vom Dichterfürsten verachteten Rezensenten bemerkenswerterweise das ganze Gedicht des berühmten Kollegen aus Frankfurt am Main, eine im Grass'schen Werk beispiellose Geste, wohl auch, um den anhaltend aktuellen Goethe-Text als »allzeit gültig« (I, 400) auszuweisen:

»Über's Niederträchtige
Niemand sich beklage;
Denn es ist das Mächtige,
Was man dir auch sage.
In dem Schlechten waltet es
Sich zu Hochgewinne,

Und mit Rechtem schaltet es
Ganz nach seinem Sinne.
Wandrer! – Gegen solche Not
Wolltest du dich sträuben?
Wirbelwind und trocknen Kot
Laß sie drehn und stäuben.« (I, 434)

Inspiriert wird der Schriftsteller also im besten Fall wie seit seiner frühesten Jugend durch die Lektüre von literarischen Werken, die den Namen »wahrhaftige Kunst« tatsächlich verdienen. Und so überzeugt er auch als gealterter Lyriker-Vampir in dieser schwierigen Lebens- und Schreibsituation insbesondere als begeisterter, sich von herausragenden Texten nach wie vor anregen lassender Leser, etwa dann, wenn es ihm gelingt, »Heines Zuckererbsen aus Schoten« springen zu lassen (1, 402), oder indem er aus seinen frischen *Tristram Shandy*-Leseeindrücken ein poetologisches Grundsatzgedicht über künstlerisch überzeugende Verfahren des autobiographisch fundierten Erzählens, über höheren Zitatismus und die mäandernde Abschweifungskunst formt – einen Schlingersätze-Entwurf wie aus einem Guss, der zugleich als Hommage an Laurence Sterne und als (im Gegensatz zu anderen Texten des Bandes) erfreulich subtile Abrechnung des Autors mit dem Unverständnis und den Unverschämtheiten seiner Kritiker im Zeichen des umgekehrten Erhabenen verstanden werden kann:

»Als man in London das Grab des Schriftstellers
Laurence Sterne öffnete,
wurde zwischen Gebein – angesägt –
sein Schädel gefunden;
zu Zeiten der Aufklärung wollte wohl jemand wissen,
wo genau des Autors Humor seinen Schleudersitz
hat.« (1, 419)

Eintagsfliegen

»Mit der Veröffentlichung von *Grimms Wörter* endete ein siebeneinhalb Jahre andauernder Prozeß, der aus dreimal wechselnder Sicht mich zum Gegenstand hatte: als Jugendlicher [*Beim Häuten der Zwiebel*, 2006], als Vater

[*Die Box*, 2008] und als politisch engagierter Bürger [*Grimms Wörter*, 2010]./ Kaum war ein Schlußstrich unter meine *Trilogie der Erinnerung* gesetzt, begann ich mir einen schon seit langem tickenden Wunsch zu erfüllen. Der 1963 publizierte Roman *Hundejahre* hatte mich bereits während der Zeit des Entstehens zu Zeichnungen provoziert. Das sollte nun umfassend fortgesetzt werden. Ich entschloß mich zu Radierungen, mithin zu einer graphischen Technik, die ich zuletzt Anfang der 90er Jahre in Begleitung zur Manuskriptarbeit der *Unkenrufe* geübt hatte. Ab Sommer 2010 entstanden eine Fülle von Vorzeichnungen, dann auf Kupferplatten in verschiedenem Format die ersten Ätz- und Kaltnadelradierungen./ Die Stahlnadel als Werkzeug. Nach eineinhalb Jahren Rückblick auf ein Buch, das ich als junger Autor geschrieben hatte, lagen eine Fülle von Skizzen und über hundert Motive für die Jubiläumsausgabe des Romans *Hundejahre* vor, darunter auch Radierungen in Aquatinta. [...] Für mich selbst überraschend hatten sich offenbar bereits während dieser intensiven Arbeitsperiode mit Stichel und Ätzbad zahllose Gedichte angesammelt, die jetzt zu Papier gebracht werden wollten; ich nannte sie *Eintagsfliegen*.« (SJ, 573 f., 576, 589)

Erstaunlich genug, dass nicht etwa Heinrich Heines »Mouche« oder Sartres »Fliegen« oder die politisch verteufelten, aber überlebensfähigen »Schmeißfliegen«, sondern eine dem schnellen Tod geweihte, in der Literaturgeschichte dementsprechend eher selten Spuren hinterlassende Fluginsektenart zum Grass'schen Wappentier erhoben wird. Direkte Vorbilder sind Mangelware. Im Hinblick auf sein mit Tuschzeichnungen von zahllosen Eintagsfliegen ornamentalisiertes Lyrikbuch drängt sich hier lediglich das Gedicht von Joachim Ringelnatz auf:

»EIN GANZES LEBEN

›Weißt du noch,‹ so frug die Eintagsfliege
Abends, ›wie ich auf der Stiege
Damals dir den Käsekrümel stahl?‹

Mit der Abgeklärtheit eines Greises
Sprach der Fliegenmann: ›Gewiß, ich weiß es!‹
Und er lächelte: ›Es war einmal –‹

›Weißt du noch‹, so fragte weiter sie,
›Wie ich damals unterm sechsten Knie
Jene schwere Blutvergiftung hatte?‹ –

›Leider‹, sagte halb verträumt der Gatte.

›Weißt du noch wie ich, weil ich dir grollte,
Fliegenleim-Selbstmord verüben wollte?? –
Und wie ich das erste Ei gebar?? –
Weißt du noch, wie es halb sechs Uhr war?? –
Und wie ich in Milch gefallen bin?? – –‹

Fliegenmann gab keine Antwort mehr,
Summte leise, müde vor sich hin:
›Lang, lang ist's her – – lang – – –‹«[21]

Bei Ringelnatz wird die Erinnerung an einen Tag zum Spiegel des tragikomischen Lebens schlechthin. Grass geht jedoch noch einen großen Schritt weiter. Er entwirft angesichts des immer näher rückenden Todes ein Geburtstagsbuch mit genau fünfundachtzig Gedichten, Aquarellen und Federzeichnungen als »eines Lebens Bilanz« (1, 529): Pflücke das Jahr, es könnte das letzte sein. Frostig-sonnige Wintertage, Frühlingsgefühle, Frühtau, der das Netzwerk der Spinnen im August versilbert, herbstliche Ernte, Inschriften im Schnee, erinnertes Sommerglück:

> »Neuerdings fahre ich wieder und wieder
> mit der strohgelben Straßenbahn Linie 9
> nach Brösen, dem Fischerdorf mit Seesteg
> und Badeanstalt.
> Mit gewohnten Temperaturen
> wartet die Ostsee auf mich:
> Wasser 18, Luft 23 Grad.
> Ins Handtuch gerollt habe ich meine Badehose dabei.
> Der Ferien Sommerglück dauert und dauert.
> Der Krieg ist weit weg.
>
> Wo Tang und Niveacreme riechen,
> laufen, am Friedhof Saspe vorbei,
> eingleisig Schienen hin.
> Eigentlich sollten sich Schüler und Schülerinnen
> in der Straßenbahn drängen, picklige,
> hübsche, einige älter, andere jünger als ich.
> Und eines der Mädchen könnte eine Kette
> aus kirschroten Holzkugeln schmücken.

Aber die Bahn ist nur körperlos
von Schatten besetzt, die,
sobald ich sie mit Worten antippe,
vergehen, als sei jeder und jede tot
oder stehe auf Anruf dem Tod nahe.

Also schweigen die übrigen und auch ich,
obgleich wir satt an Geschichten sind.
Nur die Straßenbahn Linie 9
ist wirklich und klingelt sich
von Station zu Station.« (1, 548)

In Analogie zu den *Fundsachen für Nichtleser* liefern erneut vier bis fünf Jahreszeiten das Strukturmodell für eine von Sprachwitz und Neugier beflügelte Komposition aus vielgestaltigen »Eintagsfliegen«, die sehr viel länger nachwirken, als ihr Name zunächst vermuten lässt. So füllt sich das lyrische Lebensabend-Tagebuch, und vor den Augen des geneigten Lesers entsteht ein bewegender, von Leid- und Leitmotiven durchzogener Zyklus im Zeichen des Abschieds:

»UNTERWEGS IM NOVEMBER

Tief steht die Sonne,
macht lange Schatten dem,
der – um Worte verlegen –
ins Tintenfaß fiel.
Er, dem seit kurzem
immer wieder der Faden reißt,

zählt nur noch Fliegengebein.
Er, dessen Mund noch warm ist,
von allerletzten Geschichten,
weiß kein Mittel mehr gegen Kälte,
die vom Fuß in den Kopf steigt.

Jetzt pfeift er den Hund herbei,
aber der kommt nicht.« (1, 452)

Neben sehr persönlichen Bekenntnissen eines komischen alten Mannes, der sich selbst augenzwinkernd begegnet und Günter Grass gut zu kennen scheint, stehen atmosphärisch dichte Erkundungen der Orte, an denen der lebenslustige Melancholiker haust. Er, immer noch er, ein anhaltend zorniger Zeitgenosse und kritischer Sozialdemokrat, der gewagte Liebeserklärungen (1, 455, 469), »schräge Töne/ und ab und an den schrillen Triller« (1, 529) nicht scheut; »Seine Enkel finden ihn spaßig« (1, 456).

Neben Begegnungen mit politischen Weggefährten, vorbildlichen oder wahlverwandten Dichtern wie Hans Christian Andersen, Erich Mühsam oder Heinrich Böll und Lew Kopelew sowie mit unsterblichen Kunstfiguren wie Simplicissimus und Oblomow stehen Tipps für junge Autoren auf Stoffsuche. Neben Absurditäten des Alltags stehen Reaktionen auf Frühprägungen im »Dritten Reich«, schmerzhafte Erfahrungen in der Nachkriegszeit und Schwindelgefühle angesichts anhaltend aktueller und drohender Katastrophen. Neben plakativen Appellen von globaler Tragweite stehen Vorschläge zur schulischen Rückbildung – »Es ist an der Zeit, Stottern zu üben./ Staunendes Unwissen mangelt.« (1, 483) – und anarchisch anmutende Anregungen zur Lösung grenzüberschreitender Probleme; mal provokativ, mal mit ironischem Unterton, mal ohne Wenn und Aber, weil es aus der Perspektive des »gebrannten Kindes« und besorgten Bürgers Dinge gibt, die öffentlich gesagt werden müssen.

»Gelegentliche Gedichte« nennt der leidenschaftliche Leser und süchtige Sammler die aktuellen Geschöpfe seiner Phantasie, die in wechselnden Formen von der Ballade über das Rondo bis hin zum Klagegesang, vom Kalenderspruch über episch ausholende Prosagedichte bis hin zur pointiert verdichteten Momentaufnahme das Licht seiner Werkstatt erblicken, Tag für Tag: Freitag, der 13. etwa, macht seinem Ruf mit einer skurrilen Katastrophenmeldung alle Ehre; am 29. Februar, dem Karnevalsdienstag im *Zauberberg*, wird ein kleines Hohelied auf die Vorzüge des Ephemeren gesungen; bei anderer Gelegenheit finden erschreckende Tagträume, Hymnen auf die Freundschaft oder gereimte und ungereimte, in jedem Fall aber berührende Nachrufe aufs Papier:

»Ach, die gebündelte Wut junger Jahre
raschelt als Stroh, leergedroschen.
Ach, die Liebe, schnell oder zögerlich im Vollzug,
will kaum noch jucken, tut nur als ob.
Ach, käme doch eine Elegie zu Zeilen,
die seinen Zustand mit Trauerrand schönt.« (1, 456)

Verantwortlich für dieses Lamento zeichnet ein sinnenfroher, allerdings zusehends von Krankheiten und vom körperlichen Verfall geplagter Dichter-Narr auf der Suche nach dem verlorenen »Wasauchimmer«; entwurzelt, verletzbar, torkelnd, sturzgefährdet, sterblich: »Letzte Hoffnung täuscht uns der Klatschmohn vor.« (1, 538)

Wie sollte es anders sein: Auch in diesem Gedichtzyklus dreht sich alles um Menschliches, Allzumenschliches, um fatale Muster und fragiles Augenblicksglück. Und derjenige, der hier die Füllfeder führt, bleibt der Erde konsequent treu. Er will bis ans Lebensende »nur irdisch mündig« sein und glaubt nach wie vor nicht an den »Erlösertrick«, der »das Jenseits wohnlich zu machen verheißt« (1, 454). Als gottloser Spötter warnt er vielmehr vor kunterbunten Seifenblasen, die von himmlischen Paradiesen zeugen sollen. Er setzt stattdessen ausdauernd auf das existentiell zu verstehende »Prinzip Zweifel« und die Komik des Scheiterns, sprich: auf das Potential pfiffiger Selbstdenker und zorniger Geschichtenerzähler von dieser unverbesserlichen Welt. Zitiert sei hier stellvertretend nur ein in Krisenzeiten unverzichtbares Beispiel für viele, ein *Maßvoller Vorschlag zur Finanzierung notleidender Kirchen*:

»Jedes Mal, wenn jemand als Person
oder in Gestalt einer Institution,
so beim ›Wort zum Sonntag‹,
ihn nennt, namentlich lobt oder verflucht,
mit ihm, der allmächtigen Instanz,
gleich einem Knüppel droht,

ihn als Hilfskraft
vor seinen überladenen Karren spannt,
auf bayerische Weise zum Begrüßgustav macht,
ins Sprichwort sperrt oder als Füllsel
in beliebige Sätze schmuggelt,
ihn lieb, gleich einem Sprechautomaten
immer wieder lieb heißt
oder gar auf ihn schwört
und wie vor Gericht als Zeugen aufruft,
sollte eine Nutzungsgebühr,
ähnlich der Maut auf Verkehrswegen,
fällig werden, zahlbar sofort.

Das würde sich lohnen
und den Ruin der Kirchen verzögern,
zumindest deren Heizkosten decken,
auf daß sie während Frostperioden Raum böten
als Wärmehallen, die Tag und Nacht Zulauf fänden.
Obendrein könnte der Marktwert
der jeweils gültigen Moral gesteigert werden
und würfe – ihm sei gedankt – Gewinn ab sogar.«
(1, 515)

Der prosaischen Gewinnmitnahme dieser Art entspricht die Verlustrealisierung des ernüchterten Zeitgenossen, der »im Krieg der Religionen« (1, 512) keiner Partei zu Diensten sein möchte. Nur die freien Geister par excellence scheinen dank ihrer Einbildungs- und Widerstandskraft noch willens und in der Lage zu sein, Alternativen zur »letztgültige(n) Gottheit« (1, 466), dem heiligen Markt, zu beschwören. Vor allem sie scheinen unserem »marktfrommen« Gesellschaftssystem (1, 498) noch überlebensnotwendige Impulse jenseits vom obernotpeinlichen Demokratietheater namens »Talkshow« (1, 454) geben zu können; und siehe da:

»EIN WUNDER GESCHIEHT

Wer hätte das gedacht: Aus bloßer Not
fusionieren Banken und Kirchen,
weil sie nicht mehr kreditwürdig,
mit ihrem Latein am Ende sind.

Nun stehen in domhohen Schalterhallen
neuerdings Beichtstühle für reuige Geldwäscher,
Spekulanten und graumelierte Börsianer.
Der Sünden Mehrwert füllt gemeinnützige Kassen.

Kein Bonus mehr, aber Konkursverwalter,
die kürzlich zu Priestern geweiht wurden,
legen nach Opfer und Wandlung
den Schuldnern und Gläubigern Oblaten,
geprägt nach Motiven des Euro
und anderer Währungen, auf die Zunge.

Zum Gebot wird Verzicht auf Zinsen
und Zinseszins.
Außer Mode der Tanz
rund ums Goldene Kalb; doch lesen,
weil es nun mit der Ökumene klappt,

Priester und Pfarrer, Rabbiner und Imame
während der täglichen Morgenandacht
von der Kanzel herab
prägnante Abschnitte und Thesen
aus den Schriften der Frühsozialisten:
Franz von Assisi, Charles Fourier,
auch Marxengels kommen zu Wort,
Manifeste zuhauf.

Als gestern die letzten Neoliberalen
zum Islam konvertierten, kam es
an allen Börsen zu Kursgewinnen,
worauf europaweit Hosiannarufe
und ähnliches Glaubensgeschrei zu hören waren.«
(1, 520 f.)

Also sprach der Satiriker. Ganz ernsthaft würdigt das lyrische Ich, das bisweilen selbst gezügelte Rührseligkeit und hochemotionales Pathos zulässt, demgegenüber die tatsächlich bewunderten, persönlich Verantwortung übernehmenden »Held[en] unserer Tage« (1, 507). Einige werden seit Jahrzehnten zu Unrecht für ihre Überzeugungstaten bestraft (so der israelische Atomtechniker Mordechai Vanunu, der es gewagt hat, das geheime Atomprogramm seines Landes öffentlich zu machen), andere werden posthum für unbewiesene Spitzel-Vergehen angeklagt (so der Büchner-Preisträger Oskar Pastior). Und einer ist schon aus dem Buch der Bücher bekannt, muss aber bis heute ohne päpstlichen Segen um seine Rehabilitierung ringen: der biblische, bereits in der Grass-

Novelle *Katz und Maus* (1961) im Rahmen einer »Selbstbefriedigungsolympiade« (vgl. 5, 33) gewürdigte Onan (1, 518).

Doch im Zentrum dieser Sammlung stehen erneut die lyrischen Selbstbilder, in denen alles um die »Existenz« eines unheilbaren Ichs kreist (1, 447), das sich angesichts des unaufhaltsamen Verfalls nur allzu gerne »rückläufig entkommen« (1, 456) möchte, vom eigenen Bewusstsein und seinen Lieblingsmotiven jedoch stets wieder eingeholt wird; immer neue Schmerzen:

»Ich bin.
Dafür soll es Beweise geben,
unverkennbare, wie man sagt: Er raucht!

Dann wiederum bin ich nicht,
was gleichfalls zu beweisen ist:
Er hinterläßt Lücken,
für die sich kein Büßer fand.

Doch angenommen: Ich bin und bin nicht.
Warum dann dieser Aufwand mit Wörtern,
Rauchzeichen und datierten Tatsachen,
für die jemand, der ich sein soll,
haftbar zu machen ist,
weil sie benennbar sind,
ihren Geruch vor sich hertragen
und nachweislich Schatten werfen?

Zum Beispiel als Ding,
an dem sich mein Knie wundstößt,
so daß ich Schmerz spüre,
vermutlich eigenen, der längst verjährt ist.« (1, 441)

Theaterspiele: Vom Drama des Absurden zum dialektischen Diskussionsstück

»Es ist wahr, ich lache oft, aber ich lache nicht darüber, wie Jemand ein Mensch, sondern nur darüber, daß er ein Mensch ist, wofür er ohnehin nichts kann, und lache dabei über mich selbst, der ich sein Schicksal teile. Die Leute nennen das Spott, sie vertragen es nicht, daß man sich als Narr produziert«.

Georg Büchner

Beritten hin und zurück. Ein Vorspiel auf dem Theater

Zurück zum Fuße des Textberges: Neben den ersten Gelegenheitsgedichten des Schriftstellers Günter Grass stehen seine dramatischen Versuche, die »Tragödie des Menschen mit den Mitteln der Komödie [zu] bewältigen« (24, 5).[1] Es ist in der Forschung bereits mehrfach unter wechselnden Perspektiven darauf hingewiesen worden, dass die Theaterspiele des Autors grundlegende Gemeinsamkeiten thematischer, motivischer und struktureller Art erkennen lassen. Auf der Grundlage der vorliegenden Ergebnisse lässt sich feststellen, dass es sich bei den zwischen 1954 und 1968 entstandenen Stücken um mehr oder weniger bewegte Zu- bzw. Stillstandsbeschreibungen handelt. Zentral erscheint in allen Fällen der nur für wenige Figuren nicht wirksam werdende Zwang zur hektischen Aktivität, zum endlosen Streben, bei grundsätzlicher Bewegungs- bzw. Entwicklungslosigkeit der inneren und äußeren Verhältnisse. Die durch nichts und niemanden zu beruhigenden Protagonisten dieser Theaterspiele laufen unermüdlich – hin- und hergeworfen zwischen Lust- und Mangelgefühlen, zwischen Schmerz und Langeweile, zwischen notwendigem Aufbruch und der Sehnsucht nach Ankunft – einem »angenommenen Ziel« entgegen. Diese meist erkenntnislos leidenden, hoffnungslos gespaltenen Figuren, die in der Regel schon zu Beginn der Stücke diejenigen sind, die sie auch sein werden, wenn der Vorhang zum letzten Mal fällt, können nicht stillsitzen, folgen einem blinden Drang, lassen sich treiben, kompensieren ihre Unzufriedenheit mit Ersatzhandlungen, wandern aus, flüchten, jagen oder tun zumindest so, als ob sie all das vorhätten. Fast alle scheinen sich nichts sehnlicher zu wünschen, als einen Zustand absoluter Bedürfnislosigkeit zu erlangen, für den man viele philosophisch bzw. religiös inspirierte Begriffe wie Selbstauflösung, Erlösung von der »besten aller möglichen Welten« oder auch tiefer Schlaf, wahres Heil, Nirwana bzw. Ruhe finden könnte. Natürlich findet keine der von Grass auf die Weltbühnenbretter gestellten Figuren Mittel und Wege, diese aus seiner Sicht ohnehin fragwürdigen, den Willen zum Leben überwindenden Ziele zu erreichen.

Nicht nur die sprachlichen Grenzen zwischen den

auf vielfältige Weise miteinander verbundenen Personen sind in allen Stücken fließend, denn zumindest die Ausgangsposition ist allen gemein: Den in ihrer jeweiligen Horizontenge Befangenen ist es in der undurchschaubaren Erscheinungswelt nicht vergönnt, den u. a. von Paulus, Augustinus, Schopenhauer und Camus benannten »Zwiespalt«, den es in jedem Einzelfall genauer zu bestimmen gilt, zu überwinden. Die Grass'schen Theaterfiguren unterscheiden sich im Grunde nur durch das Maß, in dem diese Teilerkenntnisse in ihr Bewusstsein eindringen konnten. Insbesondere die Außenseiter der Gesellschaft – so traurige wie komische Narren, anarchische Kinder, entdeckungsfreudige Köche oder überlebenswillige Ratten, auf die insbesondere im Rahmen der in den fünfziger Jahren konzipierten, in der Tradition des »absurden Theaters« stehenden Stücke einzugehen sein wird – scheinen in der Lage zu sein, dieser Konstellation illusionslos ins Auge zu sehen, ohne daran zu zerbrechen, ihren kaustischen Witz zu verlieren oder sich in eine vorgeblich die Zerrissenheit überwindende Heilslehre zu flüchten.

In den Diskussionstheaterspielen der sechziger Jahre – der Dramatiker widmet sich nach eigenen Angaben seit dem in die *Hundejahre* integrierten Einakter zunehmend der Umsetzung seiner Vorstellung vom »dialektischen Theater« (24, 82) – wird diese Rolle von sehr viel stärker vernunftorientierten, aber nicht weniger gebrochenen, mit inneren Gegensätzen kämpfenden Figuren übernommen. Doch erst die von Grass im Rahmen »einer neuen Aufklärung« (24, 82) angestrebte Einheit der Widersprüche, d. h. die Gesamtheit der skizzierten Positionen unter Berücksichtigung des dem jeweiligen Spiel zugrunde liegenden Strukturmusters, gibt Auskunft über die ästhetisch-weltanschaulichen Überzeugungen und Entwicklungen des ideologiekritischen Autors, der sich unter Wahrung der ironischen Distanz – bei unverkennbar wechselnden Annäherungsgraden – allen Personen seiner Stücke mitteilt. Unverkennbar ist darüber hinaus, dass sich alle Theaterspiele von Günter Grass, freilich in unterschiedlicher Intensität, an bedeutenden literarischen Modellen orientieren bzw. reiben.

Das gilt auch für *Beritten hin und zurück*. In diesem zyklisch aufgebauten Einakter, einer spielerischen, von eindeutigen Zweideutigkeiten durchzogenen Auseinandersetzung mit den Grenzen und Möglichkeiten der modernen Bühnenkunst, dreht sich alles um den schon anfangs selbstgenügsam auf einem Holzpferd schaukelnden Clown Conelli. Der prädestinierte Außenseiter – »Isoliert steht der Clown außerhalb der menschlichen Gesellschaft. Er ist das Loch in der Schöpfung. Er ist die wahrhaft tragische Figur« (3, 7) – bewegt sich hin und zurück, ohne vom Fleck zu kommen. Es sieht ganz so aus, als habe dieser melancholische Spaßmacher die für ihn beste aller möglichen Positionen gefunden: den bewegten Stillstand im Abseits. Conelli fühlt sich offenbar wohl in seiner Rolle und sieht keinen Grund, diese einmal gefundene, dann hartnäckig verteidigte Stellung zu verlassen: »Jetzt schaukeln wir noch tausendmal, und dann reiten wir woanders hin.« (3, 7) Immer wenn ihn jemand von seinem geliebten Schaukelpferd holen will – in diesem szenischen Dialog sind es die der Lächerlichkeit preisgegebenen, angeblich avantgardistischen Theatermacher, die sich ohne jeden überraschenden Einfall am Publikumsgeschmack orientieren –, spielt Conelli einfach nicht mehr mit. Er entsagt dem »Aktualitätenrummel« (3, 7) der wichtigtuerischen Karikaturen und verweigert sich jedem der sogenannten Fortschritte. Die von ihnen projektierte Tragikomödie soll nach vier Akten zum Beifall erschleichenden Schlussakkord führen: »Die Katastrophe! Conelli, immer noch auf seinem Schaukelpferd, findet den Fahrplan der Bundesbahn. Nun kommt es zum endgültigen Zusammenstoß. Krieg, Atombombe, H-Bombe, Weltuntergang!« (3, 19)

Die undramatische Bühnenrealität sieht ganz anders aus: Es findet sich kein Konflikt, kein fesselnder Dialog, der eine spannende Handlung initiieren, keine Dreiecksgeschichte, die für explosiven Zündstoff sorgen könnte. Nichts kommt ins Rollen. Der dickköpfige Clown und seine auserwählte Stute namens Ingeborg sind unzertrennlich, da erst ihre intime Verbindung die gewünschte Distanz zur bedrohlichen Umgebung zu garantieren scheint. Selbst im Bett, in das Conelli von seinen Versuchern gelockt werden soll, bleibt der standhafte Clown seiner Geliebten treu. Als er zur kurzfristigen Ruhe gebettet wird, besteht er darauf, sein Holzpferd mit unter die Decke nehmen zu dürfen. Auch darin ist er Oskar Matzerath verwandt, der nie ohne Blechtrommel schlafen gehen will. Nichts kann den närrischen Conelli dazu bewegen, sich von Ingeborg zu trennen, d. h. das Kinderspielzeug aufzugeben, das seine Autonomie verbürgt. In diesem Punkt versteht die lustige Person des Stücks keinen Spaß. Sie hat sich offensichtlich, aus existentiellen Nöten eine Tugend machend, dafür entschieden, nicht erwachsen bzw. wieder kindisch zu werden. Der den kompromisslosen »Spieltrieb« (3, 9) verteidigende Zirkusclown mit der dicken roten Nase und dem komischen Hut lebt von der Komik des Scheiterns. Unbeirrt reitet der Narr dieser Inszenierung seinem selbstgesteckten Ziel entgegen. Er schaukelt auch in Zukunft eifrig auf der Stelle bzw. auf und ab, bis der dieses Theaterspiel – »man denkt sofort an die Franzosen, Beckett und so weiter« (3, 9)[2] – beendende Vorhang fällt.

Hochwasser

Stillstand lässt sich trotz aller Aktivitäten auch auf den Bühnenbrettern, die in diesem Fall die beengte Kleinbürgerwelt bedeuten, registrieren: »Das Bild zeigt ein Haus im Querschnitt« (3, 23), die »Einrichtung des Zimmers, Standuhr und bürgerliche Möbel, sind fast ganz von Kisten, Armleuchtern und Fotoalben verdeckt« (3, 25). Bereits die bezeichnenden Requisiten in diesem periodisch von Hochwasserkatastrophen heimgesuchten Durchschnittshaushalt erzählen dem Zuschauer die exemplarischen Charakter beanspruchenden Lebensgeschichten der an diesem Allerweltsort lebenden Personen. Eine erschreckend belustigende Vorstellung: Noah, der Besitzer des in Analogie zur biblischen Sintflutgeschichte dreistöckigen Hauses, und seine Schwägerin Betty lassen sich zwei Akte lang durch nichts irritieren. Sie haben selbst in Anbetracht der gegenwärtigen Bedrohung durch das beständig steigende Wasser nichts Wichtigeres zu tun, als ihre gesammelten »Schätze« (3, 23) in Sicherheit zu bringen. Besonders am Herzen liegen ihnen die Fotoalben mit den Familienbildern von vorgestern und eine in verstaubten Kisten verstaute, auf Karteikarten registrierte Sammlung historischer Tintenfässer. Betty und Noah machen genau das, was sie schon immer in solch prekären Situationen getan haben. Sie klammern sich als passive Beobachter »hinter der Gardine« (1, 15) schicksalsgläubig und gottesfürchtig an die Gegenstände, die ihrem Dasein einen Sinn verleihen sollen. Sie hoffen, dass das offenbar unvermeidbare Hochwasser bald wieder fällt, um dann, wenn die Straßenbahn wieder regelmäßig auf- und abfährt, also alles wieder in Ordnung ist, genauso weiterleben zu können wie zuvor: »Man muß beizeiten vorsorgen. Wird doch nicht ewig regnen.« (3, 38)

Die in diesen und ähnlichen Räumen scheinbar unumkehrbare Tendenz, im Angesicht einer existentiellen Bedrohung die anschließende Restauration der Verhältnisse vorzubereiten, als sei nichts geschehen, kennzeichnet auch das gleichnamige Gedicht (1, 9) aus der Sammlung *Die Vorzüge der Windhühner*. Schon dort fällt den Bewohnern des gefährdeten Hauses in Hochwasserzeiten nichts Besseres ein, als zu warten und zu beten, um sich dann beizeiten auf das ohne ihr Wissen bereits im Davor beginnende Danach vorzubereiten. So stolpern sie blindlings dem nächsten Schicksalsschlag entgegen. Die

Katastrophen kommen und gehen, kein Mensch weiß zu sagen, warum. In dieser statischen Kleinbürgerszenerie wird sich demzufolge auch in Zukunft nichts grundsätzlich verändern. Niemand scheint eine Lehre aus dem »bleischweren Schatten« oder dem Strich, den das Wasser im Keller des Hauses hinterließ, ziehen zu können oder zu wollen. So regelmäßig wie das Hochwasser wiederholen sich säkularisierte Formen der Sintflutgeschichte in dieser absurden Welt. Der Begriff der einmaligen Apokalypse weicht in der Grass'schen Version der Parabel jedoch zu allem Überfluss dem der periodischen Wiederkehr des ewig Gleichen. Die in der einleitend zitierten Regieanweisung erwähnte Standuhr, die selbstverständlich nicht funktioniert, spricht Bände: »Du siehst doch, daß die Uhr hier überflüssig ist« (3, 68), denn die Zeit steht still, alles dreht sich im Kreis. Die im »heiligen« Fotoalbum dokumentierte Geschichte erweist sich vor diesem Hintergrund als die in Einzelbildern festgehaltene Wiederkehr des ewig gleichen Kleinbürgertums unter wechselnden Gesellschaftsverhältnissen. Die in ihrer Horizontenge befangenen Hausbewohner halten an ihren längst überholten, im Nachhinein idealisierten Bildern aus der Vergangenheit fest, haben sich ein für alle Mal ein Bildnis gemacht, das durch nichts und niemanden mehr in Frage gestellt werden kann. So jedenfalls beschreibt die angesichts des undurchdringlichen, aus Wasserfäden gewebten Vorhangs immer schwermütiger werdende Tochter des Hausbesitzers das unerschütterlich feststehende Weltbild ihrer gutgläubigen Tante Betty.

Für die von der Liebe und vom Leben enttäuschte

Melancholikerin namens Jutta zählen dagegen nur noch ihre Träume. Juttas Gemütsverfassung wird von der bittersüßen Lust am Leiden und versteckten Todessehnsüchten geprägt. Ihr größter Wunsch wäre es, endlich irgendwo anzukommen, »wo's schön ist« (3,30), an einem stillen Ort, wo sie über den niemals verblassenden Regenbogen endlich »nach Hause« finden könnte (3,66). Doch Jutta ist und bleibt eine Gefangene ihrer eigenen Vorstellungen, sie will, was sie nicht kann, sie hat nicht die Kraft, ihren Worten Taten folgen zu lassen. Am Ende steht die Beschwörung eines regressiven Wunschtraums: »Ich wünsche mir, daß es wieder regnet, bis das Wasser so hoch steht, so hoch!« (3,71)

Ganz andere Vorstellungen vom Leben hat dagegen ihr »süßer Verlobter« (3,46) namens Henn, von dem seine Braut sagt: »Ganz klein, so klein und häßlich mußt du erst einmal werden, sonst wird das nix mit dir.« (3,28) Henn erscheint als das Paradebeispiel eines blauäugigen Idealisten aus zu gutem Hause. Der verwöhnte Goldjunge schwärmt mit wachsender Begeisterung von der Übermacht des Sonnenlichts, von der ganz großen unvergänglichen Liebe, ewiger Glückseligkeit und grenzenloser Freiheit. Er bleibt auch im Laufe des Theaterspiels ein weltfremder Naivling, der riecht, aussieht und redet wie ein vorbildlich gepflegter Friseur, d.h. pomadig glänzend, ein bisschen zu glatt rasiert, mit schnurgeradem Scheitel und weißem Kittel. Folgerichtig verbreitet der nahezu perfekte Henn wohlgeordnete, gut frisierte Gedanken. Seiner Predigerrolle gemäß wird alles, wovor sich sein sonniges Gemüt fürchtet, verteufelt. Das Kalte,

Feuchte, das Unbewusste, die Schattenseiten des Daseins würden, wenn es nach ihm ginge, eines rosaroten Tages gänzlich von der Erde verschwinden. Doch der das erlösende Wunder ankündigende Riss im Vorhang bleibt aus.

Die zyklische Struktur des tendenziellen Einakters, eingeteilt in die Regenzeit und Nachregenzeit, macht deutlich, dass auch mit dem Fallen des Wassers die nächste Hochwasserkatastrophe bereits vor der Tür steht – und mit ihr Leo, der verlorene Sohn des Hauses. Denn der neugierige, dem mitteleuropäischen Kleinbürgermief seines Elternhauses entflohene Leo kehrt nur dann in seine Heimat zurück, wenn es dort in Strömen regnet, um nachzusehen, ob sich dadurch vielleicht doch noch etwas in diesen vier Wänden bewegt. Er muss allerdings immer wieder bestätigt finden, dass alles beim Alten bleibt. Der von Unruhe getriebene Leo und sein ihn begleitender Freund Kongo, die gerade noch zusammen als listige Partisanen im Untergrund überlebt bzw. im Chaos des Dschungels gekämpft zu haben scheinen, stecken sich dagegen ständig neue, phantastische Ziele – »zum Nordpol will er, und dann wieder woandershin« (3, 53) –, um sie anschließend durch andere zu ersetzen. Leo und Kongo wollen sich nicht festnageln lassen, antworten nur ausweichend auf die Lohengrin-Frage nach ihrer Herkunft und geben grundsätzlich keine logischen Begründungen für ihr Vorgehen. Dieses Figurenpaar suspendiert durch seine Auftritte die Kausalität und stellt die abendländischen Ordnungsbegriffe des Verstandes in Frage. Die ewigen Vagabunden nehmen sich einfach das, was sie brauchen, kommen und gehen, wann es ihnen passt, ziehen jede Idylle bewusst in den Dreck und erdichten sich zu jeder Geschichte ihren eigenen, stets vorläufigen, die Wechselfälle des Lebens berücksichtigenden Schluss.

In Leos permanent variierten, ort- und zeitlosen Lügengeschichten jenseits von Gut und Böse – Erzählen und Lügen werden von ihm ebenso wie von Oskar Matzerath und anderen verspielten Künstlernaturen synonym verwendet (vgl. 3, 58 und 4, 9) – geht es demzufolge nicht etwa um das endlich zu erreichende Ziel. Im Mittelpunkt seiner Wortergüsse, in denen Realität und Fiktion, Schein und Sein nicht auseinanderzuhalten sind, steht vielmehr die ausdauernde Suche nach »jungfräulichen Erdteilen«, der stets aufrechtzuerhaltende Spannungszustand zwischen der Sehnsucht nach formvollendeter Schönheit und radikaler Zerstörung von fragilen Wunschbildern. Obwohl der dem ewigen Glück skeptisch gegenüberstehende Partisan um die Unerfüllbarkeit seiner Sehnsüchte weiß, wird er nicht aufhören, sein vergöttertes »Tempelchen in der Arktis« (3, 44) zu suchen, ohne die sein profanes Erotikideal in Frage stellenden Einflüsse der Außenwelt zu übersehen.

Den gleichfalls nicht alles durchschauenden, aber wirklichkeitsnahen Blick für die nicht immer angenehmen, bisweilen sogar bedrohlichen Realitäten haben sich neben Leo und Kongo auch die beiden zerzausten Ratten mit den vom grauen Regen abgeleiteten Namen Strich und Perle bewahrt. Sie kommentieren und ironisieren das Kleinbürgerleben der Hausbewohner nicht etwa von unten, sondern vielmehr von oben herab. Denn ohne sich in rein geistige Höhenflüge zu versteigen – »was hat denn 'ne anständige Ratte mit Geist zu tun« (3, 42)[3] –, bewohnen sie inzwischen nicht mehr den überspülten Keller, sondern das noch sichere Dach. Sie erzählen sich dort, vergleichbar mit den Endspiel-Helden des Absurden, aus Lust an unterhaltsamen Erzählungen, vielleicht aber auch, um ihre Angst zu verscheuchen, die immer gleichen Geschichten »jedesmal ein bißchen anders« (3, 40). Ihre sinnlichen Dachstuhlspielchen genügen sich selbst. Den gefräßigen Lese- und beweglichen Wanderratten ist nichts heilig. Ihnen erscheint ein buntschillernder Regenbogen nicht etwa als Symbol des unauslöschlichen Bundes zwischen Gott und der Welt. Er wird in ihren Augen vielmehr zur verlockenden Speise, zum lustvoll betrachteten Objekt der keineswegs interesselosen oder auf Erkenntnisgewinn ausgerichteten Begierde. Doch mit ihrem alle abstrakten Erlösungsideen bezweifelnden Programm stehen die ungläubigen Nagetiere in dieser Spießerszenerie auf verlorenem Posten. Die unbelehrbaren Hausbewohner stellen schleunigst wieder tödliche Fallen auf, um die den Hausfrieden störenden Tiere loszuwerden, und werden wohl auch zukünftig vor keiner Untat zurückschrecken, um ihr Kleinbürgerglück zu retten. Denn alles, was ihren gewohnten Lebensstil gefährden oder in Frage stellen könnte, alles, was nicht in ihr harmonisches Weltbild passt, wird hier in Form der sympathisch gezeichneten, am Gemütlichkeitskonsens nagenden Ratten vertrieben, verfolgt oder – das lehrt die absurde Geschichte – rücksichtslos »ausgemerzt«.

So kommt es am Ende, wie es unter diesen unseligen Umständen kommen musste: Enttäuscht wenden sich die eigentlichen Realisten des 1957 uraufgeführten Stücks von den unverbesserlichen Spießern ab. Von so viel Ignoranz, mangelnder Toleranz und ausbleibender Selbsterkenntnis abgestoßen, verlassen die unverstandenen Ratten, ebenso wie Leo und Kongo, ihre ungastliche Herberge und erklären das erneut restaurierte Gebäude zum »sinkenden Schiff« (3, 64).

Betty und Noah dagegen sind jetzt, da der Wasserstand wieder fällt, zuversichtlich: »Wir müssen alle anfassen, dann schaffen wir es« (3, 67), verkündet der Hausherr und beginnt auch gleich mit der Kontinuität garantierenden Wiederaufbauarbeit. Alles geht seinen jegliche Widersprüche ausgrenzenden Gang: Hurra, wir leben noch, bis zum »nächsten Mal« (3, 70). Denn die *Rättin* – erst diese literarische Antiutopie thematisiert die selbstverschuldete Selbstvernichtung der Menschheit, ohne Hoffnung auf einen unverwüstlichen Menschen-Phönix zuzulassen – ist zu diesem Zeitpunkt noch nicht geschrieben.

Noch zehn Minuten bis Buffalo

Dieser 1959 uraufgeführte Einakter – ein parodistisches Spiel mit literarischen Vorlagen, verfestigten Kunstbegriffen und Karikaturen des Pseudoavantgardismus – steht in enger Verbindung zum poetologischen Kernstück der frühen Grass-Ästhetik, dem bereits zitierten

Essay *Der Inhalt als Widerstand* (20, 18 ff.) aus dem Jahr 1957. Denn sowohl der »mißtrauische Dialog« zwischen den dort als Poeten auftretenden Krudewil und Pempelfort als auch das Theaterstück sind als ironischer Beitrag des Autors zu Fragen der Dichtungstheorie zu verstehen, die sich seines Erachtens an der Schreibpraxis zu orientieren hat. So ist zumindest zwischen den Dialogzeilen in beiden Texten die vom Misstrauen gegen vorgefasste Erwartungshaltungen gekennzeichnete Position des Verfassers zu erkennen, der sich nicht auf einen eindeutigen Standpunkt festlegen lassen möchte.

Ein möglicher Zugang zum Stück ist die Suche nach strukturellen Gemeinsamkeiten zwischen den Werken der Weltliteratur, auf die in diesem bemerkenswerten Einakter mehr oder weniger deutlich angespielt wird. Es handelt sich dabei um die im Titel zitierte Ballade *John Maynard* von Fontane, um Goethes *Faust,* die Geschichte von *Moby Dick* und schließlich die auch in den Roman Melvilles eingearbeitete Episode vom biblischen Propheten Jonas. So kurios die Zusammenstellung auf den ersten Blick anmuten mag, so verbindet all diese Texte doch die gleiche Motivkonstellation: Unruhe, Zweifel, Aufbruch – Reise, Jagd, Suche – Ankunft, Ziel, Rettung.

Doch die Erlösung, die in den genannten Werken sehr unterschiedlich ausfällt, ohne je ganz zu fehlen, bleibt im vorliegenden Stück aus. Grass hält den Countdown aus Fontanes Ballade zehn Minuten vor dem Erreichen des rettenden Ufers an, so dass der heroische Steuermann nicht dazu kommt, sein Leben für die Fahrgäste zu opfern; kein Engel verkündet von oben herab: »Gerettet ist das edle Glied/ Der Geisterwelt vom Bösen:/ Wer immer strebend sich bemüht,/ Den können wir erlösen« (*Faust*, Vers 11934–11937). Die hier ins heillos-humorvolle Bild gesetzte Lebensreise endet nicht am paradiesischen Strand von Buffalo, kein Mensch ist bereit, zu bereuen, bzw. in der Lage, im lasterhaften Ninive eine göttliche Ordnung zu errichten oder doch noch auf wunderbare Weise dem unausweichlichen Tod zu entrinnen, dadurch, dass er einen »Sarg als Lifeboje« entdeckt. Die Ziele der sich nicht gerade mit Ruhm bekleckernden Protagonisten des Einakters bleiben austauschbar, der imaginierte Sehnsuchtsort wird nie erreicht, niemand spricht das erlösende Wort, denn »beim Herrn nur ist Rettung« (Jon 2,10), und der spielt nicht nur in der Grass'schen Lyrik, sondern auch in dieser nach einem Beckett-Muster entworfenen Inszenierung keine zentrale Rolle.

In der Mitte der Bühne steht eine alte, verrostete Lokomotive, die sich schon lange nicht mehr bewegt hat. Krudewil und Pempelfort »blicken in Fahrtrichtung und täuschen große Geschwindigkeit vor« (3,141), sie scheinen sich auf der Flucht zu befinden, doch die Maschine rührt sich nicht von der Stelle. Trotzdem tun die beiden so, als ob sie geradewegs auf ihr »Ziel, und das heißt Buffalo« (3,144), zusteuern. Mit dem Ernst von Kindern spielen sie »Lokomotivführer und Heizer«: »Hah, in dreißig Minuten sind wir in Buffalo, dann hat alles Elend ein Ende, dann werden die Glocken geläutet und die Laternen gekitzelt« (3,142). Paradiesische Aussichten: Amerika, »Buffalo, Freiheit« (3,152). Aber selbst Krudewil scheint dieses aus Seemannsgarn gesponnene Postulat – man könnte problemlos Begriffe wie »Gott« oder »Unsterblichkeit« für das Wort »Freiheit« einsetzen – nicht ganz ernst zu nehmen. Die an das Begräbnis des Steuermanns John Maynard erinnernden Totenglocken deuten bereits unmissverständlich darauf hin, was vom Ende dieser Geschichte zu erwarten ist.

Nichtsdestoweniger trägt der Lokführer sein Menschenschicksal mit verzweifeltem Humor. An diesem Punkt zerstreiten sich dann auch die beiden äußerst widersprüchlichen und doch unzertrennlichen Protagonisten, die als zwei sich gegenseitig bedingende und aufeinander angewiesene Seiten einer innerlich zerrissenen, in zwei Hälften zerfallenen Person verstanden werden können. Sie stehen damit stellvertretend für zahlreiche Doppelporträts im Werk von Günter Grass. Der immerzu Blumen pflückende, jammernde und moralisierende Pempelfort befürchtet, dass sein Weggefährte »wieder auf Abwege« (3, 144) gerät: »Schuldig wirst du werden und Blut wird an deinen Händen kleben. Mir graut vor dir, Krudewil.« (3, 145) Den Mephisto in seinem Freund erkennend, bemüht sich Pempelfort darum, ihn auf den Pfad der Tugend zu führen. Doch Krudewil ist nicht dazu bereit, sich mit den Maßstäben des gläubigen Naturliebhabers messen zu lassen, der nur das für ihn Gute und Schöne an Mutter Erde zu lieben scheint. Mit Glaube, Hoffnung und himmlischer Liebe hat der Mann mit dem vom brutalen Machtwillen zeugenden Namen nichts im Sinn. Krudewil bekennt sich zur Befriedigung seiner »klebrigen«, für andere ekelhaften »Gelüste« und bedient sich leidvoller Erfahrungen mit der »christlichen Seefahrt« (3,144) nur dann, wenn ihm die auf blitzblanken Schiffen erlernten Riten und Bräuche »versaute« Lästerungen und »dreckige« Flüche eingeben. Der genusssüchtige Lokführer scheint – fernab von jeder Evangelistenpflicht – in erster Linie auf seinen eigenen, notfalls mit Gewalt durchzusetzenden Vorteil bedacht zu sein. Allein die beängstigende Aussicht auf eine Rückkehr zur Irrfahrt vor freiem Horizont bringt Krudewil ins Schwanken. Beim Anblick der plötzlich auftauchenden »Fregatte«, die für das Segelschiffleben auf dem offenen Meer steht, wird er seekrank und fällt kurzzeitig in Ohnmacht. Denn um sich ihren Geboten zu entziehen – »Deck schrubben, Zwieback fressen, immer vorm Mast schlafen« (3,144) –, meuterte er offenbar unlängst und lief, gleich Jonas, vor seiner Pflicht bzw. seiner Mission davon. Alles umsonst, Krudewil und Pempelfort resignieren. Sie geben ihr zuvor verfolgtes Ziel, Buffalo-Tharsis, auf. Ihre Reise, die keine Flucht vor Gott (Jon 1,1), sondern eine Flucht vor der blinden Gehorsam verlangenden Fregatte war, ist gescheitert. Der tragikomische Lebenskampf beginnt von vorn. Krudewil und Pempelfort tauschen lediglich ihre imaginäre Bahn- gegen eine gleichfalls nur gemimte Schiffsfahrt ein. Geändert hat sich eigentlich nur die Tatsache, dass nun eine vieldeutig angelegte Frauengestalt, die nicht mit sich spaßen lässt, den Rhythmus des witzigen Spiels diktiert. Aber auch diese schillernde Figur wird ihre Gefolgschaft sicher nicht in den Golf einer erlösenden Theologie schleppen können, mit der die »Fregatte« in Sternes *Tristram Shandy* assoziiert wird. Einen sicheren Hafen können Krudewil und Pempelfort auf dem von ihr vorgeschriebenen Weg ebenso wenig erreichen wie den Bahnhof von Buffalo. Immer wird es am Ende heißen: »Verdammt, wir haben ja gar keine Einfahrt.« (3, 146)

Onkel, Onkel

Bei den vier Akten dieses 1958 uraufgeführten Stücks handelt es sich immer um das gleiche Spielchen, jedes Mal ein bisschen anders in Szene gesetzt. Aber den Beteiligten vermittelt die den Zuschauer erheiternde Wiederholung keine befreiende Erkenntnis. Hauptperson dieses grotesken Stationendramas ist der systematisch mordende Bollin, ein »Systematiker ohne Kompromiß« (3, 79), der sich dem »Gesetz der Serie« (3, 87) verschrieben hat, das keine Sonderfälle berücksichtigt. Hermann Bollin, ein »Mann von Prinzipien« (3, 91), sieht sich und sein Handeln in der Tradition seines Onkels Max, auf den er sich mehrfach beruft. Von ihm scheint der Systematiker nicht nur die unabdingbaren Utensilien seiner Arbeit – Uhr, Füller und Revolver –, sondern zudem seine Wertmaßstäbe übernommen zu haben. In diesem Sinne ist auch der Titel *Onkel, Onkel* zu verstehen, denn im Grunde geht es in diesem Stück um die generationenübergreifende Kontinuität eines von Anfang an zum Scheitern verurteilten Systems mit verbrecherischen Folgen.

Obwohl sich Bollins Pläne in der Theorie bewährt zu

haben scheinen – »Hab alles zehnmal gezeichnet und hat gestimmt. – Man muß sich nur treu bleiben« (3, 76) –, liegt er von Beginn an mit seinem Glauben an die ungebrochene Perfektion schief: »Zeichnet Kästchen in den Sand mittem Stock. Alle gleich groß. Und denn streicht er sie durch.« (3, 75) Seine aus Senkrechten und Waagerechten zusammengesetzten Entwürfe werden ausnahmslos von einer auch in anderen Grass-Texten assoziativ mit dem gewaltsamen Tod verbundenen »Diagonale« durchkreuzt. Der an einer wehrlosen Puppe von vorne und von hinten vollzogene Gewalt- bzw. Geschlechtsakt oder die bisweilen in der Musik Wagners gefundene Ersatzbefriedigung können Bollin stets nur kurzzeitig trösten, seine verdrängten Probleme jedoch nicht lösen. Auch der Ansatz, das zersplitterte Chaos durch »Leitmotive und Mordmotive« (vgl. 6, 491) im Stil des umstrittenen Meisters der musikalischen Leitmotivtechnik zu ordnen und dem verworrenen Leben dadurch eine künstliche Form zu geben, hat sich für den Systematiker erledigt.

Von Akt zu Akt werden ausschließlich die Augenblicke, in denen Bollin seinem Gesetz nicht genügen kann, d. h. die Stationen seines schon im Ansatz begründeten Abstiegs, die komischen Momente seines Versagens, ins Bild gesetzt. Das formale Schema ist vom ersten bis zum letzten Vorhang in dieser Szenenfolge stets dasselbe. Bollin versteht sich allerdings nicht als Opfer, sondern als Täter, selbst wenn seine Pläne immer wieder ad absurdum geführt werden. Jede Szene dokumentiert einen weiteren Fall seiner Inkonsequenz, variiert das immergleiche Spiel – Mordabsicht, Irritation durch unvorhergesehene Zwischenfälle, Fallenlassen des Plans –, ein tragikomisches Spiel, in dem die für Bollin in jeder Hinsicht unbefriedigenden Ergebnisse vorweggenommen sind: »Wie sagte mein Onkel Max: Jeder tritt ab, wie er angetreten ist.« (3, 100)

Immer wieder scheitert der prinzipientreue Systematiker an seinen absoluten Ansprüchen und mangelnder Selbsterkenntnis, an den sich nie planmäßig verhaltenden Wirklichkeiten und den unzähligen Details, in denen sprichwörtlich der Teufel steckt. Die in Karteien und Aktenordnern pedantisch genau festgehaltenen Resultate seiner vergeblichen Bemühungen, Ordnung in das ihn umgebende und in ihm selbst vorhandene Chaos zu bringen, sind dementsprechend Fragmente, abgebrochene Versuchsreihen und unabgeschlossene Serien. Auch dieser Prototyp eines Grass'schen Systematikers wird zwischen dem Wunsch nach Ganzheit und der Erfahrung der Zersplitterung hin- und hergerissen. Der gehetzte Perfektionist kommt nicht zur ersehnten Ruhe, er läuft vor sich selbst davon.

Bollin sucht sich seine Opfer stets innerhalb einer bestimmten Berufs- bzw. Bevölkerungsgruppe. Die typisierten Figuren sind willkürlich austauschbar: Mutter und Tochter Domke, der Förster, die Friseure und die Operndiva richten sich mit dem scheinbar Unausweichlichen ein, sie lassen sich durch nichts erschüttern. Was auch geschieht, alle bleiben ihren Rollen treu. Sie folgen ihrem Gesetz wie Bollin dem seinen. Schon dadurch, dass seine potentiellen Opfer ihn problemlos in die lähmende Banalität ihres Lebens verstricken, verlieren Bollins Mordabsichten ihre unschuldige Selbstverständlichkeit und werden hinfällig. Sein Versuch, Gott oder Schicksal zu spielen und nach eigenem Gutdünken über Leben und Tod zu entscheiden, geht schief. Der inkonsequente Systematiker bestätigt dadurch, dass auch er nur ein kleinbürgerliches Rad im Getriebe dieser von Stillstand geprägten Gesellschaftsordnung ist.

Die Entweder-oder-Welt der Erwachsenen wird aber auch in diesem Theaterspiel modellhaft mit der Sphäre der Kinder konfrontiert, und wiederum zeigt sich die Überlegenheit der improvisationsfähigeren Heranwachsenden. Ausschlaggebend dafür ist ihre hier tatsächlich entwaffnende Fähigkeit, ganz eigene Spielregeln aufzustellen, kompromisslos zu ihrem immoralistischen Verhalten zu stehen und sich nicht mit den unflexiblen Maßstäben der Erwachsenenwelt messen zu lassen. Dadurch ist es ihnen möglich, die Lebenslügen der »Onkels« zu entlarven. Die Berliner Gören Sprotte und Jannemann fügen sich keinem starren System. Ihr kindlich-raffiniertes, naiv-anarchistisches, jederzeit zu pragmatischen Korrekturen bereites Wesen erweist sich gegenüber der abgeschlossenen Weltordnung der »Betonkopf-Onkels« als überlegen. Nachdem die zwei sich frech wie Oskar aufführenden Kinder Bollin mit seinem eigenen Revolver erschossen haben, spielen sie völlig unberührt vom Tod des Systematikers weiter, ganz so, als wäre nichts geschehen. Tatsächlich hat nur ihr an irritierenden Alltagserfahrungen orientiertes Spiel in diesem Stück Bestand. Zumindest haben die Heranwachsenden am Ende explizit noch Zeit (3, 137), d. h. eine ungewisse Zukunft für sich.

Onkel, Onkel wäre demnach ganz im Sinne des Autors als eine bemerkenswerte Vorform der Grass'schen System- bzw. Ideologiekritik zu verstehen: »Der Mensch muß entlarvt werden, die Klischees müssen zertrümmert, die äußeren Fassaden niedergerissen werden, damit die eigentliche Existenz sichtbar werden kann. In *Onkel, Onkel* zeige ich einen anscheinend harmlosen, gutmütigen Menschen, der ein Massenmörder ist, zum Schluß aber an der Welt der Kinder scheitert.« (24, 5) Mit dem theatralischen Ende Bollins wird dem Zuschauer die Lebensunfähigkeit jeder dogmatisch fixierten Glaubenslehre, jeder Form des systematischen Idealismus vor Augen geführt. Eindimensionale Erklärungsmuster, etwa gesellschaftspolitischer oder sozialpsychologischer Art, mit denen im Text selbst gespielt wird, werden der Interpretation dieses von der Lust am grotesken Unsinn und der Freude an spielerischer Antithetik lebenden Stücks nicht gerecht.

Die bösen Köche

Am Anfang stehen die von »Blechmusik« begleiteten Geburtssimulationen der »bösen Köche« aus dem Geist der Komödie, am Schluss der Freitod des »guten Grafen« und seiner selbstlosen Geliebten Martha; doch der in so amüsante wie bedrückende Szenen übersetzte Alptraum über das Leben, die Liebe und den sicheren Tod ist damit keineswegs endgültig beendet. Die Parallelen zu den bereits in den Interpretationskapiteln zur Lyrik angesprochenen Trompetensignalen sind unüberhörbar. Die nur behauptete Allmacht des problemlos austauschbaren Küchenchefs mit dem irreführenden Namen Petri, dessen Gebote – »Du sollst nicht lachen!« (3, 159) – niemand unter seinen Gefolgsleuten ganz ernst nimmt, verweist in diesem Text auf die fehlende Einbettung des menschlichen Dramas in einen übergeordneten Sinnzusammenhang. Der oberste Koch tut bei dieser Übung auf seinem keineswegs himmlischen Blasinstrument nur so, als ob er alles unter Kontrolle hätte. Tatsache ist, dass mit dem ohrenbetäubenden Weckruf aus der sonntäglichen Trompete des Herrn Petri das von ständigem Werden und Vergehen bestimmte Spielgeschehen unwiderruflich seinen Lauf nimmt. Es beginnt eine Lebensgeschichte, die prinzipiell bis in alle Ewigkeit fortzudenken wäre, wie auch die Geburt des Koches »Grün« aus dem Unsterblichkeit symbolisierenden Ei andeutet. Im anschließend von der »Werktagstrompete« (3, 159) in Gang gesetzten Einzelfall endet sie jedoch damit, dass eine gutmütige Henne oder ein böser Koch alle Jenseitsträume in die Pfanne haut und damit das immergrüne Prinzip Hoffnung persifliert: »Was müssen das für fürsorgliche Hühner sein, deren Eier, außer dem nahrhaften Dotter, auch gleich die Bratpfannen liefern.« (3, 160) In jeder von Pauken und Trompeten begleiteten Geburtsszene dieses Vorspiels kommt bereits der früher oder später zu erwartende Spielverderber, der jede Lebenssuppe kühlt oder versalzt, zum Vorschein.

Als Thema des fünfaktigen Stücks, das erst 1961 uraufgeführt wird, nennt Grass das Verfolgungs- und Verhörprinzip, eine ebenso sinnlose wie gewalttätige, nie endende Jagd: »Ich wollte zeigen, welche Pressionen, welchen Terror die Gruppen anzuwenden bereit sind, wenn sie das Individuum, die Individualität bekämpfen.« (X, 57) Zur Veranschaulichung dieses Weltgeschichte machenden Prinzips wählt er das Küchenmilieu, dem viele der Lieblingsmotive des Wort- und Kochkünstlers entnommen sind. Schaut man noch etwas genauer hin, so stellt sich die an Adamov und Dürrenmatt geschulte Handlung der *Bösen Köche* zugleich als eine von vornherein zum Scheitern verurteilte Suche nach einem Lebensrezept dar, von dem, glaubt man denjenigen, die es nicht besitzen, die Zukunft der ganzen Menschheit abhängt.

Vordergründig dreht sich also alles um ein »sogenanntes aschgraues Süppchen« (3, 180), eine »ganz gewöhnliche«, namenlose Kohlsuppe, die mit einer bestimmten Menge ganz besonderer Asche gewürzt werden muss: »Obgleich nichts Besonderes nötig ist, um zu besonderer Asche zu werden« (3, 171). Nur Herbert Schymanski, genannt der Graf, ist in der Lage, diese von allen Küchenchefs begehrte »Suppe des Phönix« (3, 167) zuzubereiten, ohne sein Rezept schriftlich fixieren oder mündlich weitergeben zu können, weil er es jedes Mal beim Kochen neu entdeckt. Sein Gericht steht für die individuelle, von Überdruss und Todesangst, Neugierde und Melancholie, Genuss und Ekel, also von durchaus zwiespältigen Gefühlen bestimmte Lebenserfahrung. Dieses sehr persönliche Gericht kann von niemandem einfach nachgekocht werden. Es gelingt dem Künstler nicht, den ihn unerbittlich bedrängenden Widersachern die Erkenntnis über sein »armseliges, ganz privates kleines Geheimnis« (3, 208) zu vermitteln. Fasziniert von der Idee, mit Hilfe dieser Suppe das ewige Glück zu finden, verkennt das Kochkollektiv die dunkle, aus Abfällen und Todesmetaphern zusammengerührte Substanz der Speise und den bitteren Nachgeschmack, den jedes innereiengraue Süppchen hinterlässt.

Die Farbmetaphorik spiegelt das in den *Bösen Köchen* entworfene Schreckensbild: Weiß, die unschuldige Heiterkeit vortäuschende Farbe der Küchenmeister, zieht sich leitmotivisch durch das ganze Stück. Doch auch die düstere Kehrseite der Köche ist jederzeit präsent. Der Himmel dieser gleich Krudewil immer höllisch laut lachenden Dunkelmänner mit dem zwielichtigen Gemüt ist dementsprechend ein pechschwarzer Baldachin, ihre Spezialität ein todbringender Sud aus farbenfrohen Ingredienzen. Nur für die alle Farbkontraste und Gegensätze vereinenden Graustufen, für den existentiellen Zweifel Schymanskis, seine nichts ausschließende Lebensphilosophie der Kompromisse und der uneindeutigen Begriffe haben sie keinen Sinn.

Ein unauflösbares Paradoxon: Das Ende des Konfliktes zwischen dem Kollektiv und dem gehetzten Individuum ist vorprogrammiert. Die grobschlächtigen Weltmetzger aus des Teufels Hexenküche haben nicht die von Dichtern immer wieder verlangten »Organe«, um zu erkennen, dass die keineswegs ein für alle Mal feststehende, immer wieder durch den »Dreck« der Erfahrung gezogene Lebensweisheit des Grafen täglich neu im ernüchternden Alltag aufzuspüren ist. Die bösen Köche repräsentieren damit den Typ Mensch, der sich anmaßt, von anderen ein Patentrezept für das eigene Leben übernehmen, es in abstrakten Formeln einfangen und dadurch besitzen zu können.

Das charakteristische Kennzeichen dieser kleinbürgerlichen Weltenköche ist die gedankenlose Übernahme vorgefertigter Lösungen, wobei es auf die jeweilige Ausrichtung der angebotenen Heilslehre nicht anzukommen scheint. Die dem grund-, ziel- und endlosen Streben des Willens folgenden Köche werden jederzeit etwas finden, womit sie sich einreden können, dass sie existieren. Die kindischen Naturen werden immer wieder beschönigende Motive, Zwecke und Scheingründe erfinden, um sich die Langeweile zu vertreiben, ihren Überdruss zu überspielen, die Treibjagd fortsetzen zu können, bis auch diese »Übung« vorläufig zu Ende ist.[4] Der Verzicht auf rationale Erklärungsmuster und die Konstruktion dramatischer Spannung, das vergebliche Warten auf die Lösung der scheinbar auf einen Archimedischen Punkt gerichteten Bemühungen, die Annahme eines willkürlich gesetzten Scheinziels, von dem dennoch alles abzuhängen scheint, bestimmen die zyklische Mikro- und Makrostruktur dieses absurden Spiels. Sein Ausgang steht von Anfang an fest. Idyllen werden nur aufgebaut, um dann bedeutsam einstürzen zu können.

Im letzten Akt geben die raubeinigen, mit Löffeln bewaffneten Geschlechtsnaturen schließlich ihre »wahre Natur« (3, 226), d. h. den keineswegs friedfertigen, liebevollen bzw. sanften Ausdruck des allzu menschlichen

Willens zur Macht zu erkennen. Ohne Rücksicht auf Verluste verfolgen sie ihren brutalen Plan: Nachdem sie zuvor bereits die geduldig zusammengetragene Schriftensammlung des Grafen in alle Winde zerstreut haben, zerstören sie nun den letzten Zufluchtsort ihres in die Enge getriebenen Opfers: »Alles zertreten sie!« (3, 223) Der resignierende Graf muss erkennen, dass es ihm – selbst wenn er für einen Moment hatte, was er will – nicht gelingen kann, sein in der Liebe zu Martha gefundenes Augenblicksglück gegen seine skrupellosen Verfolger zu verteidigen. Die paradiesische Ruhe, jene zeitweilig erlösende Stilllegung des eigenen Willens, auf der das Glück des ästhetischen Zustands beruht – von der Zuversicht auf die Überwindung des kollektiven Willens ganz zu schweigen –, ist für ihn endgültig dahin. Der zuvor stets den Balanceakt auf dem schmalen Brückengeländer zwischen Hoffnung und Verzweiflung propagierende Lebenskünstler wählt nun doch den Freitod. Aber selbst durch das Auslöschen seiner Individuation wird der hier in Szene gesetzte Urirrtum, der im Selbstmord nur nach einer günstigeren Verwirklichung trachtet, nicht aus der Welt geschafft. Denn der Graf ist keiner der von Schopenhauer erträumten Heiligen, denen es durch die Selbstverneinung des Willens möglich wäre, den Lebenstrieb zu überwinden. Er repräsentiert vielmehr eine der zum Untergang verurteilten Pseudoerlöserfiguren im Werk von Günter Grass, die zwangsläufig scheitern. Durch den Freitod des Grafen wird nichts verbessert, niemand vom Übel der Welt, vom sogenannten Bösen oder vom unersättlichen Willensdrang befreit. Der vermeintliche Heiland stirbt erneut an einem Freitag, ohne die unfertige Mauer, die weißgetüncht, im österlichen Glanz erstrahlen sollte – »wie ein Feiertag soll sie wirken« (3, 218) –, zu Ende gestrichen, d. h., ohne sein Lebenswerk vollendet oder die Menschheit gerettet zu haben. Schymanski erreicht das Ziel seiner lebenslangen Reise demnach ebenso wenig wie alle anderen Personen des tragikomischen Schauspiels, das vor diesem Hintergrund als eine Negation des christlichen Passionsspiels gelesen werden kann.

Doch das endlose Streben geht weiter. Auch seinem Nachfolger, für den die Leidenszeit nun beginnt, wird es nicht gelingen, den absurden Kreislauf, die ewig wiederkehrende Geschichte der Gewalt, zu durchbrechen. Nach wie vor diktieren die durch nichts zu befriedigenden Köche den Rhythmus des zyklisch angelegten Lust- bzw. Trauerspiels.

Der nervös an seinen Nägeln kauende Koch mit dem Taufnamen Stephan steht dem Grafen in jeder Beziehung am nächsten und demzufolge immer etwas im Abseits. Vasco ist ein neugieriger, entdeckungsfreudiger und phantasiebegabter Vertreter jener permanent von innerer Unruhe umhergetriebenen Individualisten mit künstlerischer Veranlagung, die in Grass' Werk alle Doktrinen immer wieder skeptisch mit Hilfe all ihrer Sinne überprüfen, die jedes Glaubensbekenntnis mit kochlöffelhartem Misstrauen abklopfen. Mit großen Moralbegriffen und besitzanzeigenden Fürwörtern kann Vasco nicht viel anfangen. Aber im Grunde seines Herzens wünscht sich der gehetzte Vasco-Stephan nichts sehnlicher als die narkotisierende Illusion des Stillstands der Zeit, das atemlose, durch kein Geräusch gestörte Nichts. Gleich seinem Vorbild scheint er nur in der Nähe von Martha, der ganz in Weiß gekleideten Krankenschwester, solche Augenblicke des stillen Glücks zu erahnen. Ihre angenehm beruhigende Wirkung, ihr jeden Schmerz betäubender Geruch, ihre Fähigkeit, kranke Menschen durch aufopferungsvolle Fürsorge zu heilen, prädestiniert diese idealtypische Krankenschwester dazu, den ruhelosen Koch davon zu befreien, immer wieder vergeblich nach einem Erlösung suggerierenden Bewusstseinszustand zu suchen: »Wenn ich sie ansehe, werde ich zerstreut. Ich vergesse wichtige Dinge. Wie die Narkose schaut sie mich an.« (3, 169) Im Vordergrund seiner Beziehung zu Martha steht für den schutz- und liebebedürftigen Vasco also nicht etwa die erotische Anziehungskraft einer attraktiven Frau, sondern die zugleich jungfräuliche und mütterliche Ausstrahlung einer ihre weiblichen Reize in der Pflegerinnenuniform versteckenden Krankenschwester. Sie vermittelt ihm, dem Entdecker, der alles in Frage stellt, ein Gefühl heimatlicher Geborgenheit, das er als gehetzter und hetzender Koch, für den die (Nächsten-)Liebe einen Hemmschuh darstellt, nicht kennt.

Eine Figur der Tragikomödie leidet ganz besonders unter der ewigen Fragerei des kritischen Kochs. Es ist seine Tante, denn in ihr katholisch geprägtes Weltbild passt nur der Glaube, nicht aber der von melancholisch stimmenden Erfahrungen gesättigte Zweifel. Im Gegensatz zu seiner starrköpfigen Verwandten hat Vasco jeden festen Orientierungspunkt, jeden eindeutigen Wertmaßstab, d. h. in diesem Kontext den Glauben an Gott, verloren. Das gehorsame Kind, der arglose Knabe von einst lässt sich demzufolge nicht mehr von der Respektsperson vergangener Tage bevormunden. Der »hellwache« Träumer möchte sich von nun an ein eigenes Bild davon machen, was die längst anachronistische Kuckucksuhr der alten Dame geschlagen hat. Während seine auf dem Sterbebett liegende Tante nur noch das hört, was sie hören will, hält sich Vasco an die sinnlich fassbaren Erscheinungen der für ihn aus den Fugen geratenen Welt. Er ist jetzt zur Auflehnung gegen den »Katechismus« (3, 177) der autoritären Predigerin bereit, die ihn bis zu ihrem Ende in christlicher Lebensführung unterrichten und damit auf die Knie zwingen will. Dass sie schließlich, nachdem sie von ihrem Sockel gestürzt wurde, ebenso wenig wie die umgestürzte Kirchen- bzw. symbolträchtige »Gartenbank« (vgl. 1, 54) einfach wiederaufzustellen ist, versteht sich von selbst. Sie endet in der ewigen Waagerechten. Der völlig vereinsamte Koch steht nach seiner Revolte gegen das ererbte Maß »im Freien« (1, 54)[5], d. h. jenseits von Gut und Böse, noch ohne neue Wertetafeln, gefangen im Blendwerk, das auch er nicht durchschauen kann. Was andere als Befreiungsakt erleben mögen, bereitet dem verunsicherten Vasco, der auch in diesem Punkt eine typische Grass-Figur ist, neues Kopfzerbrechen. Er sieht dem unwiderruflichen Ende des warmen Kaffeekranzsommers nach dem Tod des »lieben Gottes« seiner Kindheit mit durchaus gemischten Gefühlen entgegen: »Die Tante ist tot. *Alle außer Vasco lachen.*« (3, 199)

Die Verfolgungsjagd der titelgebenden Küchenmeister geht dessen ungeachtet weiter: Sie »pflegen ihr dunkles Wollen« (7, 75). Nach dem Grafen wird nun der »gute Vasco« (3, 161) bis auf weiteres dazu genötigt, die von seinen Kollegen angerührte Foltersuppe auszulöffeln. Aus dem Verfolger wird das Opfer. Ein Happy End dieser Hetzjagd auf der vom blinden Willensdrang in Bewegung gehaltenen Menschenwelt im Zeichen der bösen Köche ist nicht zu erwarten: »*Petri*: Da läuft er. Doch auch in meinen Beinen bereitet sich etwas darauf vor und will einem angenommenen Ziel näher kommen.« (3, 230)

Zweiunddreißig Zähne

Es bedarf keiner funktionslosen Stand- oder einer verrücktspielenden Kuckucksuhr, um darauf hinzuweisen, dass die Zeit in dieser fünfaktigen, 1959 als Hörspielbearbeitung gesendeten Farce keine mit den gewöhnlichen Kategorien zu messende Rolle spielt. In diesen mitteleuropäischen Hotelwänden wird vielmehr alles dafür getan, dem von überraschenden Wechselfällen begleiteten Kreislauf der Natur die immergleiche Ölheizungsatmosphäre, den ewigen Frühling, die soeben restaurierte Biedermeieridylle entgegenzusetzen. In diesem »gutbürgerlichen Loch« (3, 287) bewegt sich dementsprechend nichts. Mit anderen Worten: Aus dem urgemütlichen Hotelraum namens »Vier Jahreszeiten« wird hier die Nachkriegszeit.

In diesem Ambiente lebt einer der Hauptakteure der Farce, Grass nennt ihn Ernst Friböse. Der Volksschullehrer wohnt in einem sonnigen Einzelzimmer direkt unter dem Dach, in einer hellen, »wahrhaft idyllischen Mansarde« (3, 254), die ihn gegen alle störenden Außenwelteinflüsse abzuschirmen scheint. »Ganz und gar für sich« (3, 251), könnte er als Bewohner der freundlichen Stube demnach tun und lassen, was er will: »Das Glück wohnt unter dem Dach, sagte man früher.« (3, 251) Doch die glücklichen Zeiten scheinen für Friböse vorbei zu sein. Innere Unruhe und aufdringliche Eindringlinge sorgen dafür, dass er selbst an diesem dem Himmel nahen Ort keine Ruhe findet. Schon sein Nachname lässt vermuten, dass in der Volksschullehrerbrust des guten Friböse zwei sich hartnäckig bekämpfende Seelen wohnen, die – eine Aufgabe, an der er zerbricht – gleichzeitig befleckt werden müssen: »Immer fühlt er sich hin- und hergerissen: Hie Pestalozzi, dort Sherlock Holmes.« (3, 291)

Grass lässt die beiden Widersacher in Friböses Brust als zwei sich gegenseitig im Wege stehende Gestalten auftreten, zwei Streithähne, die nicht in der Lage sind, in Harmonie miteinander zu leben. Während sich die Verkörperung der schöngeistig-idealistischen Lehrernatur in erster Linie mit der »hohen« Literatur im Umfeld des neuhumanistischen Pädagogen der Goethezeit zu beschäftigen scheint – Pestalozzi gedachte durch sein optimistisches Bildungskonzept zur sittlich-religiösen Veredelung der von Natur aus selbstsüchtigen Menschen zu individueller Glückseligkeit und kollektiver Freiheit beizutragen –, interessiert sich sein sinnenfrohes Konterfei primär für all das, was nicht erst seit Büchners Revolutionsdrama *Dantons Tod* in allen Menschen »hurt, lügt, stiehlt und mordet«[6], und verschlingt unterhaltsame Kriminalromane.

Dem Glauben an die Rettung der Menschheit durch die Erziehung zur Menschlichkeit stehen die elementaren Interessen und Gelüste der Menschen und der genusssüchtig-anarchistische Blick auf die chaotischen Weltverhältnisse gegenüber. Die fortwährende Auseinandersetzung zwischen dem guten, braven, wahren und dem tierisch-bösen, kaltblütigen, lügnerischen Ernst ist vor diesem Hintergrund vorprogrammiert:

»*Double*: Und wie nennt sich deine Lektüre, wenn ich fragen darf?/ *Friböse*: Wilhelm Rassmus: Pestalozzis Theorie der Menschenführung./ *Double*: Daran glaubst du doch selbst nicht mehr, an das Zeugs. Mach dir nichts vor, Junge. Der gute Heinrich hat sicher edle Absichten gehabt, aber heute? Guck dich mal um, denk an deine 4a, und versuch den Früchtchen mit Pestalozzi zu kommen.« (3, 279)

Obwohl das Double nicht viel von Friböses Lektüre zu halten scheint, ist es äußerst aufschlussreich, in der gebotenen Kürze in dieses beispielhafte Buch aus dem Jahre 1934 hineinzusehen, dessen Verfasser allerdings nicht »Wilhelm Rassmus«, sondern »Walter Asmus« heißt.[7] Denn schon in der Einleitung der Dissertation über den pädagogischen Genius Pestalozzis (unter dem Motto »Der Anfang und das Ende meiner Politik ist Erziehung«)

erfährt der geneigte Leser, worum es hier geht: Mit Hilfe von Pestalozzis Idee der Elementarbildung sei man nunmehr nach »der rettenden politischen Tat der deutschen Revolution« von 1933 in der Lage, die gegensätzlichen Spannungen zum Ausgleich zu bringen und alle gutwilligen Menschen zur ersehnten Ruhe und zur Harmonie mit dem Volksganzen zu führen. Der verehrte Erzieher, »der schon seine Zeitgenossen an den Heiland der Welt erinnerte«, werde zum geistigen Vorkämpfer für den, der nun endlich zur praktischen Umsetzung seiner genialen Ideen schreiten und schon bald zahlreichen Schulen seinen Namen geben sollte: Adolf Hitler.[8] Doch von der praktischen Umsetzung der über die »Rassenhygiene« schließlich nach Auschwitz führenden Theorien ist bei Grass in anderen Alptraumgeschichten sehr viel direkter die Rede als in *Zweiunddreißig Zähne*.

Diesem durch die Geschichte längst pervertierten Bildungsideal der Idealisten im Allgemeinen und den inzwischen zur »Pestalozzischule« (4, 400) degenerierten Ideen des gleichnamigen Erziehers im Besonderen setzt das skeptische Double seine pragmatische Beweglichkeit entgegen. Alle systematisch buchführenden und übertrieben ordnungsliebenden Verfechter der »Stundenplanschule« (4, 99) weist er auf seine alltäglichen Lebenserfahrungen hin, die sich nicht restlos in ein starres Ordnungssystem integrieren lassen. Während der Systematiker in Friböse glaubt, dass der Mensch wie eine Rechnung immer dann aufgeht, wenn man alle nötigen Fakten berücksichtigt, hält sich sein offenbar nicht an planmäßig verlaufende Erkenntnisfortschritte glaubender Widersacher an die empirisch überprüfbaren Fakten der widersprüchlichen Realität. Unversöhnlich stehen sich die »harte Natur« (3, 322) – ein Geist, der stets verneint – und der ängstliche, immerzu zögernde Bildungsbürger gegenüber: »An allem geilt sich deine dreckige Phantasie auf. Jawohl, damit du es weißt. Loswerden will ich dich, werde ich dich, und zwar bald.« (3, 293) Trotz aller Appelle des Doubles an den Gemeinschaftssinn verfolgt der von seiner Wandlungsfähigkeit träumende Volksschullehrer offenbar andere Lösungspläne, um den »Zwiespalt« zu überwinden und endlich »wieder mal so richtig mit sich einig [zu] sein« (3, 287).

Weit gefehlt: Die angestrebte Identität bleibt Friböse verwehrt. Schuld am langsam unerträglich werdenden Zustand ist seiner kurzsichtigen Ansicht zufolge sein Zwillingsbruder. Die Konsequenzen liegen auf der Hand. Friböse beschließt, sich von seinem Gegenspieler zu verabschieden. Alle Appelle seines Alter Ego, Friböse solle der für beide verhängnisvollen, jede Einheit zergliedernden Geistesgeschichte Europas den Rücken kehren, also die dort hartnäckig verteidigten Scheingegensätze hinter sich lassen und im Land der unbegrenzten Möglichkeiten ganz neu anfangen, schlägt er in den Wind.

Doch durch seine gewaltsame Befreiungsaktion ist natürlich nichts gewonnen. Die Probleme, denen Friböse jetzt ohne den inneren Beistand seines skeptischen Doubles ausgeliefert ist, holen die oberflächliche Faust-, Werther- bzw. Hamlet-Parodie nach ihrer Untat sofort wieder ein. Der ersehnte Neuanfang erweist sich als Illusion. Denn sein eigentlicher Verfolger hängt nach wie vor an ihm wie eine Klette: Studienrat Purucker ist es, der durch seine unerwarteten Auftritte, insbesondere aber durch seine ungewöhnlichen Wünsche das zuvor in geordneten Bahnen verlaufende Leben des Volksschullehrers in Unordnung und seine sicher geglaubten Verhältnisse durcheinander bringt. Doch wer oder was ist dieser wunderliche Herr, der von Friböses Double als perverses Schwein, als »abwegig, ein Sumpf, eine Ausgeburt« (3, 270) und von seiner optimistischen Kehrseite als »Mensch mit weitem, klarem Horizont«, voller Anregungen und »kühner Ideen« (3, 244) bezeichnet wird?

Nur so viel lässt sich mit einiger Sicherheit konstatieren: Der Reinheitsfanatiker Purucker liebt die Werke der deutschen Klassiker und die »schönen Worte« (3, 296). Er glaubt als vergeistigter Vertreter des höheren Bildungswesens offenbar ungebrochen an das Göttliche in jedem menschlichen Wesen. Er hofft, dass seine Jünger schließlich nicht länger reale oder metaphysische Blindheit, sondern olympische Klarheit umgibt. Kurz und edel: Herr Saubermann sieht sich als Erzieher zur wahren Menschlichkeit. Er fühlt sich dazu berufen, seine Schüler hilfreich an die Hand zu nehmen, ihnen die Augen zu öffnen und sie »in lichte Höhen« (3, 285) zu führen. Es kommt aus seiner idealistischen Perspektive lediglich darauf an, alle »menschheittrennenden, menschheitverdummenden« (3, 248) Vorurteile zu überwinden, um das Himmelreich auf Erden zu errichten.

Auch Puruckers Erziehungsmethode ist schnell umrissen: Der besonnene Pädagoge legt es darauf an, die von ihm heimgesuchten Opfer an ihrer empfindlichsten Stelle zu treffen, sie zu reizen und dadurch aus der Reserve zu locken. Durch diesen nicht auf den Verstand, sondern auf die Emotionen zielenden Akt soll dem jeweiligen Gegenüber in einer Art Beichtspiegel sein Innerstes vor Augen geführt werden. Die Verbindungen zur religiös inspirierten »Gewissensnot« (3, 269) und der Couch des Psychologen sind sicher nicht ganz zufällig. Nach dieser geduldig vorbereiteten Schocktherapie, die zur plötzlichen Erkenntnis der Abgründe im eigenen Ich führen soll, ist es nach Purucker nur ein kleiner, wundervoller Sprung zum Salto mortale der Selbstüberwindung, zum Läuterung bringenden Sieg des reinen Geistes über die schmutzigen Phantasien des schwachen Fleisches.

Doch zunächst kann sich Friböse, der kleingläubige »Barbar« (3, 283), nicht dazu durchringen, jener schon von Freud analysierten und mit oralen Zärtlichkeiten in Verbindung gebrachten, nun von Purucker zum Reinigungsopfer stilisierten Handlung nachzukommen: Friböse kann seine Zahnbürste nicht mit Purucker teilen. Außerdem fühlt sich der Antiheld nicht würdig bzw. kräftig genug, um einzugehen unter das Dach des dubiosen Herrn, der ständig in seiner Mansarde einkehrt; noch fehlt dem »Magisterlein« (3, 302) das ersehnte Wort, welches seine zerrissene Seele heilen und ihm Kraft für kommende Lehraufgaben geben soll. Doch Purucker weiß um seinen Wunsch und lässt deshalb nicht locker. Er nimmt den Volksschullehrer jeden Tag ins Gebet, seine an Katechismusstunden und den Firmunterricht erinnernde Schulung nimmt kein Ende. Denn erst wenn Friböse in der Lage ist, seiner geistigen Verbundenheit konkreten Ausdruck zu verleihen, hat der Schüler die sittlich-religiöse Reifeprüfung bestanden. Puruckers Endziel heißt: »Die große Gemeinschaft. Alle haben von ihr geträumt. Rabelais, Rousseau, Pestalozzi – und vergessen wir unseren Goethe nicht.« (3, 341)

Man kann sich des Leseeindrucks nur schwer erwehren, dass Purucker, der Olympier, sich dazu berufen fühlt, sein Werk in einer von Staat, Kirche und anderen Gesellschaftsinstitutionen unabhängigen Gemeinschaft reiner Seelen zu vollenden. Die gesegneten Mitglieder des intimen Freundeskreises unter der Führung des dichtenden Gymnasiallehrers verschreiben sich demzufolge nicht den Ritualen der schwarzen Magie oder der heiligen Eucharistiefeier, sondern der tatkräftigen Pflege ihrer Zähne mit einer Gemeinschaftsbürste: »An ihren Bürsten sollt ihr sie erkennen!« (3, 314) Die zu liturgischen Gegenständen erhobenen Toilettenartikel stehen für den Inbegriff der »Hygiene« (vgl. 3, 248 und 341)[9], dem immer wieder heruntergeleierten, angeblich alle zwischenmenschlichen Probleme lösenden Zauberwort des puritanischen Liebhabers der manierierten Rede:

»Hygieia, die Göttin der Gesundheit im Gefolge Asklepios'. Ariphron hat sie besungen: Weißgezahnte, dein reiner Atem, rührt er uns wieder? Schimmernder schneeigter Schmelz, so lächelte einst der Olymp! Jawohl, lieber Freund, die Hygiene. Sie verbindet uns sichtbar, sie ist uns geläufig, sie allein ist uns noch intim!« (3, 283 f.)

In ihren Dienst stellt der erdrückend-fürsorgliche Missionar seine Erziehungsarbeit vor dem Waschbeckenspiegel, seinen systematischen Psychoterror, seine sonntäglichen Durchhalteparolen und die obligatorischen, »fröhlich-wissenschaftlichen« (3, 246) Streitereien. Ohne Frage, für den »asketischen Priester«[10] par excellence – als literarisches Vorbild für den idealtypischen Verbesserer diente sicher auch Professor August Lindner, der »Tugut« aus dem Roman *Der Mann ohne Eigenschaften* – führen selbst nach Nietzsche und Musil noch viele Wege nach Rom.

Doch Friböses Katharsis bleibt am Ende des hier auf die Bühne gebrachten Erziehungsprozesses aus. Zwar beugt er sich nach seinem abschließenden »Meßgesang« letztlich dem Willen seines Verführers und schreitet zur Reinigungstat, die den gemeinsamen Bund besiegelt. Aber seine nur widerwillig ausgeführte Opferhandlung ist offensichtlich nicht die eines überzeugten Verfechters der großen Idee, sondern ein Akt der Resignation. Schicksalsergeben führt der nach seinen Lehr- und Wanderjahren »Bekehrte« in der Schlusssequenz den gemeinsamen Zahnputzbecher – ein Kelch, der nicht an ihm vorübergeht (vgl. Mt 26,39) – und die Gemeinschaftsbürste an seinen Mund. Friböse putzt sich die Zähne mit geschlossenen Augen als Ausdruck des ihn würgenden Ekels. Auch der puruckerfürchtige Goethe- und Pestalozzi-Jünger in Friböse fügt sich ins für ihn Unvermeidliche und klammert sich in Anlehnung an die Schlussworte des *Torquato Tasso* – bei gleichzeitiger Eliminierung seiner Krimilesernatur – »endlich noch am Felsen fest, an dem er scheitern sollte« (3, 545).

Das Theaterspiel von der »großen Gemeinschaft« endet demnach mit einer oberlehrerhaft verordneten Gleichschaltung. Aber der mit biblisch-pathetischem Engelszungenschlag deklamierende Purucker triumphiert nur scheinbar. Sein Eleve, ein aufs Kreuz gelegter Anpasser aus Schwäche, erklärt sich zähnefletschend bzw. zähneknirschend zum gläubigen Parteigänger, auf dessen schmalen Schultern nun ein die Menschenwelt verbesserndes Schulgebäude bzw. eine Befreiungskirche errichtet werden soll. Vom idealen Mittelzustand zwischen Verzweiflung und Vergötterung kann hier also ebenso wenig gesprochen werden wie von der Überwindung der für jeden Moralprediger verdammungswürdigen Kehrseite des Menschen. Die freiwillige Selbstbeschränkung, das deutsche Wirtschaftswunder und Puruckers Kunstfaserpatent machen es möglich, aber, im Sinne seines Erfinders, der jeden »Sprung« in den Glauben ablehnt, sicher nicht wünschenswert. Der zwielichtige Engel der Entsagung scheint aus der Perspektive seines Schöpfers einer jener Menschenverbilder zu sein, die trügerische Hoffnungen und Liebeslügen in wechselnder Saulusgestalt an die dafür jederzeit Empfänglichen austeilen. Zu erahnen bleibt jedoch, dass es sich bei der am Ende dieses Stücks herrschenden »Windstille« (3, 308) nur um die Ruhe vor dem Sturm handelt. Es ist immerhin vorstellbar, dass eines düsteren Regentages der unlängst über Bord gegangene »Satan« in Friböse wieder aus seinem Wellengrab aufersteht, um die Andacht dieser auf viel Geld, aber wenig Geist gegründeten Aberglaubensgemeinschaft wahlverwandter Seelen zu durchkreuzen.

Es handelt sich bei dieser frühen Farce demnach um ein Stück mit ideologiekritischer Funktion, in dem indirekt zur allgemeinen weltanschaulichen Desinfektion aufgefordert wird; ein verspielter Appell, der keinesfalls mit den puritanischen Hygienevorschriften Puruckers verwechselt werden sollte. *Zweiunddreißig Zähne* stellt sich außerhalb der Bühnenwirklichkeit als ein Plädoyer für die dialektische, allerdings ohne vollendete Synthese auskommende Einheit der Gegensätze im selbstverantwortlichen Individuum dar, ohne das keine Gesellschaft, die vom produktiven Wechselspiel zwischen dem Einzelnen und dem Kollektiv lebt, auf Dauer existieren kann.

POUM oder die Vergangenheit fliegt mit

Selbst während der Entstehungszeit der *Danziger Trilogie*, in einer von Prosaprojekten dominierten Phase seines Schaffens, sind bezeichnende Entwicklungen im Bereich des dramatischen Werks von Günter Grass zu erkennen:

»In der *Blechtrommel* gibt es einen Einakter, der spielt am Atlantikwall; und in dem Roman *Hundejahre* gibt es eine öffentliche Diskussion auch in der Form eines Einakters geschrieben. Bei diesem Stück im Roman begann bei mir eine neue Form der Theaterarbeit [...]: Weg vom absurden Theater, auch weg von dem, was man katalogisierend poetisches Theater nennt; und dann beginnt etwas, was mich an Brechts Theaterarbeit in Ansätzen immer sehr interessiert hat: sein Übergang vom epischen zum dialektischen Theater. Die Spannung liegt nicht im Handlungsablauf, sondern in These, Antithese und Synthese, also in dialektischen Spannungsverhältnissen.«[11]

Die hier aus der Perspektive des Autors umschriebene Konzeptionsänderung im Bereich der Dramaturgie hat weitreichende, gattungsübergreifende Folgen und ist im Folgenden mitzudenken, um den ansonsten kaum erklärbaren Unterschied zwischen den Theaterspielen der ersten Schaffensperiode und den nun zu behandelnden Stücken der sechziger Jahre weniger rätselhaft erscheinen zu lassen. Vor diesem Hintergrund entpuppt sich der Sprung zur neuen Dramaturgie als eine nachvollziehbare Entwicklung des Autors, der versucht, seine inzwischen auch auf der politischen Bühne gesammelten Erfahrungen in literarischen Werken zu verarbeiten. In Bezug auf seine Theaterarbeit lässt sich zunächst festhalten: Der Schritt von der Grass'schen Ausprägung des »absurden Theaters« zu seiner handlungsarmen Form des »dialektischen Theaters« ist längst nicht so groß, wie es die Termini zunächst vermuten lassen. Von einem Brecht'schen »Damaskuserlebnis« kann in diesem Zusammenhang sicher nicht gesprochen werden.

Im Wahlkampfjahr 1965 wird dem mittlerweile parteipolitisch engagierten Schriftsteller das Porträt des damaligen Regierenden Bürgermeisters von Berlin, Willy Brandt, zum Einakter: »Ich sehe ihn tatkräftig, mit trockenem Charme ausgestattet, wachsam mürrisch beim Diktieren, mehr angestrengt, als es die Sache zu erfordern scheint, Vertrauen erweckend, sympathisch und kritisierbar.« (3, 389)

Den Anlass zu diesem dramatisierten »Loblied auf Willy« (20, 113 ff.) bietet eine gemeinsame Flugreise von Grass und Brandt im Jahr 1961. Die Spieldauer des kurzen Stücks, das man als theatralisches Vorspiel auf der Wahlkampfbühne bezeichnen könnte, umfasst gerade die Zeit des Flugs zwischen Berlin und Stuttgart. Und auch sonst weiß der Leser sehr schnell, worum es in hier geht. Schon in der ersten Regieanweisung heißt es: »Da die Tendenz dieses Stückes ohnehin SPD-freundlich ist, darf die skeptische Grundstimmung betont und – auf Wunsch – übertrieben werden.« (3, 389)

Ich möchte mich darauf beschränken, die unter motivischen Gesichtspunkten zentralen Aspekte dieser Szene herauszustellen, einem sicher weniger bedeutenden, aber dennoch aufschlussreichem Nebenwerk. Eindeutiger als je zuvor werden die Konnotationen zu den leicht entschlüsselbaren Bildern aus dem gesellschaftspolitischen Kontext gleich mitgeliefert, wird nahezu jeder freie Assoziationsraum mit dem vom Autor anvisierten Bedeutungsgehalt besetzt: So werden beispielsweise Wettervorhersagen zu Wahlkampfprognosen. Aber die Verfechter der vielfältigen Zwischentöne wissen, dass nicht etwa die Theorie, vielmehr die Praxis stets »grau und widersprüchlich« (3, 391) ist.

Insbesondere der Kandidat selbst propagiert eine aus der Sicht des parteiischen Schriftstellers im besten Sinne des Wortes revisionistische Position der kleinen, stets von Skepsis begleiteten Fortschritte, die sich gegen die großen Weltentwürfe richtet. Sein kritischer Geist misstraut abstrakten Ideen, die sich in diesem Fall an ihrer geschichtlichen Entwicklung messen lassen müssen. Der behutsam vorgehende, im Zweifelsfall kompromissbereite Pragmatiker muss permanent verfälschte Fakten korrigieren und – eine seiner Hauptaufgaben – immerzu den Verlauf der Geschichte erklären. Denn seine von persönlichen Erfahrungen gesättigte Überzeugung lautet: »Hierzulande geht alles zu rasch.« (3, 398) Geschichtsunterricht heißt für den sozialdemokratischen Spitzenkandidaten »Gegenwartskunde« (3, 395). Darum fliegt auf dieser Reise die dunkle Schatten werfende Vergangenheit mit: »Auch wenn es schwerfällt: Mit dieser Vergangenheit leben wir heute noch Tür an Tür. – Es wird Zeit, für bessere Nachbarn zu sorgen.« (3, 401) Thematisiert wird insbesondere das Engagement Brandts für die unabhängige, marxistisch orientierte Arbeiterpartei POUM, die im Spanischen Bürgerkrieg politische Extremisten von rechts und links bekämpfte, was ihm die polemische Kritik politischer Gegner einbrachte. Doch trotz aller Anfechtungen aus Ost und West setzt der unermüdliche »Schwerarbeiter« (3, 391) seine geduldige Aufklärungsarbeit fort. Brandt erscheint als ein Politiker, der den unpopulären Schritt nicht scheut und seine Teilziele behutsam angeht: »Käme in nordischen Sagen ein Sisyphos vor, müßte er Willy heißen.« (8, 261)

Der durchaus ironisch gezeichnete »Schriftsteller« des Einakters, in dem Grass unverkennbar seine eigene Rolle als »Trommler« für die Sozialdemokratie persifliert, zeigt sich so sehr von Brandts Persönlichkeit beeindruckt, dass er am Ende der Reise spontan dazu bereit ist, seine »Manuskriptseiten« (3, 402) zu opfern, um den Kandidaten zu protegieren. Der Autor wickelt nicht nur die Butterbrote Brandts in seine »dunklen Gedichte«, er unterstützt ihn zudem mit rhetorischem Rat und wahlkämpferischen Taten:

»*Wahlkampfleiter*: [...] Was sagen Sie dazu, Captain? Deutsche Literaten lockern sich den Schlips und wollen den armen Sozialdemokraten unter die Arme greifen./ *Flugkapitän*: Ziemlich vernünftig. Bei uns hat schon Shakespeare den Tudors Sprüche gemacht.« (3, 390)

Ob es den Protegierten damals wie heute geholfen hat, kann und soll hier nicht entschieden werden. Am Schluss des Stücks steht jedenfalls der kaum getrübte Zweckoptimismus des Schriftstellers als eines zeitgenössischen Bürgers, denn zumindest das Wetter spricht aus seiner Perspektive für den sich langfristig einstellenden Erfolg der Vernunft. Doch auf den Wetterbericht und das Politbarometer war schon damals kein Verlass, jedenfalls nicht auf längere Sicht: »Am Abend stellen wir zornig fest,/ daß auch das Wetter vorausgesagt falsch war.« (9, 386)

Die Plebejer proben den Aufstand

Das abendfüllende Drama zählt zweifellos zu den ambitioniertesten Theaterstücken von Günter Grass. In diesem Trauerspiel aus dem Jahre 1966 geht es um die »Vor-

und Nachgeschichte der Tragödie des Coriolanus von Livius und Plutarch über Shakespeare bis zu Brecht« (20, 65), der aus dem historischen Stoff ein Lehrstück zur deutschen Misere formte, auf das Grass sich in seiner Bearbeitung konzentriert. »Die Vermessenheit hat das Wort« (20, 66), kommentiert der selbstironische Autor sein Projekt, das im Klappentext der Erstausgabe folgendermaßen zusammengefasst wird:

»17. Juni 1953: Datum einer deutschen, also gescheiterten Revolution. Der ›Chef‹ probt seine Coriolan-Bearbeitung. Rom auf der Bühne und Ost-Berlin in Wirklichkeit stehen gegeneinander, Plebejer und eine Delegation aufständischer Arbeiter. Plutarch und Livius werden mit Marx und Lenin konfrontiert.«

Sowohl auf der Probebühne als auch in der Realität stehen sich Roms Plebejer, Londons Handwerker sowie die Bauarbeiter Berlins auf der einen und die römischen Patrizier, englische Adlige und Parteifunktionäre der DDR auf der anderen Seite feindlich gegenüber. Die scheinbar zeitlose Grundkonstellation, der Kampf zwischen den Klassen, bietet den Rahmen für das unter diesen Prämissen unvermeidliche Drama. Der Konflikt scheint auf allen Bedeutungsebenen vorprogrammiert zu sein.

Bei näherem Hinsehen zeigt sich jedoch, dass diese komplizierte Konstruktion für Grass nur Mittel zum Zweck ist. Die Pseudodramatik des paradigmatischen Aufstands dient dem Autor des vieraktigen Stücks als Vehikel für die angestrebte dialektische Spannung des

Textes. Taten werden durch Streitgespräche, Handlungen durch verbale Positionskämpfe ersetzt. Das Diskussionsgeschehen ist zentral. Kristallisationspunkt der Auseinandersetzungen ist der namenlose Theaterchef. Seine persönliche Geschichte avanciert im Wechselspiel mit dem typisierten Verhalten anderer Vertreter bestimmter Gesellschaftsgruppen zum beispielhaften Trauerspiel – so will es zumindest der Dramatiker verstanden wissen. Grass unternimmt demnach den Versuch, ein weiteres Kapitel verhängnisvoller deutscher Ideengeschichte in poetische Szenen umzusetzen: Die überstrapazierte Thematisierung der individuellen Tragödie des »armen B. B.« beansprucht aus seiner Sicht exemplarischen Charakter in Bezug auf das ambivalente Verhältnis des Intellektuellen zur gesellschaftlichen Realität. Eine Möglichkeit zur Überwindung der sich leitmotivisch durch das ganze Stück ziehenden Kluft wird jedoch nicht aufgezeigt. Die Synthese bleibt aus: »Theorie und Praxis finden so wenig zusammen wie der Chef und die Arbeiter.«[12]

Diese eher an die wandlungsfähigen Muster des absurden Theaters als an dialektische oder dokumentarische Traditionen erinnernde Struktur spiegelt sich zugleich auf der Mikroebene des Stücks wider. Erneut werden die bewährten Kontrastfiguren und das alle Textebenen prägende Spiel mit Gegensatzpaaren bemüht. Doch von gesellschaftlichem Fortschritt, der aus dem produktiven Spannungsverhältnis dieser Bereiche resultieren könnte, kann hier keine Rede sein. Trotz der noch genauer aufzuzeigenden Entwicklungen geht es in diesem statischen

Stück um die an einem für Grass paradigmatischen Fall exemplifizierte Wiederkehr des ewig gleichen Dilemmas unter nur geringfügig veränderten Bedingungen. Lineare Auswanderungsbewegungen, beispielsweise in den goldenen Westen »zum alten Adenauer rüber,/ der ist nicht schlechter, als der Ulbricht hier« (3, 453), ergeben vor diesem Hintergrund keinen Sinn: »Weg biste nicht, du bist nur drüben.« (3, 454) Auf seiner Reise in die besser vorgestellte Welt schleppt jeder die bleierne Rückseite der angeblich vergoldeten Medaille mit.

Es kann nicht verwundern, wenn Grass feststellt, dass es in seinem Stück letztlich um »das Scheitern eigentlich aller Beteiligten, der Arbeiter wie der Intellektuellen, des östlichen wie des westlichen Systems«[13] geht. Von einem sozialdemokratischen Tendenzstück oder einem literarischen Aufruf zum politischen Engagement kann jedenfalls keine Rede sein, denn stets trifft man auf ausweglose Situationen, unüberbrückbare Abgründe, enttäuschte Erwartungen, gescheiterte Erziehungs- oder auch Weltverbesserungspläne, vergebliche Fluchtversuche oder gesellschaftlichen Stillstand. Nicht nur der Aufstand, auch das Stück selbst »tritt auf der Stelle« (3, 449), bis schließlich die Theaterproben nach der Niederlage der aufständischen Arbeiter endgültig abgebrochen werden.

Im Zentrum des Nicht-Geschehens steht der »Chef«. Eindeutige Etiketten und simple Klassifizierungen werden ihm – trotz der (unnötig) vielen Anspielungen auf Leben und Werk von Bertolt Brecht – nicht gerecht. Die »ungetrübte Theaternatur« (14, 84), deren eindimensionales Bild Grass selbst in seiner zu Missverständnissen Anlass gebenden Shakespeare-Rede entworfen hat (vgl. 20, 65 ff.), entpuppt sich in der zwei Jahre später vorgelegten Bühnenfassung als wesentlich differenziertere Figur. Zwar geht es auch diesem Bühnenchef in erster Linie darum, herauszufinden, »wer am Ende die besseren Noten nach Hause trägt: die Natur oder mein Theater« (3, 420). Doch im Laufe des Stücks gibt er, sich selbst korrigierend, wechselnde Antworten auf diese für ihn zentrale Frage nach der im geschichtlichen Sinne adäquaten Bewertung seines Wirkens im Spannungsfeld von Kunst und Leben, Dichtung und Politik. Aus dem unverbesserlichen Artisten in Reinkultur, dem rücksichtslosen Künstler des ersten Entwurfs, dem alles zur Szene, alles zur ästhetischen Frage wird, entwickelte Grass während der Manuskriptarbeit einen von zunehmenden Selbstzweifeln verunsicherten Dichter. Die durch die Shakespeare-Rede nahegelegten Simplifizierungen, d. h. die gängigen Schuld-Unschuld-Muster, greifen im Fall der Theaterfigur daneben.

»So also wird die Schuld zubereitet. Man nehme: Unwissenheit und einen gestrichenen Löffel voll falsch betontem Bedürfnis nach Freiheit, rühre mein wissendes Zögern in dieses Eintopfgericht, und schon kommen sie, weisen auf mich, den Koch.« (3, 455)

Ganz so einfach ist es also glücklicherweise nicht. Es ist unmöglich, die Zentralfigur der *Plebejer* auf einen unverrückbaren Standpunkt festzulegen, die in ihr angelegte

Entwicklung, die Ambivalenz ihrer Position zu übersehen. Der Chef erscheint nicht primär als »ein mieser Ästhet« (2, 380), sondern als eine Gestalt, deren Unentschiedenheit verständlich gemacht und mit einem Zug zum Tragischen ausgestattet ist. Gerade weil der argwöhnische Rationalist – ein durch eigene Revolutionserfahrungen gebranntes Kind – die aussichtslose Lage der Aufständischen richtig einzuschätzen vermag, beteiligt er sich nicht an ihrer zum Scheitern verurteilten Spontanaktion. Den rein gefühlsbetonten »Revoluzzern« (3, 411) wird nach Ansicht des vernünftigen Skeptikers schnell die Luft ausgehen. Der langfristig denkende Chef plant dagegen schon frühzeitig für die Zeit danach und möchte wenigstens einen künstlerischen Gewinn aus der vergeblichen Aufstandsbewegung ziehen: »Die Massen wird man auseinandertreiben;/ dies Material jedoch wird bleiben.« (3, 449)

Der Theatermann setzt demnach auf die alle Lebensbereiche umfassende Probe, auf die belehrende Kunst als Movens für tatsächlich erfolgversprechende Veränderungen im Sinne eines menschenfreundlichen Sozialismusmodells: »Also: Lehrstück machen. Publikum klüger machen!« (3, 411) Er sieht seine Aufgabe darin, in geduldiger Aufklärungsarbeit weitsichtige Revolutionäre heranzubilden, die gegebenenfalls dafür sorgen könnten, eine wirklich erfolgversprechende Revolte zu inszenieren.

Die Probleme dieses Ansatzes sind nicht zu verkennen, denn seine Theaterträume werden von eben der Staatsmacht subventioniert, die die Arbeiter unterdrückt.

Das Dilemma, in dem sich der von beiden Konfliktparteien um Hilfe gebetene Mann dadurch befindet, ist offensichtlich. Zumindest hat seine oft zitierte List Grenzen. Einerseits ist er ist nicht zu jedem Kompromiss bereit, selbst dann nicht, wenn es darum geht, seine Bühne zu retten: Dem Appell des Parteidichters Kosanke, sich mit einer Unterschrift auf die Seite der Regierung zu stellen – »wir brauchen dich. Nur noch dein Name,/ dein Wort kann helfen« (3, 445) –, erteilt der Theaterleiter eine deutliche Absage. Aber auch den Arbeitern verweigert der namenlose Herr seine angeblich erlösenden Worte. Es ist dem Chef, der seine romantische Unschuld längst verloren hat, unmöglich, sinnentleerte Abstrakta und »leergelöffelte« Begriffe (3, 484) zu skandieren oder ein politisches »Manifest« zu verfassen (3, 418): »Glaubst du an Amulette gegen den Schnupfen?« (3, 420)

Das Ergebnis ist vorauszusehen: Der Regisseur wird von beiden Seiten als Verräter angeklagt und für die Opfer des Kampfes mitverantwortlich gemacht. Während der Dogmatiker Kosanke dafür sorgen will, dass dem wenig kooperationsbereiten Theaterleiter »die Bude« (3, 415) zugemacht wird, rufen ihm die gleichfalls enttäuschten Schauspieler am Ende zu:

»Ihre Theorie siegte: Wir können arbeiten, ändern, proben und dreimal verflucht gelassen sein. [...] Beginnen wir doch mit der Sichtung des angefangenen Materials: lassen sich Panzer auf der Bühne verwenden? Was meinen Sie, Chef?« (3, 475)

Der Riss geht mitten durch seine Person. Er wird aufgrund seiner Bedenken gegen die an ihn herangetragenen Vorschläge immer weiter ins Abseits gedrängt. Der Intellektuelle muss erkennen, dass die Distanz zur Arbeiterklasse, in deren Dienst er sein ganzes Schaffen zu stellen glaubte, eher größer als geringer geworden ist. Als der Chef sich dann doch noch von der romantischen Göttin der Revolution dazu bewegen lässt, mitzumachen, ist der Aufstand bereits niedergeschlagen. Er ist zum Scheitern verurteilt. Dem Chef ist es mit Hilfe seiner Methode, dem – so Grass – didaktisch-moralischen »Zeigefinger« mit »ästhetischem Fingerschutz« (20, 93), nicht gelungen, den Menschen bzw. die gesellschaftlichen Verhältnisse grundlegend zu verändern. Es dominiert der unauflösbare Zwiespalt, ohne dass die hier in Szene gesetzten Diskussionen einen Ausweg aus dem Dilemma aufzeigen könnten. Die Diskrepanzen zwischen ästhetischer Form und chaotischer Wirklichkeit, zwischen einer Theaterprobe und der natürlichen Unordnung der Dinge, zwischen dem theoretisierenden Chef und den zur Tat schreitenden Helden der Straße scheinen unüberwindlich. Die alle Widersprüche miteinander versöhnende Verbindung, die dialektische »Einheit der Gegensätze« (3, 482), bleibt in diesem anhaltend aktuellen Schauspiel ein für alle Beteiligten unerfüllbarer Wunschtraum. Das deutsche Trauerspiel endet mit der Erkenntnis, dass es niemandem im Rahmen der auf die Weltbühnenbretter gebrachten Konstellation möglich ist, »unschuldig« zu bleiben. Der Chef hat das ewige Taktieren, die permanenten Kunstgriffe und Verwandlungen satt. Er ist nicht länger bereit, sich – egal von welcher Partei – vereinnahmen zu lassen. Müde, unsicher und ratlos zieht er sich aus dem öffentlichen Leben zurück: »Ich geb' es auf. Wer mag den Stein noch wälzen,/ wenn sich die Steine eigenhändig wälzen?« (3, 440)

Erschöpft bricht der sich selbst zum resignierenden Sisyphos erklärende Chef sein Aufklärungsprojekt ab und entsagt dem Theater, das dabei helfen sollte, die Gesellschaft mit Hilfe von Lehrstücken zu verbessern. Der Regisseur zieht sich, »Stille« suchend, in die entzauberte Idylle auf dem Land zurück. Zuletzt lässt er seinem latent von Anfang an zu erkennenden Bedürfnis nach dem Rückzug ins Private, der leitmotivisch vorbereiteten Flucht in die Poesie, freien Lauf. Von ihm sind nun keine realpolitischen Lösungsvorschläge mehr zu erwarten. Seiner utopischen Gesellschaftsideale beraubt, bleibt dem desillusionierten Zyniker nur noch die Hoffnung, dass ihm »bei all dem Elend« (3, 485) wenigstens noch einige ästhetisch überzeugende, von Konjunktiven und Paradoxien lebende Texte gelingen. Es ist also kein reiner Zufall, dass die Schlusszeile des Dramas – »Ihr Unwissenden! Schuldbewußt klag ich euch an« (3, 486) – unmissverständlich auf die in Buckow entstandene Brecht-Elegie aus dem Jahre 1953 mit dem Titel *Böser Morgen* anspielt. In diesem Gedicht wird der unauflösbare Konflikt des Intellektuellen, den Grass in seinem Trauerspiel über ein Trauerspiel auf die Bühne bringen wollte, in lyrischen Bildern zusammengefasst.

Davor *und* örtlich betäubt

Viele der von Grass ins literarische Leben gestellten Figuren leiden an periodisch wiederkehrenden Zahn- bzw. Weltschmerzen. Was lag also näher, als einen ganz in Weiß gekleideten Zahnarzt zu erschaffen, der diesem Unglück entschlossen entgegenarbeitet, etwa so, »als hätte sich Gottvater im hochgeschlossenen Kittelchen und mit Segeltuchschuhen in den Dienst der Zahnmedizin gestellt« (7, 191). Ein in diesem Sinne wunderlicher Doktor – »Religiöse Anspielungen waren ihm peinlich.« (7, 172) – begegnet uns im letzten Stück des Autors aus dem Jahr 1969, dem dramatischen Konzentrat des parallel entstandenen und im selben Jahr publizierten Romans *örtlich betäubt*.[14]

Das Stück ist in dreizehn Szenen unterteilt. Die Geburt entspricht der Schöpfung, jedenfalls sieht das der idealtypische Arzt so: »Schon die Erschaffung der Welt [...] ist eine Angsttat gewesen, die sich als Schöpfung tarnte. *Steht auf, lacht*: Man hätte rechtzeitig, vor der Tat, mit dem alten Herrn da oben reden sollen. Sie kennen meine These: Gespräche verhindern Taten.« (3, 516)

Der vom Werk des »alten Herrn« enttäuschte Mediziner versteht das Leben mit Kierkegaard als Krankheit zum Tode und die Krönung der für ihn unwiderruflich verpfuschten Schöpfung als eine anfällige, irreversibel fehlerhafte Konstruktion, die der Fürsorge bedarf. Jenseits von staatlicher Administration und kirchlichem Bürokratismus setzt er sich deshalb für »eine weltweite und sozial integrierte Krankenfürsorge« (3, 489) ein. Durch dieses Schadensbegrenzungsprinzip kann seiner Überzeugung nach den Leidenden sowohl beim ganz konkreten Zahnweh als auch beim abstrakten, auf Zeitungsfotos festgehaltenen Schmerz dieser Welt geholfen werden. Wenn es also nach dem Willen dieses Arztes ginge, wäre die globale Krankenfürsorge abseits jeder Ideologie »Basis und Überbau unserer menschlichen Gesellschaft« (3, 489).

Sein beweglicher Behandlungsstuhl wird in diesem handlungsarmen Diskussionsspiel »zum Zentrum politischer und gesellschaftskritischer Reflexionen, philosophischer Betrachtungen wie divergierender Auffassungen über Liebe, pädagogische Zielsetzungen und nicht zuletzt der weltumspannenden dentalmedizinischen Vorsorge«[15], die alle bisherigen Weltveränderungssysteme ersetzen soll. Dem utopischen Prinzip immerwährender Gesundheit, demzufolge alles Kranke zu verschwinden hat, setzt der aufgeklärte Missionar – »ein Ideologe des Pragmatismus« (X, 65) – sein von wissenschaftlicher Urteilskraft bestimmtes Bewusstsein gegenüber. Als nahezu reines Vernunftwesen klammert sich dieser Arzt an eine konkrete, antimetaphysische Utopie: den evolutionären Fortschritt der Zahnmedizin. Denn sie kann seines Erachtens, im Gegensatz zur Geschichte der politischen Systeme, auf zählbare Erfolge hinweisen, »die eindeutig belegen, daß es einen Fortschritt gibt« (3, 543), selbst wenn dieser noch so klein ausfallen und von Rückschlägen begleitet sein mag. Ein offenbar unattraktives Rezept: »Wir geben nichts her und arbeiten zu schmerzlos [...]. Wer hört schon zu, wenn ich vor der Karies warne?« (3, 505)

Aufzugeben wäre für den nimmermüden Kämpfer im Zeichen der Vernunft, um deren praktische Grenzen er nicht immer zu wissen scheint, trotz allem ein Luxus, den er sich in keinem Fall leisten will. Es kommt für ihn auch nicht in Frage, notwendige Entwicklungsstufen zu überspringen. Die großen Sprünge der Revolutionäre stehen für ihn nicht zur Debatte. Stattdessen rät der Zahnarzt zur Mäßigung, da er um die komplizierten Verstrickungen in der Welt weiß, die man nicht mit einfachen Rezepten auflösen kann. Als eine Art Wunderdoktor zeigt er sich stets verständnisvoll, aufgeschlossen und tolerant, relativiert alle absoluten Maßstäbe und bemüht sich darum, seine Gesprächspartner davon zu überzeugen, dass nur die beschwerliche Suche nach dem nicht immer goldenen Mittelweg Erfolge verspricht. Der jederzeit Ruhe und Gelassenheit ausstrahlende Arzt, der sich »auf moderne Weise« (3, 512) der Lehre der Stoa verbunden fühlt, lässt sich niemals zu unüberlegten Gesten verführen. Er vertraut seiner pragmatischen Linie im Zeichen der praktischen Vernunft und seinem Konzept der möglichst alle Lebensbereiche umfassenden Prophylaxe. Ein Doktor weiß: »Schon im Davor beginnt das Danach.« (3, 561)

Doch so schrecklich vernünftig wie der in sich selbst ruhende Seneca-Schüler mit dem Hang zur empirischen Sozialforschung denken natürlich nicht alle Personen in dieser hörspielartigen Szenenfolge. Darum kommt es zu kontrovers geführten Diskussionen, die dem Dramatiker erneut als Handlungsersatz dienen. Grass versucht anhand einer an Goethes *Tasso* anknüpfenden »Fünfer-

Konstellation« (X, 67) in diesem Dialogstück »ein gesellschaftliches Verhalten in einer bestimmten Zeit darzustellen«. Trotz fließender Übergänge lässt sich in den »fünf Positionen, die in sich voller Widersprüche sind und zwischen denen es Widersprüche gibt« (X, 63) erkennen: Jede dieser Durchschnittserscheinungen aus dem Lager der politischen Linken – die konservativ-reaktionäre Seite des Gesellschaftsspektrums bleibt ausgeblendet – steht hier für eine relativ eindeutig zu fixierende Denkweise, eine prototypische Ansicht, eine kaum entwicklungsfähige Überzeugung.

Den Anlass, besser gesagt den Vorwand für das nach pädagogischen Aspekten strukturierte Diskussionsgeschehen bietet eine geplante Protestaktion, ein grotesker Fall von Aktionismus: Der Gymnasialschüler Philipp Scherbaum, genannt Flip, »will seinen Hund öffentlich verbrennen« (3, 512). Flip scheint ganz genau zu wissen, was er will. Er möchte ein unübersehbares, ein aufrüttelndes Zeichen des Widerstands gegen die vom Vietnamkrieg völlig unberührten Erwachsenen setzen. Er spürt das dringende Bedürfnis, seiner Empörung angesichts der nur noch lethargisch vor sich hin vegetierenden Opfer der für ihn vulgärkapitalistischen Gesellschaft sichtbaren Ausdruck zu verleihen, ansonsten droht er an seinem angestauten Ekel zu ersticken. Da Philipp allerdings weder an reformierbaren »Blödsinn« (3, 494) noch an die weltbewegende Wirkung politischer Protestgedichte glauben kann, wählt er einen radikaleren Weg: »Sonst trifft die nix.« (3, 497)

Rückhaltlose Unterstützung gibt ihm in dieser Angelegenheit seine begeisterungsfähige Freundin Veronika Lewand, die Verkörperung des Grass'schen Klischeebildes einer romantischen, d. h. kurzatmigen »Revoluzzerin«, die sich vehement gegen die Leute ausspricht, die immer nur reden und andere verunsichern, anstatt endlich irgendwas zu machen. Dass auch sie nicht an das Schreiben lyrischer Texte für die Nachwelt denkt, versteht sich. Veros Element ist die Politgruppe. Sie liebt die Bilder schöner Revolutionsführer, hasst dagegen alle Philosophen und Lehrer, die die Welt bloß unterschiedlich interpretieren, anstatt mit Marx' Hilfe zu begreifen, dass es darauf ankommt, sie zu verändern. Darüber hinaus ist Veronika vollkommen davon überzeugt, dass ihr Glaube an die kollektive Heilslehre Maos Berge versetzen kann, jedenfalls dann, wenn man die »absolut eindeutigen Konsequenzen« (3, 521) in der Praxis nicht scheut.

Die wenig ernst zu nehmende Pubertärmarxistin auf der Suche nach einem neuen Mythos erweist sich als Spezialistin für politisch-ideologische Schimpfworte. Selbst wenn sie und ihre politischen Freunde »stalinistische Methoden« (3, 521) verabscheuen, gilt es auch ihrer Ersatzreligion zufolge, konterrevolutionäre Kräfte mit allen Mitteln zu bekämpfen. Kein Wunder, dass der unschuldig-reine Widerstandskämpfer Scherbaum sich in zunehmendem Maße befremdet von dem durch Vero repräsentierten Kreis der selbstverliebten Weltveränderer distanziert. Für ihn muss die Sache »absolut sauber sein« (3, 519).

Ein unverkennbarer Hang zur makellosen Reinheit zeichnet auch die Lehrerin Irmgard Seifert aus. Die zu allem Überfluss mit den Spitznamen »Frau Saubermann« (3, 520) bzw. »Erzengel« (3, 510) ausgestattete Studienrätin versteht sich als total konsequente Antifaschistin. Sie redet ausdauernd mit an Hysterie grenzender Begeisterung von der Pflicht zum Widerstand, damals wie heute. Sie verabscheut faule Kompromisse, unsaubere Zweideutigkeiten und nicht zuletzt »Ersatzlösungen, diese tagtäglichen Kapitulationen der Erwachsenen« (3, 551). Doch die Stärken dieser Frau liegen offensichtlich in der Theorie. Irmgard Seifert ist nicht einmal in der Lage, mit ihrem Verhalten als »gläubige BDM-Ziege« (7, 138) während der Nazizeit klarzukommen, das noch immer in die Gegenwart hineinwirkt. Im »Dritten Reich« hat Irmgard einen harmlosen Bauern in »sauberen Sütterlinbuchstaben« (3, 530) bei der NS-Kreisleitung denunziert, und noch immer denkt sie, ohne die Konstanz in ihren die Kriegszeit überdauernden Reaktionsmustern zu durchschauen, bei der erstbesten Irritation sofort wieder daran, nach Ordnungshütern zu rufen, um nicht eigenverantwortlich aktiv werden zu müssen.

Mehr noch, Irmgard Seifert sucht nach einem Messias, der ihren Seelenfrieden wiederherstellen könnte. Sein beispielhaftes Zeichen soll ihr helfen, die eigene Schwäche ein für alle Mal zu überwinden. Zu gerne würde sie ganz von vorne, »bei Null« (7, 125), anfangen, das eigene Versagen verdrängen, sich von ihrer persönlichen Schuld reinwaschen. Aber weder in ihrer unbefriedigenden Beziehung zum Studienrat Starusch noch im religiösen oder politischen Bereich stößt die beichtbesessene Pädagogin auf »das Beispielhafte« (3, 552), nach dem sie immer verzweifelter Ausschau hält: »Und nicht einmal mein Aquarium, dieser Versuch, auf begrenztem Raum Friede zu stiften. Fressen die eigene Brut. Ekelhaft.« (3, 552)

Trotz bester Vorsätze gerät die Mentalitätskontinuität verkörpernde Sauberfrau sofort wieder ins Schwärmen, wenn sich abzeichnet, dass etwas im Sinne ihrer Wunschträume passieren könnte. Irmgard Seifert gibt ihre unbegründete Hoffnung nicht auf: »Zeitenwende. Das Erlösende. Befreiende.« (3, 501) Scherbaums Plan, den Hund öffentlich zu verbrennen, kommt ihr gerade recht. Sie stilisiert Flip zum Helden, zur Christusfigur, und ist ohne zu zögern bereit, ihm zu folgen: »Helfen Sie mir, Philipp. Gehen Sie uns, gehen Sie mir voran. Damit unser Versagen nicht allgemein wird.« (3, 551) Selbst wenn die Lehrerin nicht mehr im christlichen Sinne fromm genannt werden kann, will sie noch immer an einen Retter glauben, der sich stellvertretend opfert.

Trotz ähnlicher, generationsspezifischer Frühprägungen liegt der Fall bei Studienrat Starusch ganz anders. Seit er als Jugendbandenführer Störtebeker in der *Blechtrommel* und in den *Hundejahren* auftrat, ist einiges passiert: Eberhard Starusch ist inzwischen ein vernunftbetonter Erzieher geworden. Er hat sich weit von seiner dem radikalen Anarchismus geweihten Jugendzeit entfernt, in der er kompromisslos gegen die Welt der Erwachsenen gekämpft hat. Als selbstkritischer Lehrer für Deutsch und also Geschichte – »aber die Geschichte [...] kann uns keine Lehre vermitteln. Absurd wie Totozahlen. Beschleunigter Stillstand.« (7, 88) – bleibt ihm der Glaube an die befreiende Tat eines Sinnstifters fremd. Vielmehr geht Starusch ebenso wie der Zahnarzt davon aus, dass nichts auf dieser unreinen Welt rein ist, dass es »Erlösung, und zwar zu Lebzeiten« (3, 500), nicht geben kann.[16] Auch sein Lieblingsschüler Philipp Scherbaum ist für den Pädagogen kein Märtyrer, kein Nachfolge-Messias. »Er bringt keine Botschaft« (3, 552), aber Scherbaums Tatendrang konfrontiert Starusch mit dem nun wieder aufgerührten Bodensatz seiner eigenen Lebensgeschichte. Der Erzieher muss sich eingestehen, dass er nicht so werden wollte, wie er jetzt ist: ein angepasster Vertreter der stets auf das nur Mögliche bedachten Erwachsenenwelt; ein halbherziger »Papiertiger« (3, 532), der sich gemäßigten Prinzipien wie allumfassender Fürsorge und vorbeugender Aufklärungsarbeit verschrieben hat; ein nur noch hin und wieder von der weltweiten pädagogischen Provinz träumender Liberaler, der den Kinderglauben verloren hat, alles mit einem revolutionären Schlag radikal verändern zu können. Hin- und hergeworfen zwischen innerem Verständnis und der an den Tag gelegten Erziehungsstrategie, zwischen seinen stillen Sympathiegefühlen für den potentiellen Täter und den lautstarken Einwänden seines Studienratverstandes, kommt auch er nicht zur Ruhe. Mittlerweile ambivalent bis zur Hilflosigkeit, tröstet der vernünftige Studienrat sich schließlich mit dem kleinen, lustvoll betonten Leidenswörtchen »Ach, wie ist das Gold so gar verdunkelt« (3, 523). Der überforderte Lehrer im Zwiespalt sucht Zuflucht im melancholischen Klagegesang, im selbstmitleidigen Wortspiellamento: »Danach bleibt vom Fisch die Gräte.« (3, 546) Enttäuscht von der Tatsache, dass Philipp seinen Plan aufgibt – das Gegenteil hätte ihn vermutlich ebenso erschüttert –, möchte Starusch sich schließlich ganz und gar zurückziehen: »Nur noch der reinen Anschauung leben. In Betrachtung versunken. Und ohne Aufbegehren.« (7, 222) Er will sich möglichst restlos »verkrümeln« (7, 251), in Nichts auflösen, alle Sinne mit Schmerzmitteln betäuben, kurz: der sich selbst zum »Versager« (3, 539) stempelnde Studienrat »will nicht mehr« (7, 217), kann aber nicht aufhören, zu wollen. Irmgard Seifert, die ebenfalls vergeblich auf ihr erlösendes Nirwanaerlebnis gewartet hat, eifert ihrem Kollegen nach.

Aus dieser verfahrenen Situation kann nur noch einer heraushelfen: der allwissend lächelnde Mann in Weiß, der kühle, nie um einen vernünftigen Ratschlag verlegene Wissenschaftler mit Erzieherambitionen, der aufgeklärte Fachmann für die stets mitzudenkende Kehrseite. Tatsächlich, der Arzt beweist sowohl in *Davor* als auch in der etwas differenzierteren Prosafassung den längsten Atem. Nur er, der alles objektivierende »Klugscheißer« (3, 541), scheint in der Lage zu sein, »die Summe aus Zahnbild und Psyche« (7, 32) zu ziehen. Nur er kann aufgrund seiner Stärke im Abstrakt-Gedanklichen den noch »korrigierbaren« Vertretern der Nachkriegsgeneration neue Perspektiven jenseits der skeptisch beurteilten Studentenrevolution aufzeigen.

In seinem Zahnarztstuhl kommt Scherbaum logischerweise schon bald zur Vernunft und lernt, alle theoretischen Formeln an der Praxis zu überprüfen. Philipp beginnt zu zweifeln. Folgerichtig verzichtet der bekehrte

Schüler auf die direkte Aktion und wendet sich langfristigen Reformaufgaben zu. Flip steckt plötzlich »voller Pläne« (3, 562), er möchte sich von nun an, ganz im Sinne des Doktors, als Chefredakteur der Schülerzeitung für die kleinen, alltäglichen Fortschritte einsetzen. Anstatt seinen geliebten Hund zu verbrennen, schreibt er jetzt aufklärende Artikel und böse Glossen.

Die damit angesprochenen Etappensiege im Zeichen der auf die Revision verkrusteter Verhältnisse setzenden Ratio sind nicht mit individuellen Läuterungsprozessen oder gar der Vorbereitung einer kollektiven Befreiungsaktion zu verwechseln. Sie bieten kein unerschütterliches Fundament für ewige Heilsordnungen; ein Wundermittel gegen das zeitlose Leiden ist von diesem antimetaphysischen Ansatz nicht zu erwarten: »Nichts hält vor. Immer neue Schmerzen.« (7, 274) Doch diese Schmerzen können, so Grass, zumindest dem Künstler als »Mittel der Erkenntnis« (7, 186) in der »Tretmühle der Vernunft« (20, 273) bzw. als schwankende Grundlage der permanenten Revolte gegen das Absurde im Sinne Camus' dienen: »Ainsi, persuadé de l'origine tout humaine de tout ce qui est humain, aveugle qui désire voir et qui sait que la nuit n'a pas de fin, il est toujours en marche. Le rocher roule encore.«[17]

Beim Vergleich dieser hörspielartigen Szenenfolge mit *örtlich betäubt* (1969) wirkt die auf filmische Erzähltechniken verzichtende Dramatisierung der zentralen Konflikte des mittleren Romanteils weniger überzeugend als die sich durch einen ungleich höheren Fiktionsgrad auszeichnende, wesentlich subtiler ausgearbeitete Prosafassung, die in *Grimms Wörter* (2010), allerdings ebenfalls vereinfachend, von Grass im Nachhinein so zusammengefasst wird:

»Auf mehrspurigem Erzählgleis lief das Jahr siebenundsechzig mit seinem unablässig beredeten Einerseits-andererseits ab: dafür oder dagegen, erste Schüler- und Studentenproteste, der ferne Krieg in Vietnam, Napalm und dessen Wirkung, die stoische Ruhe des Zahnarztes, die Kümmernisse des handlungsunfähigen Studienrates, das Schülerpaar in Liebe und Dauerstreit, ein Dackel, der vorm Hotel Kempinski verbrannt werden sollte: aus Protest gegen alle Gewalt.« (19, 260)

Die ironische Distanz des Autors zu seinen Zentralfiguren – Arzt und Lehrer erscheinen im Roman als zwei »betriebsblinde Utopisten« (7, 131) – ist in der Bühnenversion kaum noch auszumachen, die kritische Relativierung ihrer Standpunkte dadurch weitgehend zurückgenommen:

»Man stelle sich vor: Ein Zahnarzt und ein Studienrat regieren die Welt. Das Zeitalter der Prophylaxe bricht an. Allem Übel wird vorgebeugt. Da jeder lehrt, lernt auch ein jeder. Da alle dem Kariesbefall ausgesetzt sind, finden sich alle einig im Kampf gegen die Karies. Fürsorge und Vorsorge befrieden die Völker. Keine Religionen und Ideologien mehr, sondern Hygiene und Aufklärung beantworten die Frage nach dem Sein. Kein Versagen mehr und kein Mundgeruch. Man stelle sich vor ...« (7, 200)

Die dreiteilige Prosaversion des gleichen Stoffkomplexes wird von Staruschs innerem Dialog und seinen phantastischen Projektionen auf die »blinde Mattscheibe« (7, 8) dominiert. Hier zeigt sich sehr viel deutlicher das Bild einer abschreckend sterilen, hygienisch reinen, vom allzu vernünftigen Pragmatismus der Saubermänner bzw. Reinlichkeitsfanatikerinnen befriedeten Gesellschaft. Dieses Horrorszenario ist im Theaterspiel selbst im besten Inszenierungsfall nur zu erahnen, obwohl auch die Dramatisierung des epischen Gedankentheaters darauf angelegt ist, alle Ideologieangebote zu hinterfragen, die zu gefährlichen, die Freiheitsrechte des Individuums unzulässig einschränkenden Staatssystemen führen. Zumindest im Selbstverständnis des Autors ist also auch *Davor* ein Stück der Zwischentöne:

»Es gibt da nichts schwarz auf weiß nach Hause zu tragen. Wo Widersprüche einsichtig gemacht werden, ist kein Platz für Thesen. Die extremen Positionen bedingen einander – die Vernunft ist auf eben die Grautöne angewiesen. Wenn Theater politisch wird, kann es nicht Thesen transportieren, sondern nur die gesellschaftlichen Widersprüche zeigen, die durch dogmatische Fixierungen zugedeckt sind. Unter dialektischem Theater versteh' ich ein Theater, das die Dogmatisierungen verunsichert.« (24, 82)

Romane: Vom weiten Rock zum weiten Feld

»Der Fortschritt geht wirklich im Schneckentempo! Wir waten noch tief in der Barbarei.«
Gustave Flaubert

Die Blechtrommel

Zurück zu den prosaischen Anfängen, ins Jahr 1959. Günter Grass, Autor der *Vorzüge der Windhühner* und mehrerer Theaterspiele in der Tradition des absurden Theaters, tritt mit seinem ersten großen Erzählwerk an die Öffentlichkeit. Schlagartig steht der bislang noch weitgehend unbekannte Schriftsteller im Rampenlicht des Literaturbetriebs und avanciert innerhalb kürzester Zeit zum Aushängeschild der bundesdeutschen Nachkriegsliteratur. Dem lyrisch-dramatischen Vorspiel des Künstlers im Bewusstsein um die Absurdität des Daseins folgt seine erste epische Totale.

In der gleichzeitig Distanz und Mobilität garantierenden Figur des entthronten »Säulenheiligen« (2, 195), dem Kind mit dem Helm »aus gelesener Zeitung« auf dem Kopf (1, 55), schießt zusammen, »was lange zerstreut, in Ansätzen und Elementen der Lyrik und Dramatik zutage getreten ist«[1]. Oskar Matzerath, der in einer Heil- und Pflegeanstalt hausende Erzähler der *Blechtrommel*, ist nicht gänzlich zu durchschauen, keinesfalls auf einen eindeutig zu definierenden Begriff zu bringen. Dennoch sind die schon dadurch zur kritischen Reflexion aufgeforderten Leser stets auf seine Aussagen angewiesen: »He controls everything we know«[2].

Der kleine Held der weit ausholenden Erzählung mit großen Ansprüchen lenkt die Perspektive des pikaresken Romans. Darüber hinaus stehen nicht nur Rabelais' Hauptwerk *Gargantua und Pantagruel*, Sternes *Tristram Shandy* und Becketts skurrile Prosahelden Pate.

Die radikale Subjektivität der Erzählposition und damit das Problem der perspektivischen Realitätserfahrung sind vom ersten Satz an präsent. Der Blechtrommler macht im Rahmen seiner Lebens- und Textinszenierung keinen Hehl daraus, dass wir die erzählte Vorstellungswelt durch sein »verglastes Guckloch« (4, 162) und dessen Entsprechungen, etwa das Astloch in der Holztribüne (4, 145) oder den Spalt bzw. den Sehschlitz im Kleiderschrank der Krankenschwester (4, 626), sehen.

Der »unverbesserliche Ästhet« (4, 625), Weltgestalter und Selbstdarsteller in der Tradition erlesener Geschichtenerzähler, der es faustdick hinter den Ohren hat, zerstört in seinem allumfassenden Spiel mit der Wirklichkeit willentlich die traditionellen Bezugs- und Ordnungssysteme. Der Dichter-Narr Oskar bleibt bewusst unzuverlässig, inkonsequent und explizit lügnerisch. Episode für Episode zerschlägt der freche Lügenbaron auf einer misstönenden Blechtrommel mit seinen von Kapitel zu Kapitel wechselnden Rhythmen die traditionellen Erkenntniskategorien. Denn wer, wie der mit hellwacher Skepsis ausgestattete Erzähler der *Blechtrommel,* von der Absurdität des Daseins überzeugt ist, dem bleiben, ein für alle Mal abgenabelt, seit Menschengedenken nur zwei Dinge übrig: Er versucht, entweder wieder in den Schoß der Mütter zurückzufinden oder – so Oskar, der darum bemüht zu sein scheint, das eine mit dem anderen zu verbinden – sich als Künstler zu empören, »denn nur als aesthetisches Phänomen ist das Dasein und die Welt ewig gerechtfertigt«[3]. Der durchaus nicht einseitig idealisierte Blechtrommler mit dem unverkennbaren Hang zum Ästhetizismus muss im Zuge seiner »revoltierenden Protesttrommelei« (4, 98) allerdings immer wieder bestätigt finden, was er von Anfang an weiß: Auch das vollendete Kunstwerk bietet seinem Schöpfer keinen Ausweg aus dem in tragikomischen Bildern eingefangenen Dilemma.

Die Blechtrommel steht exemplarisch für den in jeder Beziehung überzeugenden Versuch, der Bewusstseinslage der anhaltenden Moderne mit den Mitteln der Fiktion am Beispiel der Geschichte des 20. Jahrhunderts gerecht zu werden. Die Diskreditierung der traditionellen Erkenntnistheorie, eingeleitet von Kant, weitergeführt von Schopenhauer, auf die Spitze getrieben von Nietzsche und seinen Exegeten, schlug sich auch in der Poetologie literarischer Werke nieder. Das akute Krisenbewusstsein des Erzählers, spätestens seit Joyce ein latentes Problem in der Romantheorie, ist nur das äußere Zeichen dafür, dass die Welt(geschichte) keinen erkennbaren Sinn hat, die als heillos zersplittert erfahrene Wirklichkeit insgesamt fragwürdig geworden und damit naiv realistisch erzählend nicht mehr adäquat zu vermitteln ist. Die in unregelmäßigen Abständen immer wieder beschworene Krise des Romans stellt sich in den fünfziger Jahren als Identitätskrise des Erzählers dar, eine Krise, die an der selbstbewusst auftrumpfenden Zentralfigur der *Blechtrommel* nahezu spurlos vorbeigegangen zu sein scheint: »Das mag alles so sein und seine Richtigkeit haben. Für mich, Oskar, und meinen Pfleger Bruno möchte ich jedoch feststellen: Wir beide sind Helden, ganz verschiedene Helden, er hinter dem Guckloch, ich vor dem Guckloch« (4, 12).

Nachdem der Nouveau roman den Tod des klassischen Helden als Fazit seiner Poetologie verkündet hat, schickt Oskar sich allen Vorbehalten zum Trotz an, den Lesern seine wirklichkeitsgesättigte und zugleich hochartifizielle Lebensgeschichte zu präsentieren. Der vitale Blechtrommler lässt die schon mehrfach totgesagte Erzählform erneut hochleben. Er schaut dem Volk aufs Maul, schöpft aus dem Vollen, mutet der reichen, durch ideologischen Missbrauch zwischenzeitlich verarmten Sprache wieder etwas zu und treibt bereits einleitend seine spöttischen Kapriolen mit den Erzählkonventionen von der Poetik des Horaz bis zur romantheoretischen Diskussion der Nachkriegszeit. Souverän kokettiert Oskar mit den Bedingungen der Möglichkeit des Erzählens von der Antike bis zur Gegenwart. Es kommt jedoch weniger darauf an, welche Quellen und Modelle hier im Einzelnen verarbeitet bzw. als Material benutzt oder in neuen Kontexten ad absurdum geführt werden. Entscheidend ist vielmehr die Art und Weise, wie der schulemachende Zertrommler mit den zeitgeschichtlichen Fakten und der meist fragmentarisch zitierten oder verballhornten, in allen Fällen jedoch auf sein Interesse reduzierten Tradition umgeht, nach welchen Regeln sein engmaschiges Anspielungsnetz gesponnen wird und vor welchem philosophisch-weltanschaulichen Hintergrund der unumstrittene Narr dieser Geschichte sein Spiel mit Abzählreimen, Sprichwörtern, »geflügelten Worten«, Flottenplänen, historischen Untersuchungen und Klassikerentwürfen treibt: »Oh, herrlicher Umgang mit Kunst und Historie!« (4, 413) In dem Bewusstsein, dass es Dinge in dieser labyrinthischen Schriftzeichenwelt gibt, »die man – so heilig sie sein mögen – nicht auf sich beruhen lassen darf« (4, 170), soll mein Ansatz dazu beitragen, die zentralen Kennzeichen der den Leserblick lenkenden Perspektive des Blechtrommlers (nicht zu verwechseln mit der des Autors) aufzuzeigen, um der »fragwürdigen Existenz« (4, 749) einige Fragezeichen zu nehmen.

Nachdem Herr Matzerath sich im ersten Teil des programmatischen Einleitungskapitels auf seine subversive Art mit Fragen der Romanästhetik auseinandergesetzt hat, geht er wie selbstverständlich zur Beschreibung seiner Vita ab ovo matris über. Oskar richtet es so ein, dass seine Geschichte unter den weiten, alle Orte und Zeiten umfassenden Weltenröcken der »vergötterten« Großmutter mütterlicherseits beginnt. Der humorvolle Blechtrommler weiß, wie die erste Kapitelüberschrift des Romans deutlich macht, was er diesem Kleidungsstück schuldig ist: Seine in der Kaschubei verwurzelte Großmutter Anna Bronski, eine damals noch relativ junge Frau, wirkt bereits zu diesem Zeitpunkt uralt. Sie erscheint als ewige Figur und verkörpert in der von Oskar mythologisch überhöhten Szene die Urmutter Demeter, die unter ihren vier kartoffelfarbenen, in warmen Erdtönen vorgestellten Röcken einen ganzen Kosmos zu beherbergen scheint. Geradezu organisch verbunden mit der Erde ruht die »große Mutter« auf dem Acker, doch dann bewegt sich plötzlich etwas zwischen den Telegraphenstangen. Eine Ballettszene, eine Stummfilmsequenz, eine theatralische Inszenierung mit surrealem Einschlag: Drei springende Männer tauchen auf und stören die sitzende Anna Bronski in ihrer sonntäglichen Ruhe. Als ihr schließlich ein Kleiner, Breiter, der an ein gehetztes Tier erinnert, unter die aus- und offenbar auch einladenden Röcke geht, um »unterzutauchen«, wird es still »wie am ersten Tag oder am letzten« (4,17). Auch die sexuellen Konnotationen dieser Szene sind offensichtlich. Dennoch, als ob der Blechtrommler keinen Zweifel darüber aufkommen lassen will, was sich auf diesem spätestens jetzt gepflügten Gottesacker ereignet hat, kreist seine Erzählung um die Zahl 3 für den Himmel, die 4 für die Erde und die 7 als Zahl der Schöpfung. Nicht nur Oskars Mutter wird in dieser bedeutungsschwangeren Koitusszene gezeugt, sondern zugleich der Weltenprozess unwiderruflich in Gang gesetzt. Das ewige Sein wird durch den endlosen Prozess des Werdens abgelöst. Der zeitlose Mythos hört auf zu existieren, das geschichtliche Chaos beginnt, so will es der in Gegensatzpaaren schwelgende

Erzähler. Die zuvor in sich ruhende Anna Bronski erhebt sich so mühsam, als hätte sie Wurzeln geschlagen und unterbräche nun, Fäden und Erdreich mitziehend, das gerade begonnene Wachstum. Der Rauch des langsam sterbenden Feuers deutet die nunmehr unausweichliche Konsequenz dieser Zeugungsszene an, die Oskar in seiner Lebensgeschichte vielfältig variiert: die Wiederkehr des ewig Gleichen nach dem Verlust der ursprünglichen Ganzheit, die es für seinen Erfinder nie gegeben hat.[4]

Der Blechtrommler, der seinem anarchistisch gesinnten, jederzeit Zuflucht suchenden Großvater in vielerlei Hinsicht ähnlich und gleichfalls von innerer Unruhe geplagt ist, geht von Anfang an davon aus, dass es das Beste sei, gar nicht erst geboren zu werden. Die zum Scheitern verurteilte Suche nach dem für immer verlorenen Anfang des im Leib der Mutter ruhenden Fötus – jenseits der lärmenden »Blechmusik« (4, 35) – ist und bleibt demzufolge Oskars' handlungsbestimmende Aufgabe. Sein in vielen Variationen vorgetragenes Ziel ist die »Rückkehr zur Nabelschnur« (4, 218). Dem starken Bedürfnis nach der Heimkehr in den Mutterschoß, der Erlösung durch die Rückkehr zur »embryonalen Kopflage« (4, 52) entspricht die Tendenz zur Verweigerung, zur Ablehnung aller Integration. Auf der Basis dieses komplexen, von psychologisch geschulten Interpreten bereits mehrfach ausgeleuchteten Arrangements ist auch Oskars größte Sehnsucht, sein Verlangen nach der zeitlosen Stille unter den alle geschichtlichen Katastrophen schadlos überstehenden Röcken der Großmutter und all ihren unzulänglichen Surrogaten – Schränken, Tischen, Kammern, Särgen –, zu verstehen:

»Sie werden fragen: Was sucht Oskar unter den Röcken seiner Großmutter? Will er seinen Großvater Koljaiczek nachahmen und sich an der alten Frau vergehen? Sucht er Vergessen, Heimat, das endliche Nirwana? Oskar antwortet: Afrika suchte ich unter den Röcken, womöglich Neapel, das man bekanntlich gesehen haben muß. Da flossen die Ströme zusammen, da war die Wasserscheide, da wehten besondere Winde, da konnte es aber auch windstill sein, da rauschte der Regen, aber man saß im Trocknen, da machten die Schiffe fest, oder die Anker wurden gelichtet, da saß neben Oskar der liebe Gott, der es schon immer gerne warm gehabt hat, da putzte der Teufel sein Fernrohr, da spielten Engelchen blinde Kuh; unter den Röcken meiner Großmutter war immer Sommer, auch wenn der Weihnachtsbaum brannte, auch wenn ich Ostereier suchte oder Allerheiligen feierte. Nirgendwo konnte ich ruhiger nach dem Kalender leben als unter den Röcken meiner Großmutter.« (4, 151 f.)

Wer noch etwas genauer unter die Röcke der Großmutter schaut, erkennt zudem: Der Blechtrommler konzentriert sich unter der Himmel, Erde und Hölle umschließenden Haube auf den vermutlich nie zu erheischenden Blick durch »den einzigen Spalt, den der himmlische Maurer den Menschen offen ließ«[5]. Der mit Liebes- und Todesvorstellungen kokettierende Oskar schaut mit Hilfe seiner famosen Einbildungskraft auf einen bewusstlose Geborgenheit versprechenden Lethestrom, der vielleicht das quälende Gedächtnis, die belastenden Erinnerungen, sein Wissen um die Absurdität auslöschen könnte. Er scheint mit dem vollkommenen Nichts, in dem die Gegensätze aufhören, Gegensätze zu sein, zu liebäugeln.

Aber Oskar findet jederzeit bestätigt, dass es keinen Sinn hat, sich gänzlich zurückzuziehen. Immer wieder reißt plötzlich jemand die Tür zur bedrohlichen Realität auf, lässt Zugluft regieren, buntesten Lärm und gleißendes Licht eindringen, wenn er sich an sicheren Zufluchtsorten – »windstill und sonntäglich« (4,300) – wähnt. Nur auf den ihn geradezu magisch anziehenden Friedhöfen fühlt sich der närrische Bote einer »gefallenen Schöpfung« wie zu Hause. Erst dort bekommt sein Trommlerleben durch jene »Art von Absolution« (4,51), die der Tod auszuteilen pflegt, viereckige Sargumrisse und dadurch vielleicht sogar einen Sinn. So sucht er zeit seines lebenslangen, von unerfüllbaren Visionen begleiteten Passionsweges nach dem anderen, die erfüllten Augenblicke mit der Ewigkeit verschmelzenden Zustand oder einem halbwegs gleichwertigen Ersatz auf »dieser an Ersatzstoffen reichen Welt«[6]. Doch selbst der faltenreichste, zu heiligen Pilgerfahrten einladende Stoff, aus dem die geheimnisvollsten Träume sind, ist nicht dazu geeignet, Oskar die kartoffelfarbene Stofffülle seiner Großmutter zu ersetzen. Nur selten findet der gejagte Jäger wirklich ruhigen Atem und niemals den ersehnten, karbolverhüllten »Schlaf ohne Traum« (4,189) oder österliche Ruhe im großmütterlichen Berg (4,749), in

Liebgottchen oder im Schoß der satanischen, verführbare Männer bestrickenden Luzie. Alle vom Zertrommler im Assoziationsfeld von Ansteckungsgefahren beherbergenden Krankenhäusern oder zugigen Kirchen durchgespielten Erlösungshoffnungen und Heilsmodelle erweisen letztlich ihre Untauglichkeit, eine Untauglichkeit, von der Oskar als sich zurücktrommelnder Erzähler seines Romans im »Kompromißbett« (4, 308) der Heil- und Pflegeanstalt längst zu wissen scheint.

Dennoch ist nicht zu übersehen, dass der Blechtrommler es liebt, »seinem Leben und Erzählen zusätzliche Dignität zu geben, indem er es durch Anspielungen auf Größeres überhöht«[7]. Oskar schlüpft in viele Rollen, insbesondere aus dem christlich-mythischen Bereich. Er verleiht sich unter anderem Züge mythologischer Wesen, sagenhafter Helden und spielt das göttliche Kind, ohne einer der damit verbundenen Vorstellungen tatsächlich gerecht werden zu wollen. Auch dadurch, dass er die »Kunst im Zeichen des Jesusknaben«[8] besonders hartnäckig verfolgt, wird deutlich, dass ihn nur oberflächliche Halbheiten mit den selbstgewählten Vorbildern in Literatur und Religion verbinden. Der unreine Tor ist kein »Alleswisser« wie der »lichte Dichterfürst« Goethe (4, 106) und kein »Gesundbeter« wie der düstere Verführer Rasputin (4, 708). Oskar »mimt« lediglich hin und wieder den »Messias« (4, 748). Sein vielfältig-parodistisches Nachahmungsspiel hat also keine metaphysischen Wurzeln. Seine wunderbaren »Heilerfolge« (4, 710) sind von jener entzauberten Welt, in der die innerlich zerrissene Grass-Figur kein Zuhause finden kann: »Dieser

Bruch blieb, ließ sich nicht heilen und klafft heute noch, da ich weder im Sakralen noch im Profanen beheimatet bin, dafür etwas abseits in einer Heil- und Pflegeanstalt hause.« (4, 177)

Was Oskar auch tut, er findet nicht zurück, bleibt vielmehr »weiter im Zwiespalt« (4, 177). Seine Wunschvorstellungen sind durch nichts zu befriedigen: »Natürlich sprach der Herr kein Wort.« (4, 76) Die Reise des Erzählers um die ringförmige Welt ist am Ende des Romans abgeschlossen, ohne dass es eine Öffnung zu entdecken gab. Das Paradies wurde verriegelt, die manichäische Idee der Regression erweist ihre Untauglichkeit. Vor dieser seinen Lebensekel fördernden Erkenntnis erscheint einzig die vorgestellte Flucht in Richtung Osten (vgl. Gen 2,8), zur Heimatgefühle erweckenden Großmutter, aussichtsreich, doch sie wird 1945 versperrt.

Der gleichmäßige Wechsel ihrer Röcke nimmt schon im ersten Kapitel vorweg, dass nach dem Schöpfungsakt, d. h. nachdem die Welt in (Schein-)Dualismen zerfallen ist, nichts mehr zu machen ist. Der Anfang war der Anfang vom Ende, die erträumte Rückkehr zum Anfang aller Anfänge bleibt dem Blechtrommler verwehrt. Oskar ist und bleibt der gegen seinen Willen ins Geschehen Geworfene. Und auch der die Kunst des Zurücktrommelns perfektionierende Erzähler der *Blechtrommel* ist sich seiner Ausweglosigkeit jederzeit bewusst. Selbst als Sprachartist kann es ihm nicht gelingen, die Extreme zu einer gelungenen Synthese zu verbinden. Hin- und hergerissen zwischen den mit »Goethe und Rasputin« nur unzulänglich umschriebenen Seelen in seiner Brust (4, 106), bleibt er permanent gezwungen, mit seinen offenbar von Nietzsche übernommenen Hausgöttern »Dionysos und Apollo« gleichzeitig zu verhandeln (4, 406), ohne sie zu einer mystischen Einheit überreden zu können.

Wie ernst der Trommler die selbstgewählte Schreibaufgabe nimmt, wird schon daran deutlich, dass sein »angenommenes Ziel« (4, 41, 738) – auch Oskar nennt es am Anfang und am Ende seiner Aufzeichnungen »Amerika, Buffalo« (4, 41, 774) – auf einer Geschichte basiert, die er einleitend selbst als »Unsinn und Fischergeschwätz« (4, 37) abtut. Der Erzähler zögert also keine Sekunde, aus seinem Leben unter den Glühbirnen den sinnlosesten aller Schwänke zu machen. Alles ist ein So-tun-als-ob, eine Tragikomödie, in der er »zwanglos plaudernd Frage und Antwort offenlassen« (4, 351) und jedes »ärgerliche Politikum« (4, 704) vermeiden will.

Oskar hält sich dazu in der Regel eng an den titelgebenden Gegenstand, denn ohne ihn ist er immer der »Bloßgestellte« (4, 351). Die Distanz und weitgehende Autonomie verbürgende Blechtrommel verkörpert den omnipräsenten Garanten seiner künstlerischen Revolte gegen die absurde »Erwachsenenwelt«. Sie ist das unverzichtbare Medium seines Erinnerungs- und damit seines Erzählvorgangs, ein deutlich als solches gekennzeichnetes Spiel. Oskars ausufernde Wortspiele rücken darüber hinaus die Diskreditierung der großen Moralbegriffe ins Bewusstsein seiner Leser. Sprachkritik verbindet sich mit Ideologiekritik, denn »es gibt keinen Paulus, der Mann hieß Saulus und war ein Saulus und erzählte als Saulus den Leuten aus Korinth etwas von ungeheuer preiswerten Würsten, die er Glaube, Hoffnung und Liebe nannte, als leicht verdaulich pries, die er heute noch, in immer wechselnder Saulusgestalt, an den Mann bringt« (4, 251 f.).

In diesem Kapitel, das die zeitlose Märchen- mit einer Todesfugenform verknüpft, werden am Beispiel der christlichen Theologaltugenden alle Erlösungslehren persifliert. Doch das erlösungshungrige, jederzeit verführbare Volk fällt trotz allem, so lautet die in der *Blechtrommel* zum Ausdruck kommende Einschätzung, immer wieder auf märchenhafte Zahlenspiele und die in wechselnder Kostümierung auftretenden »Weihnachtsmänner« herein, die sich in fast allen geschichtlich belegten Fällen als Gewalt und Tod bringende »Gasmänner« entpuppten (4, 251 ff.). Ein Ende dieser von Irrationalismus, utopischen Hoffnungen und kollektivem Narzissmus begünstigten Menschheitsgeschichte ist zumindest für Oskar nicht in Sicht. Aus jedem Ende wird seines Erachtens sofort ein wenig hoffnungsvoll stimmender Neuanfang gemacht. So bleiben die fatalen, vom Erzähler kunstfertig offenbarten Kontinuitäten gewahrt. Er bittet dabei jedoch darum, in ihm »nichts anderes als einen etwas eigenbrötlerischen Menschen zu sehen, der aus privaten, dazu ästhetischen Gründen, auch seines Lehrers Bebra Ermahnungen beherzigend, Farbe und Schnitt der Uniformen, Takt und Lautstärke der auf Tribünen üblichen Musik ablehnte und deshalb auf einem bloßen Kinderspielzeug einigen Protest zusammentrommelte« (4, 150).

Das zerstörerische Werk des schöpferisch tätigen Ästheten richtet sich demnach gegen alle religiösen und politischen Ideen, die eine letzte Ankunft, jenseitigen Trost oder irdische Erlösung versprechen. Auch »rein wirtschaftliche Unternehmungen«, die zur »biedermännisch symmetrischen Entfaltung«[9] gebracht werden sollen, erregen den Widerwillen des Skeptikers. Da der Oskar der »Urtrommel« auf jede Ideologie »mit dem gleichen allergischen Ausschlag«[10] reagiert, stört er konsequenterweise alle rot, blau, schwarz oder grün-gelb gekleideten, im unästhetischsten Fall »pausenlos rechtwinklig grüßenden« (4, 311) Politiker, sein Protest richtet sich gegen Altäre und Tribünen jeder Glaubensrichtung. Auf den dort kredenzten Frühschoppen wechselnder Sakramente lässt sich Oskar, der vom hartnäckigen Kater nach jedem Rausch weiß, nicht ein. Er agiert im Zuge seiner »taghellen Unternehmungen gegen die Tribünensymmetrie« (4, 150) aus einer apolitischen und immoralistischen Position heraus: »Was sie auch zu singen, zu blasen, zu beten und zu verkünden hatten: meine Trommel wußte es besser.« (4, 150)

Doch der kleine Held kennt die allzu menschlichen Momente, in denen die Sehnsucht nach dem verlorenen Paradies, die Begierde nach Glück und das Verlangen nach Vollkommenheit größer zu sein scheinen als sein A-priori-Wissen um die Absurdität des Daseins:

»A un certain point de son chemin, l'homme absurde est sollicité. L'histoire ne manque ni de religions, ni de prophètes, même sans dieux. On lui demande de sauter. [...] On voudrait lui faire reconnaître sa culpabilité. Lui se sent innocent.«[11]

In Analogie zu diesen Ausführungen Camus' in *Le mythe de Sisyphe* weiß der Erzähler zu berichten: »Man hat mich mehrmals und noch in letzter Zeit zum Sprung verführen wollen.« (4, 486) Seine Gerichtsverhandlung, die »ich besser den dritten Prozeß Jesu nenne« (4, 486), findet auf dem Sprungturm einer Badeanstalt statt. Im Anschluss an die schwarze Messe in der Herz-Jesu-Kirche werden der kleine Trommler und seine Jugendbandenjünger von einem Richterchor und der jungfräulichen Luzie Rennwand zum Sprung vom Zehn-Meter-Brett in ein Bassin ohne Wasser aufgefordert: »Wir hatten uns hoch hinauf gewagt, drängelten nun auf dem Sprungbrett, und unten [...] saßen die Richter, Beisitzer, Zeugen und Gerichtsdiener.« (4, 483) Seine Mitangeklagten erliegen der Versuchung, sie springen zielstrebig »in den Himmel« (4, 484) hinab und zerschellen am Boden des leeren Betonbeckens. Nur Oskar bleibt zurück. Er lässt sich nicht von der satanisch gezeichneten Strickjackenträgerin mit dem rot-schwarzen Dreiecksgesicht bezirzen. Hartnäckig weigert er sich, der Aufforderung zum Sprung nachzukommen, obwohl er »die verführerische Natur eines Zehnmetersprungbrettes« (4, 484) durchaus begreift: »Ich sprang nicht und werde nie von Sprungtürmen springen.« (4, 486) Der nicht immer konsequente, in dieser Situation aber unbeirrbare Blechtrommler genießt es offensichtlich, im Augenblick vor dem Sprung zu verharren und damit mit vollem Bewusstsein im nie ganz befriedigenden Zustand des absurden Zwiespalts zu leben, sich ohne Ausflüchte auf dem schmalen Grat zu halten, indem er sich das Credo quia absurdum versagt: »Das ist, werden Sie zugeben müssen, so nah man sich auf einem Sprungturm dem Himmel befinden mag, eine verteufelte Lage.« (4, 483) Aber er besteht auf seiner bewusst uneindeutigen Position und hat dennoch nichts zu beichten.

Oskar, den der Katholizismus »wie ein rothaariges Mädchen fesselt« (4, 166), kann sich demnach »retten«, weil er, »die Hochgefühle des Sprunges verschmähend«, kehrtmacht – natürlich noch ganz »steif« – und sich von jeder Leitersprosse auf dem Rückweg bestätigen lässt, »daß man Sprungtürme nicht nur besteigen, sondern auch sprunglos wieder verlassen kann« (4, 486). Er bleibt demnach der unbelehrbare Ästhet und als solcher der Erde und ihren Widersprüchen verhaftet. Er lehnt den von Kierkegaard nahegelegten Übergang in das religiöse Stadium ab und springt auch nicht vom »tremplin d'éternité«[12].

Die Einsicht dessen, der alles von Anfang an durchschaut, bestimmt auch das Geschichtsbild des Erzählers. Seine historischen Studien, Vergleiche und Ausflüchte bestätigen ihm, was er von Anfang an weiß: Es geschieht wenig Neues unter den von unbelehrbaren Menschen bevölkerten Röcken der Welt. Geschichte im Kleinen wie im Großen stellt sich aus seiner Perspektive als »ein zerstörerisches und wiederaufbauendes Spielchen« (4, 499) dar, als permanente Destruktion ohne erkennbaren Sinn, als »absurde Mechanik«[13]. Die karikierten »Baumeister und Abbruchunternehmer« (4, 499) kommen und gehen, doch im Grunde ändern sich nur die Schreibarten der Stadt- und Straßennamen sowie die Ideologien der Eindringlinge in wechselnden Uniformen.[14]

Oskars Welt- und Geschichtsbild und die poetologische Struktur der *Blechtrommel* sind nicht voneinander zu trennen.

Der Blechtrommler selbst gibt zudem wichtige Hinweise zum weitergehenden Verständnis seines Erzählverfahrens: »Was auf dieser Welt, welcher Roman hätte die epische Breite eines Fotoalbums?« (4, 53) Sein unverzichtbarer, nicht nur auf der ersten Seite des vierten Kapitels gewürdigter »Schatz«, das kleinbürgerliche, aus seiner Perspektive »alles deutlich machende« Fotoalbum, liefert ihm, der sich in dieser poetologischen Frage an den *Berechnungen* Arno Schmidts zu orientieren scheint[15], das Erzählgerüst für seinen Roman. Der Erzähler, der programmatisch erklärt, dass er »allzu gerne den Fotos die Originale nachliefern« möchte, stellt seinen Lesern dementsprechend die Weltgeschichte in Einzelbildern vor. Sein Ziel ist die Beschreibung der offenbar bezeichnenden Schnappschüsse. Entsprechend der Vorgabe seines Albums reiht Oskar Episode an Episode, »die Symmetrie hier wahrend, dort in Frage stellend« (4, 53). Dieser Aufbau, der seiner Kritik an Altären und Tribünen entspricht, macht deutlich, dass es dem Blechtrommler nicht möglich sein wird, ein geordnetes Gesamtbild entstehen zu lassen. Ihm liegen lediglich unverbundene Einzelfotos vor. Er kann keinen universalen Zusammenhang erkennen, sondern ist selbst ein Gefangener des Blendwerksystems, das er beschreibt. Die in seinem Lebensbilderbuch festgehaltene Kleinbürgerwelt dient Oskar als Spielplatz bzw. als Projektionsfläche seiner Vorstellungen. Immer wieder weist er unmissverständlich darauf hin, dass die Zusammenhänge von ihm inszeniert sind. Es gibt kein göttliches Prinzip, das Oskars Ordnungsvorstellungen in Frage stellen könnte; die Geschichte, dokumentiert im »schmerzstillenden Fotoalbum« (4, 535), ist und bleibt absurd. Die episodische Erzählform stellt die notwendige Konsequenz aus dieser Erkenntnis dar. Es kann in einem Roman letztlich nur darum gehen, sich durch mehr oder weniger geschickt eingebrachte Perspektiven den unüberschaubaren, nicht eindimensional interpretierbaren Realitäten zu nähern oder, um es mit den vielzitierten Grass-Worten zu sagen, alles »mehrmals und bewußt« zu Scherben zu zerschlagen, »damit Wirklichkeit entsteht« (20, 319).

Der moderne Pikaro, der außerhalb seiner Anstalt weit davon entfernt ist, gemäß höchster NS-Mannestugend »reif« zu werden und trotzdem »sauber« zu bleiben, ist als Erzähler ebenso weit von der fixen Idee reiner Wirklichkeitswiedergabe durch Sprache entfernt. Vielmehr kombiniert er die ihm zugänglichen Realitäts- und Sprachfragmente zu einem universalen Bedeutungsspiel, dessen Regeln er – denn gerade der bewegliche Künstlergeist erfindet sich strenge Spielregeln – selbst bestimmt. Der innerhalb des erzählten Münchhausiaden-Labyrinths allmächtige Narr ordnet nach subjektiven, an seiner persönlichen Ästhetik geschulten Kriterien. Er vereinigt, wählt aus, beschönigt oder dramatisiert. Kurzum, der kleine Schelm spielt mit immer wieder neu zu belebenden Mythen und literarischen Modellen, gerade so, wie es ihm gefällt. Der durch dieses Erzählverfahren verunsicherte Leser ist gezwungen, den Satzketten Oskars zu folgen, die von Aufbau und Zerstörung, von der ständigen Zurücknahme des einmal Gesetzten bestimmt sind.

Nur die Fotos bringen Stillstand in das ständige Werden, in die Bewegung des Lebens, die nur in sofort verwackelnden Momentaufnahmen eingefangen werden kann. Diese künstlichen Standbilder – auf ihnen findet der Betrachter sich oder andere »passiv und neutralisiert« (4, 56) – sind die Grundvoraussetzung für das in sich selbst mündende Spiel des Erzählers, dessen Ergebnis von vornherein feststeht. Denn auch das Werk des revoltierenden Ästheten ist und bleibt absurd. Aufgeweckte Künstler sowie die vom Erzähler der *Blechtrommel* ausdrücklich gelobten »sich selbst unterwandernden Partisanen« verwerfen demnach sofort, »was sie gerade geschaffen haben« (4, 536), und verzichten auf den »Sprung« in die Transzendenz. Das Ende des Erzählten führt an den Anfang zurück.

Der Text eröffnet keine Perspektive, die in die Wirklichkeit außerhalb der erzählten Zeit führt. Die präzise zeitgeschichtliche sowie geographische Einbettung des Romans – Vorkriegs-, Kriegs- und Nachkriegszeit in Danzig bzw. Düsseldorf –, deren spezifische Ausprägungen durch die Erfahrungen des Autors vorgegeben wurden, dienen als Exempel für unveränderbare Abläufe und konstante Strukturen. Die chronologische Ordnung ist hier nur Mittel zum Zweck, denn für den Blechtrommler findet im Grunde alles gleichzeitig statt. Der Zeitverlauf des Romans hat letztlich zyklischen Charakter: »Nichts ist vorbei, alles kommt wieder, Schuld, Sühne, abermals Schuld!« (4, 599) Oskar Matzerath bleibt in seiner Situation nichts anderes übrig, als sich im Bewusstsein über die Absurdität des Daseins und um die daraus resultierenden Konsequenzen für sein allumfassendes Aufklärungsspiel formbewusst mit den ihn umgebenden Realitäten auseinanderzusetzen, ohne in seiner Trommelkunst mehr zu sehen, als sie darzustellen vermag. Ausgehend von diesem Welt- und Geschichtsverständnis, bedient sich der jede Suche nach einem metaphysischen Sinn parodierende Held der *Blechtrommel* einer Erzählweise, die »der Erkenntnistheorie der Philosophie des Absurden«[16] korreliert. Für ihn geht es nicht um zwangsläufig unangemessene Begründungen des Konkreten, sondern um den nach menschlichem Maß zu feiernden Triumph der subjektiven Sinnlichkeit über die sogenannte Objektivität, um die Beschreibung eines maßlosen Possenspiels durch das größte Possenspiel: »la joie absurde par exellence«[17].

Aber auch der Fleiß des Pseudo-Genies inner- oder außerhalb der Mauern der Heil- und Pflegeanstalt stößt an natürliche Grenzen. Denn selbst das bewusste Spiel des Geistes mit sich selbst macht es nicht möglich, den absurden Zwiespalt zu überwinden. Die vom schreibenden Trommler zur »Himmelfahrt« (vgl. 4, 750) stilisierte Schlussszene des philosophischen Romans, der in der Tradition der progressiven, alle Gattungen und viele Spielarten der Ironie nutzenden Universalpoesie steht, bestätigt – sie führt ihn freilich weder in den Himmel noch unter die Röcke seiner Großmutter, sondern auf die Erde zurück –, dass es kein Entrinnen aus der erzählten Welt gibt. Es gibt kein Entkommen aus einer Fiktion, die am Ende ganz im Schatten der Erzköchin, der auf die pechschwarze Nachtseite ihres Wesens reduzierten »großen Mutter«, zu stehen scheint. Auf der letzten Seite der in mehreren Arbeitsschritten mit einem schwarzen Motivnetz überzogenen Inszenierung dominiert der dunkle Kinderschreck: »Desillusion auf der ganzen Linie. [...] Es bleibt keine Flucht mehr in den Traum oder in die Irrenanstalt. Das abscheuliche Ungeheuer ist aus dem Märchen ausgebrochen und begegnet uns auf der Straße, auf einer friedlichen Schweizer Alm«[18] oder, wie sich dieser Darstellung der Übermacht des Absurden im Sinne Oskars hinzufügen ließe, auf der Rolltreppe einer Pariser Metrostation namens »Maison Blanche« (4, 744), die dem Liebhaber von Kontrastpaaren gar nicht weiß genug sein kann. Das von ästhetischen Gesetzen diktierte Resümee des ewig unzufriedenen Rebellen lautet: »Ist die Schwarze Köchin da? Ja – Ja – Ja!« (4, 752)

Damit ist das rückwärtsgewandte Spiel des Blechtrommlers gegen die unaufhaltsam fortschreitende Zeit beendet. Der verwachsene Held hat vorerst keine Worte mehr. Doch selbst wenn der dreißigjährige Herr Matzerath am Ende unerlöst, d. h. ohne sein Ziel erreicht zu haben, aus der Irrenanstalt entlassen werden wird – seine »Auferstehung« in der *Rättin* spricht dafür –, kann ihm abschließend bescheinigt werden: Ob Absicht oder Zufall, es ist dem künstlerische Maßstäbe setzenden Ästheten gelungen, das ganze Alphabet zurückzutrommeln.

Der Literaturgeschichte schreibende Trommler hat seine autofiktionalen Bekenntnisse mit einem großen Z begonnen und beendet sie mit einem kleinen a.

Hundejahre

»Frühschichten Liebesbriefe Materniaden: Brauxel und seine Mitautoren gingen bei jemandem in die Schule, der zeit seines Lebens fleißig war, auf lackiertem Blech.« (6,126) Während Pilenz, Erzähler der Novelle *Katz und Maus*, zwar kurz andeutet, dass er sich an einen dreijährigen Balg erinnert, der monoton hölzern auf eine Kinderblechtrommel schlug und den Nachmittag zu einer »höllischen Schmiede« werden ließ (5,17), geht das fiktive Autorenkollektiv des zweiten Grass-Romans noch einen erzähltechnisch bemerkenswerten Schritt weiter: Brauxel, Liebenau und Matern, die Mitglieder des von antagonistischen Spannungen lebenden »Arbeitsteams« der *Hundejahre* (6,208), geben nicht nur zu, Oskar Matzerath mehrfach begegnet zu sein, sondern sogar das »Buch« des unverbesserlichen Einzelgängers gelesen (6,295) zu haben. Dabei haben sie unüberlesbar einiges gelernt, was sie für ihr eigenes Schreibprojekt ebenso nutzen konnten, wie die Parodie wiederholt zitierter Werke – etwa Wagners *Götterdämmerung*, Heideggers *Sein und Zeit* oder Benns Gedicht *Das späte Ich*. Kurzum, das Trio infernale verfolgt ein ambitioniertes Programm, von dem ihr Erfinder behauptet, es laufe auf einen politischen Roman hinaus, auf einen Roman »der angeschlagenen Vorstellungen und der angeschlagenen Figuren, für die die Ambivalenz, die Doppeldeutigkeit unserer Zeit, die Vorlage gibt«[19]. Auf dieser explizit »eiförmigen Welt« (6, 365) kommt demnach niemand heil davon. Von weißen Westen oder in Unschuld gewaschenen Händen kann in diesem Textuniversum keine Rede sein, obwohl die in den Roman integrierte, »die große abendländische Diskussion« zwischenzeitlich »auf Exegese und Katharsis, auf Deutung und Reinigung« (6, 603) hoffen lässt. Natürlich vergebens, denn ihr folgt weder im weltlichen noch im religiösen Sinne eine Absolution. Sie endet vielmehr unverbindlich, um anschließend von vorne zu beginnen.

Innerhalb der Fiktion handelt es sich bei diesem gattungsübergreifenden, im Februar 1962 vollendeten Kunstwerk des männlichen Trios um die dreiteilige Festschrift zum zehnjährigen Bestehen einer unterirdischen Vogelscheuchenfabrik. Diese merkwürdige Produktionsanlage hat es im wahrsten Sinne des Wortes in sich. Zum einen, da die abschreckenden Scheuchen nach dem Bild des Geschichte machenden Menschen erschaffen werden; Gott, d. h. der Teufel (und umgekehrt) erscheint in dieser phantastisch-realistischen Vorstellungswelt als die gegen sich selbst gerichtete Schöpferinstanz, als »Urvogelscheuche« (6, 710).[20] Zum anderen, weil das alle Bewusstseinsschichten umfassende Bergwerk weder Kali noch Kohle fördert. Es bringt vielmehr – ebenso wie der (Erzähl-)Strom des Lebens bzw. die zum »Blut, Lehm und Asche« (6, 13) transportierenden »Wasser des Grauens«, sprich: die zum himmlischen Totenfluss stilisierte

Weichsel – die noch immer Schatten auf die Gegenwart werfenden Verbrechen der Vergangenheit ans Licht.

Initiiert, in mehreren Arbeitstreffen vorbereitet und schließlich herausgegeben wird diese Gemeinschaftsarbeit vom ausgewiesenen Märchenerzähler des ersten Romandrittels, der sich in Analogie zu wechselnden Selbstentwürfen und Versteckspielen Brauxel, Brauksel oder Brauchsel schreibt (6, 378). Als pseudometaphorisches Wesen tritt er auf der erzählten Ebene allerdings zugleich – was erst nach und nach deutlich wird – als der von Anfang an Vogelscheuchen erfindende Künstlergeist alias »Eddi Amsel, Haseloff, Goldmäulchen und so weiter« (6, 36) auf:

»Alle drei Manuskripte wurden termingerecht fertig; Brauchsel kann die Liebesbriefe des jungen Harry Liebenau auf seinem Packen Frühschichten ablegen; und auf ›Frühschichten‹ und ›Liebesbriefe‹ wird er des Schauspielers Bekenntnisse stapeln. Sollte ein Schlusswort wünschenswert sein, wird Brauksel es schreiben, denn er steht dem Bergwerk und dem Autorenkollektiv vor, er zahlt die Vorschüsse, bestimmt die Termine und wird die Korrekturen lesen.« (6, 142)

Ja, so scheint es zu sein: Drei Chronisten, die das gleichzeitig in Angriff genommene und abgeschlossene Romanprojekt bestimmen, schreiben aus himmelweit auseinanderliegenden Gründen – »über die Vergangenheit gebeugt« (6, 22) – um die Wette. Sie berichten rückblickend über die Zeit von 1917 bis 1961 in drei chronologisch aufeinanderfolgenden, untereinander aufgeteilten Abschnitten. Sie berichten in variierenden literarischen Formen und aus unterschiedlichen Perspektiven. Drei Protagonisten, die sich selbst, ihre Kollegen und die Art ihrer Beziehung zueinander charakterisieren, erzählen drei mehr oder weniger wahrhaftige »Lügengeschichten« (6, 668), die sich gegenseitig relativieren und doch nicht voneinander zu trennen sind; ein fiktiver Kampf um die Interpretation von Geschichte schlechthin. Der erste Teil, die *Frühschichten,* stammt von Amsel alias Brauxel, der zweite, die *Liebesbriefe,* von Harry Liebenau und der letzte, die *Materniaden,* von Walter Matern.

Die vom Herausgeber vorgeschriebenen Erzählpositionen dokumentieren differierende Einstellungen zur Vorkriegs-, Kriegs- und Nachkriegszeit, die phasenweise gemeinsam, allerdings in diametral entgegengesetzten Rollen, erlebt und in der Erzählgegenwart dann künstlerisch verarbeitet wird. Brauxel, Jahrgang 1917, der in den »Frühschichten« (1917–1927) »nach bestem Wissen« als auktorialer Erzähler in der dritten Person »die Feder führt« (6, 42), erscheint in seiner übertrieben stilisierten und mythologisch überhöhten Version der Geschichte einerseits als Opfer antisemitischer Gewalt. Der als »Itzig« (6, 642) stigmatisierte Halbjude Amsel verliert 1937 bei einem von seinem Blutsbruder Matern mitgetragenen SA-Überfall beispielsweise alle 32 Zähne; dieses seit Kain und Abel alttestamentarisch – Auge um Auge, Zahn um Zahn – konnotierte Konfliktpotential, das mit guten Textargumenten unter anderem auf das Verhältnis zwischen Jesus und Judas zu transferieren ist, treibt die Romanhandlung voran. Andererseits repräsentiert der bewegliche Held in seinem artistischen Ansatz und seiner von Otto Weiningers Wahnideen mitbestimmten Entwicklung (vgl. 6, 41) eine durchaus kritisch zu betrachtende, bisweilen realitätsferne Künstlerfigur. Auch unter diesem Aspekt ist er vergleichbar mit Oskar Matzerath, der schließlich ebenfalls Gewinn aus seinen Talenten schlagen und zum erfolgreichen Unternehmer – »ein nüchterner Mann der freien Marktwirtschaft« (6, 32) – im restaurierten Wirtschaftswunderland heranwachsen sollte.

Harry Liebenau, der zweite vom Herausgeber beauftragte und bezahlte Erzähler im Bunde, »kein Schriftstellerkongress ohne sein Formuliertalent Nachholbedürfnis Erinnerungsvermögen« (6, 601), konzentriert sich in seiner Auftragsarbeit vereinbarungsgemäß auf die für den Schreibanlass zentrale Periode von 1922 bis 1945. Zehn Jahre nach den in Hassliebe miteinander verbundenen Protagonisten Amsel und Matern geboren und damit folglich zu jung, um sich im »Dritten Reich« aktiv schuldig gemacht zu haben, aber schon alt genug, um wie Günter Grass als Panzerschütze ausgebildet zu werden, kann der am Ende des Krieges Siebzehnjährige in fingierten »Liebesbriefen« an seine mit dämonischen Zügen ausgestattete Cousine Tulla als relativ unbelasteter Zeitzeuge auftreten: »Denn Harry dachte sich bloß im Köpfchen aus, was andere regelrecht taten.« (6, 397) Doch auch der schüchterne Vielwisser, fetischgläubige Phantast und eitle Melancholiker, der damals trotz aller Neugier immer ein wenig abseits stand, ist natürlich ein Kind der Hitlerzeit, dem es, so räumt er selbstkritisch ein, als uniformiertem Gymnasiasten mit Hilfe seiner verehrten Vorbilder in allen Lebensbereichen gelang, »einen tatsächlichen, aus menschlichen Knochen erstellten Berg mit mittelalterlichen Allegorien zuzuschütten« (6,398). Auf der zeitversetzten Suche nach inhaltlicher Substanz – als Distanz ermöglichendem Erzählmedium fehlt ihm »das blutige Stück Realität« (6,604) – verknüpft Liebenau in seinem reimlosen, aber kunstvoll inszenierten Briefroman das kleinbürgerliche Privat- und Liebesleben im Umkreis des Innenhofs einer Tischlerei in Danzig-Langfuhr mit den ideologisch motivierten Auseinandersetzungen der Anwohner und dem kriegerischen Weltgeschehen. Formbewusst lässt er seinen mit sinnlichen Details und historischen Bezügen gespickten Text in einem längeren, die ganze Geschichte kunstvoll engführenden Schlussmärchen mit dem Credo »Nichts ist rein« (6,379) ausklingen. Das *Blechtrommel*-Kapitel über die »Reichskristallnacht« steht dem vom Herausgeber instruierten Erzähler Modell: »Es war einmal ein Cousin, der hieß Harry Liebenau und eignete sich nur zum Zugucken und Nachplappern.« (6,382)

Was der vorzugsweise bewusstlos im Augenblick lebende Verdrängungskünstler Walter Matern über den halbherzigen Aufklärer Liebenau und seine Arbeit als professioneller Schriftsteller denkt, lässt sich problemlos seinen in jeder Beziehung abenteuerlichen Nachkriegs-Materniaden entnehmen, die als lückenhafte Ohrenbeichten eines gedächtnisschwachen Tatmenschen beschrieben werden können:

»Dieser Scheißer mit seinem Schubkästchengedächtnis. [...] Kein Thema, zu dem ihm nicht Fakten einfallen: Proust und Henry Miller; Dylan Thomas und Karl Kraus; Adornozitate und Auflageziffern; Detailsammler und Bezügesucher; Abstandnehmer und Kernbloßleger; Archivschnüffler und Milieukenner; [...] Rückblender und Zeitaufheber; Infragesteller und Klugscheißer« (6, 600 f.).

Was Matern besonders stört, ist die nicht ganz unbegründete Vermutung, dass es der von Brauxel engagierten »Spitzelbegabung mit wissendem Lächeln« (6, 601) darum gehen könnte, den allgemeingültigen »Fall Matern« literarisch neu aufzurollen, d. h. Amsels Jugendfreund im Nachhinein, juristisch allerdings völlig folgenlos, mit seinen Untaten als abwegiger Odysseus, als »Räuber, Wolf [...] Leuteschinder, SS-Scherge« (6, 600) zu konfrontieren. Ihn, den Herrn Theaterschauspieler, ohne seine Masken und Verkleidungen ins Scheinwerferlicht zu zerren. Ihn, den wendigen Ideologen im Zeichen des Absoluten, wenigstens nachdenklich zu stimmen. Ihn, den gealterten Hundebesitzer, vielleicht doch noch zu gewandelten Lebensmaximen zu bewegen. Ansätze dazu sind zu erkennen: »Schaut mich an: glatzköpfig auch innen. Ein leerer Schrank voller Uniformen jeder Gesinnung. Ich war rot, trug Braun, ging in Schwarz, verfärbte mich: rot.« (6, 544) Dass es aber tatsächlich gelingt, den deutsch-idealistischen Ideenträger par excellence zum Eingeständnis seiner persönlichen, bislang konsequent verdrängten Mitverantwortung an zahlreichen Verbrechen zu bringen, den verblendeten Rächer also »mit

Hund aufs Kreuz« (6, 603) zu legen, darf bezweifelt werden: »Lethe Lethe, wie wird man Erinnerungen los?« (6, 463)

Mit Hilfe des hier skizzierten Verfahrens der sagenhaften Vergegenwärtigung realer historischer Ereignisse entwickelt sich vor den Augen des Lesers »eine dunkle verzweigte Geschichte« (5, 41), ein nur scheinbar heterogenes Konvolut, das durch die vereinbarten Spielregeln des Autorenkollektivs sowie zahllose »Mordmotive von einst« und »Leitmotive von jetzt« (6, 631) zusammengehalten wird. Am Ende steht ein vielschichtiges Erinnerungsbuch gegen Verdrängungsmechanismen jeder Ausprägung; ein ideologiekritischer Gedächtnisroman mit aufklärerischen Zügen, aber ohne didaktischen Zeigefinger; ein antimetaphysisches Märchen aus Geschichte und fragmentarischen Geschichten gegen das Vergessen der Gräueltaten – nicht nur im Konzentrationslager »Stutthof« bei Danzig (6, 345 f.). Denn vergessen »wollen alle die Knochenberge und Massengräber, die Fahnenhalter und Parteibücher, die Schulden und die Schuld« (6, 453).

Im Zentrum des im Sprachkunstwerk selbst immer wieder reflektierten Schreibprozesses stehen also nicht die grotesken Tier-, Liebes- und Freundschaftsgeschichten des fiktiven Personals, sondern die titelgebenden »Hundejahre« von 1933 bis 1945. Die unübersehbare Künstlichkeit des Herausgeber-, Erzähler- und Figurenarrangements dient dazu, am Beispiel facettenreich typisierter Stellvertreterfiguren verhängnisvolle Entwicklungen der deutschen Geistes-, Kriegs- und Wirtschaftsgeschichte mit weltpolitischen Auswirkungen sowie fatale Kontinuitäten im Nachkriegsdeutschland in entdämonisierend-poetische Bilder von anhaltender Aktualität zu rücken: »Hielt nur zwölf Jahre, wirft aber einen kolossal langen Schatten.« (14, 65)

»Es war einmal ein Hund« (5, 466), »kackbraun« (6, 251) oder »schutzstaffelschwarz« (6, 649) wie die Uniformen seiner Herrchen. Er steht hier in wechselnden Erscheinungsformen im Mittelpunkt des Interesses, der geschichtsmächtige »Nazihund« (6, 417) mit dem unheilvoll-wölfischen Stammbaum, der barbarische Mutationen und gewaltsame Deformationen befürchten lässt: »[N]iemand, der lesen kann, möge glauben, der Hund sei nicht angekommen« (6, 454). Er durchschwimmt die Elbe, zur Uhrzeit des Kriegsbeginns, einen Tag nach der bedingungslosen Kapitulation, denn hierzulande – das ist erneut zwischen den Zeilen zu lesen – bedeutet jedes Ende einen Neuanfang, und sucht »sich westlich des Flusses einen neuen Herrn« (6, 454). Und wenn er nicht gestorben ist, dann lebt der zeitweise dem Führer des Tausendjährigen Reichs zugeordnete Wolfshund im Schafspelz noch heute: »[D]er Hund wird niemals verneint werden können« (6, 447). Dem »Jederzeit« entspricht das »Überall«. Die historische korreliert mit der geographischen Universalität der einander in den Schwanz beißenden Hundejahre. Nicht nur Danzig-Langfuhr »war so groß und so klein, daß alles, was sich auf dieser Welt ereignet oder ereignen könnte, sich auch in Langfuhr ereignete oder hätte ereignen können« (6, 396). Auch im biedermeierlichen Allerweltsort Düsseldorf – dieses

»Pockenzentrum […], diese butzenscheibenverklebte Pestbeule, diese Beleidigung eines nicht vorhandenen Gottes« (6, 545) – ist eine Fortsetzung der nicht aus der Weltgeschichte zu schaffenden Herr-und-Hund-Geschichten vorstellbar.

Es kann also kaum mehr verwundern, wenn es in dem auf allen Erzählebenen umfunktionierten Bergwerk ums Ganze im Spannungsfeld von Individuum und Gesellschaft, menschlicher »Vertierung« (vgl. 1, 303) und chauvinistischem Großmachtstreben geht. Matern wird auf seiner abschließenden Grubenfahrt – »Das ist ja die Hölle hier!« (6, 695) – nichts erspart. Brauksel, »der alles besser weiß« (6, 35), dessen messianische Qualitäten jedoch nur gering veranschlagt werden sollten, konfrontiert das Objekt seiner erzieherischen Begierde mit dem beängstigenden Scheuchen-Universum menschlicher Emotionen: der erschreckenden Summe politischer Herrschaftsstrukturen, philosophischer Begriffssysteme und religiöser Erlösungsgemeinschaften insbesondere aus deutschen Vogelscheuchenarsenalen. Er zwingt Matern zu einem Blick auf all das, was die von mörderischer Gewalt geprägte Historie seit Menschengedenken zu bieten hat: »Was die Welt über Tage absurd nennt, schmeckt unter Tage real« (6, 715), oder: »Der Orkus ist oben!« (6, 722)

Angesichts der sinnlich vermittelten Totalität dieser vom geistreichen Bergwerkdirektor in Nachkriegszeiten grenzüberschreitend vermarkteten Menschengeschichte wird es dem von so vielen Einsichten überforderten Antihelden der Tat körperlich schlecht: »Seinen Augen ist speiübel. Er drängt schneller ans Licht, als die Draisine den Füllort erreichen kann. Matern ist übersättigt.« (6, 722) Das Wunder bleibt aus. Am Ende des allegorischen Unterweltromans über die verbrecherischen und künstlerischen Möglichkeiten der gottähnlichen Vogelscheuchenerfinder, jener »Tiere der Gattung Mensch« (19, 283), steht die nur wenig Zuversicht vermittelnde, vielmehr an eine Travestie von Dantes Höllenszenario erinnernde Schlussvision des Erzählers. Über mögliche Bewusstseinsregungen, die bei den Figuren oder den Lesern der tragikomischen *Hundejahre* durch den ästhetischen Anschauungsunterricht im erkenntnisfördernden Bergwerk ausgelöst werden, lässt sich demnach – trotz der abschließend zelebrierten Reinigungs- bzw. Immersionstaufensequenz – lediglich spekulieren. Die Geschichte ist und bleibt im Rahmen dieser dreistimmigen Textinszenierung ein absurder Prozess, das Erzählen geht im besten Fall weiter. »Erzählt Kinder, erzählt! [...] Laßt den Faden nicht abreißen, Kinder! Denn solange wir noch Geschichten erzählen, leben wir.« (6, 679)

Aus dem Tagebuch einer Schnecke

Der vollständige Titel deutet es an: Dem *Tagebuch* diente ein sehr viel umfangreicheres Diarium als Grundlage, ein Lichtenberg'sches Sudelbuch, das Ende der sechziger und Anfang der siebziger Jahre parallel zu den Wahlreisen von Grass entstand. Das 1972 vorgelegte Ergebnis des Überarbeitungsprozesses ist ein streng durchkomponiertes Neben- und Durcheinander zunächst gänzlich disparat anmutender Inhalte in einer romanähnlichen Collage aus vereinzelten Bruchstücken: »Da sich den Schwermütigen die Welt zu etwas verengt hat, das nur geordnet (als Ganzes) ertragen werden kann, ist das Sammeln tätiger Ausdruck der Melancholie« (8, 220). Der heitere Pessimist im noch immer von Saturn, dem zwielichtigen Hüter der Schwelle, beherrschten Bilderkosmos konfrontiert seine Leser erneut mit einem künstlerisch geordneten Chaos, in diesem Fall »in verbesserter Prosa-Ausführung«, oder um es mit den Worten seiner amerikanischen Verlegerin Helen Wolff zusammenzufassen:

»Das Buch ist sehr reizvoll durch seine neue Form: Als experiment-freudiger Koch haben Sie die Ingredienzien aus verschiedenen Kategorien kunstvoll (nur scheinbar lässig) gemischt und in Schneckensud gekocht – Autobiographisches, Polemik, Geschichte und Geschichten.« (HW, 183)

Aus dem Tagebuch einer Schnecke ist demnach, trotz anders lautender Interpretationen, ein nach primär ästhetischen Gesetzen strukturiertes »Gespinst aus Phantasie und Wirklichkeit« (HW, 183), dessen Erfinder sich mittels der gewählten Kunstform darum bemüht, dem Stückwerkszustand der Welt als Werkstatt, die niemals fertig ist, gerecht zu werden. Der poetologische Ansatz ist Grass-Lesern bekannt, aber die Erzählperspektive und der Erzählgestus haben sich in diesem Text maßgeblich verändert. Die politische Gegenwart rückt stärker ins Blickfeld, argumentative Passagen und abstrakte Sentenzen drängen die sinnlichen Vermittlungsversuche in den Hintergrund. Moralisch-didaktische Aspekte sind unübersehbar, das pädagogische Ziel, die »Verbesserung der Welt« (8, 80), die der Autor nicht den »magenkranken Bitterlingen« (8, 80) überlassen möchte, ist bei aller Selbstkritik nicht zu überlesen. Grass, der Künstler und der Wahlkampfreden haltende Zeit- und Kulturkritiker, tritt dazu erstmals innerhalb seiner Fiktion als Erzählerfigur auf, die dadurch zum Teil der Textinszenierung wird. Das patentrezeptlose Autor-Ich berichtet jedoch nicht nur von der Entstehungsgeschichte des Buches und seinen zwiespältigen Erfahrungen in der politischen Arena oder von der sich verschärfenden Ehekrise und den neugierigen Fragen seiner Kinder. Es erzählt zugleich die durch nichts zu verdrängende Geschichte der Judenverfolgung zur Zeit des Nationalsozialismus am Beispiel Danzigs (vor dem Hintergrund des von Erwin Lichtenstein in seinem Buch *Die Juden der Freien Stadt Danzig unter der Herrschaft des Nationalsozialismus*[21] minuziös dokumentierten Untergangs der dortigen jüdischen Gemeinde), die den verantwortungsbewussten Familienvater noch immer verfolgt: »Einen Klein-Hammerpark gab (gibt) es überall.« (8, 18)

Der Erzähler hat auch in diesem Prosawerk das Wahre, d. h. die unüberschaubare, aus zerstreuten Ausnahme- und ausgesuchten Zufällen zusammengesetzte Totalität, die es gar nicht zu geben scheint, vor Augen, also alles von A wie »Aufklärung« über H wie »Hatjadochkeinenzweck« (8, 31) bis hin zu Z wie »Zweifel«. »Zweifel« wird in dieser Geschichte auch der Studienrat Hermann Ott genannt, der sich während des »Dritten Reichs« für die Danziger Juden einsetzte.

Zweifel hin und Zweifel am Zweifel her, ohne Manfred Augst, den »Zeugen des Absoluten« (8, 165) und Gegenfigur zu Ott, würde dem Tagebuch der strukturbildende Zusammenhang polarer Gegensätze fehlen. Das »Prinzip Augst« wirkt wie ein auf dem Reißbrett entworfenes Psychogramm: Augst wird als der zeitlose, für die Kontinuität des Irrationalismus im privaten und im gesellschaftlichen Bereich stehende Typus vorgestellt, dem es immer an etwas mangelt. Er erscheint als ein verblendeter Idealist auf der vergeblichen Suche nach Ersatz für verlorengegangene Träume, nach höheren Werten und tieferem Sinn; er entwickelt sich problemlos vom Möchtegernmitglied der Waffen-SS zum überzeugten Ostermarschierer – süchtig nach Untergang oder Erlösung. Sein Leben gleicht einem tragischen, am Karfreitag endenden »Passionsspiel« (8, 166): »Bei ihm war alles schwarz oder weiß, ja oder nein.« (8, 238) Seine aus dieser Kompromisslosigkeit resultierende, zwangsläufig maßlose Enttäuschung nährt die latent vorhandene Opferbereitschaft und treibt den verbitterten Extremisten schließlich dazu, ein Verzweiflungszeichen zu setzen. Augst, schon immer von dem Hang besessen, andere bekehren zu wollen, bringt sich auf einer Kirchentagsveranstaltung in aller Öffentlichkeit um. Am Ende dieser »mustergültigen« Grass-Geschichte steht die Selbstzerstörung als ein Akt ritualisierter Unvernunft.

Es ist Absicht, dass der dem Autor des *Tagebuchs* wesentlich näherstehende Individualist Hermann Ott das genaue Gegenteil, »das Prinzip Zweifel« (8, 218), verkörpert. Trotzdem erscheint es nahezu unmöglich, sich ein Bild von dieser antagonistisch angelegten Figur zu machen. Ott alias Zweifel ist ein selbstkritischer Mensch. Er setzt sich nur vorläufige Ziele, denen er auf Um- und Abwegen nachgeht. Er kennt keinen alleinseligmachenden Glauben, ist jedoch »närrisch gläubig« (8, 68) in der Liebe. Zaghaft, zögernd, zärtlich bemüht er sich als Biologe und Philosoph um neue Einsichten, stets in dem Bewusstsein, den »letzten Dingen« nie auf den Grund gehen zu können. Da Ott auf der Flucht vor den Nazischergen Zuflucht in einem Kellerraum sucht und findet, scheint er auf den ersten Blick in die Reihe der Grass-Figuren zu gehören, die liebend gerne für immer abtauchen würden. Doch Zweifel geht es im Gegensatz zu Joseph Koljaiczek, Oskar Matzerath oder dem zum clownesken Messias stilisierten Kriegshelden Mahlke nicht um eine Flucht ohne Möglichkeit zur Wiederkehr, ihm geht es um das nackte Überleben in gefährlichen, von Nationalsozialisten beherrschten Zeiten. Ott zieht sich dazu in eine Art philosophisches Schneckenhaus zurück. Der kellerartige Lagerraum, »ein Labyrinth« (8, 239) und insofern Spiegelbild der chaotischen Welt, in dem es aber trotz allem wohnlich sein kann, wird dem Flüchtling zum klösterlichen Zufluchtsort, zur Kartause, zum »Marienparadies« (8, 128). Dieses Schlupfloch repräsentiert eine der bei Grass stets windstillen, der Realität, der Zeit und ihren Geräuschen entrückten Höhlen, einen unter

Tage angesiedelten Ort der Kontemplation, an dem Zweifel ersatzweise dem Wesen des immer vorletzten Willens auf der Spur zu sein scheint. Er macht sich auf die endlose Suche nach dem lebenswerten Kompromiss, der vernünftigen Mitte. Der Skeptiker sucht einen dritten Weg zwischen den Extremen, die es vom Rande her anzuknabbern gilt. Aber nicht etwa – das zuletzt paraphrasierte Zitat könnte diese Vermutung nahelegen – eine heraldische Ratte, sondern das Vorbild der zwittrigen Weinbergschnecke »im (allerdings gehörig verunkrauteten) Weinberg des Herrn«[22] macht dies wenn nicht möglich, so doch denkbar: »Am Beispiel zweier Weinbergschnecken [...] schulte Zweifel seine Spekulation vom Zwitterwesen der Melancholie und Utopie. Tabellen und Kurven: schon zeichnete sich (schematisch) das Ende der Geschlechter, Erlösung ab.« (8, 98)

Reine Theorie, denn das unbelehrbare Menschengeschlecht zeigt wenig Neigung, »zunehmend zwitterhaft« (8, 207) zu werden bzw. zum friedfertig-harmonischen Miteinander zu finden. Otts »Lieblingsgedanke« – »Das Selbstgenügen. Die Angleichung der Geschlechter. Das Ende aller Geschichte. Der bleibende Zustand. Die Zwitterdrüse. Das Glück« (8, 207) – bleibt ein Wunschtraum, sein Entwurf ein Fragment, sein Wappentier die Schnecke.

Der melancholische Utopist sammelt seit frühester Kindheit Gastropoden, »beispielhafte, fabelhafte, prinzipielle und solche, die wirklich vorkommen« (8, 214). Seine Vorliebe gilt also nicht den symbolträchtigen Vögeln oder einem über den Acker der Zeitgeschichte galoppierenden Hengst, sondern den empfindlichen, sich nur langsam fortbewegenden Kriechtieren. Denn Schnecken haben – neben anderen von philosophisch geschulten Geistern geschätzten Eigenschaften, die sie für vielfältige Vergleiche prädestinieren – den Vorteil, dass sie zwar Fortschritte machen, aber nicht springen können. Die »Schnecke an sich« (8, 45) vereinigt nicht nur das eine mit dem anderen, sie klebt zudem an der Erde. Diese biologisch begründete Tatsache macht insbesondere die »progressiven Wegschnecken« (8, 44) aus der Sicht des Autors zum didaktischen Vorbild par excellence, selbst in politischer Hinsicht. Es wäre demnach geradezu grotesk, sich für die theoretisch durchaus vorstellbare Züchtung springender Flugschnecken oder superschneller »Überschnecken« (8, 283) zu engagieren – Vergleiche zur Idee vom neuen (Über-)Menschen drängen sich auf –, da diese manipulierten Wesen unentwickelte Phasen leichtfertig überhüpfen würden. Statt geschichtliche Rückfälle dieser Art zu provozieren oder den Umschlag in entgegengesetzte Extrempositionen vorzubereiten, folgt er den schon im *Mann ohne Eigenschaften* beschriebenen »Schleimspuren der historischen Schnecke« und propagiert gesellschaftspolitischen Fortschritt im realistischeren Schneckentempo: »Viele überholen mich und liegen später am Weg:/ Beispiele für Sprunghaftigkeit.« (8, 46)

»Vom Bewußtsein der Schnecken – oder wie Hegel überholt werden wird« (8, 50), so lautet der fiktive Titel einer in den dreißiger Jahren entstandenen, aufgrund der politischen Verhältnisse aber unveröffentlichten

Glosse über den Totalitarismus rechter und linker Provenienz. Sie stammt aus der Feder des Hegel-Gegners Hermann Ott, der sich auch in dieser Frage als Alter Ego des Autors erweist: »In Jena, Kinder, hat er den Kaiser Napoleon hoch zu Roß und in der Einheit Roß und Reiter etwas gesehen, das er Weltgeist nannte; seitdem galoppiert er – während ich auf das Bewußtsein der Schnecken setze.« (8,46)

Damit ist das eigentliche »Gegenbild« zur Schnecke in den Grass'schen Kunstwelten benannt: Es ist der von Hegel beschworene Weltgeist in Gestalt eines für den Erzähler »durchgegangenen Gauls« (8,47), den viele »verhegelte« Studentenrevoluzzer (vgl. 8,47) nach wie vor über die Felder der Weltgeschichte rasen sehen wollen. Ihr philosophischer Ziehvater erscheint bei Grass stets als derjenige, der Gott durch die Geschichte ersetzte, »der die Geschichte über die Menschen als Urteil verhängt« und »alle Staatsgewalt als geschichtlich notwendig erklärt« (8,50) hat.[23] Hegels Geschichtsphilosophie bzw. seine Gesellschaftsmetaphysik dienen dem Polemiker auch im *Tagebuch einer Schnecke* als Chiffre für einige seines Erachtens fatale Denk- und Glaubenssysteme. Denn das Gedankengebäude des Systemphilosophen steht hier zugleich für die geschichtlichen Folgen der durch seine Schüler zunächst verkürzten und dann absolut gesetzten Lehre. Am Ende dieser Entwicklung, so Grass, der den wenig differenzierten Umgang mit Strukturhomologien nicht scheut, stehen terroristische Staatsapparate und vergötterte Führerfiguren bis hin zu Stalin und Hitler. Schlimmer noch, denn diese Geschichte dauert aus der

Perspektive des Tagebuchschreibers fort: Der passionierte Dichter-Koch, der in anderen thematischen Zusammenhängen wesentlich mehr »Vielfalt der Zunge« beweist, findet an der Tafel der Chefideologen bis heute immer wieder bestätigt, was er längst zu wissen glaubt: »Geschmacklos wurde mir aufgetischt. Das will ich nicht löffeln.« (8, 76)

Dem großen Nein zur verhassten »Hegelei«[24] setzen Grass und Zweifel ihr kritisches Ja zur antiidealistischen Philosophie Schopenhauers entgegen, zumindest insoweit sie als System- bzw. Ideologiekritik verstanden wird, die von der konkreten Anschauung und nicht etwa von abstrakten Begriffen ausgeht. So wie Zweifel »gegen die Nazis war und – mit Schopenhauer als Hegelfeind – gegen die Kommunisten, so sprach er auch skeptisch über den Zionismus« (8, 40), den dialektischen Materialismus und den Kapitalismus. Denn Ott und sein Erfinder lehnen alle Ismen ab, die als Waffe in der Hand der Täter verbrecherische Folgen zeitigen können. Gegen »alle mit Hegel an Schopenhauer vorbeieilenden Ignoranten« (8, 308) – ausdrücklich verwiesen wird auf den sozialistischen Literaturwissenschaftler Georg Lukács, der Schopenhauer in die Geschichte der Zerstörung der Vernunft eingereiht hatte – teilen Zweifel und das fiktive Autor-Ich des Pudelfreundes »Skeptische Ansicht« (8, 30). Sie stellen Schopenhauer damit wieder zurück in die verdienstvolle Reihe der Aufklärer seit Descartes, die den Zweifel zum methodischen bzw. existentiellen Prinzip ihres erkenntniskritischen Denkens gemacht haben.

Ott und der Autor des Tagebuchs verstehen sich ebenfalls als »schlecht entlohnt im Dienst der Aufklärung tätig« (8, 310). Als aufgeklärte Melancholiker im Bewusstsein um die Grenzen der menschlichen Vernunft stimmen sie Schopenhauers ernüchternder Bestandsaufnahme über den miserablen Zustand der Menschenwelt zu und erleben Geschichte als absurden Prozess. Doch bei aller Übereinstimmung lehnen sie den sich zum Heilssystem rundenden Alternativvorschlag des Metaphysikers in Schopenhauer ab, dessen Askese-Programm angeblich zur Aufhebung des leidvollen Daseins und zur Erlösung von allen vorstellbaren Weltübeln führen soll. Es ist den heiteren Pessimisten in dieser Frage nicht möglich, ihrem in der Heiligengeistgasse Danzigs geborenen Lehrmeister auf dem empfohlenen, den absurden Zwiespalt transzendierenden, aus der Geschichte bzw. der Verzweiflung herausführenden Weg ins Nirwana zu folgen.

Mit der buddhistischen Zielperspektive der Überlegungen Schoppenhauers, der vom Postulat der Verneinung des Willens zum Leben ausgeht und zugunsten der reinen Erkenntnis, welche die Täuschungen des Schleiers der Erscheinungen letztlich durchschaut und hinter sich lässt, eine radikale Entwertung der Sinnlichkeit verlangt, hat Grass in der Nachfolge Nietzsches und Camus' nichts im Sinn. Der Schriftsteller setzt weiter auf die von der Erfahrung des innerlich zerrissenen Individuums ausgehende Revolte, »elle dit en même temps oui et non«[25]. Der philosophierende Dichter fühlt sich offensichtlich selbst in dieser Phase seines vom Wahlkampf begleiteten Doppelengagements der mythischen Figur verbunden, die ihn schon als Zwanzigjährigen maßgeblich inspirierte. Es ist der tragische, erneut beim Namen genannte, die Götter brüskierende Held (8, 261), den sich alle Grass-Exegeten als einen Menschen vorstellen müssen, der das wiederholte Scheitern keineswegs verteufelt, sondern als Voraussetzung für Erkenntnis schätzt.

Grass selbst demonstriert seinen vor diesem Hintergrund durchaus mühseligen Arbeitsalltag als Bürger und Autor anhand von zwei aneinanderklebenden Bierdeckeln, die er trotz aller Schwierigkeiten gleichzeitig vor sich herzurollen versucht: »Der hier ist die politische Arbeit, mache ich als Sozialdemokrat und Bürger; der ist mein Manuskript, mein Beruf, mein Weißnichtwas.« (8, 290) Dem Verfechter des permanenten Revisionismus kommt es also darauf an, die Schwärze nicht nur im bereits erläuterten philosophisch-weltanschaulichen Sinne graustichig werden zu lassen, sondern zugleich im gesellschaftspolitischen.

Ob sein im *Tagebuch einer Schnecke* festgehaltenes Engagement tatsächlich relevant oder gar das entscheidende Zünglein an der Waage für den knappen Wahlausgang war, der Willy Brandt ins Kanzleramt brachte – darüber lässt sich trefflich streiten. Fest steht: Selbst wenn der Wahlkämpfer Grass seinen bemerkenswerten Einsatz für den Regierungswechsel naturgemäß noch höher bewertete als »Willy« selbst, lässt sich seine Leistung mit folgendem Brandt-Zitat vom Oktober 1977 durchaus angemessen zusammenfassen:

»Die drei Bundestagswahlkämpfe, die folgten, hast Du wesentlich mitgeprägt: 1965 durch die Berliner Schreibstube und auf andere Weise, 1969 durch die von Dir ›erfundene‹ Wählerinitiative. Wir wissen beide nicht, wieviel Stimmen das gebracht hat. Sicher ist, daß die Kampagnen Farbe bekamen, daß neue Ideen einflossen, daß sich große Teile dessen, was man das geistige Deutschland nennt, mit uns verbanden. Du hast damit nicht nur der SPD, sondern der deutschen Demokratie einen großen Dienst erwiesen.« (WB, 675)

Trotz allem bleibt Grass im *Tagebuch einer Schnecke* aus guten Gründen vorsichtig bei der Beurteilung des zukünftigen Verlaufs der von Stillstand, Rückfällen und Sprüngen gekennzeichneten Zeitläufte. Der Individualist lässt das auf Wahlreisen dominierende »Wir« hinter sich, um sich am Ende des *Tagebuchs* erneut auf sein in Sudelbüchern Zuflucht suchendes »Ich« zu besinnen:

»Also gut: über mich. Ich gebe kein Bild ab. Vor allen anderen Blumen gefällt mir die hellgraue, das ganze Jahr über blühende Skepsis. Ich bin nicht konsequent. (Sinnlos, mich auf einen Nenner bringen zu wollen.) Meine Vorräte: Linsen Tabak Papier. Ich besitze einen schönen leeren Rezeptblock.« (8, 74)

Als Sammelstelle für Verdrängtes und Zerstreutes sieht, hört und notiert er wie eh und je, »was übrigbleibt« (8, 76). Der vom Verlust lebende Künstler benutzt Skizzenhefte als Aufbewahrungsorte für Ablagerungen und

Reste, für Augenblicke des Glücks, für »Pfennigwahrheiten« (8, 231) und Erinnerungsschutt, für »Fundsachen« (8, 24) in Zeugenfunktion, für Spuren der Zeitgeschichte und zeitlos gültige Geschichten, die es immer wieder zu erzählen gilt, um dem allgemeinen Gedächtnisschwund entgegenzuwirken: »Ein Schriftsteller, Kinder, ist jemand, der gegen die verstreichende Zeit schreibt.« (8, 144)

Der Butt *und* Ach Butt, dein Märchen geht böse aus

Das 1977 veröffentlichte Epos »über Gott und die Welt« (9, 15) geht in jeder Beziehung aufs Ganze. Es schildert die Menschheitsgeschichte von der vorchristlichen Steinzeit bis zur Gegenwart an exemplarischen Orten und beispielhaften Figuren. Zugleich ist zu betonen, dass diese Geschichte aus der Perspektive eines männlichen, in zwei Personen zerfallenden Erzählers – des »zeitweilenden« Künstlers und des auf der Gegenwartsebene handelnden Ichs – berichtet wird. Dieser allgegenwärtige Chronist setzt fiktive Perspektiven, spielt mit ironischen Rollenzuschreibungen und wahrt vom behutsam ausgewählten Anfang an das Pathos der ästhetischen Distanz: »Ich, das bin ich jederzeit.« (9, 9)

Der Butt ist demnach ein polyperspektivisches Maskenspiel, ein poetisches »Amalgam aus Bachofen, Schopenhauer und Thomas Manns Mythoskonzept – aktualisiert durch feministische Problematik«[26]. Der anspruchsvolle

Erzähler bedient sich einer Fülle historischer und aktueller Themen, um in neun Kapiteln die Geburt eines hochartifiziellen Romans aus dem Geist der in sogenannte Vorkriegs-, Kriegs- und Nachkriegszeiten eingeteilten Männergeschichte zu demonstrieren. Durch die erzähltechnische Formierung des fiktionalen Materials auf dem Reflexionsniveau moderner Prosa wird erneut zweierlei erreicht. In diesem geschichts- und kulturphilosophischen Gegenmärchen über das Werden der Zeit unter Berücksichtigung politischer, soziologischer und psychologischer Aspekte der Ernährungsgeschichte sowie des ewigen Geschlechterkampfes ist sowohl das erkenntnistheoretisch relevante Perspektiven- als auch das »Wahrheitsproblem« jederzeit präsent. Was im Rahmen dieser Fiktion erzählt wird, ist an keiner Stelle von der Art und Weise, wie es erzählt wird, zu trennen.

Das damit kurz umrissene Strukturmuster des vieldeutigen Textes – »Das Ganze ist mehr ein Traum« (9, 12), Freud grüßt aus der Ferne – muss auch bei der Interpretation des konzentrierten lyrischen Ausdrucks im Umkreis des *Butts* beachtet werden:

»Daß [...] ich zum ersten Mal das Autoren-Ich als Erzähler-Ich einführe und das sonst [...] von vornherein gesetzte fiktive Erzähler-Ich nach einer gewissen Zeit in ein fiktives Ich verwandle, aber in Korrespondenz zum Autoren-Ich – – das ist [...] für mich ein neuer Vorgang, der natürlich auch andere Prosa-Formen und andere Lyrik-Formen gebiert.«[27]

Dieses mehrfach gebrochene Ich spielt auch in der eigenständigen, alle im epischen Werk integrierten Gedichte und eng verwandte Texte aus der Entstehungszeit des Romans umfassende Sammlung *Ach Butt, dein Märchen geht böse aus* (1983) die perspektivlenkende Rolle. Es geht ihm darum, akribisch festzuhalten, »was übrigbleibt« (9, 15) und was nachwächst, ohne sich bei diesem nie endenden Unternehmen an die vom männlichen Plattfisch empfohlene Ordnung der Chronologie zu halten. Auf seinem Papier findet alles gleichzeitig statt, alles ist simultan gegenwärtig: »Ich schreibe gestauchte Zeit. Ich schreibe, was ist, während anderes auch, überlappt von anderem, neben anderem ist oder zu sein scheint, während unbeobachtet etwas, das nicht mehr dazusein schien, doch, weil verdeckt, blöd dauerte, nun einzig noch da ist: zum Beispiel die Angst.« (9, 531)

In der Vorratskammer des Zeichensammlers findet sich erneut der inzwischen altbekannte »Gedächtnisschutt« (9, 122) als wackeliges Fundament unterhaltsamer Geschichten in bleibenden Formen. Die bei aller Konstanz in der motivischen Grundausstattung beständig verlängerte Liste mit charakteristischen Utensilien der Grass-Welt soll hier nicht nochmals aufgemacht werden, nur so viel: Es handelt sich, kurz zusammengefasst, um vielsagendes Strandgut von vorgestern, Ablagerungen von gestern, Schutthalden von heute und Müllberge von morgen.

Daneben existieren allerdings Wirklichkeiten außerhalb der weitgehend voraussetzungslosen »Spielräume« (1, 278) des Künstlers, die sich dem unmittelbaren Zugriff zu widersetzen scheinen. Offenbar eignen sich nicht alle vorgefundenen Gegenstände bzw. Wörter zum Erzählen endloser Märchen, in denen sich die Zuhörer glücklich verlaufen können. Es ist niemandem mehr ohne weiteres möglich, sich in der »schönen Unordnung« (9, 431) der labyrinthischen Natur, etwa in Begleitung der sprichwörtlichen »Sophie«, die schon in den *Windhühnern* für den Bereich der Geschlechtlichkeit steht, zu verlieren. Denn den zeitlosen Erzählungen, die aus den Polarisierungen der datierten, aber niemals stillstehenden Zeitgeschichte herausführen wollen, widersprechen jene von Begriffsdefinitionen und Sachzwängen bestimmten Gräuelmärchen der viereckigen Fernsehrealität im Atomzeitalter, »in denen alles, was Pilz genannt wird/ tödlich, ohne Widerspruch tödlich ist« (1, 277). Doch das vielstimmige Ich lässt sich dadurch nicht entmutigen. Die von offenen Fragen und unlösbaren Konflikten lebende Kunst macht es dem sich widersetzenden Künstler noch immer möglich, mit den unversöhnlichen Widersprüchen zu leben, ohne an endliche Erlösung zu glauben.

Das Leitmotiv für seine Lebens- und Schreibpraxis ist jetzt das Blasen von Federn, die zu allen Zeiten auf dem Misthaufen der Geschichte gesucht, gefunden und in der Schwebe gehalten werden wollen: »Draußen, ich weiß, bläht die Macht ihre Backen;/ doch keine Feder,/ kein Traum wird ihr tanzen.« (1, 283) Obwohl der bereits von leidvollen Erfahrungen im Spannungsfeld von Kunst und Realpolitik heimgesuchte Traumtänzer um die sein windstilles Refugium jederzeit bedrohenden »Stürme«

der Außenwelt weiß, setzt er auf die Kraft seiner literarischen Gegengeschichten. Explizit wie Willy Brandt, der geschätzte und aktiv unterstützte Politiker vom Stamme Sisyphos, versucht der Schriftsteller als zeitgenössisches Ich und zeitreisender Künstler zum wiederholten Mal, möglichst langen Atem zu beweisen: »Noch oder wieder: Federn blase ich leicht/ und behaupte, was schwebt.« (9, 113) Er sieht die nie endende Aufgabe jedes schöpferischen Menschen darin, trotz aller Widerstände, im Bewusstsein um die unauflösbaren Antinomien und die Vergänglichkeit des Lebens fortdauernd künstlerisch tätig zu bleiben: »Das ist Glaube, wie er sich überträgt;/ Zweifel geteert und gefedert.« (9, 252)

In diesem Sinne: »Es war einmal« (9, 55). Das Gegenmärchen vom sprechenden Butt beginnt. Das ironisch-distanzierte Kombinationsspiel mit archaischen Mustern, psychologischen Modellen und philosophischen Systemen geht seinen Gang. Doch gleich zu Anfang werden fatalerweise jene drei legendären Brüste der »Ur-Super-Nährmutter« (9, 11), die restlos alle Männerwünsche zur vollkommenen Zufriedenheit hätte erfüllen können, vom zweibrüstigen Schonkostgesäuge abgelöst, dessen haargenau bemessene Rationen niemanden satt zu machen vermögen. Der mythische Kosmos hört auf zu existieren, das geschichtliche Chaos beginnt, das tragikomische Drama nimmt seinen absurden Lauf, die rastlose Suche der ihren Trieben schutzlos ausgelieferten Männer findet kein befriedigendes Ende. Die von Unrast, Fernweh und erotisch konnotierter Todessehnsucht infizierten »Jägernaturen« (9, 567) sind von nun an immer auf der Pirsch: »Ungenügen kam auf. Ersatzweise kauten wir [...] getrockneten Fliegenpilz – ganz zu schweigen von dem, was heute gekifft, gehascht, mit Tee aufgekocht, in die Vene geschossen wird.« (9, 86)

Selbst die endlich erreichte Vagina, »das Ziel aller Männer, die unterwegs unbehaust sind und sich loswerden wollen, immer wieder und nochmal« (9, 663), stößt die kurzfristig darin gebetteten Mängelwesen schon bald wieder aus. Da capo: Erneut wird die Analogie zwischen dem Geschlechts- und dem von Trompetentönen begleiteten Geburtsakt betont. Selbst die stillen, schon aus der Bibel bekannten Zufluchtsstätten »zum Sichausdenken und Nichtreisenmüssen« (9, 114) sind jederzeit bedroht. Kein Fluchtraum bietet dauerhaften Schutz. Nur hin und wieder ergeben sich kurze Unterschlupfmöglichkeiten für die Umherirrenden, Augenblicke der Ruhe auf der schon vom Erfinder der *Windhühner* in Sprachbildern eingefangenen Gedankenflucht, zum Beispiel in platonischen Höhlen, unter den weiten Röcken fürsorglicher Großmütter, im möglichst unverletzten Schoß liebevoller Frauen oder in der gemütlichen Schlafkiste der dicken kochenden Nonne Gret, der die »Kochkunst« (9, 574) zugleich Liebesdienst ist.

Aber auch die andächtig schöne Zeit der lüsternen »Bettmessen« (9, 259) bei unverwandeltem Brot und Wein im streng heidnischen Dunstkreis der frommen Äbtissin geht vorbei. Kaum ausgestoßen, stimmen die von der Wiege bis zur Bahre nie wunschlos glücklichen, sich zwischen Fleischeslust und Seelenfeier verlierenden Männer wieder in ihr nur kurz unterbrochenes Lamento ein: »Wir« sind, so heißt es beispielsweise in dem *Butt*-Gedicht über die längst entmachtete Mutter-Göttin Demeter (1, 231), unwiderruflich aus dem natürlichen Kreislauf gefallen, der ursprünglich beisammengehalten haben soll, was beim Eintritt in die linear verlaufende Zeit unwiderruflich auseinanderfällt. Mit diesem Akt hat, so lassen sich die exemplarisch in *Am Ende* (9, 117) variierten Bildbereiche zusammenfassen, eine von »steilen« Männerideen – Endziel, Endsieg, Endlösung – und »platten« Gewalttaten bestimmte Zeitgeschichte begonnen.[28]

Dem skeptischen Grundtenor des Romans folgend, weiß der Chronist zu berichten, dass dieses von der Inkarnation des männlichen Willens zur Macht[29] angetriebene Schauermärchen mit staats- und umweltpolitischen Auswirkungen auf allen Erzähl- und Realitätsebenen »böse« ausgehen wird (vgl. 9, 159). Atombombenversuche, Raumfahrtunternehmungen und die globale Naturzerstörung sind nur einige Beispiele für die damit angesprochene Tendenz. Es geht um die literarische Kritik am zum Selbstzweck verkommenen Fortschritt im Zeichen eines pervertierten Aufklärungs- und Vernunftbegriffs »bis heutzutag« (9, 289): »Das ändert sich nicht.« (9, 101) Zwischen den Zeilen ist hier zu lesen, dass erst dann, wenn es den Menschen gelingt, ein »alternatives« Denken und Handeln zu entwickeln – was Grass jenseits der Poesie darunter versteht, lässt sich allerdings auch mit Hilfe des Romans nicht eindeutig klären –, der aufgeklärte Versuch, sich wechselseitig zu ergänzen, beginnen kann. So jedenfalls lautet die vage, einer alten Frau im *Butt* in den Mund gelegte Hoffnung. Dem Schwanken zwischen den Extrempositionen ist ihr »Dat een un dat anner tosamen« (9, 433) entgegenzusetzen. Auch das unruhige, jederzeit zwischen Möglichkeits- und Wirklichkeitssinn schwankende Ich beschwört diesen alle Lebensbereiche verbindenden Mittelweg: »Vielleicht haben wir nur vergessen, daß es noch mehr gibt. Was Drittes. Auch sonst, auch politisch, als Möglichkeit.« (9, 13)

Doch die Textwirklichkeit spricht eine andere Sprache: Die nur aus ihrem Geist heraus gebärenden Männer, die lediglich mit theoretischen Prinzipien schwanger gehen und sich nur künstlich fortzeugen können, sind ständig um Kompensation bemüht. Sie versuchen vergeblich, die Abgründe, in die sie immer wieder hineinstarren müssen, mit Händels *Messias*, Goethes *Faust* oder anderen wunderbaren Kunstprodukten zu füllen. Doch auch die Frauenkarikaturen stehen dem männlichen Geschlecht im herausragenden Tragödien-Kapitel »Vatertag« (9, 563 ff.)[30] – einer komplexen Drehbuchinszenierung – in nichts nach, wenn es aus Mangel an Schöpferkraft darum geht, die »Löcher in unserer löchrigen Existenz zu stopfen«:

»Denn wenn Oblatengebäck des Herrn Jesu Fleisch und gewöhnlicher Landwein sein Blut sein können, dann kann auch ein kunstvoll erdachtes Zwischenstück (viel edler geformt als die übliche Stinkmorchel) Heil bringen oder zumindest ein bißchen Erlösung.« (9, 604)

Ein Alptraum, was sonst: Durch den gewaltsam erzwungenen »Kunstfick« (9, 604), der von Billy, dem Opfer der lesbischen »Mannsweiber«, als Kreuzigung erlebt wird, kann natürlich ebenfalls kein messianischer »Übersohn« (9, 605) gezeugt werden, der für Frieden auf der humansten aller möglichen Welten sorgen könnte. Das »Sakrament«, das unter den im *Butt* geschilderten Umständen die Form eines Plastikphallus annimmt, versagt selbstverständlich, »kaum war es eingeführt worden« (9, 604). Und die über diesen »dreckigen«, weil gleichgeschlechtlichen Akt empörten »Saubermänner« (9, 604) besiegeln anschließend mit ihrer Art der Heiligen Kommunion – es handelt sich um die brutale Vergewaltigung der zuvor bereits gefolterten Billy, also um die Apokalypse der Brutalität – den Tod eines Mädchens am »Himmelfahrtstag« (9, 563) des Jahres 1962 in Berlin. Sie bestätigen dadurch, dass in der hier in sarkastischen Extrembildern gezeichneten Menschenwelt Wein Wein bleibt, aber noch viel Blut fließen wird: »Danach ging das Leben weiter.« (9, 611)

Gewarnt werden muss, so lautet die gebetsmühlenhaft wiederholte Essenz, also weiterhin vor der Renaissance einer spekulativ ausgerichteten Heilslehre, deren Verfechter immer wieder erfolgreich an das dunkle Gefühl ihrer erlösungshungrigen Mitmenschen appellieren: »Ich weiß, daß der Glaube, so finster er irrt, die Funzel Vernunft überstrahlt.« (9, 204) Die für den (fiktiven) Erzähler auch in dieser Schaffensperiode vorbildlichen Zweifler wollen demgegenüber »nur irdisch mündig« (2, 231) sein. Sie vermeiden Generalbeichten, Häutungen und Konversionen, d. h. den »Sprung« in den Glauben mit wechselnden Namen, weil man dabei nach wie vor »ganz schön auf die Schnauze« (9, 409) fallen kann. Es geht also erneut um den ironisch kommentierten Grundsatzkonflikt zwischen den Vertretern der langsamen »Scheiß-Schnecken« und den Anhängern von »Scheiß-Sprüngen« unter aktualisierten Bedingungen, um Prager Reformprozesse und überstürzte (Kultur-)Revolutionen: »Ach was! Du mit deiner Schneckenphilosophie. So kommt doch nie Fortschritt zustande, wenn man immer nur kriechen darf. Denk mal an Mao und China. Die haben den großen Sprung gewagt. Die sind uns voraus. Die sind über den Bach.« (9, 408 f.) Während Ilsebill, die Frau des Ich-Erzählers, ihren unvernünftigen Wunschträumen trotz aller Bedenken nachspringt – »dem Großen Sprung abschwören, nie wieder springen wollte meine Ilsebill nicht« (9, 419) –, ahnt der von der Unmöglichkeit ihres Versuchs überzeugte Beobachter den Sturz voraus.

Es gäbe demnach genug Gründe für das Künstler-Ich des *Butt*, zu verzweifeln, etwa Ehestreit und Emanzipationsprobleme: »Das trennt./ So nah wir liegen« (1, 289). Unsterbliche Liebe existiert in dieser Vorstellungswelt nach dem säkularisierten Sündenfall offenbar nicht. Sie endet vielmehr banal, das amouröse Glück vergeht: »[U]nsere Liebe, die nie aufhören wollte, ist nicht mehr« (9, 451). Am Ende liegt in diesen Texten jeder für sich, ohne den Genuss des Fleisches zu bereuen, denn ohne schamlose Sinnenfreude »gäbe es nur noch Zahnschmerzen« (9, 333). Doch das Leid, das Unrecht und die abstrakten Bilder vom unbegreifbaren Elend lassen sich weder durch sterbliche Liebesgemeinschaften noch durch unerschütterliche Freundschaften aus der Welt schaffen: »Deine Fehlplanung, Gott!« (9, 224)[31]

Der Erzähler und seine Roman-Protagonisten sollten dennoch nicht allzu aschgrau und sauertöpfisch in ihrer Lebensart gezeichnet werden. Sie verstehen es durchaus, das Leben vor dem Tod zu genießen: »Bevor gezeugt wurde, gab es Hammelschulter zu Bohnen und Birnen« (9, 9). Und wenn die genannten Schwierigkeiten oder existentielle Ängste in Besinnungspausen überhandzunehmen drohen, dann greifen die Figuren wie eh und je zum trostspendenden Tabak oder ziehen sich auf stillere Örtchen zurück. Spätestens dort fühlt sich nicht nur der zeitweilende Sprachkünstler hemmungslos wohl, betrachtet Kot (9, 293 ff.) und scheißt – im wahrsten Sinne des Wortes – auf die »allsonntägliche Heuchelei« (9, 287), auf »Liebgottchen« und die Theodizeemodelle vergeblich betender Gesindeköchinnen. In diesen erfüllten Momenten, in denen das paradiesunwillige Ich sich vollkommen »leer und alleine« (9, 298) fühlt, fallen alle Probleme scheinbar unverdaut durch seinen »Körpergeist« hindurch, »chronischer Dünnpfiff« (9, 298). Was dann noch zählt, ist die sinnliche Erfahrung der nackten Existenz jenseits aller Glaubens- und Staatssysteme, jenseits aller Gesellschafts- und Familienzwänge, sogar jenseits aller Parteien, ob sie nun prinzipiell oder nur im Detail recht haben und behalten wollen: »Raus, alles raus./ Was riecht, bin ich.« (9, 298) Das Lebensgefühl des fiktiven Autor-Ich, dem seine lyrischen Abfallprodukte wesentlich näherzustehen scheinen als jede rein abstrakt bleibende Idee, lässt sich in diesen alle Sinne ansprechenden Augenblicken folgendermaßen zusammenfassen: Ich rieche, also bin ich.

Die Rättin

Grass hält im flexiblen Rahmen seiner Motivwelt auch in den achtziger Jahren an der Bereitschaft zur Revision der von ihm gesetzten bzw. verworfenen Sprachbilder fest. In seiner 1980 publizierten Erzählung *Kopfgeburten oder Die Deutschen sterben aus* heißt es demonstrativ: »Es war mein Irrtum, auf die Schnecke zu setzen. Vor zehn und mehr Jahren sagte ich: Der Fortschritt ist eine Schnecke. Die damals riefen: Zu langsam! Das geht uns zu langsam! mögen (mit mir) erkennen, daß uns die Schnecke entglitten, davongeeilt ist.« (11, 112)

Doch viele Zeitgenossen scheinen noch immer zu glauben, »der Schnecke voraus zu sein« (22, 211). Für Grass steht nunmehr dagegen fest, dass sie den bereits in seiner frühen Lyrik mehrfach ins Bild gesetzten Langstreckenläufer längst überholt hat, »die Schnecke auf ihrer Kriechsohle, uns, die Weltmeister im Hoch- wie Weitsprung überrundet. (Jetzt hecheln wir ihrer Spur hinterdrein.)« (SJ, 345) *Die Rättin* sollte vor diesem Hintergrund ein Werk werden, das die alten Grass-Geschichten aufnimmt, »um sie den allerneuesten Katastrophen auszuliefern« (SJ, 275). Der Skeptiker geht, in »Orwells Jahrzehnt« seine eigene Position nicht nur korrigierend, sondern vielmehr grundsätzlich in Frage stellend, davon aus, dass selbst die alle Katastrophen überlebende Literatur den bislang garantierten »Vorsprung Zeit« verloren hat. Seine *Rättin* sei demzufolge »ein katastrophales Buch in einer katastrophalen Zeit« (24, 360).

Der düstere Roman ist allerdings trotz dieses apokalyptischen Gefälles kein durchweg sinistres Untergangsepos. Es handelt sich um einen erneut von »verzweifelter Komik« (24, 349) getragenen Alptraum über den selbstverschuldeten Untergang der Menschheit nach dem »Großen Knall« (12, 153). Er knüpft nicht nur in seiner Spielart des schwarzen Humors unmittelbar an die frühen Fingerübungen des Schriftstellers an, die Tragödie des Menschen mit den Mitteln des absurden Kunstwerks zu bewältigen. »Immer dieselben Litaneien mit abweichenden Geringfügigkeiten« (5, 115), hieß es beispielsweise schon in der Novelle *Katz und Maus*.

Die Rättin stellt sich vor diesem Hintergrund als eine gattungsübergreifende Teilsumme des bis zum Jahre 1986 vorgelegten Œuvres des Schriftstellers dar. In diesem Endzeitroman versammelt Grass sein literarisches Universum. Besonders deutlich wird diese Tendenz an einem im Konjunktiv verfassten Gedicht mit der Titelzeile »Mir träumte, ich müßte Abschied nehmen« (vgl. 12, 109 ff.). In vielen beeindruckenden Strophen zählt der zurückschauende Erzähler hier auf, was ihm bislang jederzeit Freude bzw. Schmerz bereiten konnte: von den kleinen Dingen des Alltags bis zu den großen Ideen, von den keineswegs niedrigen Gelüsten bis zum Hochgenuss der (nach Ansicht des sauertöpfischen Schopenhauer) höchsten aller Künste, d. h. der kurzfristig trostspendenden Musik, der allerdings auch in der *Rättin* jede metaphysische Dimension fehlt:

»Mir träumte, ich müßte Abschied nehmen
von allen Dingen, die mich umstellt haben
und ihren Schatten werfen: die vielen besitzanzeigenden
Fürwörter. Abschied vom Inventar, dieser Liste
diverser Fundsachen [...]
von Gott und Bach.« (12, 109 f.)

Formal betrachtet ist *Die Rättin* ein permanentes, durch Gedichte und andere Handlungsstränge unterbrochenes Streitgespräch zwischen einem menschlichen Ich-Erzähler und einer seine kaum zu unterscheidenden Tag- und Nachtträume besetzenden, äußerst belesenen Rättin. Neben diesem für die Struktur des Romans entscheidenden Erzählwettkampf zwischen der titelgebenden Figur und dem Erzähler werden vier weitere, unterschiedliche literarische Genre durchspielende Erzählstränge eröffnet und schließlich an ihr vorbestimmtes Ende geführt: erstens die alle Erzählebenen berührende Handlung um den gealterten, aber immer noch agilen Videoproduzenten der Firma »Post Futurum« namens Oskar Matzerath; zweitens eine um die fünfziger Jahre kreisende Erzählung vom gesamtdeutschen »Fälschertriumvirat« (12, 40) Adenauer – Malskat – Ulbricht; drittens das filmische Erzähltechniken reflektierende Treatment mit satirischen Zügen über den sterbenden (Märchen-)Wald; sowie viertens die sagenhafte, von fünf Frauen handelnde Ostseegeschichte an Bord der »Neuen Ilsebill« (12, 18).

Der im Angesicht aktueller Entwicklungen schon im November 1982 skeptische Schriftsteller – »Die Vernichtung der Menschheit durch die Menschen hat auf vielfältige Weise begonnen.« (22, 208) – zeigt in seinem tragikomischen Traumspiel auf, welche verschiedenen Positionen zu dieser existentiellen Problematik eingenommen werden können. In mehreren Versionen wird dem Leser immer die gleiche Geschichte erzählt, die Wiederholung wird auf der Mikro- und der Makroebene des Romans zum zentralen Strukturprinzip erhoben. Alle Handlungsstränge innerhalb des Rollenspiels münden in die scheinbar unausweichliche Katastrophe: Glückliche Wendungen bleiben aus, niemand erreicht ein erlösendes Ziel. Die Zeit, die viele Wunden nochmals heilen könnte, ist für die Menschen in der hier entworfenen Welt offenbar tatsächlich abgelaufen. Der Schriftsteller selbst versteht sein provokantes Loblied auf die philosophisch, psychoanalytisch und literarisch eingekreiste »Ratte an sich« (12, 180) als eine Art Schocktherapie, als einen nach den Regeln der janusköpfigen Wortkunst konzipierten Versuch, seinen Mitmenschen die bereitwillig verdrängten Tatsachen ins Bewusstsein zu rücken, als einen ästhetischen Appell, die bedrohlichen Wirklichkeiten wahrzunehmen und die längst überfälligen Konsequenzen aus der Bilanz des eigenen Versagens zu ziehen. *Die Rättin* ist demnach »kein Buch, das Hoffnung vortäuschen, sondern Einsicht vermitteln, Erschrecken vermitteln möchte« (24, 360 f.), ohne sich damit vom ursprünglichen Programm der Aufklärer zu verabschieden. Dieser Roman kann als ein vom Schriftsteller gesetztes Menetekel verstanden werden, als ein kunstvoller Beitrag zur überlebensnotwendigen Revision der auf tödliche Irrwege geratenen Geistesbewegung. Die Ursachen für das Scheitern der von Lessing ins Auge gefassten »Erziehung des Menschengeschlechts«, genauer gesagt, für die von Grass diagnostizierten Fehlentwicklungen innerhalb dieses ehrgeizigen Projekts, sind schnell zusammengetragen. Anstatt alle Aspekte der Realität in ihre Überlegungen miteinzubeziehen, d. h. neben der Ratio das Unbewusste, die Phantasie und das Traumpotential zu berücksichtigen, vertraten die Deformatoren der ursprünglichen Aufklärungsideen einen auf das technisch Machbare verkürzten, das Phantasmatische ausgrenzenden Vernunftbegriff, der in der Grass'schen Konsequenz zur säkularisierten Apokalypse führen wird. »Der Anfang der europäischen Aufklärung – wenn Sie die Essays von Montaigne lesen –, da ist all das Unterbewußte, all das, was den Menschen, wie Kant es auch tut, als ›krummes Holz‹ beschreibt und auch als ›krummes Holz‹ belassen möchte. Das kann man nicht geradebiegen, das gehört zum Menschen« (24, 347). Doch dem »unverbesserlichen Menschen« (12, 184) ist offenbar nicht zu helfen. Er ist mit seinem Kirchen- und Erzieherlatein am Ende, alle von den Leseratten verschlungenen Manifeste von d'Alembert bis Diderot wurden »vergeblich geschrieben« (12, 103).

Die Folgen der einleitend aus der Sicht des Autors zusammengefassten Entwicklung werden in seinem »postapokalyptischen« Science-fiction-Roman *Die Rättin* ins Bild gesetzt. Alle Jahre wieder kündigen die immergleichen Adventslieder die Geburt eines Erlösers an, in schöner Regelmäßigkeit steht das allerchristlichste Fest im

Kirchenkalender; Anlässe für eine religiös inspirierte Heilsgeschichte bieten sich demnach jederzeit in Hülle und Fülle. Doch der ungläubige Ich-Erzähler des in der schon aus den *Kopfgeburten* bekannten »Vergegenkunft« (11, 104) spielenden Rattenbuches – es handelt sich dabei um die dem Schriftsteller von Anfang an geläufige »vierte Zeit« jenseits der Chronologie – befindet sich auch in diesem Jahr nicht in freudiger Erwartung eines Messias. Er wird am Heiligen Abend durch ein Geschenk ganz besonderer Art beglückt, ein in Bezug auf seine ästhetischen Vorstellungen vielsagendes Präsent, das jedoch, obwohl es genau dort platziert wurde, wo in der sprichwörtlich »guten Stube« die Holzkrippe mit dem Jesuskind stehen würde, keine Erlösung bringen wird. Es ist eine graubraune »Weihnachtsratte«. Mit diesem Sinnbild ist aus der Perspektive des Gegners jeder »wirklichkeitsreinen« Kunst schon viel getan, um keine Lesergemütlichkeit aufkommen zu lassen. Also weder Windhuhn noch Hahn, weder die ewige Katz noch die unruhige Maus, kein deutscher, die Zähne fletschender Schäferhund, keine von Beginn an vom Sprung in der Schöpfung zeugende Wölfin, keine zwittrige, den Zwiespalt theoretisch überwindende Weinbergschnecke, selbstverständlich kein männlicher Plattfisch und auch keine Unheil verkündende, ebenfalls polyvalente Unke, die erst später das Bestiarium des Autors erweitern sollte, sondern eine »Wanderratte« (12, 8) weiblichen Geschlechts steht in dieser säkularisierten Weihnachtsgeschichte wie selbstverständlich im Zentrum des Geschehens. Eine Ratte – »schon immer war Platz in meinem Wappen für dich«

(12, 177) – ist für den Protagonisten der galgenhumorvollen Unheilprophetie säkularen Ausmaßes ein offenbar ganz natürliches Geschenk. Er empfindet sie als eine »schöne Bescherung« mit weitreichenden Folgen für seine Arbeit als närrischer Erzähler.

Die reale »Weihnachtsratte« in ihrem an Oskar Matzeraths weißes Irrenanstaltsbett erinnernden Metallkäfig besetzt als »Rättin« seine Phantasievorstellungen und Träume; sie wird damit zur eigentlichen Antriebskraft des Erzählvorgangs: »Was ich vorschiebe – schranktiefe Lügen und Doppelböden –, sie frißt sich durch. Ihr Nagen ohne Unterlaß, ihr Besserwissen. Nicht mehr ich rede, sie spricht auf mich ein.« (12, 9 f.) Und ihre Worte lassen an Eindeutigkeit nichts zu wünschen übrig. Die Rättin skandiert: »Gewesen seid ihr, erinnert als Wahn. Nie wieder werdet ihr Daten setzen. Alle Perspektiven gelöscht. Ausgeschissen habt ihr. Und zwar restlos.« (12, 10)

So fulminant beginnt der an großen literarischen Vorbildern orientierte Erzählwettstreit. Dem lakonischen »In Zukunft nur Ratten noch« (12, 10) steht das trotzige »Wir sind da!« (11, 31) gegenüber. Der an Jean Pauls berühmter *Siebenkäs*-Episode orientierten Rede, in der die Rättin vom Müllgebirge, dem Weltgebäude der Ratten, herab davon spricht, dass der Mensch nicht mehr sei, versucht der männliche Ich-Erzähler die Welt seines Willens und seiner Vorstellungen entgegenzuhalten. Im Gegensatz zu seiner tierischen, mit kaustischem Witz und der altbekannten Fistelstimme versehenen Widersacherin, die von Beginn an mit spöttischem Humor und biblischem Verkündergestus aus der posthumanen Zeit nach dem Tag X zu berichten weiß, wiederholt der machtlose Erzähler unermüdlich, dass es erst fünf vor zwölf ist. Er behauptet einfach, dass noch nichts verloren sei. Diese typische Grass-Figur findet demnach immer wieder etwas, um sich einzureden, dass sie nach wie vor lebt. Der unverbesserliche Geschichtenerzähler glaubt, noch Zeit zu haben, sich bzw. die unvollendete Welt zu perfektionieren: »Ist ja nichts fertig. Kein Loch gestopft, kein Rätsel gelöst. Nie zuvor soviel Fäden, die nicht verknüpft. Überall Stückwerk und Stümperei.« (12, 45)

Halten wir fest: Er will trotz allem, »daß es weitergeht« (12, 87). Aber das ist ein hoffnungsloses Unterfangen, denn ihm gehen schon bald nicht nur die Argumente, sondern zudem die letzten schönen Worte aus. Der Erzähler verliert die Kontrolle über das durch menschliches Fehlverhalten zu erklärende Geschehen, er steht bzw. dreht sich in seiner im grenzenlosen Weltraum schwebenden Raumkapsel auf verlorenem Posten. Die Menschheit hat aufgehört zu existieren: »Trotzdem blieb ich der Narr, der ich sein mußte, und rief: Erde! Erde, kommen!« (12, 133) Schließlich entpuppt sich auch er, »der ich ich ich, immerzu ich sagt« (12, 264), als mögliche Einbildung, als bloße Wahnvorstellung, als keineswegs Regie führender Teil der Fiktion. Immer verzweifelter bemüht sich die von allen guten Göttern verlassene »Niete im Kosmos« (12, 133) darum, seiner übermächtigen Gegnerin Paroli zu bieten, die der Menschheit durchaus nicht einseitig ablehnend gegenübersteht: »Vergeblich natürlich.« (12, 219)

Der vom Autor sorgfältig initiierte Verunsicherungsprozess geht schließlich so weit, dass die Frage »wer träumt hier eigentlich wen« nicht mehr eindeutig beantwortet werden kann. Die Verwirrung bzw. Relativierung der Perspektiven – »Vielleicht ist es aber auch so« (12, 344) – wird in diesem erkenntniskritischen Roman auf die Spitze getrieben. Die Erzählkonstruktion geht weit über den Zweifel an der Möglichkeit sicheren Wissens hinaus. Vielfach gebrochene Vorstellungen, Mutmaßungen und offene Fragen bestimmen die Atmosphäre der Erzählfiktion. Es kann aufgrund des dargestellten, den Träumen zugrunde liegenden Strukturmusters nicht endgültig ermittelt werden, welche der angebotenen Versionen der Gegenreden den nur perspektivisch zu erfassenden Wahrheiten am nächsten kommt.

Es muss dementsprechend noch einmal wiederholt werden: *Die Rättin* spielt wie alle Werke von Günter Grass auf sämtlichen Erzählebenen im hermetisch geschlossenen Ei, das allerdings auch in diesem Fall nur geträumt sein könnte: »Oder wir werden von jemandem geträumt. Gott oder ein ähnlich höheres Wesen, ein Übermotz träumt uns in Fortsetzungen, weil er uns lieb hat oder komisch findet, deshalb nicht von uns lassen kann, unser Gezappel nicht satt kriegt.« (12, 344)

Wer dieser mit saturnischen Zügen ausgestattete »Jemand« sein könnte, wird im vorliegenden Roman dagegen deutlicher denn je. Es ist der Mensch selbst, die nach Schopenhauer höchste und entwickeltste Objektivation des Willens, der die vorstellbare Selbstvernichtung der Menschheit eingeläutet hat und – so der Grundtenor der *Rättin* – wohl auch zu Ende führen wird. Alle vom menschlichen Erzähler beschworenen Gegenkräfte geben im Laufe der Erzählung ihre Untauglichkeit zu erkennen. Sie können sich nicht gegen die apokalyptische Endzeitvision der Rättin behaupten. Selbst der bislang im Zweifelsfall in allen Grass-Texten offenstehende »dritte Weg« wird von ihr verstellt. Der Versuch, das eine mit dem anderen zu verbinden, scheint in dieser Fiktion nicht einmal mehr denkbar zu sein. Die allgegenwärtige Rättin ist als eine der beiden Seiten des sich bei fließenden Übergängen vielfältig spiegelnden bzw. brechenden Erzählbewusstseins in diesem Erzählwettstreit eindeutig überlegen. Sie benennt das uralte Trauerspiel: Aus der faszinierend »reinen« Idee wurde gewaltsame Realpolitik. Der Mensch versuchte, die unaufgeklärte Schattenseite, einschließlich der des eigenen faustischen Wesens, mit aller Macht, zuletzt mit Terror zu bekämpfen, »sich mit System zu säubern«: »Klar sprach erlernte Hygiene sich aus: Wehe/ den Schmutzigen!« (12, 179) Denn der »Abschaum« der Menschheit (vgl. 11, 116) will einfach nicht ins makellos gedachte Welt- bzw. Menschenbild der erneut liquidierfreudigen, dem »Prinzip der Reinheit« (11, 22) huldigenden Ideologen passen. Ihrem Schreckenssystem gemäß gilt es wie eh und je, alle Irrläufer und Andersdenkenden, »alles Rattige« (12, 85), aus der Liste zu streichen. In der »Welt der Konzentrationslager« wird rücksichtslos »ausgemerzt«, was Hass und (Selbst-) Ekel erzeugt. Es werden alle Sündenböcke und Abweichler eliminiert, die sich aus Sicht der in Grass-Texten bezeichnende Schimpfwortkataloge führenden Dunkel-

oder Saubermänner vor und nach »Stutthof« (12, 456) schuldig gemacht haben. Die alles vollends erleuchtenden, den Untergang der Menschheit besiegelnden Atomblitze zeigen, wohin diese Entwicklung führt. Das lebendige Chaos weicht einer mörderischen Endspielordnung. Hocherhobenen Hauptes und aufrechten Ganges folgen die »gottähnlichen Selbstvernichter« (12, 455) einer fatalen Logik.

Die Voraussetzungen für das hier entworfene Bild der Humangeschichte sind allen Grass-Lesern inzwischen aus anderen Textzusammenhängen vertraut: Der sich selbst zum Maß aller Dinge erhebende Mensch entpuppt sich als der eigentliche, »a priori fehlhandelnde« (12, 138) Unsicherheitsfaktor einer keineswegs gottgewollten, sondern vielmehr von ihm selbst, im Zeichen seiner Alles-oder-nichts-Devisen entworfenen Weltordnung. Die der komplexen Erfahrungswelt entnommenen Sehnsüchte – der sinnlich erfassbare Stoff, aus dem zeitlose »Märchen, Mythen und Sagen« (22, 165) gemacht werden –, all das, was den Menschen unabänderlich zum Menschen macht, wird wegrationalisiert, um dadurch einen neuen, den »geradegebogenen« Menschen zu erschaffen. Die senilen »Küken« wollen möglichst absolut über sich hinauswachsen und opfern dafür, vor dem »Altar des Gottes Sicherheit« (12, 158) kniend, jede natürliche Regung und schließlich auch die Freiheit des eigenverantwortlichen Individuums, den letzten verträumten Rest des von aufgeklärter Vernunft zeugenden Zweifels. Und doch war bislang nachzulesen, dass der Mensch all das durchsteht: »Aufrecht geht er nach Stürzen weiter« (12, 33).

An dieser Situation hat sich aus der Sicht der erzählenden Rättin Grundsätzliches geändert, denn ihre Untergangsvision stellt auch diese Möglichkeit in Frage: »Zu spät, zu spät!« (12, 174) Selbst die sich ehedem als Kassandra-Rufer verstehenden Dichter zeigen sich im Wettstreit der Untergangssänger fasziniert von der perspektivlosen Poetik des Abschiednehmens. Die von der Rättin geweckten Geister scheinen mit Gelächter über *Die Rättin* herzufallen. Denn auch hier nimmt der verrücktspielende Homo ludens seinen Untergang vorweg, und auch hier werden keine Alternativen aufgezeigt, die über das zweifellos katastrophal endende Werk hinausweisen könnten.

Das uralte, nicht nur für Beckett bzw. seine Helden von jeher verlorene Endspiel der Narren mit all seinen beängstigenden Wunsch- und belustigenden Alptraumgeschichten wird in der *Rättin* zu Ende gedacht. Die letzte Sintflut fand statt. Selbst die Flucht ins Märchen oder in den eigenen Schädel wird in Frage gestellt. Ein posthumaner Zyklus beginnt, aber auch der nimmt den bereits vertrauten Irrlauf. Die konsequente Parallelführung strukturverwandter Abläufe der ansonsten unplanmäßig verlaufenden Geschichte macht es auch in diesem apokalyptisch angelegten Enthüllungsepos vorstellbar: »Ein trister Kreislauf, den jeweils vorauszusagen wenig Spaß macht.« (21, 31)

Der unbelehrbare Erzähler verkennt selbst am Schluss seiner Geschichte, dass die weit überschätzte Vernunft des Menschen ans Gängelband des offenbar übermächtigen Willens gebunden bleibt. Er scheint an die Fortsetzung der Menschengeschichte im Zeichen der durch den schmiedeeisernen Schriftzug ins Bild gesetzten Ethik der Solidarität bzw. der Nächstenliebe zu glauben, d. h. an eine neue Chance unter der Maßgabe verantwortungsbewusst gehandhabter Freiheit, allumfassender Sanftmütigkeit und toleranter Friedfertigkeit:

»Aber es muß doch trotz allem ...
Nichts muß mehr, nichts.
Ich will aber, will wieder ...
Was denn, was?
Nur angenommen, es gäbe uns Menschen noch ...
Gut, nehmen wir an.
... doch diesmal wollen wir füreinander und außerdem friedfertig, hörst du, in Liebe und sanft, wie wir geschaffen sind von Natur ...
Ein schöner Traum, sagte die Rättin, bevor sie verging.« (12, 475)

Mit der kurz zuvor aufwendig inszenierten Rückkehr des zusehends entsafteten Blechtrommlers unter die eine letzte Zuflucht bietenden Röcke seiner Großmutter, als habe Oskar Matzerath »diesen Ort zeitlebens gesucht« (12, 311), hat sich ein Kreis des Erzählens geschlossen. Und mit der *Rättin* schien sich das epische Werk des Autors Günter Grass zu vollenden. Doch dieser final anmutende Zyklus sollte trotz des vehement zu Buche schlagenden Endzeitbewusstseins noch keineswegs das letzte Wort des Romanciers sein.

Ein weites Feld

Der Schriftsteller, fast alle Kritiker und viele Käufer des umstrittenen Bestsellers sind sich in einem Punkt völlig einig: Dieser Roman von Günter Grass ist sowohl in politischer als auch in ästhetischer Hinsicht eine Zumutung; eine meines Erachtens sehr reizvolle Zumutung, die nicht nur von Literaturwissenschaftlern als Aufforderung zur produktiven Auseinandersetzung mit der keinesfalls von Inhalten zu trennenden Form verstanden werden sollte.[32] Nomen est omen: Schon der Titel kann als adäquater Zugang zur komplexen Romankonstruktion gelesen werden, als Ausgangspunkt für einen gewinnbringenden Vermessungsversuch des schwer zugänglichen, aber reich bestellten Spielfeldes. Wie langweilig, wird der eine Leser oder die andere Leserin vielleicht denken, denn eindeutiger geht es doch kaum. Jedermann entziffert das »weite« respektive »zu weite Feld« sofort als Fontane-Zitat, als sprichwörtlich gewordene Redewendung des alten, vor wechselnden Problemen, Schuld- und Verantwortungsgefühlen fliehenden Vaters von Effi Briest. Es scheint sich also um eine wenig originelle Bildungsreminiszenz zu handeln, die zu allem Überfluss mehrfach im Romantext aufgegriffen, als Rahmenmotiv eingesetzt und am Ende als Täuschung entlarvt wird. Die ewig gestrigen Verdrängungskünstler mit eingeengten Wirklichkeitsbegriffen müssen scheitern, weitsichtigere Zeitgenossen sehen ein böses Ende der Geschichte voraus.

Noch unmissverständlicher hätte wohl nur der später verworfene Arbeitstitel wirken können. Er lautete lakonisch »Treuhand« (vgl. dazu auch das gleichnamige Gedicht: 2, 241). Dieses Reizwort hätte auf den ersten Blick einen sogar noch sehr viel schneller ausgereizten Gegensatz evoziert: hier die traditionsgemäß gütige, Schutz und Vertrauen spendende Hand eines rechtschaffenen göttlichen Wesens; dort die selbstverständlich im doppelten Wortsinn »linke« Treuhand, das barbarische Machtinstrument zur gnadenlosen Abwicklung ehemals volkseigener Betriebe. Der frühe Manuskripttitel trägt demnach noch die Handschrift des zornigen Vereinigungskritikers; der humorvollere Romancier in ihm suchte dagegen in der Druckfassung das Weite, ohne heiter über den nach wie vor unübersehbaren Problemfeldern zu schweben. Sehen wir also noch etwas genauer hin.

Am vorgetäuschten Beginn des *Weiten Feldes* steht ein Archiv. In diesem Fall aber nicht das mit Weltwissen oder Weltgeschichte angefüllte Archiv schlechthin, sondern das Theodor-Fontane-Archiv Potsdam sowie ein Autorenkollektiv und die damit implizierte Absicht, aus ostdeutscher Perspektive zu berichten. Erzählt werden soll die Lebensgeschichte Theo Wuttkes alias Fonty, der exakt hundert Jahre nach Fontane geboren wurde und sich als Nachfahre erlesener Helden an den Werken seines verehrten Vorbildes verlesen hat.[33]

Sein ganzes Dasein – ein unruhiges Leben auf der auch für Grass'sche Helden charakteristischen Suche nach Ruheplätzen und Stille – erscheint als Zitat, als zitierende Imitatio der durch literarische Figuren bereicherten und unter neuen Bedingungen fortgeschriebenen Biographie des unsterblichen Dichters aus Neuruppin. Schon durch diesen Einstieg in die reale und phantastische Elemente verschmelzende Welt der Fiktion werden die Möglichkeiten und Grenzen der gewählten Erzählposition angedeutet. Vom weiten Rock zum weiten Feld: Grass wählt erneut eine Haltung, die gleichzeitig Distanz und Mobilität verspricht, vielleicht sogar den berühmten Blick schräg von unten, allerdings ohne an Oskar Matzeraths absolut gesetzte Tischkantenperspektive jenseits von Gut und Böse anknüpfen zu wollen. Einerseits wird durch den vom Zeitgeist nahegelegten Kunstgriff ein wirklich verrückter Blickwinkel von vornherein ausgeschlossen; es dominiert der nüchterne Archivton. Andererseits kann die gefühlsarme Tonlage permanent durch eingestreutes Quellenmaterial durchbrochen werden, so dass letztlich – trotz charakteristischer Auswahlprinzipien – von der Vielstimmigkeit des Romanspiels gesprochen werden kann.

Das nur scheinbar allwissende, schemenhaft bleibende Kollektiv erweist sich im Übrigen schnell als Mittel zum Zweck. Es ist und bleibt eine bewusst farblose Erzählinstanz, zusammengesetzt aus einer nicht genau zu bestimmenden Anzahl von Archivbediensteten mit seltenen menschlichen Anwandlungen, die sogleich als »läßliche Sünden« (14, 747) überspielt bzw. verharmlost werden. Nur sporadisch tritt eine (weibliche) Einzelperson heraus, um sofort wieder im wenig majestätischen, eher anonymen Schattenriss-Wir zu verschwinden. Die Institutionsvertreter sind offenbar Ich-schwache Figuren, die es lieben, sich in der vor individueller Verantwortung schützenden Masse zu verstecken. Das Archiv selbst dient lediglich als zentrale Anlauf- und Informationssammelstelle. Bemerkenswert ist, dass die dort Angestellten keineswegs davor zurückschrecken, das zeitweilende »Objekt« ihrer Begierde und seine reizende Begleitung zu beschatten: »Attention, Monsieur! Hier hat alles Ohren, sogar die Natur. Vielleicht spricht man deshalb in Deutschland gerne von lauschigen Plätzchen.« (14, 407) Es ist nicht zu überhören, selbst Observationen und konspirative Geheimdienstpraktiken à la Ludwig Hoftaller stehen auf der Tagesordnung bzw. im nächtlichen Dienstplan der Behördenmitglieder. Der ewige Spitzel ist demnach nicht weit. Dieser wundersame, erdrückend fürsorgliche Schlemihl mit »dämonischen« Zügen – das Wissen des Systematikers über Fontys »Fehltritte« in Dresden und anderswo gibt ihm Macht – fungiert seinerseits als omnipräsenter, nicht von Wuttkes Seite wegzudenkender, beständig Druck ausübender »Tagundnachtschatten« (14, 9), dessen weniger ambivalent stimmendes »Vorleben unter dem Titel ›Tallhover‹ auf den westlichen Buchmarkt kam« (14, 11), und zwar als Roman von Hans Joachim Schädlich.[34]

Was nun also vom Personal des F.-Nachlasses zu Lebzeiten fortgeschrieben wird, sind quasi »Stasi-Berichte« mit literarischem Anspruch, bzw. Aufzeichnungen eines kollektiven Gedächtnisses, gespickt mit »Fakten«, Gesprächsprotokollen, Bildbeschreibungen, Briefauszügen und einer Unmenge von echten und erfundenen Zitaten.[35] Nicht nur der Bücherwurm bzw. die Leseratte Fonty hatte »eine Fülle von Zitaten auf Abruf« (14, 9).

Das erklärte Ziel der archivarischen Anstrengung besteht darin, sich den gestrigen Greis beschwörend nahe zu rücken, nachdem er endgültig verschwunden ist. Doch durch den von Wiederholungszwängen und Beseelungswünschen bestimmten Rekonstruktionsversuch – ein Schreibprojekt, das an Mythenbildung grenzt – gelingt es nicht, den liebenswerten Spinner und seine abschweifenden Imaginationen restlos einzufangen. Das Mosaik zeigt Lücken, die neugierig machen. Der unverbesserliche Narr weiß augenscheinlich mehr, als seine fleißigen Fußnotensklaven trotz Innen- und Außendienst herausfinden können. Immer wieder gelingt es dem wahnwitzigen Tagträumer, in Phantasieräume, Wunschvorstellungen oder Bücherwelten abzutauchen. Einige seiner privaten Lese- und geheimnisumwitterten Lebensabenteuer bleiben dem Kollektiv verborgen; die Fliegenbeinzählerei der Bediensteten stößt an Grenzen.

Darum zurück zum Titel, der unbegrenzte Möglichkeiten in Aussicht stellt: Bereits in der Eingangsszene lässt uns das Autorenkollektiv durch die löchrig werdende Mauer des »Novemberlandes« über ein »weites Schußfeld« (14, 15) blicken. Schon frühzeitig werden dem Leser somit tödlich endende »Irrwege nicht nur auf politischem Feld« (14, 400) nahegebracht. Eine Zitatcollage aus vereinzelten Romanbruchstücken verstärkt diesen Eindruck; sukzessive entsteht ein Panorama deutscher Geschichte fernab der absurden Chronologie: Polen- und Frankreichfeldzüge, das Schlachtfeld Tiergarten und das von Kummersdorf an der Oder, Generalfeldmarschall von Witzleben, ungezählte Feldpostbriefe und Feldflugplätze, der Marsch Hitlers auf die Feldherrnhalle sowie unter verschiedenfarbigen Fahnen ins Feld geführte Menschen, die dann für Führer, Volk oder Vaterland auf dem ruhmreichen Feld der Ehre starben bzw. (unter ganz anderen Vorzeichen) dem Bitterfelder Weg zum Opfer fielen. Diese geschichts- und zukunftsträchtigen Sprachsignale bieten immer wieder Gelegenheit zu Zeitsprüngen und damit für aufschlussreiche »Abschweifungen ins historische Feld« (14, 21).

Auch dieser Grass-Roman, der erneut dem szenischen Erzählen frönt und mit Zeitlupen- und Zeitrafferverfahren, mit Hohl- und Konvexspiegeln arbeitet, ist demnach so konstruiert, dass »Vergangenes in zukunftstrunkener Präsenz« (14, 240) erscheint. Geschildert werden etwa 150 Jahre deutscher (Ideologie-)Geschichte, tagespolitische Querelen und ihre geschichtlichen Hintergründe. Doch die historischen Ereignisse treten gegenüber den Absurditäten der Kleinbürgerwelt zurück. Das Große wird erniedrigt, das Kleine erhöht, denn den an Jean Paul orientierten Humoristen interessiert nur das umgekehrte Erhabene.

Ein Ende der dadurch entdämonisierten Geschichten ist jedoch nicht in Sicht. Unselige Kontinuitäten bleiben gewahrt. Vor diesem Tableau irritiert es kaum noch, wenn die anhaltend aktuellen Fragen nach persönlicher und kollektiver Schuld unter wechselnden gesellschaftlichen Verhältnissen in diesem Kontext ebenfalls ausdrücklich ein weites Feld darstellen, »und die Einheit ein noch weiteres, von der Wahrheit gar nicht zu reden« (14, 285). Denn dieses fabelhafte Gut ist seit den erkenntnistheoretischen Schriften Nietzsches nur noch im Plural zu haben; der »Antichrist« spricht Tacheles:

»[E]s ist kein Wort mehr von dem übrig geblieben, was ehemals ›Wahrheit‹ hiess, wir halten es nicht einmal mehr aus, wenn ein Priester das Wort Wahrheit auch nur in den Mund nimmt. [...] Die Wahrheit ist Nichts, was Einer hätte und ein Anderer nicht hätte: so können höchstens Bauern oder Bauern-Apostel nach Art Luther's über die Wahrheit denken.«[36]

Kein Wunder, wenn der Romanpfarrer Matull, dessen Name an die Lautumkehrung von Martin Luther erinnert, bekennt, dass ihm die letzte Gewissheit im wiedervereinigten Deutschland abhandengekommen ist. Der Zweifel nagt an seinem Glauben, so dass sich schließlich »ein wüstes Feld« (14, 291) vor ihm und in ihm ausbreitet. Erstaunlich genug, dennoch kann gerade hier die Heilige Schrift, das oft zitierte Buch der Bücher, weiterhelfen. Den Anlass zur Analyse des unter dem dicht geknüpften Wortteppich versteckten Subtextes bietet der Romantext selbst; genauer gesagt eine sehr unscheinbare, aber durch einen gemeinsamen Namen bedeutungsvoll verbundene Trias. Es handelt sich um einen längst vergessenen Redakteur der »Kreuzzeitung« (14, 37), seine Tochter und einen nur einmal erwähnten Vierbeiner, einen ganz ordinären Kleinbürgerköter, einen Dackel eben: »Son richtiger Stadthund. Aber ein schlaues Kerlchen. Mein Wuttke hat ihn, weiß nich, warum, immer ›Hesekiel‹ gerufen. Und zwar nich, wie der Berliner sagt, sondern ›He-se-ki-el‹, wie's inner Bibel steht.« (14, 439)

Denn in der Luther-Bibel – zumindest Fonty und derjenige, der ihn von Berufs wegen erfunden hat, werden um das Palimpsest wissen –, steht im Buch »Hesekiel« unter der Überschrift »Israel, das Totenfeld, wird durch Gottes Odem lebendig«:

»Des Herrn Hand kam über mich, und er führte mich hinaus im Geist des HERRN und stellte mich mitten auf ein weites Feld; das lag voller Totengebeine. Und er führte mich überall hindurch. Und siehe, es lagen sehr viele Gebeine über das Feld hin, und siehe, sie waren ganz verdorrt. Und er sprach zu mir: Du Menschenkind, meinst du wohl, daß diese Gebeine wieder lebendig werden? Und ich sprach: HERR, mein Gott, du weißt es.« (Hes 37,1 ff.)

Nach dem Zwischentitel »Die Wiedervereinigung Israels unter dem einen Hirten« heißt es dann:

»Zwei Völker sollen eins werden in Gottes Hand; er will »ein einziges Volk aus ihnen machen [...] und sie sollen nicht mehr zwei Völker sein und nicht mehr geteilt in zwei Königreiche. Und sie sollen sich nicht mehr unrein machen mit ihren Götzen und Greuelbildern und allen ihren Sünden. Ich will sie retten von allen ihren Abwegen, auf denen sie gesündigt haben, und will sie reinigen, und sie sollen mein Volk sein, und ich will ihr Gott sein. [...] Und sie sollen wandeln in meinen Rechten und meine Gebote halten und danach tun.« (Hes 37,22 ff.)

Da der Grass'sche Antiwenderoman demnach nicht ganz zufällig 37 Kapitel umfasst, liegen folgende Schlussfolgerungen nahe: Das »weite Feld« erscheint hier nicht von ungefähr als Totenfeld, denn die Folgen der Verbrechen des deutschen Volkes sind stets präsent. Auch nach dem Vereinigungsprozess liegen die unzählbaren Opfer der »Rassenhygiene« bzw. der Säuberungsprozesse im Keller des vergrößerten und restaurierten Staatsgebäudes. Unter diesem Gesichtspunkt ist der Schoß nach wie vor fruchtbar; unbelehrbare Wiederholungstäter sterben wahrscheinlich weder im Osten noch im Westen aus. Selbst Fonty, »der gute Geist« (14, 757), wendet sich von aufdringlich sinnbildlichen Wüstenlandschaften ab:

»Er wollte nicht in den Abgrund schauen, wollte nicht in die Grube glotzen und mehr sehen, als zu sehen war. Das war nichts für Fonty. Diese restliche Landschaft konnte selbst er nicht beleben […]: ›Bin kein Zola! War nie auf Misere abonniert. Konnte so viel seelenlose Häßlichkeit keine Minute länger ansehen. Nicht nur von Gott – das ginge ja noch –, von aller Schönheit verlassen, atmete mich die Leere an‹« (14, 496).

Ob im alttestamentarischen Israel oder in den Braunkohlegruben bei Altdöbern: Noch immer, so lautet der Grundtenor des adaptierten, aber in jeder Beziehung ins Gegenteil verkehrten Zitats hinter dem Zitat, liegen die Toten auf einer unbelebten Ödnis. Wunderbare Wiederbelebungen oder gar Erlösung versprechende Auferstehungen unter der Obhut eines göttlichen Hirten sind in diesem antimetaphysischen Kontext undenkbar. Medial, d. h. sekundär vermittelte Bilder von aktuellen Kriegsschauplätzen, längst vergrabenen Leichen und zukünftigen Knochenbergen lassen sich dagegen kaum abweisen. Die von Menschen gemachte Geschichte, auch die sogenannte deutsche Geschichte, ist und bleibt ein absurder Prozess. Die Tragödie der deutschen Einheit von 1870/71 wiederholt sich 1989/90 gewissermaßen als Farce.

Der Deutschlandroman kann nach dieser Feldbegehung als komplexes, von bitterer Ironie getragenes Korrektiv zur harmonisierenden Hofgeschichtsschreibung verstanden werden: Festtagsreden zum Thema »Aufschwung Ost«, Glockengeläut in »blühenden Landschaften« und Mein-Freund-ist-Ausländer-Kampagnen contra Alltagssorgen, Katzenjammer und Fremdenfeindlichkeit. Zugegeben, das alles – die Mahnmale unserer Geschichte, der Manchester-Kapitalismus, das Rassismus- und Gewaltproblem – klingt bereits in den politischen Gegenreden des Autors an. Und dennoch erzielt dieses subtil arrangierte Prosawerk unübersehbar größere Effekte als alle bisherigen Verlautbarungen des erbosten Zeitgenossen zur Lage der Nation zusammen. Seine Leser wissen es offensichtlich zu schätzen, dass der um Differenzierungen bemühte Schriftsteller nun die Vielfalt seiner Muttersprache gegen die staatliche Einheit des geschichtlich vorbelasteten Vaterlandes ins erzählerische Spielfeld führt.

Beschrieben wird ein durch historische und gesellschaftliche Voraussetzungen sowie persönliche Prädispositionen begrenztes Terrain, das sich schon seit Heines

Gedicht *Anno 1829* im besten Fall durch neue Erfahrungen erweitert: Deutschland zur Biedermeierzeit, das »kolossal« enge Feld, die armselige Welt der materiell gutgestellten Philister mit begrenztem Horizont, selbstgenügsamer Stillstand, Fluchtgedanken und »böse Omen« zuhauf. Ein Transfer drängt sich auf. Auch die hier erzählte Geschichte beginnt für Fonty mit dem Blick durch einen Spalt in der Berliner Mauer, öffnet sich dann aber langsam. Inselträume, Abtauchphantasien und literarisch motivierte Pläne zur Flucht ins schottische Hochland werden durchgespielt bzw. scheitern. Doch am Ende mündet alles – im Gegensatz zum Heine-Gedicht – in eine grenzüberschreitende Auswanderungsbewegung. Fonty schwimmt sich vorerst frei; die zwischen dem Protagonisten und seiner bezaubernden französischen Enkeltochter entflammte Liebe macht es – nunmehr offenbar ganz im Sinne der berühmten Nachtgedanken Heines – möglich.

Wunsch- und Alpträume aus deutschen Landen sind jedoch selbst in Bezug auf diese Quellen und ihre Verarbeitung im *Weiten Feld* nicht ganz eindeutig voneinander zu trennen. Der geschickt Versteck spielende Autor – herausragend das kurze »Intermezzo« am Fontane-Denkmal über das »ungleiche Paar«, das »einen ganz anderen Roman lebte« (14, 573 f.) – hat alle Fäden in der Hand, ohne direkt einzugreifen oder poetische Gerechtigkeit verbürgen zu müssen. Dennoch sorgt der geschichtsbewusste Erzähler durch Kreuz- und Querbezüge von A bis Z, durch zahllose Kunstkniffe, Verweisstrukturen und konsequente Mehrfachcodierungen in oder zwischen den Zeilen dafür, dass ein mehrdimensionales Wirklichkeitsbild entsteht, ein literarischer Bilderbogen nach Auschwitz, der sich aus vielen übereinandergeschichteten Folien zusammensetzt und Durchblicke erlaubt bzw. nötig macht.

Grass erzählt also erneut eine der für ihn von Anfang an typischen Gegengeschichten, in denen keine Perspektive absolut gesetzt wird, die allerdings wertvoller sein können als die offizielle Geschichtsschreibung. In diesem Roman wird eine andere, von vielen Mitbürgern bereits verdrängte Wahrheit ins Licht gerückt, um Schatten auf die schleunigst mit Katzengold verschönten Fassaden des »neuen« Deutschland zu werfen. Zusammengehalten wird die von verzweifelter Komik durchzogene Geschichte, ein heterogenes Konvolut aus Lese-, Schreib- und Lebensabenteuern, im Grunde nur durch einen einzigen, aber sehr tragfähigen Gedanken, den der phantasiebegabte Fonty – »auch er neigte dazu, was ihm nicht paßte, zu übersehen und tatsächliche Lücken mit den Kindern seiner Laune aufzufüllen« (14, 574) –, folgendermaßen umschreibt: »Ist doch Fiktion alles und nur in einem höheren Sinn wirklich.« (14, 737)

Der akribisch bis pedantisch genau lügende Autor des *Weiten Feldes* – auch er ahnt, »daß die Lüge um so besser ist, je mehr sie wahr scheint«[37] – zeigt sich in diesem Kontext zum wiederholten Mal als enzyklopädisch geschulter, dann aber bewusst vereinfachender Polyhistor. Er brilliert als ideologiekritischer Lehrer für Deutsch und also Mentalitätsgeschichte – die »Wendezeit« markiert hier keine »Zeitenwende«, sie wird zum poetischen

Exempel für den im Grunde unvorhersehbaren Geschichtsprozess – sowie als gestaltungsfreudig ans Werk gehender Erzähler, der die enorme Stofffülle durch seinen ausgeprägten Spieltrieb zu bändigen weiß. Es gilt jedoch hin und wieder längere, genau kalkulierte, nichtsdestoweniger unerquickliche Durststrecken zu überstehen und zu bemerken, dass etwas weniger abstraktes Faktenmaterial die mitlesenden Sinne zweifelsohne mehr stimuliert hätte. Dennoch entsteht, begünstigt durch das solide recherchierte Fundament, unter der schöpferisch tätigen Hand des zeitgenössischen Dichters[38] nicht nur eine etwas andere, vom Wechselspiel der Perspektiven, von Brüchen und Widersprüchen lebende Fontane-Biographie. Es entsteht ein geistreicher Roman über gespenstisch anmutende Realitäten und wahrhaftige Erfindungen, ein hochbewusster, passagenweise allerdings überkonstruiert wirkender Text über das Verhältnis von Phantomwirklichkeiten im Zeitalter ihrer Reproduzierbarkeit zur immer wieder glaubhaft beschworenen »Macht der Fiktion« (14, 742). Es entsteht eine tragikomische Lebensgeschichte in der vielfältigen Tradition des pikaresken, von so ungleichen wie unzertrennlichen Paaren beherrschten Romans sowie eine zeitgeistkritische, von geschichtsphilosophischer Skepsis geprägte Erzählung mit satirisch-humoristischen Zügen.

Autrement dit: Auch dieses anspielungsreiche, aber handlungsarme Buch kann mit guten Gründen als vielseitiger Ausdruck ästhetischer Opposition in sich verfinsternden Zeiten gelesen werden. Das »weite Feld«, sei es von Luther, Lessing, Goethe, Wieland, Heine, Stifter,

Fontane oder sonst wem übernommen, ist eine Standardfloskel mit gestutzten Flügeln, die von Grass wieder in einen anregenden Schwebezustand versetzt werden konnte. Dieses geflügelte Zitat gibt die Richtung der im Roman selbst geführten Poetologiediskussionen vor. Doch auch sie führen stets an den Punkt, an dem nur spielerisches Ausweichen vor unangemessenen Fixierungen zu schützen scheint. Denn nicht etwa politische, sondern literarische Regeln bestimmen das auf hohem Reflexionsniveau angesetzte, dem phantastischen Detailrealismus verpflichtete Spiel mit politisch-gesellschaftlichen Realitäten und ästhetischen Formen; ein virtuoses Kombinationsspiel, das sehr viel weiter zurückreicht, als die Begriffe »Postmoderne« bzw. »Inter-, Trans- oder Hypertextualität« vermuten lassen. Kurz, es geht in dieser komplexen Fiktion um das zitathafte Leben und die faszinierende Kunst des Zitierens, die so alt ist wie die Literatur selbst.

Fonty »war, was er sagte« (14, 10); schon die zu entstaubende Bibliothek des belesenen Helden spricht in diesem Zusammenhang Bände. Geduldige Leser werden dazu eingeladen, die schwere Geburt eines auf konsequente Fiktionalisierung setzenden Prosawerks aus dem Geist eines umfassend zu denkenden Zitatbegriffs mitzuerleben.[39] Kleiner ist es in einem epischen Weltentwurf von Günter Grass nicht zu haben: »Das ist die Wahrheit, jedesmal anders erzählt.« (9, 676)

Novellen: Vom scheinheiligen Artistenevangelium zum fiktiven Bericht

»[M]eine Novelle; sie wird keine Novelle sein, sondern eine ... wie sagte ich gleich? Eine Naville? Nevulle? ... nein, nein, eine Nivola, richtig, eine Nivola.«
Miguel de Unamuno

Katz und Maus

Zurück zu den Anfängen: Am Ende des ersten Absatzes der 1961 erschienenen Novelle *Katz und Maus* steht ein Sprung, d. h. ein Satz, der mit großem motivischem Aufwand Disharmonie ins Bild setzt und den behaupteten Spannungszustand, die tönende Ruhe vor dem Sturm plötzlich zerreißt. Es handelt sich um den vom Erzähler durch permanente Perspektivwechsel kunstvoll vorbereiteten Sprung einer Katze in Richtung »Maus«, sprich: Adamsapfel, fataler Knorpel, Relikt des Sündenfalls, nicht zu schlucken: »[O]der einer von uns griff die Katze und setzte sie Mahlke an den Hals; oder ich, mit wie ohne Zahnschmerz, packte die Katze, zeigte ihr Mahlkes Maus: und Joachim Mahlke schrie, trug aber nur unbedeutende Kratzer davon.« (5, 5 f.)

Das ist bedeutend genug, denn in dieser Einleitungssequenz ist im Grunde das novellistisch dargebotene Drama in nuce vorhanden. Bereits hier werden alle Motive angeschlagen. Bereits hier steckt der Keim des fragmentarischen Ganzen, und zwar inklusive der aufschlussreichen Ansätze des Autors, sich in den Kompensations- bzw. Ablenkungsversuchen des Helden zu spiegeln. Denn so wie Mahlke sich erfolglos darum bemüht, seinen fatalen Knorpel zu verbergen, gelingt es auch seinem Erfinder durch verklausulierte Abbitte nicht, die ihn anhaltend belastenden Runen am Uniformkragen aus der offensichtlich von diesem »Makel« geprägten Welt zu schaffen.

Am gekonnt verzögerten Anfang der in Gegensatzpaaren schwelgenden Geschichte steht ein Schrei. Signalisiert wird die Geburt der Privat- und also der Weltgeschichte aus dem Geist einer offenbar durch nichts aus der Menschenwelt zu schaffenden Verfolgungsjagd in finsteren Zeiten. Das in Bölls *Billard um halb zehn* (1959) ebenfalls thematisierte Schlag- bzw. »Deutschballspiel« der in Schlag- und Fangpartei aufgeteilten Schüler gibt die Wettkampfsituation vor. Die Rollen – Jäger, Gejagter, Zuschauer – scheinen ein für allemal verteilt zu sein, erweisen sich jedoch schon bald als grundsätzlich ambivalent: »Ich aber, der ich Deine Maus einer und allen Katzen in den Blick brachte, muß nun schreiben. Selbst wären wir beide erfunden, ich müßte dennoch.« (5, 6)

Ob Sprung oder Schrei, am vorgetäuschten Beginn der unerhörten Ereignisse steht ein fragwürdiger, die traditionelle Erwartungshaltung gutgläubiger Leser willentlich durchkreuzender Erzähler. Pilenz, so nennt sich der jederzeit vergeblich nach seelischem Gleichgewicht und ideologischem Halt suchende Chronist. Er lebt Ende der fünfziger Jahre als Sekretär des Kolpinghauses in Düsseldorf und erinnert sich an ausgewählte Episoden aus dem Leben seines zunächst vergötterten Schulfreundes Mahlke. Er erzählt Geschichten, die sich am hellen Tag in Danzig zur Zeit des Zweiten Weltkriegs zugetragen haben könnten: »Große Ereignisse bewegten damals die Welt, doch Mahlkes Zeitrechnung hieß: Vor dem Freischwimmen, nach dem Freischwimmen« (5, 28).

Von einem Objektivität verbürgenden Bericht kann bei diesem Meisterstück novellistischer Erzählkunst keine Rede sein. Pilenz bietet uns vielmehr seine Sicht auf vermeintliche Schlüsselszenen der sporadisch gemeinsam durchlebten Pubertät, benennt oft mehrere mögliche Versionen, bekennt Erinnerungslücken oder lässt Diskrepanzen zwischen Anspruch und Wirklichkeit erkennen. Kurzum, er betreibt ausdrücklich »Artistik auf weißem Papier«, und die schlägt als formbewusste »Zauberei mit der Grammatik« (5, 87) zu Buche: »Wer schreibt mir einen guten Schluß?« (5, 146)

Doch es wird noch komplizierter. Denn derjenige, der ihn »von Berufs wegen« (5, 6) erfand, forciert das Spiel mit den Fiktionsebenen. Inspirierend wirkte in diesem Zusammenhang unter anderem Unamunos unkonventionelle »Nivola« mit dem Titel *Niebla* (1914). Ein komplexer Ideenroman, der von der Komik des Scheiterns lebt; ein existentialistisch ausgerichtetes Schreibexperiment mit humoristischem Pathos, das auf den vergeblichen Aufstand seiner Hauptfigur gegen den Autor hinausläuft; ein hochartistisches Prosastück, das in seinem philosophischen Gehalt auch an den Romanen der *Danziger Trilogie* nicht ganz spurlos vorbeigegangen ist. Fest steht: An Pilenz, dem scheinheiligen Chronisten, der trotz einer detailgenauen zeitgeschichtlichen Einbettung seiner bekenntnishaften Erinnerungen bisweilen weniger vom Krieg als von inneren Kämpfen und uralten Märchenstrukturen – »Siehst du, so geht's in der Welt« (Brüder Grimm: *Katz und Maus in Gesellschaft*) – zu erzählen scheint, an Pilenz, diesem talentierten Lügengeschichtenerzähler, führt keine adäquate Interpretation dieser virtuos inszenierten Novelle – »Fragment, Studie, Skizze in Prosa; – eins, oder alles zusammen« (August Wilhelm Schlegels Novellendefinition) – vorbei.

Alles dreht sich um ihn, den lebenslang Zukurzgekommenen, um die fiktive Erzählerfigur einer explizit erfundenen Geschichte, die einräumt, ihrerseits erfunden zu sein. Alles dreht sich um einen suspekten, mit zeitlichem Abstand und zur Schau gestelltem Kunstanspruch ans Werk gehenden Zauberlehrling im Zwiespalt zwischen Glaubensverlust und Erlösungsbedürfnis. Alles dreht sich um den selbsternannten Jünger Mahlkes – mal Judas, mal Petrus – und späteren Verkünder einer heillos gefallenen Vorstellungswelt. Um ihn, den Messdiener von einst, der ein formbewusstes Artistenevangelium zwischen fingierter Schuld und dramatisierten Untaten zu Papier bringt; um ihn, den kleinen »Heini«, und nicht etwa um seinen »Große[n] Kamerad« – eine Hommage seines Erfinders an *Le Grand Meaulnes* (1913) von Alain-Fournier; um ihn, den unzuverlässigen Erzähler schlechthin. Er steht in dieser säkularisierten Lebensbeichte ohne Absolution zentral; selbst wenn dieses Schlitzohr wiederholt das Gegenteil behauptet:

»Ich, Pilenz – was tut mein Vorname zur Sache –, früher mal Ministrant [...], kann von dem Zauber nicht lassen, lese Bloy, die Gnostiker, Böll, Friedrich Heer und oft betroffen in des guten alten Augustinus Bekenntnissen, diskutiere bei zu schwarzem Tee nächtelang das Blut Christi, die Trinität und das Sakrament der Gnade mit Pater Alban, einem aufgeschlossenen, halbwegs gläubigen Franziskaner, erzähle ihm von Mahlke und Mahlkes Jungfrau [...], von Katz und Maus und mea culpa [...]; denn nur ich war mit ihm so gut wie befreundet, wenn man mit Mahlke befreundet sein konnte. Gab mir jedenfalls Mühe. Keine Mühe! Lief von ganz alleine neben ihm und seinen wechselnden Attributen. Wenn Mahlke gesagt hätte: ›Mach das und das!‹, ich hätte das und noch mehr gemacht. Mahlke sagte aber nichts, ließ sich wort- und zeichenlos gefallen, wenn ich ihm nachlief« (5, 84).

Alles, was wir über die erzählte Schüler-Kriegs-Welt wissen, wissen wir von ihm, dem tragikomischen, von Hassliebe zu Mahlke erfüllten Sinnsucher im Sinnvakuum. Selbst der allmächtige Künstler-Gott, der diese zeitgenössischen Anti-Helden erschaffen zu haben scheint, glänzt in dieser Versuchsanordnung durch Abwesenheit. Jeder Rezipient wird dadurch aufgefordert, das Erzählte selbst zu durchdenken und dem verschlagenen Erzähler nicht leichtfertig auf den Leim zu gehen. Nachzulesen ist: ein nachdenklich stimmendes Katz-und-Maus-Spiel im Zeichen der Ästhetik, ein ironisches Arrangement mit ernsten Inhalten und tradierten Gattungsvorgaben, ein hochartifizielles Sprachspiel, allerdings – im Gegensatz zu Goethes wegweisender *Novelle* (1828) – unter gänzlich entzauberten historischen Voraussetzungen, die keine ungebrochene Apotheose der Kunst mehr zulassen. Niemand spricht ein erlösendes Wort.

Die Geschichte endet konsequenterweise nicht etwa am Ostersonntag, sondern an einem ganz ordinären Freitag: »Seit jenem Freitag weiß ich, was Stille ist« (5, 145). Denn der für zahllose Gewalttaten ausgezeichnete Ritterkreuzträger Mahlke ist und bleibt spurlos verschwunden. Seine »wie von inwendigem Zahnschmerz durchtobte Erlösermiene« (5, 22) spricht dagegen schon einleitend gegen ihn, so will es der um künstlerische Selbsttherapie bemühte Biograph. Doch selbst er ist zum Scheitern verurteilt: kein irdisches Paradies, kein himmlisches Jerusalem in Sicht. Am angenommenen Ende steht, so bleibt zu vermuten, der Tod eines zwischenzeitlich zum Pseudo-Messias avancierten Clowns, dem auf Erden nicht zu helfen war; ein Ende, das Hesses »Legende vom Glasperlenspielmeister« zu parodieren scheint. Der Überlebenskampf im Zeichen der ewigen Katze und der ewigen Maus geht dessen ungeachtet weiter, und zwar unter wechselnden Gesellschaftsverhältnissen im stets labyrinthischen »Raubtierhaus« (5, 74). Die all das und noch viel mehr in sinnliche Bildsprache übersetzende Novelle ist vom wahrhaftig lügenden Dichter geschrieben: »wenn ich nur wüßte, wer die Mär erfunden hat, er oder ich oder wer schreibt hier?« (5, 102)

Die Gattungsbezeichnung »Novelle« umschreibt mittlerweile auch im deutschsprachigen Raum ein sehr weites Feld. Selbst wenn nicht in allen Textbeispielen seit Goethes Zeiten von unerhörten Begebenheiten, Rahmenhandlungen, zentralen Konflikten und Schicksalsideen, von starren Silhouetten, Falken, Wendepunkten, Leitmotiven und Ding-Symbolen gesprochen werden kann: Schon der Germanist Benno von Wiese hat seinerzeit trotz der schillernden Erscheinungsvielfalt heterogener Spielarten dieser konzentrierten Prosastücke darauf hingewiesen, dass kaum eine andere Erzählform besser dafür geeignet sei, den Wandel von Epoche zu Epoche nachzuvollziehen. Die Novelle sei idealtypisch dazu angetan, in Fabel, Figur und Konflikt die jeweilige Zeitstimmung, die veränderte Weltsicht aufzunehmen und darzustellen.

Selbst wenn Günter Grass also Goethes für viele Zeitgenossen des Klassikers vorbildliche *Novelle* zur Entstehungszeit seines Textes nur vom Hörensagen gekannt haben sollte: *Katz und Maus* kann – kurz nachdem der Blechtrommler seinen Anti-*Wilhelm Meister* bereits aufs Blech gezaubert und damit ein ironisch-distanziertes Verhältnis zum Bildungsroman unter Beweis gestellt hat – als ein aus vielen Quellen gespeister Gegenentwurf zum Spätwerk des Dichters aus Weimar gelesen werden: idealisierte Entsagungsmodelle, vollendete Weltordnungsvorstellungen und lyrische Erlösungsutopien auf der einen, ungeschminkte Realitäten, fragmentarisches Chaos in verbesserter Ausführung sowie Lust und Gewalt im Zeichen verzweifelter Artistenkomik auf der anderen Seite. Denn auch wenn beide Prosadramen von einem Grundkonflikt ausgehen, auch wenn beide vom Spiel mit Kontrastpaaren leben und auch wenn sich beide durch Techniken der immanent-poetologischen Selbstreflexion des Schreibens deutlich als Werkstattprodukte zu erkennen geben: veränderte Stilebenen, Erzählstrategien und Bildwelten zeugen von veränderten Weltbildern.

Der entscheidende Gegensatz zwischen den beiden für ihre Zeit jeweils mustergültigen Novellen manifestiert sich im zentralen Doppelbild der Geschichten. Hier das im Zeichen des Schönen, Wahren und Guten inszenierte Idyll: Löwe und Kind vereint durch weltumfassendes Mitleid, Liebe und Frömmigkeit. Dort die unerbittliche Jagd in gottlos finsteren Zeiten, ein kriegerisches Katz-und-Maus-Spiel ohne versöhnliches Ende; denn Goethe kannte die »deutsche« Geschichte noch nicht, so wie die Grass-Figuren und ihr Erfinder sie kennenlernen mussten.[1] Und so schließt sich der Deutungskreis dieser Lesart, die durch eine vielzitierte »Ohrenbeichte« von Günter Grass aus dem Jahr 1962 bestätigt zu werden scheint:

»Wir beide, die wir gerne Geschichten erzählen, merken natürlich sofort, daß die ›ursprüngliche Ganzheit‹ zwar einen famosen Traktätchenstoff abgibt, aber erzählen kann man über etwas Ganzes schlecht, zumal mir Ganzes noch nie begegnete; selbst meine Großmutter, die in sich ruhte, hatte einen Sprung von Anbeginn; und der Anbeginn hatte auch einen Sprung; am Anfang war der Sprung.« (20, 53)

Im Krebsgang

»Seit ich beschlossen habe, dieses Buch zu schreiben, frage ich mich, warum jetzt, warum erst jetzt, warum jetzt noch. Die Geschichte kenne ich, seit ich denken kann. [...] Warum habe ich überhaupt das Gefühl, rechtfertigen zu müssen, daß ich diese Geschichte, an der wenig sicher ist, schreiben will, jetzt noch, nachdem die Schicksale dieser gerade versunkenen Generation der Historie zugeordnet und in ihr vermauert wurden, selbst die ihrer Kinder. [...] Erinnerungen haben ihre Zeit. Es gibt zurückliegende Ereignisse, von denen wir nur ungenau erfahren und von denen wir wissen, daß wir eines Tages ihrer in Ruhe gedenken und sie genauer ergründen wollen. Irgendwann, denken wir, muß ich das genau wissen. Es kann sein, daß Jahre, sogar Jahrzehnte vergehen, während deren uns immer wieder einfällt, daß wir uns eines Tages um diese Sache kümmern und uns an etwas oder an jemanden genau erinnern wollen. [...] So ließe sich, wenn man sich der Sucht kausaler Eindeutigkeit überhaupt beugen will, erklären, warum ich dieses Buch erst jetzt schreibe.«

Mit dieser Vorbemerkung beginnt Monika Maron ihr 1999 veröffentlichtes Buch *Pawels Briefe,* ein Familienporträt über drei Generationen und zugleich ein Längsschnitt durch die deutsche Geschichte des 20. Jahrhunderts. Erinnerungen haben ihre Zeit. Ähnlich mag auch Günter Grass gedacht haben, als er seinem Erzähler der Novelle *Im Krebsgang,* die ganz andere thematische Schwerpunkte setzt und mit ganz anderen ästhetischen

Verfahren zwischen berichtendem und erzählendem Ton experimentiert, die ersten Worte in den Mund legte: »›Warum erst jetzt?‹ sagte jemand, der nicht ich bin. Weil Mutter mir immer wieder ... Weil ich wie damals, als der Schrei überm Wasser lag, schreien wollte, aber nicht konnte ... Weil die Wahrheit kaum mehr als drei Zeilen ... Weil jetzt erst ...« (16, 7)

Bei allen Unterschieden: Der bei Grass in eine fingierte Gesprächssituation mündende Schreibimpuls und das daraus resultierende Rechtfertigungsbedürfnis in der perspektivlenkenden Stimme lassen sich durchaus mit *Pawels Briefe* vergleichen. Und auch die Sucht nach kausaler Eindeutigkeit wird in beiden Texten schon einleitend problematisiert – einmal expressis verbis, einmal durch die gereihten Ellipsen. Doch so aufschlussreich eine solche Parallelität der Erzählansätze, die beide sofort an die kritische Aufmerksamkeit der Leser appellieren, aus literaturgeschichtlicher Sicht sein mag: An dieser vielversprechenden Exposition hat es sicher nicht gelegen, dass die Novelle *Im Krebsgang* zum deutschen Feuilleton-Ereignis des Jahres 2002 avancierte und auch im Ausland – einige Übersetzungen lagen fast zeitgleich vor – selbst für Grass-Maßstäbe außergewöhnlich oft verkauft und sehr aufmerksam gelesen wurde.

Es scheint sich also tatsächlich etwas Unerhörtes zugetragen zu haben. In diesem Fall sicher keine literarische Sensation in formaler Hinsicht, auch kein beispielloser Tabubruch in Bezug auf das gewählte Sujet. Dennoch wurde mit diesem Bestseller zweifellos der erstmals auch überregional wahrgenommene Anstoß zu einer allzu lange ausgesparten Mediendebatte gegeben: Ein aufgeklärter, gänzlich unverdächtiger, über jeden Revanchismusverdacht erhabener Autor von internationaler Reputation hat sich – für viele Rezipienten überraschend – eines Themenkomplexes angenommen, der trotz zahlreicher poetischer Bearbeitungen im Vorfeld – etwa von Hans Erich Nossack, Gert Ledig und Eberhard Panitz, von Arno Schmidt, Heiner Müller und Kurt Vonnegut, von Alexander Kluge, Walter Kempowski und Thomas Pynchon, von Dieter Forte, Christa Wolf oder W. G. Sebald – kaum von einer breiteren Öffentlichkeit diskutiert und dadurch weitgehend rechtslastigen Dunkelmännern oder unverbesserlichen Heimatvertriebenenverbänden überlassen wurde. Ein Desiderat mit Folgen, die es aufzuarbeiten gilt.

Günter Grass geht es in seiner zweiten Novelle um die lange Zeit von den im Namen des deutschen Volkes begangenen Verbrechen, um die von persönlichem Versagen und kollektiven Schuldbekenntnissen verdeckte Rückseite der NS-Medaille. Alles dreht sich um die deutschen Opfer des Zweiten Weltkriegs, um Flucht und Vertreibung, »Flüchtlingsgeschichten, Greuelgeschichten, Vergewaltigungsgeschichten« (16, 94), primär um die in Ost und West jahrzehntelang verdrängte Tragödie vom Untergang des Schiffes »Wilhelm Gustloff« am 30. Januar 1945. Eine Geschichte, die nicht erst mit dem Stapellauf des Schiffes begann und auch nach seiner Zerstörung weiterwirkt: »Da ist es wieder, das verdammte Datum. Die Geschichte, genauer, die von uns angerührte Geschichte ist ein verstopftes Klo. Wir spülen und spülen, die Scheiße kommt dennoch hoch. Zum Beispiel dieser vermaledeite Dreißigste.« (16, 108)

Das im *Krebsgang* immer wieder herbeizitierte Datum steht zum einen für das Geburtsdatum der Erzähler-Figur Paul Pokriefke, zum anderen für den zwölften Jahrestag der sogenannten Machtergreifung Hitlers und schließlich noch für ein von Menschen zu verantwortendes, im Nachhinein zur Legendenbildung anregendes Horrorszenario in der Ostsee. Bereits diese Aufzählung zeigt, dass es hier erneut um das unauflösbare Spannungsverhältnis von historischen Fakten und fiktivem Material geht. Etwa um das Dreiecksverhältnis zwischen einem Landesgruppenleiter der NSDAP namens Wilhelm Gustloff, den die Partei zum »Blutzeugen der nationalsozialistischen Bewegung« (16, 27) stilisiert; seinem Mörder, einem jüdischen Medizinstudenten namens David Frankfurter, der mit seiner Tat zum Widerstand aufrufen wollte; und dem sowjetischen, für den Abschuss der »Wilhelm Gustloff« verantwortlichen U-Boot-Kommandanten Alexander Marinesko. Diese drei spiegeln und variieren in wechselnden Verteilungen die historischen Rollen als Zeuge, Täter und Opfer vor weltpolitischen, rassenideologischen und individualpsychologischen Hintergründen. Ein tragischer Fall, eine komplexe Konstruktion, eine vielschichtige Geschichte, die zunächst mit »Nachträglich. Ein Bericht« oder auch »Schiffe versenken« überschrieben und von einem extradiegetischen Erzähler präsentiert werden sollte. Doch im Laufe des Schreibprozesses setzten sich dann der den Erzählvorgang ins Bild setzende Titel *Im Krebsgang* sowie ein stärker in das Geschehen involvierter, aber nicht ganz freiwillig ans Werk gehender Ich-Erzähler durch.

Bei der Druckversion dieses reflexiv-retrospektivischen, wie am Reißbrett entworfenen »Berichts« handelt es sich auf der Metaebene um ein detailgenau komponiertes Kunststück im Zeichen geschichtlicher Aufklärung. In einer mit wohlüberlegten Erzählstrategien arbeitenden, unsentimental bewegenden Reportage werden nun noch einmal die »finsteren Zeiten« mit einem größeren Erinnerungsabstand vergegenwärtigt. In neun Kapiteln, die bereits die erste Fassung strukturierten, entsteht so eine mit Versatzstücken der Gattungstradition spielende, mit doppelten Böden ausgestattete Spielart der Novelle, die zugleich das selbst zu verantwortende Schicksal von drei geradezu exemplarisch miteinander verstrickten Generationen am Beispiel der Familie Pokriefke durchleuchtet. Doch damit noch nicht genug: Auch das Zwiegespräch eines Schriftstellers mit seinen Geschöpfen und sich selbst wird inszeniert. Der Autor wird sich also gewissermaßen selbst zum Spiel seiner Laune. In diesem Fall schlüpft er in die Rolle des Auftraggebers. Als graue Eminenz der Novelleninszenierung bestellt der »Alte« einen Text beim frei erfundenen Sohn einer von ihm schon vor Jahrzehnten ins literarische Leben geworfenen Figur. Strukturbildende Parallelen zu anderen Grass-Werken – etwa die von Minderwertigkeitskomplexen und Schuldmotiven bestimmte Erzählposition oder die seinen Lesern bestens vertraute, eher für das andere Extrem stehende Figur Tulla Pokriefke – fallen schnell ins Auge.

Man kann demzufolge mit guten Gründen behaupten, dass es in diesem paradigmatischen Prosalehrstück über die Zerstörung des ehemaligen Vergnügungsdampfers, Truppentransporters, Lazarett- und Flüchtlingsschiffs mit annähernd 10 000 Menschen an Bord zum einen um ästhetische Strategien des selbstreflexiven Erzählens im Kontext vergangenheitspolitischer und zukunftsorientierter Debatten von gegenwärtiger Relevanz geht; zum anderen um die auch im 21. Jahrhundert überlebensnotwendige Zukunft der Erinnerung, und zwar als Fluch und Gnade schlechthin. In diesem Sinne ist auch das Motto zum *Krebsgang* zu verstehen, es lautet »in memoriam«:

»Erinnerung ist – so verschwommen und lückenhaft sie erscheint – mehr als das auf Genauigkeit zu schulende Gedächtnis. Erinnerung darf schummeln, schönfärben, vortäuschen, das Gedächtnis hingegen tritt gerne als unbestechlicher Buchhalter auf. [...] Der Schriftsteller erinnert sich professionell. Als Erzähler ist er in dieser Disziplin trainiert. Er weiß, daß die Erinnerung eine oft zitierte Katze ist, die gestreichelt sein will, manchmal sogar gegen den Strich, bis es knistert: Dann schnurrt sie. So beutet er seine Erinnerung aus und notfalls die Erinnerung frei erfundener Personen. Erinnerung ist ihm Fundgrube, Müllhalde, Archiv. Er pflegt sie, wie man nachwachsenden Schnittlauch pflegt. Zwar weiß er, daß die Literatur ein Vielfraß ist und sogar Zeitungsnotizen und ähnlich unreife oder roh vom Messer springende Aktualitäten verschlingt, aber wiedergekäute Erinnerungen sind sein Hauptnahrungsmittel; in Dürrezeiten erinnert er sich an bereits abgegraste Erinnerungen. Es mag eine berufliche Deformation sein, die es ihm erlaubt, Schmerzhaftes, Beschämendes, sogar erinnertes Versagen mit Lust zu verwerten.« (23, 285 f.)

Schon die pikaresken Bekenntnisse des sich erinnernden Blechtrommlers sind nur vor diesem Hintergrund adäquat zu verstehen. Es ist also kein Zufall, dass Oskar Matzerath sich an ein kleinbürgerliches, auch im *Krebsgang* erwähntes (16, 102), erneut im Flüchtlingsgepäck verstautes Fotoalbum hält. Denn dabei handelt es sich um ein unschätzbar wertvolles Erinnerungsbuch, in dem unter anderem die beiden Schefflers, bezeichnenderweise vor den Rettungsbooten des KdF-Schiffes »Wilhelm Gustloff«, verewigt wurden (vgl. 4, 63). Und es ist ebenfalls kein reiner Zufall, dass schon er sich sowohl körperlich als auch im übertragenden Sinn in jener »Fortbewegungsart« (4, 318) übte, die in diesem Alterswerk zu späten Titelehren kommt:

»Aber noch weiß ich nicht, ob, wie gelernt, erst das eine, dann das andere und danach dieser oder jener Lebenslauf abgespult werden soll oder ob ich der Zeit eher schrägläufig in die Quere kommen muß, etwa nach Art der Krebse, die den Rückwärtsgang seitlich ausscherend vortäuschen, doch ziemlich schnell vorankommen.« (16, 8)

Überraschenderweise steht schon Oskars »Kunst des Zurücktrommelns« (4, 601) unter diesem Gesichtspunkt auf allen Sprach- und Konstruktionsebenen in einem engen Verwandtschaftsverhältnis zu einer Erzählweise in

Anlehnung an den musikalischen »Krebs(-gang)«, einer sich durch Umstellungen und Spiegelelemente auszeichnenden Kompositionstechnik, die beispielsweise bereits am Anfang des Kunstwerks das Ende und am Ende den Anfang erahnen lässt. Das suggeriert im Umkehrschluss, dass man unter Umständen rückwärts, entgegen der Chronologie, im beharrlichen Hin und Her zwischen Einst und Jetzt, gehen muss, um vorwärts zu kommen.

Doch nicht nur das: Der Krebsgang kann auch zum Bild für den Gang menschlicher Dinge im Kollektiven und für nicht eingehaltene Versprechen im Persönlichen werden und damit zu einem Erinnerungsmodell, das Günter Grass, geübt darin, im »Krebsgang den Fortschritt [zu] messen« (1, 140), seit langem beschäftigt. Diese Formulierung findet sich bereits in seiner Lyriksammlung *Ausgefragt* unter dem Titel *Schreiben*, da es im Zweifelsfall nach Döblin und Grass darauf ankommt, konsequent bei der Sache zu bleiben: mehr Bericht, weniger Dekoration.

Das scheint auch Paul Pokriefke, der in Westdeutschland zum mäßig begabten Journalisten ausgebildete Kleinkrämer, so zu sehen. Vielleicht macht er aus der Not aber auch nur eine schmucklose Tugend. Denn einerseits fehlt ihm die überbordend ausufernde Sprach- und Einbildungskraft des Blechtrommlers. Andererseits schreibt der akribisch genau recherchierende Berichterstatter quasi gegen seinen Willen, also keineswegs aus eigenem Antrieb, sondern in fremdem Auftrag. Insofern hat er verständlicherweise zunächst sehr wenig Interesse, sich mit sprachlicher oder emotionaler Begeisterung auf die längst verjährte Geschichte von der Schiffskatastrophe bei Gotenhafen einzulassen, obwohl oder gerade weil sie ein Teil seines Lebens ist, da sein Geburtsschrei angeblich die abertausend Todesschreie der anderen Passagiere übertönt haben soll (vgl. 16, 135).

So jedenfalls lautet die bis zum Überdruss aus dem Mund seiner Mutter Tulla Pokriefke gehörte Erzählung. Tulla will damals hochschwanger an Bord des Dampfers gewesen sein und hätte ihren vaterlos aufgewachsenen Sohn nur zu gerne zum Sprachrohr ihrer ganz persönlichen Version des Untergangsdramas gemacht. Ihr moralischer Druck auf Paul ist hoch – »Sie läßt dir sagen, daß es deine Sohnespflicht bleibt, endlich aller Welt zu berichten ...« (16, 30) –, doch der unglücklich Überlebende lässt sich lange nicht nötigen. Erst sein Auftraggeber, von dem noch zu sprechen sein wird, bringt Bewegung in die Verschluss-Sache.

Pauls in jeder Beziehung überdeutlich um Distanz bemühte Schilderungen – »Ich berichte nur« (16, 115) – sind auch unter diesem Aspekt und deshalb mit Skepsis zu betrachten. Hinzu kommt, dass der Erzähler sich selbst als wendigen, Ich-schwachen Mitläufer charakterisiert, der stets nach vorgegebenem Text gesungen habe, häufig wechselnden Herren zu Diensten. »Selbstdisziplin nennt man das.« (16, 197) Denn Pokriefke bemühte sich nicht nur in seinem Berufsleben, eine korrekte Mittelmaß-Fassade zu bewahren. Das Thema gaben stets andere vor. Als Opportunist, wie er im Buche steht, kam es ihm immer nur darauf an, nicht anzuecken, mit dem Strom zu schwimmen, sich über Wasser zu halten und vor allem keine Gefühle zu zeigen, denn das hieße, mit der mühsam unterdrückten Kehrseite des eigenen Wesens und seinem Versagen in vielen Lebensbereichen konfrontiert zu werden. Ach, wie gut, daß kaum jemand ahnt, »welche Gedanken ganz gegen meinen Willen aus linken und rechten Gehirnwindungen kriechen, entsetzlich Sinn machen, ängstlich gehütete Geheimnisse preisgeben, mich bloßstellen, so daß ich erschrocken bin und schnell versuche, anderes zu denken« (16, 187 f.).

Dieser scheinobjektive Chronist ist und bleibt ein suspekter Grass-Erzähler. Sein fragwürdiger Bericht – so ungefähr könnte es gewesen sein – speist sich zudem aus vielen, sehr unterschiedlich zuverlässigen Quellen: aus den zurechtgefälschten Geschichten seiner unverwüstlichen Mutter, aus dem, »was von Überlebenden an anderer Stelle als Aussage zitiert worden ist« (16, 127), aus lückenhaften Dokumentationen, polemischen Streitschriften, (Sach-)Büchern, (Spiel-)Filmen und aus dem Internet, der globalen Spielwiese, dem ironisierten »Ort letztmöglicher Kommunikation« (16, 124). Mutmaßungen aus zweiter und dritter Hand bestimmen demzufolge den Wahrheitsgehalt seiner dann doch – scheinbar widerwillig – zu Papier gebrachten Katastrophenreportage mit novellistischen Zügen.

Doch trotz der verspielt-ernsthaften Gegenwehr – »darf aber vorerst von meinem bißchen Ich absehen« (16, 7) – wird der ewige Mitschwimmer durch seine Recherchen in Sachen »Gustloff« immer stärker in die von ihm lange verdrängte, schließlich aber nicht länger als abstrakt abzuweisende Geschichte verstrickt. Spätestens als er auf der von nationalsozialistischem Gedankengut zeugenden Website *www.blutzeuge.de* landet, die Konrad, sein im Grunde vaterlos aufgewachsener Sohn, betreibt, bekennt er (wie halbherzig auch immer) eigene Defizite und Versäumnisse. Die Vergangenheit ist nicht vergangen. Sie holt alle Beteiligten ein, dominiert auch Pauls Gegenwart, nachdem sein Sohn ein Fass aufgemacht hat, und wirft schon bald Schatten auf die familiäre, nichts Gutes verheißende Zukunft: »Was tun, wenn der Sohn des Vaters verbotene, seit Jahren unter Hausarrest leidende Gedanken liest, auf einen Schlag in Besitz nimmt und sogar in die Tat umsetzt?« (16, 197)

Was tun? Die Flucht in künstliche Paradiese oder auf die Couch sind dem komplexbeladenen Paul fremd, und auch ästhetische Kompensationen weist der sich an Zahlen und Fakten haltende Pedant weit von sich. Doch so leicht kommt er nicht davon. Denn schon wieder sitzt ihm jemand, der nicht Günter Grass ist, aufgrund von biographischen Bezügen und intertextuellen Anspielungen jedoch stark an den Literatur-Nobelpreisträger gleichen Namens erinnert, mit seinen Ansprüchen im Nacken: »Er sagt, mein Bericht habe das Zeug zur Novelle.« (16, 115) Der Alte, der von Anfang an Verbotstafeln vor Paul aufstellt und offen in sein Erzählkonzept hineinredet, der auf bestimmten Dingen besteht und andere strikt untersagt, versucht darüber hinaus seinen »Stellvertreter« immer wieder zu provozieren, bemüht sich also redlich darum, den »verspäteten Vater« aus der Reserve zu locken: »Alles, was ich von mir wegkrebsend tue, ziemlich nahe der Wahrheit beichte oder wie unter

Zwang preisgebe«, geschieht nach seiner Wertung »nachträglich und aus schlechtem Gewissen« (16,165).

Aber auch sein immer wieder fordernd in Erscheinung tretender »Boß« kann nicht vor Paul verbergen, dass in ihm gleichfalls etwas nagt:

»Bei einem der von ihm eingefädelten Treffen, die er Arbeitsgespräche nennt, bekam ich zu hören: Eigentlich müsse jeder Handlungsstrang, der mit der Stadt Danzig und deren Umgebung verknüpft oder locker verbunden sei, seine Sache sein. Er und kein anderer hätte deshalb von allem, was das Schiff angehe [...], erzählen müssen. Gleich nach Erscheinen des Wälzers ›Hundejahre‹ sei ihm diese Stoffmasse auferlegt worden. [...] Leider, sagte er, sei ihm dergleichen nicht von der Hand gegangen. Sein Versäumnis, bedauerlich, mehr noch: sein Versagen. [...] Nun sei es zu spät für ihn. Ersatzweise habe er mich zwar nicht erfunden, aber nach langer Sucherei auf den Listen der Überlebenden wie eine Fundsache entdeckt. Als Person von eher dürftigem Profil, sei ich dennoch prädestiniert: geboren, während das Schiff sank. [...] Eigentlich, sagt er, wäre es Aufgabe seiner Generation gewesen, dem Elend der ostpreußischen Flüchtlinge Ausdruck zu geben [...]. Niemals, sagt er, hätte man über so viel Leid, nur weil die eigene Schuld übermächtig und bekennende Reue in all den Jahren vordringlich gewesen sei, schweigen, das gemiedene Thema den Rechtsgestrickten überlassen dürfen. Dieses Versäumnis sei bodenlos ... Doch nun glaubt der alte Mann, der sich müde geschrieben hat, in mir jemanden gefunden zu haben, der an seiner Stelle – ›stellvertretend‹, sagt er – gefordert sei, über den Einfall der sowjetischen Armeen ins Reich, über Nemmersdorf und die Folgen zu berichten.« (16, 73 und 93)

Schriftsteller contra Buchhalter; beide unterliegen in ihrer Arbeit ganz anderen Kriterien, aber auch diese Grenzen beginnen im Laufe des Schreibprozesses zu verschwimmen. Und trotz aller Animositäten und Streitpunkte, die beiden Herren erscheinen darüber hinaus durch ihre sehr heterogen begründete Nähe zu Ursula Pokriefke alias Tulla eng verbunden zu sein, einer vom Autor am Beginn seiner Karriere mit viel Sympathie entworfenen Figur, der leibhaftigen Mutter seines *Krebsgang*-Erzählers, der einflussreichen Oma seines verführbaren Sohnes Konrad. Tatsache ist, dass Tulla Pokriefke, schon als frühreife Göre mit anarchischem Potential und diffuser, irrational-mystischer Leuchtkraft ausgestattet, von Beginn ihrer Existenz an dazu neigte, Männer zu extremen Taten zu stimulieren. Sie war stets für verführerische Angebote gut. Auch Mahlke, Pilenz und Liebenau wissen ein Hassliebe-Lied von ihr zu singen. Seitdem ist die gnadenlose Tulla zwar merklich gealtert, erscheint aber selbst als pragmatische Über(groß)mutter noch immer unbelehrbar, jedenfalls durch kein Urteil dingfest gemacht und durch keine Idee auf Linie gebracht werden zu können. Während ihr Sohn Paul aus innerem Notstand etwa zwischen *taz* und Springerpresse laviert (16, 7), pendelt auch sie, strotzend vor Auftrittsbewusstsein, zwischen den Extremen. Auf ihrem Hausaltar steht dementsprechend wie selbstverständlich ein Marienbildchen neben dem Pfeife rauchenden Konterfei Stalins. Und was an der klassenlosen Gesellschaft aller Kraft-durch-Freude-Schiffe verwerflich gewesen sein soll, ist ihr naturgemäß über Jahrzehnte hinweg schleierhaft geblieben.

Tulla, mittlerweile »innen und außen von Erinnerungen beklebt« (16, 194), die Muse der amoralischen Erinnerung schlechthin, lebt in der Nachwende-Gegenwart vor allem dafür, dass ihr Sohn »aines Tages mecht Zeugnis ablegen« (16, 18). Doch das bleibt zunächst wortwörtlich (16, 178) – allerdings unter wahnwitzigen Vorzeichen – ihrem Enkel vorbehalten, dem guten Konny:

»Ich stehe zu meiner Tat. Doch bitte ich das Hohe Gericht, die von mir vollzogene Hinrichtung als etwas zu bewerten, das nur in größerem Zusammenhang zu begreifen ist. [...] Ich rufe dazu auf, am Südufer des Sees, dort, wo ich auf meine Weise des Blutzeugen gedacht habe, ein Mahnmal zu errichten, das uns und kommenden Generationen jenen Wilhelm Gustloff in Erinnerung ruft, der vom Juden gemeuchelt wurde. Wie vor einigen Jahren endlich in Sankt Petersburg der U-Bootkommandant Alexander Marinesko [...] mit einem Denkmal geehrt worden ist, so gilt es, einen Mann zu würdigen, der am 4. Februar 1936 sein Leben gab, auf daß Deutschland endlich vom Judenjoch befreit werden konnte. Ich scheue mich nicht, anzuerkennen, daß es auf jüdischer Seite gleichfalls Gründe gibt, [...] jenen Medizinstudenten zu ehren, der seinem Volk mit vier gezielten Schüssen ein Zeichen gegeben hat.« (16, 179 f.)

Symmetrien zur Vorgeschichte der in Konrad Pokriefke exemplarisch fortwirkenden Attentatsgeschichte werden – plakativ genug – aufgebaut, um eindimensionale Erklärungsmuster und unreflektierte Denkschemata zum komplexen Thema »Rechtsextremismus« zu durchkreuzen. Die pädagogisch-didaktischen Aspekte sind nicht zu verkennen. Alle gängigen Schwarz-Weiß-, Gut-Böse-, Freund-Feind-Bilder werden relativiert; ihre Parodie inbegriffen. Kein Zweifel, dieses idealtypische Generationen-Projekt kann als Geschichtsunterricht mit literarischen Mitteln verstanden werden: Mahnmal-Diskussionen und Wahnvorstellungen, die auf der Grundlage offenbar anhaltend faszinierender Mythen oder im ideologischen Vakuum entstehen und von wissenschaftlichen Gutachten wohl auch nur mehr oder weniger überzeugend analysiert werden können, bleiben – so lässt sich der dem Leser nahegelegte Appell zusammenfassen – eine alltägliche, differenziert anzugehende Herausforderung für die ganze Gesellschaft.

Textwirklichkeit ist, dass diese Hirngespinste *Im Krebsgang* schließlich dazu führen – so will es der Erfinder dieser Geschichte, in der reale und fiktive Elemente bis zur Ununterscheidbarkeit verschmolzen sind –, dass Konny zum vorsätzlichen Mörder an einem Abiturienten namens Wolfgang Stremplin alias David wird, obwohl er seinen Gegenspieler bis dato nur als unsichtbaren, sich mit David Frankfurter identifizierenden Streitbruder im Chatroom getroffen hatte: »Ich habe geschossen, weil ich Deutscher bin – und weil aus David der ewige Jude sprach.« (16, 177) Irrsinnige Kausalverbindungen machen aus dem nachgeholten Rachefeldzug eine blutige Farce.

Und wer ist schuld? Für Konrads Vater steht, Gott, Freud und die gesellschaftlichen Verhältnisse ignorierend, außer Frage: Sie, die verhasste Mutter, die geliebte Oma, Tulla. Allein sie – Psychoanalyse hin, eigene Versäumnisse her – ist schuldig an der verhängnisvollen Tat: »Die Hexe mit Fuchspelz um den Hals. Seit je ein Irrlicht, wie jemand weiß, der sie von früher her kennt und bestimmt mit ihr was gehabt hat.« (16, 181) Wie sein beständig Druck machender Auftraggeber das sieht, der ja im Grunde Tullas Rolle unter veränderten Vorzeichen übernommen hat – vielleicht hat sie dem Alten diese Aufgabe ja sogar suggeriert –, wird im Rahmen der Fiktion nicht verraten.

Zurück zur fiktiven Keimzelle des Staates: Eine Aussprache zwischen Vater und längst verlorenem Sohn findet auch im letzten Kapitel dieser unheilvollen Geschichte nicht statt. Der Untergang der Familie Pokriefke scheint besiegelt. Die beiden Kafka-Bücher in Konnys Gefängnisregal – vermutlich der *Prozeß* und sein berühmter *Brief an den Vater* – dürfen als Wink mit dem Zaunpfahl verstanden werden. Ob Konrad jetzt auf seine Art mit der »Gustloff-Geschichte« abgeschlossen hat, weiß niemand: »Jede Stirn hält dicht, nicht nur seine. Sperrzone. Für Wortjäger Niemandsland. Zwecklos, die Hirnschale abzuheben. Außerdem spricht keiner aus, was er denkt. Und wer es versucht, lügt mit dem ersten Halbsatz.« (16, 187) Das gilt natürlich auch für Paul Pokriefke und seinen Auftraggeber, die am Ende, verspätet und auf Umwegen, gewissermaßen aber doch noch, wenn auch nicht hundertprozentig im Sinne Tullas, ein schriftliches Zeugnis in Form eines überkonstruierten Novellenberichts abgelegt haben.

Nach der Verurteilung Konnys zu sieben Jahren Jugendhaft bleibt den fragwürdigen Zeugen allerdings nur noch gemeinsam zu registrieren, dass dessen in sich schlüssiger Ideologie-»Irrsinn« (16, 180) von vermeintlich Gleichgesinnten bereits zur Ersatzreligion verklärt wird, und zwar, ganz zeitgemäß, im Netz. Vorerst rein virtuell mutiert Konny unter *www.kameradschaft-konrad-pokriefke.de* zum Märtyrer, Messias, Führer einer sich kämpferisch gebenden Bewegung. Analogien zu aktuellen Verblendungslehren drängen sich auf. Angestauter Hass, Gewaltpotentiale und zukünftige (Selbstmord-)Attentate sind zu erahnen. Und auch die Wortwahl seiner erlösungssüchtigen Anhänger lässt kaum Zweifel am Fortgang dieser im Internet beginnenden Episode zu: »Wir glauben an Dich, wir warten auf Dich, wir folgen Dir ...« (16, 203) Die von bedenklichem »Gedankengut« zeugenden Geschichten fangen – bisweilen in gebrochenen Spiegeln bis zur Groteske verzerrt – selbst nach dem Ende des Jahrhunderts der Weltkriege, der Genozide und der Massenvertreibungen immer wieder aufs Neue an (vgl. 13, 31) – am hellen Tag, im Krebsgang: »Das hört nicht auf. Nie hört das auf.« (16, 203)

Erzählungen: Vom Dreißigjährigen Krieg bis zur Jahrtausendwende

»Aus dem Gesagten ergibt sich auch, dass es nicht Aufgabe des Dichters ist mitzuteilen, was wirklich geschehen ist, sondern vielmehr, was geschehen könnte, d. h. das nach den Regeln der Wahrscheinlichkeit oder Notwendigkeit Mögliche.«
Aristoteles

Das Treffen in Telgte

Vorhang auf, willkommen im phantastisch-realistischen Reich der Fiktion: »Gestern wird sein, was morgen gewesen ist. Unsere Geschichten von heute müssen sich nicht jetzt zugetragen haben. Diese fing vor mehr als dreihundert Jahren an. Andere Geschichten auch. So lang rührt jede Geschichte her, die in Deutschland handelt.« (10, 7)

Wir schreiben das Jahr 1647: Ein Jahr zuvor bringt ein begnadeter junger Barock-Dichter namens Andreas Gryphius das nach wie vor Maßstäbe setzende Sonett *Threnen des Vatterlandes* zu Papier, ein Gedicht, das noch heute an die inneren und äußeren Verheerungen aller Kriege gemahnt.

Wir schreiben das Jahr 1947: Es gilt, traumatische Erlebnisse aufzuarbeiten und wegweisende Perspektiven für einen wirklichen Neuanfang nach dem Zweiten Weltkrieg zu entwickeln. In diesem Geiste versammelt sich schon zwei Jahre nach der vernichtenden Niederlage Deutschlands eine Gruppe von deutschsprachigen Schriftstellern, die 20 Jahre lang in wechselnden Konstellationen Literatur- und Gesellschaftsgeschichte schreiben sollte.

Wir schreiben das Jahr 1978: Hans Werner Richter, einer der Gründungsväter jener heute bereits sagenumwobenen »Gruppe 47«, feiert im traurigen Monat November seinen 70. Geburtstag. Sein Freund Günter Grass widmet ihm, dem verehrten Mentor alias Simon Dach, die 1979 publizierte Erzählung *Das Treffen in Telgte*, die von Marcel-Reich-Ranicki auf dem Buchumschlag der Taschenbuchausgabe von 1981 folgendermaßen kommentiert wird: »Grass erzählt das Märchen von den einträchtigen deutschen Dichtern stets in bester Laune, mit zarter Ironie und mit robustem Humor – und mit einer Kunst, die in der deutschen Literatur dieser Tage ihresgleichen nicht hat.«

Nichts ist vorbei, alles kommt wieder. Das weiße Blatt Papier macht es möglich. Auch im Rahmen dieses poetischen Weltentwurfs zum anhaltend aktuellen Themenkomplex »Vaterland, Muttersprache und Kulturnation« findet alles gleichzeitig statt. Die allesamt zerrissenen Zeiten schnurren zusammen, dem gottähnlichen Schöpfer von dieser Jammertal-Welt sei es gedankt: »Wir haben das so in der Schule gelernt: nach der Vergangenheit kommt die Gegenwart, der die Zukunft folgt. Mir aber ist eine vierte Zeit, die Vergegenkunft, geläufig.« Der geschichtsbewusste Autor spielt hier demnach erneut mit seinem ganz eigenen Zeitbegriff jenseits der »Schuleinteilungen« (24, 252), um der Reduzierung unserer Wirklichkeit durch Zeitsprünge, Parallelschaltungen oder Überblendungen entgegenzuwirken. Damit wirbt er für anregend-irritierende Entdeckungsreisen durch scheinbar längst vertrautes Gelände. Denn Geschichte ist und bleibt ein von Menschen zu verantwortender Prozess, und Geschichtsschreibung ist und bleibt ein Konstrukt, eine Interpretation.

Inhaltlich dreht sich die 23 Kapitel umfassende Barock-Erzählung mit Gegenwartsbezug um Krieg und Frieden, Literatur und Politik, Geist und Macht, mit anderen Worten: um Poesie und Friedensappelle in Zeiten des Krieges. Die leitmotivisch eingesetzte Distel dient in diesem Kontext als das sprachliche »Sinnebild kriegswüster Zeit« (10, 62). Sie wird durch die Kunst der Dichter zum unzerstörbaren Emblem. Nur sie bleibt heil, überdauert, allen Widrigkeiten und medial frisierten Realitäten zum Trotz.

Deshalb erlauben sich unverbesserliche Ästheten bisweilen zaghaft oder vehement darauf hinzuweisen, dass es neben wissenschaftlich geschulten Historikern ja auch noch die närrischen Dichter mit Wirklichkeitssinn gibt. Und diese Narren unterscheiden sich von den offiziellen Chronisten vor allem dadurch, dass sie nicht davon erzählen, was war, sondern davon, was hätte geschehen können. Sie wagen das Unmögliche, damit das Mögliche, und sei es auf riskanten Umwegen, entsteht.

Naturgemäß bemühen sie sich allerdings oft vergeblich, gerade wenn es um direkte Einflussnahmen geht: »Wieder einmal war den Poeten nichts gewisser als ihre Ohnmacht und ihre mangelnde Kenntnis der politischen Kräfte« (10, 137). Diese ernüchternde Erfahrung wird im *Treffen in Telgte* am Beispiel der Entwicklung des »leidigen«, letztlich vergeblich geschriebenen Manifests (10, 135) der deutschen Barock-Poeten dokumentiert, selbst wenn die Spracharbeiter sich als genuine Vertreter des »anderen«, des besseren, des »wahrhaftigen Deutschland« (10, 76) begreifen. Ihr Friedensaufruf verbrennt jedenfalls, bevor er verbreitet werden kann: »So blieb ungesagt, was doch nicht gehört worden wäre.« (10, 147)

Aber hin und wieder können selbst die Dichter auf Erfolge verweisen. Dafür stehen alle Ansätze der epischen Geschichtsschreibung als gewissenhafte Phantasiearbeit und obsessive Imagination. Denn im Idealfall dienen gerade diese vielschichtigen Sprachkunstwerke als aufklärendes Korrektiv zum oft eindimensionalen Herrschaftsdiskurs. Sie berichten nicht davon, was war, sondern erzählen über das, was hätte geschehen können. Im überzeugendsten Fall geschieht dies aus dem privaten Bilderkosmos der Autoren heraus, und häufig dient ein unersetzbarer Verlust als entscheidende Antriebskraft. So füllen (un-)zeitgemäße Poeten mit ihrer Einbildungskraft aus, was im historischen Prozess oft übersprungen wird. Sie erfinden genauere Fakten als die, die uns angeblich authentisch überliefert werden. Man denke in diesem Kontext nur an Grimmelshausens abenteuerlichen *Simplicissimus*, an Döblins *Wallenstein*-Roman oder an Brechts Lehrstück *Mutter Courage* als veritable Ergänzungsbände zur Geschichte des Dreißigjährigen Krieges.[1] Denn nicht etwa politische Großereignisse und Entscheidungsschlachten sind den närrischen Erdichtern Stoff, vielmehr ist es der sogenannte Alltag, den sie Schicht um Schicht freilegen und mit sprachlichen Mitteln beredt machen:

»Kein Fürst könne ihnen gleich. Ihr Vermögen sei nicht zu erkaufen. Und wenn man sie steinigen, mit Haß verschütten wollte, würde noch aus dem Geröll die Hand mit der Feder ragen. Einzig bei ihnen sei, was deutsch zu nennen sich lohne, ewiglich aufgehoben.« (10, 144)

Große Worte. Nachzulesen ist: Seit annodazumal konzentrieren sich die der Wahrheit dienlichen Lügengeschichtenerzähler (vgl. 1, 476) auf die Durchleuchtung fataler Strukturen, die sie mit literarischen Mitteln entdämonisieren. Beherzte Männer und Frauen des Wortgeschehens bieten demzufolge in immer neuen Geschichten von jeher alternative Lesarten zur gesamtdeutschen Hofgeschichtsschreibung an. Und diese kunstvollen Gegenmärchen wollen immer wieder variiert werden, weil die anderen Wahrheiten, die gern unter dem Mantel ideologischer Geschichtsklitterung versteckt werden, ohne sie nicht zur Sprache kommen würden. Mit einem typisch Grass'schen Narrativ lässt sich diese traditionsreiche Poetik des phantastischen Realismus, die nicht nur im *Treffen in Telgte* deutliche Spuren hinterlassen hat, so zusammenfassen:

»[W]ir Schriftsteller sind nicht totzukriegen. Ratten und Schmeißfliegen, die am Konsens nagen und die Weißwäsche sprenkeln. Nehmt sie alle, wenn ihr am Sonntagnachmittag (und sei es beim Puzzle) Deutschland sucht: den toten Heine und den lebenden Biermann, Christa Wolf drüben, Heinrich Böll hier, Logau und Lessing, Kunert und Walser, stellt Goethe neben Thomas und Schiller neben Heinrich Mann, laßt Büchner in Bautzen und Grabbe in Stammheim einsitzen, hört Bettina, wenn ihr Sarah Kirsch hört, lernt Klopstock bei Rühmkorf, Luther bei Johnson, beim toten Born des Gryphius Jammertal und bei Jean Paul meine Idyllen kennen. Und wen ich noch durch die Zeiten wüßte. Laßt keinen aus. Von Herder bis Hebel, von Trakl bis Storm. Pfeift auf die Grenzen. Wünscht nur die Sprache geräumig. Seid anders reich. Schöpft ab den Profit. Denn Besseres (über die Drahtverhaue hinweg) haben wir nicht. Einzig die Literatur (und ihr Unterfutter: Geschichte, Mythen, Schuld und andere Rückstände) überwölbt die beiden sich grämlich abgrenzenden Staaten. Laßt sie gegeneinander bestehen – sie können nicht anders –, doch zwingt ihnen, damit wir nicht weiterhin blöde im Regen stehen, dieses gemeinsame Dach, unsere nicht teilbare Kultur, auf.« (II, 122)

Doch selbst damit sind noch längst nicht alle Dimensionen der vom barocken Lebensgeist geprägten Erzählung benannt. Beschworen werden neben der Umwortung der von politischen Machthabern missbrauchten Worte nicht zuletzt die körperliche Liebe und das Essen als überlebenswichtige Mächte gegen die unaufhaltsam verstreichende Zeit. Und so stehen neben poetologischen und religiösen Disputen immer wieder sexuelle Ausschweifungen und deftige Schilderungen opulenter Mahlzeiten, die zu allem Überfluss auf eine ganz bewusst konstruierte Dramaturgie verweisen – vom kargen Büßermahl über das üppige Gelage bis hin zum wunderbaren Fischessen mit religiösen Konnotationen im Zeichen von Toleranz und Versöhnung: »Ach, möge der Friede auf diese Weise geraten, dass Lutheraner bei Katholiken und Katholiken bei Lutheranern und Calvinisten speisen dürfen, desgleichen Lutheraner und Calvinisten an einem Tisch.« (10, 92)

Zurück in den Sommer 1647. Ein Jahr, bevor der Westfälische Friede den Dreißigjährigen Krieg beendet, treffen sich die berühmtesten Barockdichter unter Simon Dachs »mild strengem Vorsitz« (11, 139), um sich gegenseitig aus ihren Manuskripten vorzulesen. Sie treffen sich im titelgebenden Wallfahrtsort Telgte, einem entrückten Ort, der ganz bewusst zwischen den Machtzentren Münster und Osnabrück angesiedelt ist. Während die an kurzsichtigen Eigeninteressen orientierten Friedensverhandlungen die Voraussetzungen für neue Kriege schaffen und die Zerrissenheit des deutschen Sprachraums befestigen, suchen die vereinzelt lebenden Poeten fünf Tage lang nach einem gemeinsamen, die politischen und religiösen Widersprüche langfristig belastbar überbrückenden Halt.

Sogleich entwickelt sich ein lebhaftes Gespräch über die Not und das Glück der Poeterei, die vielfältigen Formen der Kunst und natürlich über ethische Maßstäbe in unsicheren Zeiten. Sprachmächtig und lebensprall beschwört der aus dem Vollen schöpfende Erzähler, nicht zu verwechseln mit Günter Grass, den Geist der Geselligkeit, die Schrecken des Krieges und die Macht bzw. die Ohnmacht der Dichter über Jahrhunderte hinweg. Auch er, der zeitweilende, aus ironischer, aber respektvoller Distanz ans Werk gehende Berichterstatter kann so durchaus als Verkörperung des Spieltriebs seines Erfinders verstanden werden: »Und alles nur deshalb, weil Taddels Vatti sowas selbst mal erlebt hat, als er noch ein ganz junger Dichter gewesen ist und sich mit nem Haufen anderer Dichter mal hier, mal da getroffen hat« (18, 116).

Augenzwinkernd geistert dieser Erzähler, der auch in der *Box* namenlos bleibt, durch die kunstvoll komponierte Geschichte. Mal allwissend, dann wieder mutmaßend, aber schon im 17. Jahrhundert ist er stets dabei, am liebsten sitzt er zwischen den Spöttern und betont, den Schluss der erfundenen Mär bezeugen zu können. Bemerkenswerter noch: Gleichzeitig berichtet dieses eher unscheinbare, aber sehr belesene Ich von heute aus. Es hat seine Geschichtslektionen bereits gelernt und weiß demzufolge noch sehr viel mehr über all das, wozu Menschen erschreckenderweise fähig sind, als seine nicht unkritisch, aber stets mit Sympathie betrachteten Barock-Figuren, die dennoch der unmittelbaren Gegenwart entsprungen zu sein scheinen. Denn Schuld, Scham und Eitelkeit erweisen sich als zeitlose Konstanten.

Profunde Recherchen, reiches Quellenmaterial, ein dichtes Anspielungsnetz, aufschlussreiche Parallelen zwischen dem »Eswareinmal« (11, 104) und der Jetzt-Zeit sowie ein anregendes ästhetisches Spiel mit doppelten Böden eröffnen neugierig gebliebenen Lesern und Leserinnen dieser Textinszenierung aufschlussreiche Perspektiven in Hülle und Fülle.

Ebenso überraschend wie bezeichnend ist beispielsweise die von Werner Frizen[2] akribisch herausgearbeitete Erkenntnis, dass im Grunde nicht die versammelten Poeten, sondern die Randfiguren der Erzählung zentral stehen. Darunter insbesondere Heinrich Schütz, der juristisch geschulte Musiker und Komponist, der behauptet, »es fehle der deutschen Poeterey an Atem, vollgestopft mit Wortmüll sei sie, keine Musik könne sich in ihrem Gedränge mit sanfter oder erregter Geste entfalten« (10, 79); und auch der von ihm geschätzte »Bauernbub« Gelnhausen, alias Stoffel oder Grimmelshausen, ein kampferprobter Soldat der kaiserlichen Truppen und Schriftsteller in spe, der die weniger lebenserfahrenen Dichter kurioserweise bei einer von ihm selbst später erfundenen Figur einquartiert, nämlich bei der Couraschen. Eine ausgeklügelte Konstruktion: der feinsinnige Geist und der schamlose Draufgänger, sie avancieren in diesem fiktiven Vexierspiel, eng miteinander verbandelt, zum Dreh- und Angelpunkt einer geschickt instrumentierten Initiationsgeschichte, die nicht zuletzt den Übergang Gelnhausens von der militärischen zur poetischen Existenzform markiert:

»Als der Stoffel vor ihm auf die Knie fiel, zog ihn Schütz hoch. Er soll, was Harsdörffer später erzählte, zu dem Regimentsschreiber gesagt haben: Er dürfe seine Lügengeschichten nie wieder mörderisch ausleben, sondern müsse sie beherzt niederschreiben. Lektionen habe ihm das Leben genug erteilt.« (10, 103)

Und selbst wenn noch zwei weitere Figuren bei der Geburt des zukünftigen Dichters, der bislang eher durch seine Laxheit in moralischen und regelpoetischen Fragen aufgefallen ist, Pate stehen – nämlich der Literaturtheoretiker Harsdörffer, zuständig für das unabdingbare Handwerkzeug des Schreibers, und Stoffels Bettgenossin mit mütterlichen Zügen, zuständig für Tiefenpsychologie und Sinnenfreuden aller Art –, von entscheidender Bedeutung sowohl für Gelnhausen als auch für die Gesamtkomposition der Erzählung ist vor allem der »große Schütz« (10, 112). Schon in einem Gespräch von 1980 hat Günter Grass selbst ausdrücklich darauf hingewiesen (vgl. X, 235), dass Schütz' geistliches Chorwerk *Die sieben Worte Jesu Christi am Kreuz* eine »Schlüsselrolle« (X, 235) in der Erzählung einnimmt und durch den Auf- und den Abtritt des Vertreters der Sprachmusik von morgen – es sind geradezu liturgisch-ritualisierte Begrüßungs- und Abschiedsszenen, Episoden von mythischer Qualität – jeweils eine Wendung des Geschehens eingeleitet wird. Er, weitberühmter kursächsischer Hofkapellmeister und Magister der Jurisprudenz, ist es, der den zur Verzweiflung neigenden Poeten mit seinen Worten Mut macht:

»Heinrich Schütz, der den Wechselreden wie abwesend beigesessen war, beantwortete die Frage nach dem Weshalb: Der geschriebenen Wörter wegen, welche nach Maßen der Kunst zu setzen einzig die Dichter begnadet seien. Auch um der Ohnmacht – er kenne sie wohl – ein leises ›dennoch‹ abzunötigen.« (10, 77)

Und er ist es, dessen Ratschlag Stoffel, der vermeintlich verlorene Sohn, nach der »Adoption« durch den väterlichen Mentor beherzigt, indem er zu guter Letzt seinen eigenen, eine glorreiche Zukunft der Literatur ankündigenden Roman skizziert: unverkennbar den *Simplicissimus.* In dieser genialen Schlusspointe der bis ins letzte Detail ausgeklügelten Konstruktion nimmt Stoffel zugleich das poetologische Programm der *Blechtrommel* und das Selbstverständnis des Schriftstellers Günter Grass mustergültig vorweg bzw. verkündet es nachträglich:

»Zwar möge Jahr nach Jahr gehen und noch ein Jahr, bis er sein Wissen aufgeputzt, sich in Harsdörffers Quellen gebadet, an Moscheroschs Handwerk geschult und etlichen Traktaten die Regeln abgeguckt habe, aber dann werde er dasein: höchst lebendig in viel bedrucktem Papier versteckt. Doch wolle niemand von ihm vertändelte Schäfereien, übliche Leichabdankungen, verzwackte Figurenpoeme, zierliches Seelgewimmer oder Bravgereimtes für die Kirchgemeinde erwarten. Eher werde er den großen Sack aufmachen, den gefangenen Stunk freisetzen, des Kronos Parteigänger sein, den langen Krieg als Wortgemetzel neuerdings eröffnen, alsdann ein entsetzliches Gelächter auffliegen lassen und der Sprache den Freipaß geben, damit sie laufe, wie sie gewachsen sei: grob und leisgestimmt, heil und verletzt, hier angewelscht, dort maulhenckolisch, immer aber dem Leben und seinen Fässern abgezapft. Schreiben wolle er! Beim Jupiter, Merkur und Apoll!« (10, 125)

Kopfgeburten oder Die Deutschen sterben aus

Gespiegelte Einblicke in das Grass'sche Selbstverständnis gewährt auch die Erzählung *Kopfgeburten oder Die Deutschen sterben aus* (1980). Doch in diesem Fall steht bezeichnenderweise nicht sein wahlverwandter Berufskollege Grimmelshausen Pate, sondern ein Gegenspieler, und zwar der sprachmächtige Berufspolitiker Franz Josef Strauß, damals Kanzlerkandidat der Union:

»Er ist ja kein Langweiler. Nie gehen ihm die Wörter aus. Von Sprache überfüllt, schleudert, erbricht er manchmal wortwörtliche Restbestände, die seit Jahrzehnten nicht oder so nicht zu Gehör kamen. Oft entwischt ihm die Sprache als Durchfall. Sätze, hochgerüstet zu Kolonnen formiert, treten sich auf die Hacken. Doch seine Fähigkeit zum abendfüllenden Wortgedrängel, zum hochgestimmten Wörterfest, läßt uns vermuten, daß ihm, der sich in Sachen Machtgewinn abgehetzt und bis zum Aberwitz verrannt hat, ganz andere Talente eignen. Denn eigentlich ist er – um von ihm als Politiker Abschied zu nehmen – eine fehlentwickelte Begabung. Noch könnte er sich besinnen. Hätte er sich früher besonnen, wäre er heute einer von uns. [...] Ich bin sicher: Fleiß vorausgesetzt, wäre er (nach einigen völkisch-verblasenen Versuchen während seiner Soldatenzeit) bald nach Kriegsende produktiv geworden« (11, 138 f.).

Und das macht die Sprachbegabung Franz Josef Strauß über Jahrzehnte hinweg sogar sehr erfolgreich, in eindeutiger, allerdings gebrochener Analogie zum Werdegang des Autors der *Danziger Trilogie* und dessen Politisierung im Zeichen einer moderaten Sozialdemokratie. Allerdings mit einem bezeichnenden Unterschied, so will es der Erzähler: Strauß, das »Naturtalent«, der »Berserker«, hätte sich zum militanten Linksaußen entwickelt. Dem nunmehr ungezügelten Willen zur politischen Machtausübung frönend, tendiert er zum Extremismus.

Doch auch in dieser Frage kann ihm das ebenso selbstbewusste wie selbstironische Autor-Ich durchaus das Wasser reichen. Nicht nur dann, wenn es explizit davon träumt, einmal Diktator zu sein und »das uneingeschränkte Sagen« zu haben: »Nur auf ein Jahr. Mir würde das schon reichen.« (11, 71) Angesichts dieser Konstellation entsteht kurz nach der fulminanten Barock-Erzählung *Das Treffen in Telgte* ein unter ästhetischen Gesichtspunkten weniger reizvolles, ganz bewusst parallel zur Zeitgeschichte geschriebenes »Nebenwerk«, was auch die vorweggenommene Kritik der Kritik durch den Grass-Erzähler selbst nicht kaschieren kann:

»Auf was lasse ich mich ein? Auf Gegenwart. Als ich aus den fünfziger Jahren in die sechziger Jahre hinein weitläufig über Vergangenes schrieb, riefen die Kritiker: Bravo! Vergangenes muß bewältigt werden. Und zwar aus Distanz: Es war einmal./ Als ich Ende der sechziger in die siebziger Jahre hinein über Gegenwärtiges, zum Beispiel über den Wahlkampf neunundsechzig schrieb, riefen die Kritiker: Pfui! Wie kann man sich distanzlos auf die Gegenwart einlassen. Und obendrein so deutlich politisch. So wollen wir ihn nicht. Das wird von ihm nicht erwartet./ Als ich Ende der siebziger Jahre (abermals weitläufig) die Steinzeit (und was ihr folgte) mit der Gegenwart verquickte, riefen die Kritiker: Na endlich! Da ist er wieder. Offenbar hat er resigniert und die Flucht in die Vergangenheit angetreten. So gefällt er uns besser. Das war er sich und uns schuldig./ Wenn ich mich nun, kurz vor Beginn der achtziger Jahre, wieder (distanzlos) in die Gegenwart verbeiße – obgleich Strauß ein Relikt der fünfziger Jahre ist –, werden die Kritiker – na was schon – rufen: Klar doch! Sein Beitrag zum Wahlkampf. Er kann es nicht lassen.« (11, 103 f.)

Wohl wahr, aber die Erzählung *Kopfgeburten oder Die Deutschen sterben aus*, die Grass dem 1979 gestorbenen Kollegen und Freund Nicolas Born gewidmet hat – »Seitdem du tot bist, werde ich deutlicher alt.« (11, 114)[3] –, ist glücklicherweise keine reine Wahlkampfbroschüre. Der Text kann darüber hinaus als nachträgliches Konzentrat einer längeren Asienreise »nach China, Thailand, Indonesien, auf die Philippinen, sonstnochwohin, zum Schluß nach Singapur« (18, 146) gelesen werden, die das Ehepaar Grass, teilweise zusammen mit Angelika und Volker Schlöndorff, der 1979 mit seinem ausgezeichneten *Blechtrommel*-Film für Furore sorgen konnte, in Angriff genommen hat. Auch diese Gruppenkonstellation mag dazu beigetragen haben, dass dem Ich-Erzähler anfangs noch unklar zu sein scheint, in welche Richtung sich sein neues Manuskript entwickeln soll: »Wird es ein Buch oder Film? ›Kopfgeburten‹ könnte der Film oder das Buch oder beides heißen und sich auf den Gott Zeus berufen, aus dessen Kopf die Göttin Athene geboren wurde; ein Widersinn, der männliche Köpfe heutzutage noch schwängert.« (11, 9)

Gedacht, getan. So wird die logischerweise neun (Schwangerschafts-)Kapitel umfassende »Inhalt gewordene Form« des kürzeren Gedankenspiels schon bald nach der Rückkehr in die Heimat gefunden. Es soll »(wie in meinem Kopf, so auf dem Papier) alles gleichzeitig stattfinden« (11, 84), also in der allen ausdauernden Grass-Lesern bereits geläufigen »Vergegenkunft«, denn diese »eine vierte Zeit« (11, 104) jenseits der absurden Chronologie ist dem allzeit trächtigen Künstlerkopf eingeschrieben. Sie veranschaulicht, »wie die Vorblende die Rückblende aufhebt und alles Gegenwart wird« (11, 67): »Hier stiftet einzig das Chaos Ordnung.« (11, 104)

Die zentralen Themenkomplexe der passagenweise mit Filmdrehbuchtechniken kokettierenden Erzählung sind dennoch schnell auszumachen: Obwohl eine Asienreise zum Auslöser der Geschichte avanciert, obwohl sowohl der Ost-West- als auch der Nord-Süd-Konflikt jederzeit präsent sind und obwohl der Dritte Weltkrieg droht, geht es nicht zuletzt um vermeintlich typisch deutsche Befindlichkeiten: »Wir bescheiden uns nicht. Uns ist genug nie genug. Wir wollten schon immer darüber hinaus. Was auf Papier steht, setzen wir um. Und träumen noch produktiv. Und machen alles, was machbar ist. Und machbar ist uns, was denkbar ist. Deutschsein heißt: das Unmögliche möglich machen.« (11, 111)

Wichtiger noch: Es geht angesichts von aktuellen Reizthemen wie Geburtenkontrolle, Atommüll und Abschottung gegen die Armut in der sogenannten Dritten Welt vor allem um die traditionsreiche »deutsche Frage« (11, 76), genauer, um ihre durch radikale Perspektivwechsel ermöglichte Relativierung. Man stelle sich vor:

»Die Deutschen sterben aus. Ein Raum ohne Volk. Kann man sich das vorstellen? Darf man sich das vorstellen? Wie sähe die Welt aus, gäbe es keine Deutschen mehr? Was finge die Welt mit sich an ohne die Deutschen? Müßte sie fortan am chinesischen Wesen genesen? Ginge den Völkern ohne die deutsche Zutat das Salz aus? Hätte die Welt ohne uns noch irgendeinen Sinn oder Geschmack? Müßte die Welt sich nicht neue Deutsche erfinden, inbegriffen Sachsen und Schwaben?« (11, 8.f.)

Doch auch damit ist diese allzu deutsche Kopfgeburt noch lange nicht zu Ende gedacht, denn natürlich geht es dem geschichtsbewussten Zeitgenossen, der sich seit Jahren an deutsch-deutschen Schriftstellertreffen in Ostberlin (vgl. 11, 48) beteiligt, nicht zuletzt um die verbindende Rolle der Literatur in sich verfinsternden Block-Zeiten:

»Auf vierzehn Seiten Manuskript ausgebreitet, lag es obendrein in englischer Fassung bereit: ›Die beiden deutschen Literaturen‹ – oder wie der Untertitel hätte heißen können: ›Deutschland – ein literarischer Begriff‹. Denn meine These [...] sagt: Als etwas Gesamtdeutsches läßt sich in beiden deutschen Staaten nur noch die Literatur nachweisen; sie hält sich nicht an die Grenze, so hemmend besonders ihr die Grenze gezogen wurde.« (11, 9)

Deshalb empfiehlt er seinen Landsleuten – jenseits von politischen, ideologischen, wirtschaftlichen und militärischen Differenzen –, das alte Konzept einer gemeinsamen »Kulturnation« (11, 17, 34) mit neuem Leben zu füllen, zumal ihm diese Möglichkeit die einzig realistische Alternative darzustellen scheint:

»Ich sagte: ›Unsere Nachbarn in Ost und West werden eine Ballung wirtschaftlicher und militärischer Macht in der Mitte Europas nie wieder dulden nach der Erfahrung zweier Weltkriege, die dort gezündet wurden. Doch könnte die Existenz der beiden deutschen Staaten unter dem Dach eines gemeinsamen Kulturbegriffes unseren Nachbarn verständlich und dem Nationalverständnis der Deutschen angemessen sein.‹/ Eine Illusion mehr? Literatenträume? Ist meine Behauptung, die ich in Peking und Shanghai, danach anderenorts wie ein närrischer Wanderprediger vortrug – es hätten sich die deutschen Schriftsteller, im Gegensatz zu ihren separatistischen Landesherren, als die besseren Patrioten bewiesen – nur eine Trotzgebärde? Mit Beweisen von Logau und Lessing bis zu Biermann und Böll zur Hand, setzte ich einfältig (womöglich rührend in meiner Einfalt) Kenntnis der deutschen Kultur und ihrer Entwicklung voraus.« (II, 17)

Entscheidend ist demnach auch in diesem Zusammenhang die Kenntnis der sogenannten deutschen Geschichte, konkret, das jede Reise begleitende »Bewältigungsgepäck« (II, 19). Das gilt insbesondere für den Grass-Erzähler selbst, auch wenn ihn sein Jahrgang vor der direkten Mitverantwortung für die unfassbaren im Namen des Nationalsozialismus begangenen Verbrechen bewahrt hat. Doch das »Entsetzen wird bleiben« (II, 23). Seine geradezu bekenntnishafte Begründung dafür, warum das für ihn so ist und bleibt, soll hier ungekürzt zitiert werden, weil sie für das von Mitverantwortung geprägte Selbstverständnis des den Krieg nur zufällig Überlebenden konstitutiv ist:

»Ich will nicht urteilen. Ein fragwürdiger Glücksfall, mein Jahrgang, 1927, verbietet mir den Stab brechende Worte. Ich war zu jung, um ernsthaft geprüft werden zu können. Und doch hängt es mir an: Als Dreizehnjähriger habe ich mich an einem Erzählwettbewerb der Hitlerjugend-Zeitschrift ›Hilf mit!‹ beteiligt. Ich schrieb schon früh und war auf Anerkennung versessen. Doch weil ich, offenbar die Adresse fehleinschätzend, etwas Melodramatisches über die Kaschuben geschrieben und als Fragment eingeschickt hatte, war mir das Glück sicher, keinen Hitlerjugend-, keinen ›Hilf mit!‹-Preis zu bekommen./ Also bin ich fein raus. Also belastet mich nichts.

Keine Fakten sind greifbar. Nur meine Vorstellung, die nicht Ruhe gibt, schafft welche herbei: Ich könnte mich rückdatieren. Ich lasse meine Biographie zehn Jahre früher beginnen. Was sind schon zehn Jahre! Ein Daumensprung. Meine Vorstellung schafft das./ Ich, Jahrgang 1917. 1933 wäre ich sechzehn und nicht sechs Jahre alt, bei Kriegsbeginn zweiundzwanzig und nicht zwölf Jahre alt gewesen. Da sogleich wehrpflichtig, hätte ich wie die meisten meines Jahrgangs kaum den Krieg überlebt. Doch trotz dieser Wahrscheinlichkeit spricht nichts (oder nur Gewünschtes) gegen meine zielstrebige Entwicklung zum überzeugten Nationalsozialisten. Aus kleinbürgerlicher, die halbkaschubische Herkunft verdrängender Familie, deutsch-idealistisch erzogen und auf das Prinzip der Reinheit vergattert, hätte ich mich für großräumige Ziele begeistern und mir (im Namen der Volksgemeinschaft) subjektives Unrecht als objektives Recht erklären lassen. (Die Danziger SS-Heimwehr hätte, obgleich oder weil mein Onkel Franz bei der Polnischen Post Dienst tat, im Spätsommer 39 mit mir rechnen können, schriftlich bestimmt.)/ Dank meiner Mitgift, dem rigorosen Schreibtalent, wäre mir zu den Ereignissen der Bewegung (Machtergreifung, Erntedankfest, Führers Geburtstag) und später zum Kriegsverlauf Gereimtes und Hymnisches eingefallen, zumal die Poetik der Hitlerjugend (siehe Anacker, Schirach, Baumann, Menzel) spätexpressionistische Wortballungen und gestische Metaphern erlaubte. Meine Texte zu Morgenfeiern sind vorstellbar.« (II, 21 f.)

Das sind deutliche Worte. Indem das Autor-Ich sich um zehn Jahre zurückdatiert, also das spekulative Durchspielen einer durchaus vorstellbaren Biographie mit trüb fließenden Übergängen (II, 23) zwischen »Schuld, Mitschuld, Täterschaft« (II, 68) zur eigenen Sache macht, räumt es ungeschönt ein: Ich hätte ein potentieller Täter aus Überzeugung gewesen sein können.

»Nicht nur Gedichte zu Führers Geburtstagen und Hymnen auf dorische Säulen sind mir gegenwärtig, auch Partisanenerschießungen, die mich stumm machen, und die Liquidierung eines ukrainischen Dorfes, das ich geduckt im Schnee vor mir sehe, kurz bevor wir es ausräuchern: laut Befehl« (II, 68).

Harm und Dörte Peters, ein vom Oberspielleiter ausgedachtes kinderloses Lehrer-Ehepaar, Mitte, Anfang Dreißig, aus dem hohen Norden Deutschlands, einst studentenbewegt, jetzt beamtet und sich selbst permanent reflektierend, hat dagegen ganz andere Sorgen: »Nicht diese ewige Dazumalkacke. Sondern was morgen ist. Wie wir das hinkriegen, die achtziger Jahre.« (II, 68)

Dörte flirtet dazu, nachdem sie die linksextremen Flausen hinter sich gelassen hat, mit dem »Übersinnlichen« und der Flucht in religiöse Erlösungsmuster (vgl. II, 56). Harm glaubt dagegen weiter an die Kraft der »Scheiß-Vernunft« (II, 55) und bleibt den Mühen der hügeligen Ebene treu: »Er vergleicht die Arbeit und geistige Haltung des Sisyphos mit den Aufgaben und der Ethik des demokratischen Sozialismus.« Die für Dörtes Mann, einer Parodie des absurden Helden wider das Absurde (II, 82), entscheidende Frage ist demzufolge,

»wie wird sich Sisyphos in Orwells Jahrzehnt verhalten?« (11, 81). Und seine nur sanft ironisierte Antwort fällt dann auch ganz im Sinne seines Erfinders aus:

»›So seh ich mich, Dörte. Genau so. Raufgewuchtet den Stein, plumps liegt er wieder unten. Wieder rauf, nochmal runter. Immerzu. Lebenslang. Ich meine, kaum hat man irgendeine Reform über die Runden gebracht und denkt, Donnerwetter, ist doch ne Sache, da ist schon das nächste Reförmchen fällig. Das hört nicht auf. Nie, sag ich dir, nie wird das aufhören. Immer wartet unten der Stein.‹« (11, 81 f.)

Und das ist aus der Perspektive lebenslustiger Pessimisten wie Günter Grass gut so, wenn gleichzeitig akzeptiert werden kann, dass die mühselige Arbeit des Lebens kein Endziel kennt. Denn »Sisyphos ist nichts anderes als das Wissen, daß der Stein oben nicht liegenbleibt – und dann das Jasagen dazu. Für mich gäbe es keine schrecklichere Vorstellung als die, daß der Stein eines Tages oben liegenbliebe. Das wäre das Ende. Dem entspricht auch mein Mißtrauen gegen jegliche Ideologie, ob sie von links oder rechts kommt: Immer verspricht sie der Menschheit, daß der Stein eines Tages oben liegenbleibt.« (24, 578)

Oder, um es mit den Worten des ebenfalls allen fatalen »Endziel-Versprechungen« misstrauenden Grass-Erzählers der *Kopfgeburten* zusammenzufassen:

»Mitten im Krieg, 1943, hat Albert Camus seinen Essay veröffentlicht. Ich las den *Mythos von Sisyphos* Anfang der fünfziger Jahre. Doch vorher schon, ohne Kenntnis des sogenannten Absurden, dumm, wie mich der Krieg entlassen hatte, war ich, der Zwanzigjährige, mit allen Seinsfragen und also mit dem Existentialismus auf du. Und als mir dann später der Begriff des Absurden zur Person wurde, als ich (angeekelt vom christlich-marxistischen Hoffnungsquark) den heiteren Steinwälzer als jemanden verstand, der zum vergeblichen Steinewälzen, zum Spott auf Fluch und Strafe einlud, suchte ich meinen Stein und wurde glücklich mit ihm. Der gibt mir Sinn. Der ist, was er ist. [...] Er enttäuscht mich nie. Er will von mir nicht, ich will von ihm nicht erlöst werden. Menschlich ist er, mir angemessen und auch mein Gott, der ohne mich nichts ist. Kein himmlisch Jerusalem kann sein Tauschwert sein, kein irdisches Paradies ihn unnütz machen. Deshalb verlache ich jede Idee, die mir die letzte Ankunft, die endliche Ruhe des Steins auf dem Gipfel verspricht. Aber auch den Stein, der mich zum Helden des Aberundabermals machen will, lache ich aus.« (11, 82 f.)

Und so lässt auch die nächste Bergetappe im Zeichen der »deutschen Fragen« nicht lange auf sich warten: »Nichts findet ein Ende.« (13, 211)

Unkenrufe

Man stelle sich vor: Der Literatentraum von einer gemeinsamen Kulturnation in Frieden und Freiheit wird trotz des anhaltend »geteilten Himmels« von der real existierenden politisch-wirtschaftlichen Einheit Deutschlands ad absurdum geführt. Dieses lange für undenkbar gehaltene Szenario wird 1990 plötzlich nicht nur für Günter Grass zur unumkehrbaren Realität. Auf diese rasanten Veränderungen mit unwägbarem Ausgang gilt es nach vielen vergeblichen Gegenreden nun auch mit literarischen Mitteln zu reagieren. Denn, so unkt eine der einheitsskeptischen Figuren des aufgrund seiner lebensgeschichtlichen Erfahrungen besorgten Bedenkenträgers:

»Umwälzungen von barbarischer Gewalt sehe ich auf Umwegen und direkt auf uns zukommen, manche mögen heilsam sein. Dennoch kann ich die gegenwärtige Hochstimmung nicht ohne Vorbehalt teilen: Ihr Umschlag in Bitternis ist wie vorgeschrieben. Wenngleich mir das Ende der Mauerzeit Genugtuung bereitet, ahne ich Schlimmes. Ja, ich schwanke, erlebe mich heiß und kalt, bin froh, daß es bei uns nicht, wie in Rumänien, zu Blutvergießen kam, schließe aber Brutalität besonderer Art nicht aus, weil in Deutschland immer ...« (13, 73 f.)

Diesem Stimmungsbild entsprechend entsteht Anfang der neunziger Jahre – kurz nachdem die Mauer hinfällig, das Ende des Kalten Krieges vorerst besiegelt und ein längst überwunden geglaubtes Bedrohungspotential aus Machtstreben, Nationalismus und Rechtsradikalismus im Herzen Europas geschaffen wurde – die tragikomische, zunächst als »Briefroman« konzipierte Erzählung *Unkenrufe* (1992). Sie kann im Nachhinein mit Fug und

Recht als ein Vorspiel des hellsichtigen Schwarzsehers (vgl. 13, 139) zum großen Deutschlandroman *Ein weites Feld* (1995) und zur für Furore sorgenden Novelle *Im Krebsgang* (2002) verstanden werden.

Schon *Unkenrufe*, das erste Grass-Werk, dessen Genese in einer nachträglichen Veröffentlichung des Autors mit dem Titel *Unterwegs von Deutschland nach Deutschland. Tagebuch 1990* (2009) detailliert nachvollzogen werden kann, möchte (vielleicht allzu) vieles gleichzeitig sein: eine heitere, allerdings von Verlusterfahrungen, Todessignalen und geschichtsphilosophischer Skepsis überschattete Liebesgeschichte zwischen der Restauratorin Alexandra Piątkowska aus Polen und dem Kunsthistoriker Professor Dr. Alexander Reschke aus Deutschland; eine ironisch gebrochene Erzählung, die einen literarischen Beitrag zur aktuellen politischen Gemengelage aus Revanchismus, Fremdenfeindlichkeit und Antisemitismus im »Jahrhundert der Vertreibungen« (13, 31) leistet; eine provokative Satire über die desillusionierende Verwirklichung des von den Wahlverwandten Alexander und Alexandra gemeinsam entwickelten Projekts einer Polnisch-Deutsch-Litauischen Friedhofsgesellschaft (13, 34), die einer gut gemeinten, aber in von Gewinnsucht (13, 225) dominierten Wendezeiten offenbar zum Scheitern verurteilten Völkerversöhnungsidee entspricht. Und so nehmen die betagten Initiatoren schließlich als Ehrenvorsitzende der erfolgreichen Gesellschaft mit Bedauern Abstand von ihrem eigenen Werk, da selbst »das Recht der Toten auf Heimkehr« (13, 32), d. h. die Umbettungssehnsüchte von Vertriebenen aus Ost und West, schon im Laufe der sieben Kapitel zum ebenso einträglichen wie obszönen Geschäftsmodell mit dem Heimweh alter Leute verkommen ist:

»Und nun soll Land genommen werden. Die hinlänglich bekannte Vergnügungssucht der Enkel- und Urenkelgeneration will man dafür zur Kasse bitten. Das Ganze verschönt mit versöhnendem Wortgeklingel, als wären Golfplätze erweiterte Friedhöfe nur. Nein! Das ist nicht mehr unsere Idee. Hier wird, was durch Krieg verlorenging, mit Wirtschaftskraft wieder eingeheimst. Gewiß, all das läuft friedlich ab. Keine Panzer, keine Stukas sind diesmal im Einsatz. Kein Diktator, einzig die freie Marktwirtschaft herrscht. [...] Das Geld regiert!« (13, 198 f.)

Also sprach Reschke, der »Zunftmeister erhabener Rede« (13, 22) mit dem bezeichnenden Spitznamen »die Unke« (13, 86), und nicht etwa der Grass-Erzähler dieser Chronik des Verfalls, die am 2. November 1989 in Gdańsk beginnt und im Juni 1991 endet. Dargeboten wird die an frühere Danzig-Romane des Autors anknüpfende und die Erzählposition von *Katz und Maus* (1961) weiterentwickelnde Geschichte von einem unzuverlässigen, sich einerseits zierenden, andererseits eloquent und kulturbeflissen ans Werk gehenden Berichterstatter. Bei ihm handelt es sich mutmaßlich um einen ehemaligen Mitschüler des Kunsthistorikers, der gewissermaßen dazu genötigt wird, die Ereignisse der letzten zwanzig Monate zu Papier zu bringen, wobei er das vielseitige Material, das ihm Reschke ohne Vorwarnung ins Haus geschickt hat, berücksichtigen soll: »Er schlägt mir vor, eine Chronik oder einen Bericht zu schreiben: ›Laß Dich bitte nicht von einigen romanhaft verlaufenen Ereignissen hinreißen; ich weiß, Du erzählst lieber ...‹« (13, 239) Doch wie bereits angedeutet, scheint der Auserwählte von diesem Auftrag ganz und gar nicht begeistert zu sein. Immer wieder überfallen ihn Zweifel an seiner Rolle, er wird wiederholt ärgerlich oder sträubt sich kokett:

»Hätte ihm nicht ein Archiv als Adresse einfallen können? Mußte der Narr sich in mir den gefälligen Narren ausgucken?/ Dieser Stoß Briefe, die gelochten Abrechnungen und datierten Fotos, seine mal als Tagebuch, dann wieder als Silo zeitraffender Spekulationen geführte Kladde, der Wust Zeitungsausschnitte, die Tonbandkassetten – all das wäre besser bei einem Archivar abzulagern gewesen als bei mir. [...] Wenn kein Archiv, warum hat er nicht einen eilfertigen Journalisten beliefert? Und was hat mich genötigt, ihm, nein, den beiden nachzulaufen? [...] Als ich das Paket öffnete, lag sein Begleitbrief obenauf: ›Du wirst bestimmt irgendwas damit anfangen können, gerade weil alles ans Unglaubliche grenzt.‹ Er duzte mich, als wäre ihm die Schulzeit unvergänglich geblieben: ›In anderen Fächern warst Du gewiß keine Leuchte, aber Deine Aufsätze ließen schon früh erkennen ...‹ Ich hätte ihm seinen Kram zurückschicken sollen, aber wohin?« (13, 13)

Während das »Wir vom Archiv« erst in *Ein weites Feld* die Regie übernimmt und der »eilfertige Journalist« erst im *Krebsgang* widerwillig Zeugnis ablegen wird, macht sich hier also ein namenloser Geschichtenerzähler gegen andauernde Widerstandsimpulse an die Arbeit, weil der verliebte Kunsthistoriker lieber mit seiner geliebten Alexandra auf Hochzeitsreise nach Italien geht, als selbst zum Autor zu werden. Und schon redet der Erzähler, als wäre er dabei gewesen (vgl. 13, 14). Schon räumt er ein, trotz der überlieferten Fakten bisweilen auf Vermutungen und seine Vorstellungskraft angewiesen zu sein. Schon bringt er trotz allem unumwunden seine Sicht der Dinge mit hinein ins virtuos inszenierte Spiel. Dieser verdruckste Anonymus erhebt demnach keinen Anspruch auf Authentizität. Der inkonsequente Chronist kommt vielmehr tatsächlich schnell ins Fabulieren, Zeitsprünge inbegriffen, und verlässt vom ersten Satz an geradezu programmatisch die Ebene eines sachlichen Berichts:

»Der Zufall stellte den Witwer neben die Witwe. Oder spielte kein Zufall mit, weil ihre Geschichte auf Allerseelen begann? Jedenfalls war die Witwe schon zur Stelle, als der Witwer anstieß, stolperte, doch nicht zu Fall kam. [...] Sein Tagebuch bestätigt Allerseelen und gibt die Schuhgröße preis. Ins Stolpern hat ihn die Bürgersteigkante gebracht. Doch das Wort Zufall kommt bei ihm nicht vor. ›Es mag an diesem Tag, zu dieser Stunde – Schlag zehn Uhr – Fügung gewesen sein, die uns zusammenführte ... ‹ Sein Bemühen, die dritte, stumm vermittelnde Person leibhaftig zu machen, bleibt vage wie sein Versuch, die Farbe ihres Kopftuchs zu bestimmen: ›Kein eigentliches Umbra, mehr Erdbraun als Torfschwarz ...‹ Besser gelingt ihm das Ziegelwerk der Klostermauer: ›Von Schorf befallen ...‹ Den Rest muß ich mir einbilden.« (13, 7)

Doch warum übernimmt der dubiose Erzähler diesen Auftrag überhaupt? Warum muss er dem Liebespaar auf Schritt und Tritt folgen, Briefe auswerten, Telefonate erfinden, Fotos betrachten, Ton- und Filmdokumente studieren, Computerspiele erlernen, Lücken füllen, widersprechen? Was hält ihn bei der Stange? Bei der Beantwortung dieser zentralen Fragen gilt es zwei Dimensionen zu unterscheiden, eine offen thematisierte und eine im Subtext bzw. in der Parallelbiographie der Hauptfiguren verborgene.

An der Oberfläche geht es um Schmeicheleien, Rechthaberei und Eitelkeiten: »Als hätte er geahnt, wie ich zu ködern sei, steht in jenem Brief, den er mir bald danach mitsamt dem hinterlassenen Krempel schickte: ›Nur Du kannst das. Dir hat es schon immer Spaß bereitet, tatsächlicher als alle Tatsachen zu sein ...‹« (13, 236)

Und neben der eingestandenen Lust, das Scheitern aller naiven Völkerversöhnungsideen zu dokumentieren – »›Das wird schiefgehen‹, sagte Reschke. ›Geht schon schief!‹ rief die Piątkowska.« (13, 139) –, spielt auch die erschriebene Nähe mit, und zwar als liebevolle Anverwandlung. Denn bei aller Abgrenzung von seinem Mitschüler, diesem Spinner mit seiner »Furzidee« (13, 45) – sie stinkt dem Erzähler von Anfang an –, kommt Alexandra dem Chronisten der Geschichte näher, als einem ganz nüchtern Berichtenden erlaubt sein sollte (vgl. 13, 72). Und so wäre der Möchtegern-Liebhaber jenseits des Studiums ihrer Lebenszeugnisse nur zu gerne an Alexanders Stelle mit der liebenswerten Witwe in das Land, wo die Zitronen blühen, oder sonst wohin gereist.

Der Grundtenor der zeitgenössischen Kritiken an dieser »teuflisch-komischen Geschichte« (Tagebuch 1990, 11) stimmt. Es werden tatsächlich viele gängige Klischees von Polen und Deutschen oder wirtschaftlich erfolgreichen Juden und Vertretern der indischen Händlerkaste der Marwaris (13, 62) bedient, etwa beim Familienbesuch des deutsch-polnischen Liebespaares im Westen oder im Rahmen der kurzfertigen Geschichtsbetrachtung Alexandras (13, 231).

Das trifft im Hinblick auf die Figurenzeichnung auch auf den global umtriebigen Mister Chatterjee zu. Chatterjee ist (wie der Grass-Freund Salman Rushdie) ein Bengale mit britischem Pass, der im Westen heimisch geworden ist und nun davon träumt, die Welt mit seiner bahnbrechenden Fahrradrikscha-Idee zu verbessern, vielleicht sogar zu retten, koste es, was es wolle: »›Denn der Fahrradrikscha‹, rief Mister Chatterjee, ›gehört die Zukunft. Nicht nur im armen Polen, nein, überall in Europa!‹« (13, 49)

Reschke dagegen verkörpert den idealtypischen Achtundsechsechziger-Veteran, der im Alter linksliberal, immer noch gottlos und »hamlethaft deutsch« (13, 87) ist. Hin- und hergerissen zwischen Melancholie und Untat, beherbergt er auch als »Ästhet von Berufs wegen« (13, 122) selbstverständlich zwei Seelen in seiner Brust. Zudem neigt er als gebranntes Nazi-Kind zur Skepsis.

Nur dem unverbesserlichen Optimisten namens Subhas Chandra Chatterjee scheint der gebildete Kunsthistoriker trotz aller Bedenken blindlings zu folgen:

»Dieser Mister Chatterjee versteht es, meine oft trüben Vorahnungen in Luft aufgehen zu lassen; oder er koloriert sie im Handumdrehen zu rosaroten Wölkchen. Wenn ich doch Alexandra von der Menschenfreundlichkeit seiner Idee überzeugen könnte. Wie gerne würde ich ihr den Bengalen als unseresgleichen ein wenig näherbringen. Mir jedenfalls steht vor Augen, wie unser Werk, das dem zu Staub verfallenden Menschen gewidmet ist, seinem Werkentwurf beigeordnet werden kann. Sind wir den Toten verpflichtet, will er das Überleben der Menschheit sichern. Sind wir aufs Ende bedacht, steht ihm Anfang bevor. Wenn große Worte noch Sinn machen, dann hier, auf dem Feld unserer gemeinsamen Bestrebungen. Die Heimkehr der Toten, wie sie tagtäglich auf unserem Versöhnungsfriedhof stattfindet, und die Fahrradrikscha als Transportmittel, das besonders gerne von unseren jungen Trauergästen benutzt wird, sind – ich spreche es aus – gültige Belege des ewigen ›Stirb und werde‹ ...« (13, 134)

Mit anderen Worten: Reschke möchte diesem weltklugen, immer freundlichen und doch ein wenig dämonisch wirkenden Charismatiker vom ersten Kneipentreffen an glauben. Er sieht in ihm keine Gefahr, sondern den möglichen Partner in zukünftiger Sache. Es stört den Kunstprofessor dementsprechend keineswegs, dass sich Chatterjee, allzeit bereit zum großen Sprung, ganz unverblümt auf die geschäftstüchtigen Marwaris beruft, einer Kaste, der seine Mutter entstammt, »während der Vater ein Liebhaber der Poesie und besessen von Herrschaftsträumen gewesen sei, weshalb er dem einzigen Sohn entsprechende Vornamen gegeben habe. Doch wolle er nicht dem Größenwahn des legendären Subhas Chandra Bose, der als Führer Indiens so erbärmlich habe scheitern müssen, auf der Spur bleiben, vielmehr setze er, das Mutterkind, auf die Geschäftsmoral der Marwaris. ›Bitte, glauben Sie mir, Mister Reschke, wenn wir Zukunft wollen, müssen wir sie vorfinanzieren!‹« (13, 135)

So wird Politik zum begrenzten Freiraum, den die Wirtschaft ihr lässt. Aber der zwielichtige Chatterjee geht sogar noch einen Schritt weiter. Er beteuert, dass der Golfkrieg notwendig sei, »um die Verelendung, zum Beispiel in Asien und Afrika, bis zur Unerträglichkeit spürbar zu machen. Der schlagende Beweis militärischer Stärke lasse gleichzeitig die Ohnmacht westlichen Denkens erkennen. Was jetzt in Bewegung gerate, könne niemand aufhalten. Die Würfel seien gefallen. Sogar mit einem Nietzsche-Zitat wollte er mir die Zeitenwende und mit ihr die Umwertung aller Werte schmackhaft machen. ›Schon sind wir unterwegs. Vorerst nur einige Hunderttausend, arm an Gepäck, doch reich an Ideen. Wie ihr zu uns gekommen seid, um uns die doppelte Buchführung beizubringen, kommen nun wir und machen mit euch ein Geschäft auf Gegenseitigkeit.‹ Und damit war er bei seinem Rikschaprinzip, dessen Erfolg in der Tat für sich spricht.« (13, 162)

Doch während Reschke sich aufgrund seiner Affinität zu großen Ideen dazu verführen lässt, den Visionen seines Geschäftsfreundes zu folgen, bleibt der Erzähler skeptisch. Seines Erachtens muss auch Chatterjees parallel zur fixen Umbettungsidee entworfenes Weltgemeinschafts- bzw. Weltwirtschaftsmodell im Zeichen der bereits zu erahnenden Natur- und Klimakatastrophen scheitern. Dementsprechend zeichnet er zum Abschluss dieses Erzählstrangs in weiser Voraussicht ein augenzwinkernd vom Untergang kündendes Abschiedsbild, »auf dem eine blitzneue Fahrradrikscha mit einer Unke als Fahrgast in Richtung Zukunft rollt« (13, 171).

Aber auch die alles vergoldende Restauratorin Alexandra Piątkowska blickt mit gemischten Gefühlen auf einschlägige Erfahrungen mit staatstragenden Erlösungsideen zurück. Sie trat als junges Mädchen »gläubig« (13, 220) in die Kommunistische Partei Polens ein, »mit fünfzig trat sie verbittert aus. Bei den Weltjugendfestspielen in Bukarest hat sie in kurzer Rede Stalin als Befreier Polens gefeiert. Danach Zweifel, Zaudern, Mitmachen, Scham, Schweigen, Sichtotstellen. ›Na, war ich Karteileiche, wie man auf deutsch sagt, lange vor achtundsechzig schon, als in Warszawa antisemitische Schweinerei ging los ...‹« (13, 220 f.) Nun klagt sie sich im Nachhinein an, »zählt Versäumnisse auf, will aber bis zum Austritt – ›Kriegsrecht hab' ich nicht schlucken gekonnt‹ – auf irgendwas gut kommunistisch gehofft haben«. (13, 221) Daraufhin fragt sich auch der mitfühlende Reschke: »Was könnte ich ihr als Trost bieten? Meinen dumpfen Trotz? Die unbeirrbare Gläubigkeit des Hitlerjungen? Wir werden wohl damit leben müssen. Wir leben noch immer damit.« (13, 221)

Unter Berücksichtigung dieser biografischen Hintergrundinformationen wird der hier vorgelegte, ein wenig langatmige Bericht zu einer um Rechtfertigung ringenden Erzählung eines aufgrund seiner eigenen Lebensgeschichte zu romanesken Ausflüchten neigenden Mitläufers. Sein ehemaliger Mitschüler Reschke ist es, der den Finger geschickt in die noch offenen Wunden des Ich-schwachen Erzählers aus keineswegs vergangenen Zeiten legt, um sein aktuelles Ziel zu erreichen. Deshalb wirft der auf 1999 vordatierte Material-Begleitbrief Alexanders bereits Schatten auf die Zukunft voraus und »mit Anspielungen« nur so um sich, die der in die Pflicht genommene Chronist ausdrücklich als Bloßstellungen versteht: »Zum Beispiel soll ich, was er und andere Schüler bewundert haben wollen, eine lebende Kröte geschluckt haben. Also schlucke ich abermals, wie verlangt.« (13, 33)

Aus dieser Perspektive rücken die Verdrängungsleistungen des personifizierten Krötenschluckers zur Zeit des Nationalsozialismus, die sich idealtypisch mit den Sozialisierungsstationen des überzeugten »Jungnazis« Günter Grass decken, ins Blickfeld der Rezeption. Es treten auf: »zwei Hitlerjungs, in einer Schulbank zwar, doch nicht im selben Fähnlein bei Morgenfeiern in Kolonnen aufmarschiert oder vor der Tribüne auf dem Maifeld, wie später der Kleine Exerzierplatz gleich neben der Sporthalle hieß« (13, 84). Ein eifriger »Fähnleinführer, der sich, außer beim Organisieren der Kartoffelkäferaktionen, durch die Einrichtung einer Sammelstelle ausgezeichnet hat, in der während des ersten oder zweiten russischen Kriegswinters Wollsachen, vom Pullover bis zum Pulswärmer, lange Unterhosen und Pelzmäntel, zudem Ohrenschützer und Skier für die Soldaten an der Ostfront gestapelt und verpackt wurden. Doch auch die schreckliche Zeichnung muß Leistung des Fähnleinführers Reschke gewesen sein; nur er sah voraus« (13, 115): »Ich hätte Alex, wie wir ihn in der Penne und später als Luftwaffenhelfer gerufen haben, so viel Weitsicht nicht zugetraut« (13, 167).

Und schon droht wie vorgeschrieben die nächste Generationsetappe: »Wir beide als Flakhelfer« (13, 177), geübt in »jener Ableitung der Sütterlinschrift«, »die auch Reschke und mir während Schülerzeiten eingepaukt wurde und geläufig blieb, bis sie uns nach Kriegsende, dank demokratischer Umerziehung, mit anderen Unsitten abhanden gekommen ist«. (13, 185 f.)

Zu allem Überfluss folgt dann auch noch eine aufschlussreiche Meldung aus dem Herbst des Jahres 1944:

»Wir entkamen der Stadt Danzig, bevor sie in Flammen aufging. Aus dem Reichsarbeitsdienst entlassen, wurden wir auf Truppenübungsplätzen in Uniform gesteckt, er als Funker, ich als Panzerschütze ausgebildet und westlich der Oder in den Endkampf geworfen. Und zufällig – Reschke, hörst du! –, rein zufällig nur, nicht dank höherer Fügung, kamen wir davon, überlebten wir, blieben wir bis auf ein paar Schrammen heil und retteten uns in den Westen; doch Alexandras Bruder wurde im Jahr zuvor als Partisan erschossen, siebzehnjährig wie wir, und Reschkes Brüder waren seit Sommer '43 tot« (13, 211).

Angesichts dieser auch den Autor der *Danziger Trilogie* prägenden Generationserfahrungen erscheint das abschließende Bekenntnis des Erzählers, dem allerdings noch immer niemand vorbehaltlos über den Weg trauen sollte, in einem ganz anderen Licht: »Stimmt, ich bin in deiner Schuld. Deswegen, nur deswegen schreibe ich diesen Bericht bis zum Schluß. Ja doch! Ich habe versucht, mich nicht einzumischen. Allzu romanhafte Ausflüge konnte ich mir verkneifen.« (13, 239)

Wie man es auch dreht und wendet, am Ende der als Drama konzipierten Erzählung vom Versöhnungsfriedhof triumphiert nicht das Leben, sondern der von Anfang an omnipräsente Tod. Und es bleibt zu befürchten, dass Alexandra mit ihrer übernationalen Einschätzung auf allen Erzählebenen recht behalten wird: »Haben gelernt nichts aus Vergangenheit, machen Fehler doppelt gemoppelt« (13, 172). Wobei auch sie und ihr geliebter Alexander keine Ausnahme von dieser Weltgeschichte schreibenden Regel darstellen. Darauf verweisen – und das sind nur zwei Textpassagen von vielen – die beiden Picknickinszenierungen im Zeichen der verlorengegangenen Identität. Denn während die mit preiswerten kaschubischen Köstlichkeiten reich gedeckte Tafel beim ersten Mal (13, 117 ff.) noch für die geradezu idyllische Abwesenheit aller Entfremdungserscheinungen spricht, zeugt das zweite »Mahl« im Freien bereits vom internationalen Niedergang der Esskultur in Zeiten der unaufhaltsamen Globalisierung:

»[D]iesmal keine sauer eingelegten polnischen Pilze und hartgekochten Eier. Aus Dosen sollten grönländisches Krabbenfleisch und norwegischer Räucherlachs gegabelt werden, dazu Käse aus Frankreich, Mortadella und Salami in Scheiben, dänisches Bier und spanische Oliven. War ja alles zu haben, wenn auch teuer, zu teuer, sogar Früchte aus Neuseeland, Kiwi genannt.« (13, 221 f.)

Wichtiger noch, genau dazwischen liegt der Wendepunkt der unheilvollen Geschichte. Denn spätestens als die Liebenden sich auf den Weg nach Stutthof machen, um die »Gedenkstätte des gleichnamigen Konzentrationslagers« (13, 131) zu besuchen, dort aber nie ankommen, deutet der erneut unüberhörbare Ruf einer einzelnen Unke an, dass die Würfel ein für alle Mal gefallen sind. Hier werden also auch die allerletzten großen Zukunftshoffnungen zu Grabe getragen – ein unabweisbarer Lektüreeindruck, der sich nur ein paar Seiten später in den massenhaft plattgewalzten, weil unter die Räder geratenen Kröten manifestiert.

Dazu würde auch passen, dass die abschließende Hochzeitsreise der beiden Liebenden nach Italien mit einem tödlichen Unfall endet, selbstverständlich erst, nachdem sie Neapel gesehen haben. Und so gemahnen die letzten Worte nicht ganz zufällig an Goethes *Wahlverwandtschaften*: Hier wie dort »ruhen die Liebenden nebeneinander« auf einem Dorffriedhof: »Sie liegen gut da. Laßt sie da liegen.« (13, 240) Selbst wenn dieser Unfall also nur inszeniert gewesen sein sollte, um den fatalen Entwicklungen ihres Projekts – auch ohne jüngste Gerichte verkündende Engel – »wie neugeboren« (13, 206) zu entkommen, ist es kein Friede, der über ihrer Ruhestätte schwebt, sondern Kriegslärm, Totenglocken und das omnipräsente »Unkengeläut« (13, 135). Zum wiederholten Mal zeigt sich: Nichts ist vorbei, alles kommt wieder. Dafür stehen nicht zuletzt die gewagten Sprachanalogien zwischen dem Golfkrieg und dem von Profitinteressen diktierten »Bungagolf-Projekt« (13, 216), einem Eroberungsfeldzug mit anderen Mitteln als Ausdruck einer gescheiterten Aussöhnungspolitik. Es spricht dementsprechend sehr viel dafür, dass diese episch auswuchernde Erzählung in Anlehnung an das lyrische, von Nikolaus Lenau lange vor dem Ersten, Zweiten und Dritten Weltkrieg entworfene *Schlachtfeld* – »ein weites Feld mit Leichen übersät« – mit guten Gründen als ewiges »Unkenlied des Zweifels«[4] gelesen werden soll.

Mein Jahrhundert

Die durch nichts aus der Menschenwelt zu schaffenden Traumata, die nicht zuletzt auf historische, anhaltend aktuelle und zukünftige Kriege zurückgehen, prägen auch den pünktlich zum Jahrtausendwechsel veröffentlichten Prosaband mit dem hochtrabenden Titel *Mein Jahrhundert,* der zunächst »Verjährte Geschichten« genannt werden sollte. Das in 100 kurze, in der Originalfassung jeweils durch ein Aquarell illustrierte oder auch durch kontrastierte Erzählungen aufgeteilte Ganze wirkt über weite Strecken wie ein düsterer Bilderbogen mit nur wenigen Lichtblicken. Denn das 20., von globalen Gewaltausbrüchen gezeichnete Jahrhundert ist für den Autor Günter Grass »im Rückblick voller überdimensionaler Schrecknisse« (24, 571): »Sag ich ja, Krieg war, immerzu Krieg mit Pausen dazwischen.« (15, 318)

Und das gilt insbesondere, wenn man diese Zeitspanne aus deutscher Sicht und deutscher Erfahrung vorbeiziehen sieht, denn dann fällt auf, »daß wir – wir Deutschen – auf eine schreckliche Art und Weise die erste Hälfte dieses Jahrhunderts bestimmt haben: zwei Weltkriege und selbst die Zeit dazwischen. Mit den Folgen der ersten Hälfte haben wir, bis heute, in der anderen Hälfte zu tun. Wir werden immer wieder, ob wir es wollen oder nicht, ob wir es leugnen oder nicht, von dieser Art von Vergangenheit eingeholt.« (24, 572)

Schon der zweite Satz der ersten Geschichte des Grass'schen Geschichtspanoramas, dessen Verbindung von Text und Bild die Weiterentwicklung eines Mischformats darstellt, das der vielseitige Künstler immer wieder und zuletzt in seinem Lyrikband *Fundsachen für Nichtleser* (1997) gewählt hat, schlägt das erneut zentrale Thema an: »Nicht immer in vorderster Linie, denn da alleweil Krieg war, zog sich unsereins gern in die Etappe zurück.« (15, 7) Grass hätte diese exemplarische und deshalb nicht enden wollende Kriegsgeschichte natürlich auch aus der Perspektive eines höheren Offiziers erzählen lassen können. Aber er wählt ganz bewusst die eines niederbayerischen Soldaten, der sich freiwillig zum Marinekorps gemeldet hatte und nach China verschifft wurde, um den »Boxeraufstand« zu bekämpfen. Dieses

Auswahlprinzip hat Methode. Es prägt im Grunde alle Fragmente dieses vom Mut zur Lücke zeugenden Weltentwurfs »von unten«:

»Im Buch sind es in erster Linie und bis auf wenige Ausnahmen Menschen, denen Geschichte widerfährt und die darauf zu reagieren haben. Mitläufer, Mittäter, Opfer. Nicht die großen Handelnden. Die kommen zwar vor, aber sie werden aus der Perspektive von Gewöhnlichsterblichen gesehen.« (24, 572 f.)

So werden Jahr für Jahr die großen historischen Ereignisse aus ebenso überraschenden wie anregenden Blickwinkeln »kleiner Leute« in ein ganz neues Licht gesetzt.

Ergänzt wird dieser Aufklärungsimpuls durch die Bebilderung der Geschichten.[5]

Nur drei Beispiele für viele: Das Aquarell zum brutal niedergeschlagenen »Boxeraufstand« zeigt einen langen schwarzen Zopf im gelb-roten Sand, der einem hingerichteten Chinesen von japanischen Scharfrichtern vor der Enthauptung abgeschnitten wurde; ein exemplarischer Ausdruck für Gewalt und Tod in Zeiten des Krieges. So wird das zunächst ganz harmlos anmutende Bild vom glatt gekämmten Zopf, der traditionellen Haartracht chinesischer Männer, zum Menetekel gegen Fremdherrschaft und Unterdrückung, damals wie heute. In dem pietätlosen Umgang mit der Trophäe auf dem heimischen Faschingsfest gipfeln der grausame Zynismus und die Mitleidslosigkeit der Sieger gegenüber den Besiegten.

Auch beim Aquarell-Kommentar zur Inflationsgeschichte (1923) ist die enge Bild-Text-Beziehung kaum zu übersehen: Die serielle Anordnung von anonymen Kapitalisten, die vom Krieg profitieren und in der Geschichte als »Haie unterm Zylinderhut« (15, 73) karikiert werden, spricht Bände über die skrupellose Profitmaximierung im Zeichen des bunten Geldscheinregens.

Doch hin und wieder stellt das Motiv auch einen Gegensatz zum Textinhalt dar, etwa ein paradoxes Gegenbild oder eine ironische Brechung. So beispielsweise im Fall des aus der Perspektive eines konservativen Zeitungsjournalisten geschriebenen Berichts über den Kniefall von Willy Brand an der Gedenkstätte des Warschauer Ghettos (1970). Denn der Text steht als mit altbekannten Brandt-Diffamierungen und neuen Vorwürfen gespicktes Zeugnis der Empörung im offensichtlichen Kontrast zu dem eindrucksvollen Bild der Ruhe und Einkehr, das der vor dem Mahnmal kniende Bundeskanzler (selbst seinen Gegnern) vermittelt. So wird der »Schmerzensmann« vor aller Augen zur Passionsfigur:

»Also nehme ich nochmal Anlauf und laß die Orgel wummern: Wo einst das Warschauer Ghetto gewesen ist, das im Mai 1943 auf so sinnlose wie brutale Weise zerstört und brutal ausgelöscht wurde, kniete nun vor einer Gedenkstätte, an der tagtäglich, so auch an diesem naßkalten Dezembertag, aus zwei bronzenen Kandelabern vom Wind zerfetzte Flammen fauchen, einsam der deutsche Bundeskanzler und gab der Reue Ausdruck, Reue für alle im deutschen Namen begangenen Untaten, indem er die übergroße Schuld auf sich nahm, er, der selber nicht schuldig wurde, fiel dennoch aufs Knie ...« (15, 220)

Kein Zweifel, hier soll offenbar in Bild und Text, allerdings ohne allzu offensichtliche Zeigefinger-Pädagogik, auf anschauliche Weise wie nebenbei belehrt bzw. Geschichtsbewusstsein vermittelt werden.

Einige der unerhörten Geschichten haben dementsprechend das Zeug zum didaktisch wertvollen Lesebuchstoff und sind dazu angetan, unterschiedlichste Stillagen zu vermitteln. Dazu nutzt Grass »in den einhundert Ich-Erzählungen des Bandes alle in fast einem halben Jahrhundert erworbene Schreiberfahrung«[6]. Zu denken ist in diesem Kontext auch an seinen 1968 unter dem Pseudonym Artur Knoff publizierten Band *Geschichten* mit zwölf Kurzprosastücken, von denen es einleitend geradezu programmatisch heißt:

»Wir kennen uns alle flüchtig. Nicht jede grüßt jede. Wir fangen an, hören auf und leiden an jeweils verrutschter Mitte. Manchmal tauschen wir Namen und Städte gegen Kochrezepte und Verkehrsunfälle. Unser Programm ging leider verloren. Den Stoff beziehen wir gratis. Da wir der Konjunktur mißtrauen, finden auch Ladenhüter Verwendung, zum Beispiel: schwere Träume nach Schweinefleisch; zu enge Schuhe; Karnevalsbräuche. Oft erinnern wir uns durcheinander an Kleist in Würzburg, an die Saale bei Halle, an Nährmittelmarken und den Ostermarsch neunundfünfzig, auch an den Farb-Dia-Abend bei Dr. Simmel, selten an den Krieg usw., aber viel zu oft an unser Herkommen usw. Einige von uns sind erlogen. Mehrere wurden verschenkt. Man kann uns laut lesen. Wir sind Geschichten Geschichten.« (2, 291)

Mit dem sehr viel strenger komponierten Sammelband *Mein Jahrhundert* geht der Autor formal und inhaltlich noch einige Konzeptionsschritte weiter. Hier erzählen klar gekennzeichnete Wortführerinnen und Wortführer sehr unterschiedlich motiviert von aufschlussreichen Episoden aus ihrem privaten Erfahrungsschatz, der Wünsche und Erfindungen ebenso umfasst wie harte Fakten oder die Begegnung mit realen Persönlichkeiten der Zeitgeschichte. Doch bei aller Heterogenität der Stoffe und Stile ist dennoch ein über das ganze Werk gespanntes Themen- und Motivnetz[7] zu erkennen: Neben kalten und heißen Kriegsphasen – »Frieden? Für unsereins hat der Krieg ja nie aufgehört.« (15, 140) –, neben historischen Ereignissen und beispiellosen Verbrechen gegen politische, religiöse oder ethnische Minderheiten, neben technischen und wissenschaftlichen Errungenschaften bzw. (Umwelt-)Katastrophen, Unternehmenserfolgen und Wirtschaftskrisen, neben wichtigen Sport-Events und Modetrends, etwa abzulesen an wechselnden Kopfbedeckungen, sind es vor allem Geschichten aus dem Bereich der Literatur, die hier Geschichte schreiben: der frühe Tod des expressionistischen Dichters Georg Heym (1912); ein von anhaltender Tanzfreude zeugender Leserinnenbrief an Kurt Tucholsky alias Peter Panter (1921); ein fiktives Streitgespräch zwischen dem Kriegsenthusiasten Ernst Jünger und dem Kriegsgegner Erich

Maria Remarque, der 1928/29 den wohl wichtigsten deutschen Antikriegsroman der Zwischenkriegszeit *Im Westen nichts Neues* publizierte; die Legende von einer erstaunlich entspannten Begegnung der Antipoden Bertolt Brecht und Gottfried Benn am Grab Heinrich von Kleists (1956); oder die Erzählung über das Treffen von Martin Heidegger mit Paul Celan (1966), dem wir das Gedicht *Todtnaunberg* verdanken.[8]

So entsteht nach und nach ein bunt illustriertes, in diesem Fall streng chronologisch geordnetes und dennoch auf Simultaneität der Zeitebenen setzendes Geschichtsbuch des sich auf die gesamtdeutschen Verhältnisse konzentrierenden Geschichtsskeptikers Günter Grass, ein im besten Fall zur Vermeidung altbekannter Menschheitsfehler anregendes Vexierbild des an Katastrophen reichen 20. Jahrhunderts.[9]

Das bunt schillernde Mosaik setzt sich aus inneren Monologen, Dialogen, Briefen, Tagebuchnotizen, Bekenntnissen und chronikalischen Berichten von wechselnden, zum Teil auch mehrere Geschichten bestimmenden Ich-Erzählern zusammen. Ob sprachlich simpel oder komplex gestrickt, derb oder einfühlsam, elaboriert oder vulgär, im Dialekt oder nah am Schriftdeutsch – je nach Bildungsstand, intellektuellen Fähigkeiten und emotionaler Stimmung des beobachtenden, sich erinnernden oder frei fabulierenden Ich-Erzählers bieten sich angesichts dieses polyperspektivischen Konzepts Ansatzpunkte sowohl zur Identifikation oder Abgrenzung als auch Freiräume für die eigene Reflexions- bzw. Phantasietätigkeit in Hülle und Fülle.[10]

Das entscheidende Erzählprinzip manifestiert sich, wie so oft, bereits im ersten Satz des auf viele Stimmen verteilten Sprachkonzerts: »Ich, ausgetauscht gegen mich, bin Jahr für Jahr dabei gewesen.« (15, 7) Der ironisch-verspielte Regisseur nutzt hier also die Möglichkeit, über alle Zeitgrenzen hinweg in verschiedene Rollen zu schlüpfen: »Ich bin jetzt er«, zum Beispiel ein Grundschullehrer aus Hannover-Langenhagen; »ER – nun nicht mehr ich – hat es nie leicht gehabt.« (15, 226) Aber in anderen Geschichten bezieht sich der Autor auch selbst in dieses zwischen Autobiographie und zeitgenössischer Berichterstattung changierende Verfahren ein (natürlich erst ab 1927, seinem Geburtsjahr). Grass verwandelt demnach erneut in bereits bekannter »Schneckentagebuch«- bzw. *Butt*-Manier das Autoren-Ich selbst in Fiktion, um darüber hinaus an ausgewählten Begebenheiten aus seinem Leben prototypische Befindlichkeiten oder gesamtgesellschaftliche Strukturen zu veranschaulichen.

Als Ich-Erzähler ist der noch nicht mit dem Nobelpreis Ausgezeichnete in zwölf Episoden präsent: als Embryo im Mutterleib (1927), als auf dem Pausenhof Krieg spielender Schüler (1937), als Augenzeuge des Arbeiteraufstands vom 17. Juni 1953 in Ostberlin, als gefeierter *Blechtrommel*-Autor auf der Frankfurter Buchmesse (1959) – was als Episode in einem Langsatz dargestellt ist, der dem Rhythmus des Tanzes mit seiner Frau Anna entspricht –, als Wahlkampfhelfer für die SPD (1965), als Teilnehmer an den deutsch-deutschen Schriftstellertreffen der siebziger Jahre, die in der DDR stattfanden und (wohl doch nicht) von der Stasi überwacht wurden, als von Wolf Biermann nach dessen Ausweisung in Berlin Besuchter (1977), als kurzzeitig in Calcutta Lebender (1987), als Zeichner von totem Holz[11] und Kommentator des Waldsterbens im Harz bzw. im Erzgebirge (1988), als Zeitzeuge beim Fall der Berliner Mauer (1989), als gemeinsam mit seinen drei Töchtern nach Italien Reisender (1996) und als Pilze suchender Privatmann im Jahr des politischen Machtwechsels (1998).

Doch die Grenzen zu den Erzählungen, in denen der Schriftsteller als bisweilen unverkennbarer Anstifter im Hintergrund dieser vielstimmigen Jahrhundert-Chronik agiert, sind ohnehin fließend. Exemplarisch dafür steht insbesondere die letzte Erzählung des Bandes, in der »das Jungchen« (15, 318) seine schon 1954 an Krebs gestorbene Mutter kurz vor ihrem »hundertdritten« Geburtstag wieder auferstehen lässt, weil sie berichten soll, »wie es früher und noch früher gewesen ist« (15, 318):

»GEZWUNGEN HAT ER MICH NICHT, aber überredet, der Bengel. Das konnt er schon immer, bis ich endlich ja gesagt hab. Und nun leb ich angeblich noch, bin über hundert und bei Gesundheit, weil er das so will. Darin war er von Anfang an groß, als Dreikäsehoch schon. Konnt lügen wie gedruckt und wunderschöne Versprechungen machen« (15, 317).

Inzwischen ist der von Lügengeschichtenerzählern wie Peer Gynt inspirierte Sohnemann selbst Opa, über siebzig »und hat sich längst einen Namen gemacht«: »Kann aber nicht aufhören mit seinen Geschichten« (15, 321) und leistet auf diesem historische, ästhetische, sprachliche und moralische Aspekte verknüpfenden Erkenntnisweg einen bemerkenswerten Beitrag zur anhaltend aktuellen Erinnerungsdebatte: »Vielleicht, weil er schon damals geahnt hat, was auf uns zukommt, rein klima-, atom- oder sonstwie zukunftsmäßig« (18, 149). Es scheint dem unermüdlichen »Spätaufklärer« (15, 313) jedenfalls über Jahrzehnte hinweg ein Anliegen zu sein, sich auf seine unverwechselbare Art in den internationalen Gedächtnisdiskurs einzumischen und wenigstens der unstillbaren Sehnsucht nach globaler Gerechtigkeit Ausdruck zu verleihen. Insbesondere dann, wenn es um die von unterschiedlichen Instanzen mit unterschiedlichen Interessen geführten geschichts- und erinnerungspolitischen Hegemoniekämpfe geht. Grass möchte offensichtlich nach wie vor mit seinen spezifischen Möglichkeiten vor fatalen Entwicklungen warnen, selbst wenn kaum Hoffnung auf ein gutes Ende der Menschheitsgeschichte besteht. Denn es sind fast keine Lerneffekte zu verbuchen, und der organisierte Wahnsinn wechselt noch nicht einmal die Methode: Anhaltend wird mit Terror auf Terror, mit Aufrüstung auf Aufrüstung und mit Krieg auf Krieg reagiert. Es ist dementsprechend kein Zufall, dass »das Jungchen« (15, 318) diese finale Kopfgeburt, einen zentralen Bestandteil des alternativen kollektiven Gedächtnisraums für die Urenkel-Generation, mit jenen seiner längst gestorbenen Mutter in den Mund gelegten Zeilen beendet: »Mal sehen, was kommt ... wenn nur nicht Krieg ist wieder ... Erst da unten und dann überall ...« (15, 321)

Autofiktionen: Vom wegweisenden Erinnerungsbuch zum politischen Wörter-Buch

»Jede Geschichte, die ich geschrieben habe, war autobiographisch, keine ein Bekenntnis.«
Amos Oz

Beim Häuten der Zwiebel

»Christa Wolf gehörte einer Generation an, zu der auch ich mich zähle. Die Zeit des Nationalsozialismus und die späte, zu späte Erkenntnis aller im Verlauf von nur zwölf Jahren von Deutschen begangenen Verbrechen haben uns geprägt. Schreiben verlangt seitdem, aus Spuren zu lesen. Dem entspricht eines ihrer Bücher unter dem Titel *Kindheitsmuster*« (23, 497).

So beginnt Günter Grass seine »Was bleibt« überschriebene Rede in der Berliner Akademie der Künste zum Gedenken an Christa Wolf am 13. Dezember 2011 und gibt nicht nur seinen Zuhörerinnen und Zuhörern im Rahmen der kurzen Hommage einen Hinweis darauf, dass es unter anderem dieses autobiographisch fundierte, bereits 1976 erschienene Werk seiner Kollegin und späteren Freundin war, das ihm während der Inkubationszeit seines Erinnerungsbuches *Beim Häuten der Zwiebel* (2006) geholfen hat, eine angemessene Form für ein ganz persönliches Schreibprojekt zu finden, dem das »gebrannte Kind« jahrzehntelang (un-)bewusst ausgewichen zu sein scheint.[1] »Vielleicht haben mich die Schuldprobleme daran gehindert, so eindringlich wie Max Frisch« – oder Christa Wolf – »über Identitätsprobleme nachzudenken.«[2]

Zunächst war der Standpunkt des Autors, der den hellsichtigen Blechtrommler und unverbesserlichen Ästheten Oskar Matzerath von Berufs wegen erfunden hatte, ganz eindeutig:

»Für mich ist meine eigene Biographie immer nur dann interessant gewesen, wenn ich sie begriff mit Zeitströmungen, mit Wendemarken, mit Umbrüchen und Brüchen wie 1945, und auch dann kam es mir darauf an, was ich selbst erlebt hatte im Verhältnis zu anderen zu sehen, es zu brechen, es auf Personen auszudehnen, aufzuteilen, eigenes Erfahren mit anderen zu mischen, literarische Figuren entstehen zu lassen, die nur ganz selten direkte Porträts sind.«[3]

So kennen und schätzen viele ihn, den virtuosen Erzähler der *Danziger Trilogie*, den sein »bloßes Ich«[4] als Schriftsteller schnell zu langweilen scheint, der sich nach eigenen Angaben nur dann professionell zu erinnern beginnt, wenn er dieses Ich mit einer konkreten Fiktion konfrontiert, dem an der Auseinandersetzung mit sich selbst nur das Exemplarische, die Zeitgenossenschaft wichtig ist. Gleichzeitig ist der durch jahrzehntelange Schreibpraxis mit allen Wassern der narrativen Erzählkunst gewaschene Autor sich darüber im Klaren, »daß das Ich, in ein Manuskript eingebracht, sich verändert, Fiktion wird. Und wenn es gestaffelt genug ist, von den Erzählebenen her, sich auch die Ablösung vom Fiktion gewordenen Ich zum zeitgenössischen Ich nahtlos vollziehen kann.«[5] Ergänzt wird dieses poetologische Credo der frühen Schaffensperioden durch folgenden Glaubenssatz aus den achtziger Jahren, der sich von heute aus noch aufschlussreicher als damals liest:

»Ich gehe davon aus, daß ein Schriftsteller von Buch zu Buch die Summe seiner Figuren ist, inklusive der SS-Männer, die darin vorkommen; und er muß diese Figuren, ob er will oder nicht, auf literarische, kühle, distanzierte Art lieben können, er muß in sie hinein können; er kann sich nicht von ihnen distanzieren und sie einfach angewidert ›die anderen‹ nennen.«[6]

Diesen nicht auf Identitätssuche oder Selbstentblößung, sondern auf poetische Gerechtigkeit und konsequente Fiktionalisierung setzenden Prämissen blieb Günter Grass auf der Suche nach literarischen Formen lange treu, so dass Heinrich Vormweg, einer seiner Biographen, noch 1986 mit guten Gründen behaupten konnte: »[E]ine Autobiographie wird er niemals schreiben«[7].

Aber dann konzentriert sich der mit jedem Buch neu ansetzende Schriftsteller nach ersten Suchbewegungen, zunächst in der Lyrik – herausragend ist sein in die Sammlung *Ausgefragt* (1967) aufgenommenes Langgedicht *Kleckerburg* –, dann im »Schneckentagebuch« (1972), partiell auch in der Erzählung *Kopfgeburten* (1980) und schließlich in einigen Episoden des Bandes *Mein Jahrhundert* (1999), doch noch auf die vielfältigen Möglichkeiten des autobiographischen Schreibens:

»Zu Beginn des sechsten Jahrzehnts meiner Werkstattarbeit begann die Zeit der Rückblicke. Angestoßen zu mir, meiner Herkunft, meinen jungen Jahren zu kommen, hatte mich, trotz aller Vorbehalte gegen Autobiografien, die der umweglosen Behauptung ›So war es‹ folgen, schon meine Vilnius-Rede über die Zukunft der Erinnerung aus dem Jahr 2000. Sie stellte das Gedächtnis, mithin alles, was haften geblieben ist, erinnert mit Wörtern belebt wird und erzählt zu Papier kommt, in Frage.«[8]

Grass wählt zu guter Letzt also einen offenbar sehr produktiven Neuansatz, dem wir insbesondere die zwischen 2006 und 2010 erschienene *Trilogie der Erinnerung*[9] verdanken. Diese Rückschau auf »das Kind, das er gewesen«,[10] eine »ebenso lust- wie peinvolle Mühe«[11], bestimmte im Grunde die letzten fünfzehn Jahre seiner Schriftstellerexistenz:

»[S]o begann ich nun [...] die Zwiebel zu häuten. Sie, die sich Schicht auf Schicht rundet, schien mir geeignet zu sein, was gewesen war und sich im Verlauf der Zeit verkleidet hatte, bloßzustellen./ Es dauerte, bis ich in die

Manuskriptarbeit fand. Mein Mißtrauen jenem autobiografischen Schreiben gegenüber, das auf Selbstgewißheit fußt, hinderte mich vorerst, der Erinnerung und all dem, was sie abzurufen bereit war, zu vertrauen. Was sie zur gefällig erzählten Anekdote verkürzte, was sie hinter Beiläufigem versteckte und was dem Gedächtnis als Tatsache eingestanzt war, sollte erkennbar dem Zweifel ausgesetzt werden. Es ging um die dreißiger, vierziger Jahre des vergangenen Jahrhunderts. Es ging um den Jungen, der ich zur Zeit des herrschenden Nationalsozialismus gewesen war, ein Kind seiner Zeit, das allerdings schon früh, als 12-, 13-Jähriger, weil auf Papier versessen, mit Wörtern und Bildern um sich warf.«[12]

Es ging dabei aber auch wie immer um das Schreiben an sich. Und darüber hinaus um eine dem Autor mittlerweile offenbar am Herzen liegende Möglichkeit, sich einem an neuen Spielregeln orientierten Selbstbefragungsprozess zu stellen. Einem Prozess, von dem er anfangs – das Projekt aus 13 bis 14 Erzählungen, Essays, Gedichten, Rezepten und Zeichnungen sollte ursprünglich den strukturbildenden Arbeitstitel »Zu Tisch mit Gästen« tragen (vgl. SJ, 500 ff.) – nicht genau wusste, wo er hinführen oder wie er enden würde:

»Schreiben hieß, Nebel lichten, verdunkelte Ecken ausleuchten und benennen, was bislang aus Scham verschwiegen worden war. Die Befragung der Erinnerung führte zu Versuchen, mich dem 14- bis 17-Jährigen, sei es als Leser in der Danziger Stadtbibliothek, sei es als

Soldat, der das Fürchten lernt, mit Hilfe der Zwiebel zu nähern oder ihn als anderes Ich verkapselt in einem Stück Bernstein zu vermuten: der Einschluß.«[13]

Diese verborgenen Ängste und vielsagenden Einschlüsse, aber auch Dinge, die man sich selbst oft nur schwer verzeihen kann, galt es nun Episode für Episode freizulegen, möglichst ohne Rücksicht auf Verluste. Und dabei stehen dem belesenen Autor nicht nur das in Henrik Ibsens *Peer Gynt* geschilderte Verfahren des Zwiebelschälens sowie pikareske Darstellungstechniken Pate,[14] sondern auch Christa Wolfs von Mut zum Selbstzweifel zeugende Verarbeitung beispielhafter »Kindheitsmuster«, und zwar insbesondere im Hinblick auf »Form als Möglichkeit, Abstand zu gewinnen«. (KM, 21)

Auch in *Beim Häuten der Zwiebel*, einem kunstvoll komponierten Lebensmärchen,[15] geht es um ganz persönliche und historische Erfahrungen, um Schuld und nachwachsende Scham, um Träume und Traumata und um nicht gestellte oder nicht abschließend zu beantwortende Fragen. Es geht auch hier um gewissenhafte Phantasiearbeit und um die Erfindung von Tatsachen, die genauer sind als die überlieferten Fakten. Es geht auch hier um Gespräche zwischen Lebenden und Toten, um die Überwindung von sprachlichen Stereotypen und um ausufernde Geschichten, die die zielgerichtete Hofgeschichtsschreibung ergänzen. Es geht also auch hier nicht zuletzt darum, sich selbst, dem Individuum im Wechselspiel von innerer Natur und äußeren Umständen, dem sich tätig erprobenden Menschen in seiner Zeit, im Spannungsfeld von Dichtung und Wahrheit beispielhaft auf die Schliche zu kommen, und zwar in all seiner Widersprüchlichkeit, in immer neuen Erinnerungsanläufen, peu à peu, ganz professionell: »Es mag eine berufliche Deformation sein, die es ihm erlaubt, Schmerzhaftes, Beschämendes, sogar erinnertes Versagen mit Lust zu verwerten.« (23, 285 f.)

Günter Grass hat nie einen Hehl aus seiner ideologischen Verblendung in jungen Jahren gemacht. Aufgewachsen zwischen »dem Heiligen Geist und Hitlers Bild« (1, 203), stand sein schon früh von nationalsozialistischer Erziehung und Kriegspropaganda geprägtes Leben anfangs unter keinem guten Stern:

»Gläubig bis zum Schluß. Nicht gerade fanatisch vorneweg, aber mit reflexhaft unverrücktem Blick auf die Fahne, von der es hieß, sie sei ›mehr als der Tod‹, blieb ich in Reih und Glied, geübt im Gleichschritt. Kein Zweifel kränkte den Glauben, nichts Subversives [...] kann mich entlasten. Kein Göringwitz machte mich verdächtig. Vielmehr sah ich das Vaterland bedroht, weil von Feinden umringt./ Seitdem mich Greuelberichte über den ›Bromberger Blutsonntag‹ entsetzt hatten, die gleich nach Kriegsbeginn Seiten im ›Danziger Vorposten‹ füllten und alle Polen zu Meuchelmördern machten, schien mir jede deutsche Tat als Vergeltung rechtens zu sein. Meine Kritik richtete sich allenfalls gegen lokale Parteibonzen, sogenannte Goldfasane, die sich feige vorm Dienst an der Front drückten, uns nach Aufmärschen vor Tribünen mit öden Reden langweilten und dabei ständig den heiligen Namen des Führers mißbrauchten, an den wir glaubten, nein, an den ich aus ungetrübter Fraglosigkeit so lange glaubte, bis alles, wie es das Lied vorausgewußt hatte, in Scherben fiel./ So sehe ich mich im Rückspiegel. Das läßt sich nicht wegwischen, steht nicht auf einer Schiefertafel, neben der griffbereit der Schwamm liegt. Das bleibt.« (17, 40)

Doch der im »Dritten Reich« Sozialisierte, der noch als siebzehnjähriger Rekrut der 10. SS-Panzerdivision Jörg von Frundsberg vom Endsieg träumte, hat nach dem Krieg seine Lektionen gelernt und Konsequenzen aus der eigenen Verführbarkeit gezogen. Das Bewusstsein der Verstrickung in eine verbrecherische Ideologie wurde ihm zum Motor seiner lebenslangen Selbstbefragung – und zwar aus eigenem Antrieb. Das zeugt von Courage und gesellschaftlichem Verantwortungsgefühl und setzt erinnerungspolitische Zeichen:

»Zu fragen ist: Erschreckte mich, was damals im Rekrutierungsbüro unübersehbar war, wie mir noch jetzt, nach über sechzig Jahren, das doppelte S im Augenblick der Niederschrift schrecklich ist?/ Der Zwiebelhaut steht nichts eingeritzt, dem ein Anzeichen für Schreck oder gar Entsetzen abzulesen wäre. Eher werde ich die Waffen-SS als Eliteeinheit gesehen haben [...]. Die doppelte Rune am Uniformkragen war mir nicht anstößig. [...] Ausreden genug. Und doch habe ich mich über Jahrzehnte hinweg geweigert, mir das Wort und den Doppelbuchstaben einzugestehen. Was ich mit dem dummen

Stolz meiner jungen Jahre hingenommen hatte, wollte ich mir nach dem Krieg aus nachwachsender Scham verschweigen. Doch die Last blieb, und niemand konnte sie erleichtern. [...] Selbst wenn mir tätige Mitschuld auszureden war, blieb ein bis heute nicht abzutragender Rest, der allzu geläufig Mitverantwortung genannt wird. Damit zu leben ist für die restlichen Jahre gewiß.« (17, 111 f.)

In *Beim Häuten der Zwiebel* geht Günter Grass zum wiederholten Mal, aber dem Wagnis der Selbstannäherung enger verbunden als je zuvor, mit sich selbst, vor allem als »Jungnazi« (17, 39), ins Kreuzverhör. »Das Belasten, Einstufen und Abstempeln« (17, 40) will er nicht anderen überlassen, er will selber den Makel benennen. Dazu nimmt der Erzähler als fragwürdiger Zeuge zugleich auf der Anklagebank Platz und bedient sich einer phantastisch-realistischen Poetik auf der Höhe unserer Zeit. Er arbeitet mit offensichtlich konstruierten Zusammenhängen, mit Vielstimmigkeit und Perspektivismus, mit Stilisierung und Ironie – kurzum, mit literarischen Mitteln der Entdämonisierung. Der fragmentarische Stoff bedingt die lang gesuchte, erst im fortgeschrittenen Alter gefundene Form der vorliegenden, aus fiktiven Selbstbildern seiner jungen Jahre zusammengesetzten Lebensausschnittsinszenierung, die zudem, das versteht sich von selbst, als ein Versuch der öffentlichen Wirkungssteuerung durch den umstrittenen Schriftsteller gelesen werden kann.

Aber trotz seiner sprachlichen Virtuosität stößt das Autor-Ich dieses Alterswerks, das sich in Personalunion gleichzeitig verteidigt und richtet, permanent an Grenzen. Der Erzähler wird im Rahmen des Selbstentwurfs sowohl mit tiefgehenden Gewissenskonflikten und längst verkapselten Problemen konfrontiert als auch mit unüberbrückbaren Distanzen zwischen dem Kind, das er gewesen ist, und dem Rekruten seines Namens. Das Ergebnis liegt auf der Hand: Einem intellektuell halbwegs redlichen Biographen in eigener Sache bleibt im Grunde gar nichts anderes übrig, als sich der kunstvollen Selbstbefragung mit aufrüttelndem Mehrwert zu verschreiben, ohne sich durch nachträgliche Schutzbehauptungen unangreifbar machen oder eine absolut gesetzte Deutungshoheit in Anspruch nehmen zu wollen.[16]

Im Gegenteil, als aufgeklärter Aufklärer problematisiert der Erzähler, der sich explizit und damit natürlich augenzwinkernd anmaßt, das letzte Wort in eigener Sache behalten zu wollen (17, 8), die Bedingungen der Möglichkeit von adäquaten Formen der Auseinandersetzung mit der niemals zu bewältigenden und kaum objektiv bzw. interesselos zu beschwörenden Vergangenheit: »[G]enau wird nur das erinnert,/ was nie geschehen ist.« (1, 456) Diese allen Grass-Lesern bereits vertraute Warnung vor der Täuschung über den Wahrheitsgehalt der oft wunschgemäß zurechtgebogenen Erinnerungen und die damit einhergehende Skepsis dem eigenen Erinnerungsvermögen gegenüber wird auch in diesem Aufklärungsbuch bewusst mitgeschrieben, ebenso wie die Möglichkeit unwillkürlicher Erinnerungsschübe. Selbst Verdrängungsmechanismen, Strategien des Verschweigens und ethische bzw. politische Korrekturanstrengungen werden dementsprechend kritisch hinterfragt. Mehr noch, der existentielle Zweifel wird zum alle drei Zeit- und Erzählebenen bestimmenden Strukturprinzip des in sich konsistenten Narrativs.

So entsteht ein poetischer Kosmos, kein starres System. So werden die im Idealfall eigensinnigen Leserinnen und Leser dazu angehalten, die Geschichten des fragwürdigen Chronisten zu hinterfragen und sich selbst ein möglichst facettenreiches Bild zu machen. So korrespondieren Offenheit und Pluralismus mit Toleranz und der Ablehnung von widerspruchsfreier Totalität. So ergänzen sich List und Übertreibung mit phantasieanregenden Zweideutigkeiten im Dienste überraschender Sprachkapriolen – jeweils zur Nachahmung empfohlen, immer und überall: »So halten sich Geschichten frisch. Weil unvollständig, müssen sie reichhaltiger erfunden werden. Nie sind sie fertig. Immer warten sie auf Gelegenheit, fortgesetzt oder gegenläufig erzählt zu werden.« (17, 199)

Tatsache ist: Mit Hilfe der hier skizzierten Erzählstrategien entsteht ein prall gefülltes, von Rhythmuswechseln, unterschiedlichen Tonlagen und herausragenden Episoden in Schwung gehaltenes Erinnerungsbuch mit paradigmatischem Charakter. *Beim Häuten der Zwiebel* ist demnach keine klassische Autobiographie. Ausgestellt wird ein vom Zweifel an gewissenhafter Selbstanalyse durchdrungenes Spiel im Zeichen des Wortzaubers, ein so risiko- wie traditionsreiches Spiel mit hohem persönlichem Einsatz, ein Spiel mit beschämenden Erfahrungen, eigenen Texten und mit autobiographischen

Mustern der Gattungsgeschichte von Augustinus über Goethe bis hin zu Amos Oz und Christa Wolf.

Es geht Günter Grass demnach auch im ersten Teil seiner *Trilogie der Erinnerung* weder um Individualpsychologie noch um sittliche Bekenntnisse oder um Bekehrungserlebnisse in Danziger Gärten. Selbst Authentizität wird hier nicht verbürgt. Der Anti-Idealist schwelgt vielmehr in wirklichkeitsgesättigten Auto-Fiktionen im Spannungsfeld von Kunst und Leben. Er verbindet Bruchstücke einer diesseitigen Konfession und versucht im Bewusstsein um die Grenzen der Vernunft zu erkennen, was die Menschenwelt aus seiner begrenzten Perspektive im Innersten zusammenhält. So entsteht ein in vielerlei Hinsicht wichtiges, nach wie vor hochaktuelles, hoffentlich noch viele Diskussionen anregendes Buch über die Zukunft der einerseits gefeierten, andererseits von Skepsis begleiteten Erinnerung.

Während es in Christa Wolfs *Kindheitsmuster* heißt, dass »die Erinnerung an Erinnerungen, die Erinnerung an Phantasien nur als Informationen aus zweiter Hand verwendet werden können, als Spiegelungen, nicht als Realität« (KM, 286), wird die Grass'sche Strategie in *Beim Häuten der Zwiebel* folgendermaßen auf den Doppelpunkt gebracht:

»Die Erinnerung fußt auf Erinnerungen, die wiederum um Erinnerungen bemüht sind. So gleicht sie der Zwiebel, die mit jeder wegfallenden Haut längst Vergessenes offenlegt, bis hin zu den Milchzähnen frühester Kindheit; dann aber verhilft ihr Messerschärfe zu anderem

Zweck: Haut nach Haut gehackt, treibt sie Tränen, die den Blick trüben.« (17, 272)

Nur im Spannungsfeld der damit skizzierten Ambivalenz aller Selbsterkenntnisprojekte entstehen herausragende Kunstwerke über das Menschlich-Allzumenschliche bzw. über die Erinnerung als das »Humane an sich«[17]. Oder wie es in *Beim Häuten der Zwiebel* heißt:

»Es verging Zeit bis ich in Schüben begriff und mir zögernd eingestand, daß ich unwissend oder, genauer, nicht wissen wollend Anteil an einem Verbrechen hatte, das mit den Jahren nicht kleiner wurde, das nicht verjähren will, an dem ich immer noch kranke. Wie dem Hunger kann der Schuld und der ihr folgsamen Scham nachgesagt werden, daß sie nagt, unablässig nagt.« (17, 197)

Aufklärung – selbst in eigener Sache – beginnt mit differenzierter Wahrnehmung, also damit, etwas möglichst genau darzustellen. Doch so nah der aus dem Leben gegriffene Stoff den Erzählinstanzen auch sein mag, es bleibt selbst beim besten Willen ein Rest an Nichtbeschriebenem. Nichts ist erledigt, nichts erschließt sich vollständig, gerade, wenn man auf autobiographischen Pfaden lustwandelt. Immerhin, die bewusst gesuchte Nähe zum eigenen »Makel« in Kombination mit dem bewusst inszenierten Abstand ermöglicht Autoren und Rezipienten im formvollendeten Fall eine durchaus erhellende Betrachtung dunkler Abgründe, vor allem die der jeweils eigenen – persönliches Versagen eingeschlossen. Luzide Lügengeschichten machen es jedem Ich, das um unauflösbare Widersprüche weiß, möglich, denn: »Wer sich ungenau erinnert, kommt manchmal dennoch der Wahrheit um Streichholzlänge näher, und sei es auf krummen Wegen.« (17, 10)

Die Box

Schon 2007 beginnt Grass mit der »Arbeit an einem weiteren autobiografischen Vorhaben, das einerseits meinem ›familiären Kuddelmuddel‹ auf der Spur blieb und den Kinderjahren meiner Söhne und Töchter nachging; andererseits aber dank einer fiktiven Figur, dem ›Knipsmalmariechen‹ – nachempfunden der Fotografin Maria Rama – Gestalt gewann.« (SJ, 529)

Entscheidend für die literarische Form dieser »Dunkelkammergeschichten«, die sich auf die Zeitspanne zwischen *Katz und Maus* (1961) und *Ein weites Feld* (1995) konzentrieren, sind vor allem drei Aspekte: der bereits im ersten Satz vom omnipräsenten Regisseur des Erzählprojekts angeschlagene Märchenton, die dialogische Struktur der neun, jeweils von kurzen An- und Abmoderationen eingerahmten Kapitel sowie eine ganz reale Agfa-Box, der magische Fähigkeiten nachgesagt bzw. angedichtet werden.

Und so beginnt das ästhetisch in vielerlei Hinsicht durchaus problematische Familiendrama, das als nicht ganz selbstlose Arbeit des Autors an einem Patchworkfamilien-Mythos der versöhnlichen Art unter Berücksichtigung werkgeschichtlicher Aspekte interpretiert werden kann:

»Es war einmal ein Vater, der rief, weil alt geworden, seine Söhne und Töchter zusammen – vier, fünf, sechs, acht an der Zahl –, bis sie sich nach längerem Zögern seinem Wunsch fügten. Um einen Tisch sitzen sie nun und beginnen sogleich zu plaudern: jeder für sich, alle durcheinander, zwar ausgedacht vom Vater und nach seinen Worten, doch eigensinnig und ohne ihn, bei aller Liebe, schonen zu wollen.« (18, 7)

Damit liegen die Karten sofort offen auf dem Tisch: Der erfolgreiche Schriftsteller-Vater, der »als kleiner Junge schon seiner Mama lauter Lügengeschichten erzählt hat« (18, 91) und bis zu seinem Lebensende genau das am allerliebsten tut, lässt hier also trotz professioneller Tontechnik beim Aufzeichnen der pseudoauthentischen Sprachstände mitnichten seine realen Töchter und Söhne zu Wort kommen. Die inszenierten Gespräche, bisweilen durchsetzt mit längeren Monologen, laufen vielmehr streng nach bzw. unter seiner Regie ab (18, 26). Die fiktiven Kinder seiner Laune wissen nie, was er ihnen einredet (18, 123) oder auf die Zunge legt: »Er denkt sich uns einfach aus!« (18, 144)

Die mit unterschiedlichen Temperamenten und typisierten Redeweisen ausgestatteten Kinder zeigen wenig Lust, sich dem Diktat des Vaters zu fügen (18, 45), selbst wenn ihnen gnädigerweise durchaus kritische Anmerkungen erlaubt sind. Und so regt sich auf der vom

»Pascha« (18,167) mit ausgeprägtem »Mutterkomplex« (18,90)[18] beherrschten Gesprächsebene schon bald Widerstand gegen ein Erzählkonstrukt, das die Familiengeschichte im Grunde nur aus seiner Wunschperspektive aufarbeitet. Denn die personifizierten Kopfgeburten des Märchenerzählers fühlen sich aus nachvollziehbaren Gründen grundsätzlich entmündigt und signalisieren dementsprechend ihren »Unwillen«: »Sie wollten nicht mehr nach seinen Worten. Die Tochter, die Söhne weigerten sich, Teilhaber seiner Geschichten zu sein. ›Laß uns da raus!‹ riefen sie.« (18,81 f.) Und ein paar Episoden später sieht es sogar so aus, »als wollten sich einige der Geschwister verweigern – Pat spricht von Boykott –, doch dann sagt Jorsch, ›Laßt doch den Alten ...‹, und Paulchen stellt ›total irre Dunkelkammergeschichten‹ in Aussicht.« (18,144)

Zu beachten sind demnach mindestens zwei Gegenkräfte zur ambivalent stimmenden Grundkonstellation: zum einen das Verständnis der Kinder für ihren geliebten Vater, der ja schon immer so war, wie er noch ist, nämlich kein »Spielvater«, sondern der oft abwesende, wie besessen schreibende und zeichnende Künstler, der sich lebenslang zwanghaft mit seinen Frühprägungen und den Folgen beschäftigen muss: »Lebt rein vergangenheitsmäßig, immer noch. Kommt davon nicht los. Muß immer nochmal« (18,36):

»Ist nun mal so bei ihm. War immer so. ›Muß man abarbeiten‹, hat er gesagt. Konnte doch jeder von uns mitkriegen, wie er alles, was er erlebt hat, als er noch jung war und kurze Hosen getragen hat, später voll abarbeiten mußte. Die ganze Nazischeiße raufrunter. Was er vom Krieg gewußt und wovor er Schiß gehabt und weshalb er überlebt hat.« (18, 164)

Alle wissen um die daraus resultierenden Traumata des »Alten«, der mit siebzehn Soldat und kurz vor dem Kriegsende noch verwundet wurde (18, 47). Die daraus resultierende Fixierung auf ebenso halbstarke wie verführbare Siebzehnjährige begleitet Günter Grass' Werke von Anfang an.[19] Es verwundert also niemanden, wenn der »Typ mit dem Schnauzer« (18, 116) es auch in diesem Kontext nicht ertragen kann, bei einem Ausflug an den Atlantikwall mit der Vorstellung konfrontiert zu werden, dass seinen Kindern zukünftig Ähnliches widerfahren könnte:

»Ist doch verständlich, daß unser Väterchen sowas nicht sehen wollte: ihr als Siebzehnjährige, soldatenmäßig in Stiefeln, mit Stahlhelmen auf dem Kopf und womöglich noch mit Maschinenpistolen ... So mußte er selbst mal aussehen, als Krieg war. Hat davon noch lange geträumt, sogar gestöhnt im Schlaf ...« (18, 53 f.)

Seitdem, so räumen seine fiktiven Kinder stolz ein, setzt ihr um die Delle in jedem Ball wissendes »Väterchen« (18, 8) aus fester Überzeugung auf den schattenwerfenden Zweifel als Überlebensprinzip: »Den nicht enden wollenden Kriegen, dem nachwachsenden Unrecht, den christlichen Heuchlern hielt er sein Nein entgegen. Manchmal zu laut, manchmal zu leise.« (18, 61)

Es ist kaum zu überlesen, dass auch in dieser dialogischen Erzählung trotz des pseudodokumentarischen Aufwands durch Tischmikrophone und Fotoalben die Selbstdarstellung des Autors als Vater, Künstler und Zeitgenosse im Mittelpunkt steht: »Unser Vater erzählt viel! Und keiner weiß hinterher, wieviel davon wahr ist.« (18, 24) Sein Hang zu Männerphantasien und Frauengeschichten (18, 88) prägt dementsprechend das familiäre Geschehen. Durch ihn kommt folgerichtig auch die professionelle Fotografin bzw. ihre sich genau erinnernde (18, 139), alles Vergangene speichernde »Wünschdirwasbox« (18, 68) ins Spiel. Sie fotografiert, was der ständig recherchierende Schriftsteller gerade braucht, erahnt, verdrängt oder sich ersehnt. »Mariechen«, die viel mehr vom Erzähler weiß »als er selber von sich« (18, 40), und ihre »nicht richtig tickende« Kamera (18, 62) machen es möglich. Denn dieses obskure, die Realität transzendierende Traumpaar »konnte den Zeitverlauf aufheben und widerlegen«, zudem das Innenleben der fotografierten Dinge und Menschen aufdecken, freilegen, bloßstellen: »Weshalb die Kinder nicht wissen sollen, was ihr Vater soeben ausgespart hat. Kein Wort über Schuld und ähnlich kompakte Paketzustellungen.« (18, 62)

Das hier gewählte Arrangement geht demzufolge weit über die Ablichtung des gefundenen Grass-Zeugs (18, 15) und der historisch verbürgten Katastrophen in Zeugenfunktion hinaus. Die Box steht als Relikt aus der »bösen Zeit« für künstlerische Kreativität schlechthin, sie »macht Bilder, die gibts nicht. Und Sachen sieht die, die vorher nicht da waren. Oder zeigt Dinge, die möchten euch nicht im Traum einfallen. Ist allsichtig, meine Box. Muß ihr beim Brand passiert sein. Spielt verrückt seitdem.« (18, 17)

Diese phantastisch anmutenden Geschichten vom »Knipsmalmariechen« (18, 11) mit ihrer ohne Blitzlicht auskommenden »Wunschbox! Zauberbox! Wunderbox!« (18, 55 f.) – die beschädigte und dadurch hellsichtige Kamera korreliert mit dem ebenfalls kriegsgeschädigten Erzähler, dem »gebrannten« Kind – werden in ihrer die Wirklichkeit ver- oder entzaubernden Dunkelkammer zu einem luziden Märchen über das, was gewesen ist, und das, was sein wird: »Jedenfalls konnte Mariechen mit ihrer Box nicht nur in die Vergangenheit, sondern sogar in die Zukunft gucken.« (18, 37)

Kein Wunder, dass der ungläubigen Fotografin ihre Kamera »heilig« (18, 48) und ihr Licht ins Dunkel bringender Arbeitsraum, der sich mit der Werkstatt des auf weißem Papier zaubernden Dichters vergleichen lässt, das »Allerheiligste« (18, 132) ist: »Stimmt! Hat sie zu mir mal gesagt: ›Meine Box ist wie der liebe Gott: Sieht alles, was ist, was war und was sein wird. Die kann keiner beschummeln. Hat einfach den Durchblick.‹« (18, 48) Und so wird ihr Abschied aus der Geschichte konsequenterweise von einem der Kinder mit dem Segen des Gedankenspielleiters zur »Himmelfahrt« stilisiert. Dadurch wird gewährleistet, dass das hexen- bzw. feenhafte »masurische Handchenvoll« (18, 161) am Ende der Geschichte noch die allerletzten Schnappschüsse von der finalen Weltuntergangskatastrophe aus himmlischen Höhen schießen und wunschgemäß in ihrer Zauberbox auf die Erde fallen lassen kann.

Doch im Prosaabspann dominiert dann auf allen Fiktions- und Rezeptionsebenen das Unbehagen, nicht nur über die vom Kopfkino-Erzähler für seine künstlich »verkindlichten« Geschöpfe gewählten Sprechweisen. Aber der Regisseur, der trotz aller Vorwürfe und heftiger Streitgespräche mit abschließender Absolution unbeirrt an seinem Selbstporträt-Werkplan festhält, legt es mit einem letzten Rechtfertigungstrick noch einmal darauf an, zu retten, was schon längst nicht mehr zu retten ist: die Anmaßung der Deutungshoheit.

»Erwachsen blicken die Kinder streng. Sie weisen auf ihn mit Fingern. Das Wort wird dem Vater entzogen. Laut und mit Nachhall rufen die Töchter, die Söhne: ›Das sind nur Märchen, Märchen …‹ – ›Stimmt‹, hält er leise dagegen, ›doch sind es eure, die ich euch erzählen ließ.‹ […] Schon soll nicht gelten, was auf Schnappschüssen gelebt wurde. Schon heißen die Kinder, wie sie richtig heißen. Schon schrumpft der Vater, will sich verflüchtigen. Schon regt sich flüsternd Verdacht, er, nur er habe Mariechen beerbt und die Box – wie anderes auch – bei sich versteckt: für später, weil immer noch was in ihm tickt, das abgearbeitet werden muß, solang er noch da ist …« (18, 179)

Grimms Wörter

Bis ins hohe Alter bleibt Günter Grass seinen Maximen treu, auch im dritten Teil der erst im Nachhinein so genannten *Trilogie der Erinnerung*. Das »Abarbeiten« kann und will kein Ende finden, weil immer wieder längst verjährte Anlässe, »die sich verkapselt hatten« (19, 31), aufbrechen und den Sprachkünstler erneut antreiben, seinen »Faden zu spinnen« (19, 31). Und so ist die Zeit schon zwei Jahre nach dem Erscheinen der *Box* reif für das nächste Märchen des passionierten Geschichtenerzählers:

»Es waren einmal zwei Brüder, die Jacob und Wilhelm hießen, für unzertrennlich und landesweit als berühmt galten, weshalb sie ihres Nachnamens wegen die Brüder Grimm, Grimmbrüder, auch Gebrüder Grimm, von manchen die Grimms genannt wurden.« (19, 9)

In dieser beeindruckenden, auf der Makroebene alphabetisch geordneten, von artistischer Lyrik und farbenfrohen Buchstaben-Vignetten durchzogenen »Liebeserklärung« an die deutsche Sprache widmet sich der Autor und engagierte Zeitgenosse auf der passend zurechtgeschnittenen Folie des von närrischem Sammlerfleiß und politischem Engagement geprägten Lebenswerks der »Grimm Brothers« seinem eigenen Werdegang als Künstler und öffentlicher Person. Dazu vergleicht er ihre und seine Zeit als Fortschreibung des zuletzt in seinem Roman *Ein weites Feld* erprobten Erzählprinzips – »Sein Zeitalter, mein Zeitalter« (19, 228):

»So ist es mit der Zeit. Sie will in ihrem Ablauf vergangen, gegenwärtig, zukünftig sein. Mir aber bleibt sie durchlässig und jederzeit zugänglich, wie allseits der Tiergarten.

Deshalb kann ich sagen, vorhin noch wüst, dann halbwüchsig, wenig später dezemberlich kalt, ist er mittlerweile zu hochwüchsigen Bäumen gekommen, die, weil jetzt sommerliche Hitze herrscht, schützende Schatten werfen. Beinahe gleicht er wieder jener vom Großgärtner Lenné erträumten und trotz knausriger Könige weitläufig gestalteten Parklandschaft, in der sich die Brüder Grimm ab 1840 ergingen; damals, als der Goldfischteich noch Venusbassin hieß.« (19, 309)

Zur Parkanlage wird hier die Zeit, wobei dem Erzähler immer wieder »die dinglichen und wörtlichen Ablagerungen mehrerer Zeitläufte« durcheinandergeraten (19, 260). Nach diesem bewährten »Vergegenkunft«-Muster stiftet das von Einbildungskraft und historischem Wissen beseelte, zugleich von persönlichen Geschichtserfahrungen belastete Grass-Ich assoziative Verbindungen und behauptet Analogien über Wortbrücken hinweg. Sein frank und frei eingestandener »Hang zur Übertreibung« (19, 226) kommt ihm dabei jederzeit entgegen. Und so können im Zuge dieser historisch fundierten Sozialisationsgeschichte im Gestus einer Autobiografie Persönlichkeiten aus Politik und Literatur von damals in einem Atemzug mit denen des 20. Jahrhunderts gewürdigt werden. Um nur einige für den gelernten Sozialdemokraten unverzichtbare Männer zu nennen, die sich neben der bestaunten, »aber auch ein wenig berüchtigten Bettine« von Arnim (19, 45) im Kapitel zum großen B versammeln: August Bebel, Eduard Bernstein und Willy Brandt oder Heinrich Böll, Leo Bauer und Egon Bahr.

Diese Namen stehen hier exemplarisch für alle, von denen Günter Grass nach dem Zweiten Weltkrieg lernte:

»Auch mir, dem siebzehnjährigen Jungen, den Krieg und diktierter Glaube dummgehalten hatten, mußte das Wort Demokratie mit seinen Verhaltensregeln in Lektionen eingepaukt werden. So erging es allen, denen eine demokratische Grundordnung, wie es lehrbuchhaft hieß, per Dekret verordnet wurde.« (19, 147)

Doch nicht nur seine politische Sozialisation, auch die nationale Ereignis- und die persönliche Werkgeschichte werden in dieser Komposition über die Jahrhunderte hinweg parallel geführt – »In jedem Danach liegt ein Davor begraben.« (19, 95) –, ein ebenfalls bereits bewährtes poetisches Verfahren, dass dem Autor in diesem Kontext seine »aus Bürgersinn nicht enden wollende Tätigkeit in der politisch betriebenen Tretmühle« (19, 32) wieder nahebringen soll. Denn im Zentrum des vor- und zurückblickend betrachteten Zeit- und Kulturgeschehens steht in diesem kunstvollen Genre-Mix-Wörterbuch kein Wiedergänger Fontanes, sondern der Homo ludens als Homo politicus höchstselbst:

»Mein Zeitalter hob an, als sich die Weimarer Republik gerade ein wenig von ihren chronischen Schwächeanfällen erholt hatte, dann aber um so schneller verfiel, worauf das Dritte Reich nur zwölf Jahre dauerte, doch Zeit genug ließ, jedweden und so auch mich mit einem Völkermord zu belasten, der, auf den Ortsnamen Auschwitz gebracht, für alle Zeit wie ein Kainsmal haftet. Danach lud der aus Trümmern gedeihende Wohlstand zum Vergessen ein. Zeitgleich folgten einander weit entfernt Kriege, die der Rüstungsindustrie Zugewinn brachten, nahmen Auto und Flugzeug der Eisenbahn reiselustige Kunden, wechselte die Mode, erlaubte die Pille Familienplanung, wollte Demokratie erlernt werden, schrieb ich Buch nach Buch, machte mir einen Namen, ergriff als Sozialdemokrat Partei, glaubte als Bürger den Sozialstaat gefestigt zu sehen und erlebe gegenwärtig, wie Korruption zunimmt, während Grundrechte schwinden, indem Freiheit zur Worthülse wird, sobald Reiche unverschämt reicher, Arme klaglos ärmer werden, so daß ich gegen Ende meiner Zeitweil mit Jacob Grimm erkenne: ›je näher wir dem rande des grabes treten, desto ferner weichen von uns sollten scheu und bedenken, die wir früher hatten, die erkannte wahrheit, da wo es an uns kommt, auch kühn zu bekennen.‹« (19, 229)

Auf das politische Gleis hat den später für einen demokratischen Sozialismus, der beiden Begriffen alle Ehre macht, Trommelnden nach eigenen Angaben nicht der geschätzte Willy Brandt, sondern eine Rede des damaligen Bundeskanzlers Konrad Adenauer geführt, eine Diffamierungsrede aus dem Lehrbuch verbaler Vernichtungsfeldzüge, »in der er seinen Gegenkandidaten als uneheliches Kind verlästerte und dessen Überleben als Emigrant in Verruf zu bringen versucht hatte« (19, 70). Dieser Rufmord aus »allerchristlichstem« Mund hat den bis dahin eher anarchistisch gesinnten Einzelgänger »voll innerer Rede« (19, 232) angestoßen, sich seit dem Mauerbau auch als mündiger Bürger aktiv in gesellschaftspolitische Zusammenhänge einzumischen und möglichst medienwirksam zu sagen, was seiner Überzeugung nach »gesagt werden mußte« (19, 54):

»Es fiel mir leicht, mein ›Hundejahre‹-Manuskript zu verlassen, um Hilfsdienste für ihn zu leisten und fortan öffentlich Partei zu ergreifen. Von Zeit zu Zeit schraubte ich das Tintenfaß zu, verließ die Windstille meiner Werkstatt, setzte mich wechselndem Wetter aus. Das hatte Folgen: Ich wurde zum gelernten Sozialdemokraten. Was heißt, ich kam nie an, suchte kein Endziel, blieb unterwegs, bin es immer noch ...« (19, 72)

Von diesem Ansatz zeugen ungezählte offene Briefe, Wahlkampfauftritte und ebenso sprachmächtige wie meinungsstarke »Gegenreden« (19, 172). Erfolgreiche Stiftungsinitiativen (19, 231) stehen neben gescheiterten Entwicklungshilfeprojekten; wirkungsvolle Appelle stehen neben unerhörten Klagegesängen (19, 250). Das Engagement des von seinen Feinden als »Rechthaber, Besserwisser, Moralapostel« (19, 293) beschimpften Intellektuellen kannte keine Grenzen. Sein jahrzehntelanger Kampf richtete sich, um nur einige der in *Grimms Wörter* explizit erwähnten Problemzonen aufzulisten, gegen Duckmäuserei (19, 302), den Rückfall in die Barbarei (19, 65) und moderne Selbstzensur, gegen Berufsverbote, Mordanschläge und Extremismus jeder Ausprägung, gegen endlose Kriege, Waffenlieferungen in Krisengebiete und den Kapitalismus als »alleinseligmachende Religion« (19, 252), gegen die neoliberale Postmoderne, den grenzüberschreitenden Klimawandel und nicht zuletzt die deutsche Einheit ohne Einigung:

»Weshalb ich auf Reise ging: unterwegs von Deutschland nach Deutschland. Ich wollte sehen, was sich änderte, und sah, mit welcher Eile der Westen den Osten enteignete. In Reden, die wenig Gehör fanden, empörte ich mich. [...] Jetzt, zwanzig Jahre später, hängen die bloß angeschlossenen Bundesländer noch immer am Tropf. Das Land entvölkert sich, Armut zieht ein und bleibt. Weil es an Einsicht in getrennt gelebte Biographien fehlte, konnte die Rechnung Aus-zwei-mach-eins keine Einheit ergeben. [...] Mich schmerzt und ekelt mein Land, dessen Sprache ich anhänglich liebe. Es kommt mir abhanden, wird fremd.« (19, 157 und 158 und 263)

Ja, hin und wieder scheint der vom absurden Lauf der datierten Geschichte enttäuschte Mahner, von dem, so Grass, schon Goethe wusste – und zwar als Stimme, die »in der wüste kaum wohl vernommen« wird (19, 293) –, sich in der Rolle des verschmähten Predigers zu gefallen und als »beleidigte Leberwurst« (19, 293) mit dem Rückzug ins Privatleben oder ins Ausland zu kokettieren. Doch letztlich macht ihn das wiederholte Scheitern nicht stumm, sondern »vorlaut« (19, 230):

»Ins Leere reden. Darin hatte ich mich geübt. Niemand wollte hören, was ich, kaum war die Mauer zwischen zweimal Deutschland gefallen, als Folgen der ruckzuck vollzogenen Einheit aufzählte. Kein Gehör fand bei den Sozialdemokraten meine Warnung vor der Schändung des Asylartikels, eines Kronjuwels der Verfassung. Niemand wollte und will sehen, was ich seit Jahr und Tag wiederholt, also papageienhaft beklage: die Belagerung des Bundestages durch die Mafia der Lobbyisten, wie sie Parlamentarier abhängig, käuflich, sich gefällig machen, Betrug legitimieren und die Demokratie in Verruf bringen. Selbst als ein Teil des Schwindels ruchbar wurde und aufflog ...« (19, 293)

Dieses Wiederholungsschleifenlamento klingt zwar nicht so, aber Grass ist sich seiner eigenen Rolle als Rufer in der Wüste und damit seiner großen Bedeutung für viele Mitmenschen jederzeit bewusst. Selbst nach zahlreichen Rückschlägen lässt er keine Neigung erkennen, sich zum Floh machen zu wollen. Im Gegenteil: Die mittlerweile gesammelten »Niederlagen« scheinen den aufgeklärten Geist sogar noch einmal zu beleben. Und so geht der altersweise Schriftsteller mit *Grimms Wörter* erneut im Vollbesitz seiner Schaffenskraft aufs Ganze, vom »alten Adam« (19, 9) über die waffenklirrende Gegenwart bis hin zur ungewissen Zukunft. Dazu hält er allen oft vergeblich anmutenden Interventionen zum Trotz, nicht nur sich selbst ausgiebig zitierend, an der Begeisterung für seinen »Hausschatz« (19, 293) und den Parzivâl-Roman Adolf Muschgs mit dem Titel *Der Rote Ritter* (1993) fest.[20] Er bleibt also vernarrt in die geliebte deutsche »Zunge« und dementsprechend »lüstern: einzig nach

Wörtern und deren grammatischem Verhältnis zueinander, nach Wörtern, die einander begatten, die fremdgehen, die sich verflüchtigt hatten und eingefangen sein wollten, nach mehr, immer mehr Wörtern, verfallen der Sucht: Fortsetzung folgt ...« (19, 217)

Der lustvollen Suche nach Wörtern und nach den sie jeweils »stützenden« Zitaten (19, 255) ist demnach in der Nachfolge der sprachversessenen Gebrüder Grimm auch im 21. Jahrhundert kein Ende abzusehen:

»Womit sie spielen: Partikel, die sich im Spiel vermehren. Ich spiele mit. Was ihnen Lust bereitet: Oralverkehr mit Vokalen. Wovon sie nie genug kriegen: Verben, aus Substantiven entsprungen, Verben, zu Substantiven gebläht.« (19, 305) In diesem Sinne werden Wortfelder beackert, Reime gesucht, Artikel verspottet, Konsonanten gefeiert, und immer wieder drängen einzelne Buchstaben ins Sprachgeschehen oder tanzen herzerfrischend aus der Reihe:

»Ihre Sprünge folgten keinem Muster. Die übersprungenen Wortstrecken beeilten sich nicht. Nachzügler gab es und Vorläufer, die der Abfolge des Alphabets spotteten. Allgemein ging es absurd zu. Denn gleichzeitig ermunterten Friedensschlüsse zu neuen Schlachten, sollten Mietskasernen Antwort auf die ›soziale Frage‹ geben, gab sich Rückschritt als Fortschritt aus« (19, 256).

Wie eh und je liefern unablässig auf den trickreichen Grass-Erzähler einprasselnde Stichworte den Anlass für Zeit- und Gedankensprünge jenseits der chronologischen Ordnung oder locken ihn selbst bzw. seine fiktiven Gesprächspartner aus der Reserve. Dafür steht eine »Derdiedas«-Kombination in exemplarischer Stellvertreterfunktion: *die* Szenen mehrerer Ehen (19, 166 f.), *das* Clausewitz-Stichwort zur Fortsetzung der Politik mit anderen Mitteln im K-Band des Wörterbuches (19, 249 ff.) und *der* verabscheuungswürdige, zu blindem Gehorsam verpflichtende Eid.

Bei den Brüdern Grimm kam ein solcher Schwur ins lebensgefährliche Spiel, als sie im Kontext der Göttinger Protestation von ihrer Freiheit Gebrauch machten (19, 63 f.) und sich weigerten, den Eid auf die liberale Verfassung zu brechen (19, 196 f.); beim jungen Rekruten Günter Grass bzw. bei seinem sich erinnernden Selbst war es während der ihn lebenslänglich begleitenden »Hundejahre« so weit:

»Es geschah auf einer winterstarren Waldlichtung. Siebzehn zählte ich, als wir, ins Karree gestellt, unter frostklarem Nachthimmel auf Führer, Volk und Vaterland sowie auf den Reichsführer der Waffen-SS vereidigt wurden. Satz für Satz sprachen wir nach: ›Ich gelobe …‹ Feierlich war uns, war mir zumute. Nach dem Schwur wurde gesungen: ›Wenn alle untreu werden, so bleiben wir doch treu …‹/ Dazu kam es nicht. Das Kriegsende befreite mich von dem beschworenen blinden Gehorsam, ohne daß ich sogleich sehend wurde und begriff, welches Ausmaß an Verbrechen ein Eid, gesprochen in einer Frostnacht, bemänteln kann. Nie wieder würde ich einen Eid leisten.« (19, 63 f.)

Aber bei aller suggerierten Nähe zwischen den Fiktionsebenen, der Grass-Erzähler scheitert anlässlich seiner »Begegnungen außer der Zeit« (19, 272) zunächst wiederholt damit, direkten Einfluss auf die Arbeit oder das Leben der besessenen Wörter- und Märchensammler zu nehmen. Jacob und Wilhelm leihen ihm trotz zahlloser Annäherungsversuche nur selten ihre Aufmerksamkeit, scheinen eher bevorzugt auf sich selbst zu hören (19, 53, 296), so wie der Ich-Erzähler in erster Linie durch nachträgliche Richtigstellungen und Rechtfertigungen um sein Seelenheil bemüht zu sein scheint.

Gestützt auf detailgenaue Recherchen, Fotomaterial, Spielereien mit dem ABC und eigene Kopfgeburten wünscht er sich immer wieder herbei, was ihm und seinen (in aller Bescheidenheit) »allzuoft« berechtigten Kassandrarufen in den Kram passt (vgl. 19, 85 und 230). Dabei hat er, wie schon im *Butt* und in der *Rättin*, die Wörter der Grimms bereits jederzeit im Ohr, noch bevor sie in den Mund genommen oder zu Papier gebracht werden.

Auf diesem Erkenntnisweg finden die so unterschiedlichen Protagonisten doch noch ins zeitaufhebende Gespräch (19, 298). Zumindest in der Projektion des Erzählers geraten sie »zu dritt über Theodor Fontane ins Plaudern, der wie die Grimmbrüder ein Tiergartenliebhaber gewesen ist« (19, 310). Und schließlich hofft er, gemeinsam mit ihnen in einem (Ruder-)Boot zu sitzen, um sich darüber austauschen zu können, ob ihr Lebenswerk zu guter Letzt im göttlichen Sinne »vollbracht« ist oder doch nur das Menschenmögliche »getan« (19, 311) wurde. Ob alles Stückwerk geblieben ist und erst durch eine weitere Überarbeitung von »A wie Anfang bis Z wie Zettelkram« (19, 9) fertig werden (19, 312) oder ob es prinzipiell nur Geschichten ohne Ziellinie geben kann. Gewiss ist: Am Ende von *Grimms Wörter,* dem letzten großen Prosawurf des in Raten Abschied nehmenden Autors, drängt sich dem betagten Grass-Erzähler der Tod unausweichlich auf:

»Nein, Freund Jacob, nicht an den allgemeinen, an meinen Tod denke ich, an den vorzuahnenden Punkt nach all den kurzen und langen Sätzen. [...] Gewiß, noch bleibt Neugierde auf den kommenden Frühling, die Spargel-, die Erdbeerenzeit. Die geplante August-Bebel-Stiftung will auf den Weg gebracht, das wahrscheinlich letzte Buch für den Druck fertig werden, auch lasse ich ungern von meiner Frau, den Töchtern, Söhnen, den Enkeln, dem konfusen Zeitgeschehen, meinem Vergnügen, dem Achterbahnfahren und den Fußballergebnissen am Wochenende. Doch da mir, umringt von mehr und mehr Ungewißheiten, einzig der Tod gewiß ist, will ich ihn, wie Jacob es tat, als ungeladenen, aber unumgänglichen Gast empfangen und allenfalls mit der Bitte belästigen: Mach es kurz und schmerzlos. Noch fremdelt er, wird aber vertrauter mit jeder schlafarmen Nacht. Ich weiß: Auf ihn ist Verlaß.« (19, 234 f.)

Doppelstücke: Von endlosen Linien zum (un-)vollendeten Schlussstrich

»Es gibt nur ein Thema: Die Endlichkeit.
Und: Was sich abspielt vor ihr.«
Wolfdietrich Schnurre

Zunge zeigen *und* Was nicht geschrieben wurde / Netajis Weltreise

Siebter und vorläufig letzter Lektüreanlauf: Am unwiderruflichen Ende stehen die von Günter Grass so genannten »Doppelstücke«, eine sich wechselseitig erhellende bzw. relativierende Kombination von kurzen Prosatexten mit themenverwandten Gedichten, die mit einer Ausnahme erst vier Monate nach seinem Tod am 13. April 2015 in dem noch von ihm selbst komponierten und autorisierten Band *Vonne Endlichkait* publiziert wurden. Noch zu Lebzeiten wurde nur das zuvor aus dieser Werkgruppe ausgegliederte, an das dreiteilige Buchkunstwerk *Zunge zeigen* aus dem Jahr 1988 anknüpfende Stück mit dem Doppeltitel *Was nicht geschrieben wurde / Netajis Weltreise* veröffentlicht.

Zur Vorgeschichte: Nach einem ersten, kurzen, noch hochoffiziellen, aber dennoch nicht spurlos an Günter Grass und seinem Roman *Der Butt* vorbeigegangenen Besuch im Jahr 1975 war der aufgrund von »Verletzungen, Ekel, Überdruß« (Zz, 109) deutschlandmüde Autor zusammen mit seiner Frau Ute im Sommer 1986 erneut nach Indien aufgebrochen. Doch in diesem Fall, »um in Calcutta zu wohnen, solange das auszuhalten war. [...] Niemals zuvor ist mir das Zeichnen, sobald die Wörter versagten, so notwendig gewesen. Skizzen im Vorbeigehen oder im Stehenbleiben, wie festgenagelt. Angestrengt hinsehen: was stumm macht und jeder Beschreibung spottet, will dennoch gezeichnet, aufgezeichnet werden. Schließlich waren auch wieder Wörter möglich. Ich führte – was mir zuletzt im Schneckenjahr '69 notwendig gewesen war – Tagebuch, diesmal von Zeichnungen durchsetzt, die vom bengalischen Alltag erzählen. Und im fortwährend geführten Tagebuch entstand, mit Löchern dazwischen, in erster Fassung das zwölfteilige Stadtgedicht *Zunge zeigen*, das einem Buch den Titel gegeben hat, in dem sich, zwischen einem knapp gehaltenen Prosablock und der Schlußfassung des in Calcutta konzipierten Gedichtes, doppelseitige von Schrift durchsetzte Zeichnungen reihen, die aus den Skizzen entwickelt wurden.« (SJ 303)

Dieses düstere Gesamtkunstwerk, das ähnlich wie schon *Die Rättin* willentlich auf eine literarisch-mythologisch inszenierte Apokalypse hinausläuft, wurde damals »in seiner neuen, alle meine Möglichkeiten versammelnden Form« (SJ 303) kaum beachtet. Die oft an der Konzeption und am Text vorbeigehende Rezeption war von Vorbehalten gegen die zwangsläufig ebenso distanzierte wie klischeeverhaftete Perspektive des privilegierten Beobachters aus einer anderen Welt bestimmt. Dessen ungeachtet bleibt festzuhalten: Die angesichts des unfassbaren Elends verdichteten Grenz- bzw. Verlusterfahrungen, die daraus abgeleiteten Leidmotive und Selbsterkenntnisse sowie die zwei ambivalent stimmenden Parallelfiguren, die »schwarze Göttin Kali«, »Calcuttas Muttergottheit, mit roter Zunge« (13, 209), und der »legendäre bengalische Nationalheld Subhas Chandra Bose« (13, 167), beschäftigten Grass weit über seinen halbjährigen Indien-Aufenthalt hinaus, wie sich auch in der hier zitierten Erzählung *Unkenrufe* (1992) manifestiert.

Sowohl Kali, »die vielarmig Schreckliche, die einen Gürtel aus Köpfen enthaupteter Männer trägt« (2, 331), zugleich aber die Zunge herausstreckt, als Zeichen der Scham, als auch der sagenumwobene Bose – »Zärtlich nennen ihn die Bengalen ›Netaji‹, was ›Führerlein‹ heißen soll. [...] Seine Wiederkehr wird erwartet.« (2, 331) – sind als poetologische und ethische Prinzipen bzw. als vergleichbare Chiffren der Ideologie- und Gesellschaftskritik in das Werk eingegangen, in ein vielschichtiges Kunstwerk, das insbesondere das westlich sozialisierte Ich radikal in Frage stellt: »Von Lichtenberg zu Schopenhauer: ›Parerga und Paralipomena‹. Nahtlos führt diese Lektüre in alle Schrecknisse der Gegenwart.« (Zz, 30) Obwohl der trotz allem auf die begrenzten Möglichkeiten kritischer Aufklärung setzende Zeitgenosse nicht an Fatum, Schicksal oder Karma glaubt – Grass bleibt mit Lichtenberg »offen, neugierig, leidensfähig« (Zz, 41), unterstützt schon vor Ort sowohl Slumschulen als auch Initiativen von einheimischen Aktivisten gegen Korruption und das von Menschen gemachte Kastenwesen –, hat der Text eine katastrophale Tendenz. Entlang von ernüchternden, aber anhaltend aktuellen Offenbarungen über die Welt als Wille und Vorstellung im Kopf vergehen dem deutschen »Mißvergnügungsreisenden« (Zz, 17) dementsprechend auf der letzten Seite des epischen Langgedichts das »wir«, das »du« und das »ich«. Es dominiert die in den Slumvierteln »das Prinzip Gewalt« verkörpernde Kali, »indem sie Gewalt gebiert bis zur Zerstörung alles Bestehenden« (19, 107):

»Kali Pujah war angesagt. Ich sah
Calcutta über uns kommen. Dreitausend Slums,
sonst in sich gekehrt, hinter Mauern geduckt
oder ans Faulwasser der Kanäle gedrängt,
liefen aus, griffen um sich, hatten bei Neumond
die Nacht und die Göttin
auf ihrer Seite.

In Mundhöhlen ungezählt sah ich
der schwarzen Kali lackierte Zunge
rot flattern. Hörte sie schmatzen: Ich,
ungezählt ich, aus allen Gullys
und abgesoffenen Kellern, über
die Gleise: freigesetzt, sichelscharf ich.
Zunge zeigen: ich bin.
Ich trete über die Ufer.
Ich hebe die Grenze auf.
Ich mache
ein Ende.« (2, 110)

Die Frage, »ob eine Revolution Abhilfe schaffen könne«, wird demnach »nicht Marx oder Mao beantworten, allenfalls Kali mit ihrer Sichel.« (Zz, 100) Vor diesem bedenklich stimmenden Szenario widmet sich der Schriftsteller nun noch einmal dem »unsterblichen Helden Bengalens« (vgl. 2, 331), der, laut seinem fiktiven Namensvetter Subhas Chandra Chatterjee, als größenwahnsinniger »Führer Indiens so erbärmlich habe scheitern müssen« (13, 135), um etwas mehr Licht in das Überleben gefährlicher Dunkelmänner zu bringen:

»Schon damals, vor bald dreißig Jahren, wollte ich ihn zur Hauptperson eines Theaterstücks machen, das von Slumbewohnern gespielt wird. Pläne gab es für einen verzweigten Roman, auch Entwürfe für die Folge kurzer, den Stoff raffender Szenen. Daraus wurde nichts. Doch immer noch tickt, was nie zu Papier kam. Jetzt erst, seitdem mein Alter mich lehrt, daß die Zeit zu knapp ist für den episch wuchernden Roman oder das abendfüllende Drama, will ich eine Ballade wagen« (2, 331 f.).

Ein Wagnis stellt diese lyrische Erzählung in neunzehn, jeweils nur in den abschließenden Zeilen gereimten Strophen über die letzten, im Jahr 2004 bereits verfilmten Jahre des indischen Unabhängigkeitskämpfers und Gegenspielers Gandhis vor allem deswegen dar, weil selbst eine sehr lange, an Schillers und Fontanes Gedankenlyrik gemahnende Ballade unter der hier versammelten Stofffülle zusammenzubrechen droht. Um der komplexen Gemengelage aus Imperialismus- und Kolonialismuskritik, Flucht und Widerstand, religiösem Fanatismus und bewusst einkalkulierten Kriegsverbrechen der Besatzungsmacht zu entgehen, konzentriert sich Grass auf die entscheidenden Lebensstationen seines sich selbst überschätzenden, ideologisch verblendeten, im Grunde nur sein eigenes Diktatoren-Heil suchenden und trotzdem bis heute populären, bisweilen sogar glaubensfroh zum Messias verklärten Antihelden: »Auf weißem Pferd wird er morgen, bald, irgendwann in die Stadt am Hooghlyfluß einreiten« (Zz, 15). In diesem Sinne erscheint der als Realpolitiker die indische Bühne betretende Bose, der sich während des Zweiten Weltkriegs zuerst mit den deutschen Nazis und dann mit den japanischen Machthabern verbündete, um sein Land mit Gewalt von der britischen Herrschaft zu befreien, zugleich als romantischer Revolutionär mit unbestechlichem Engagement. In seinem militärischen Erlösungseifer waren ihm allerdings jedes Mittel und jede Koalition recht, als es darum ging, sein sakralisiertes Ziel zu erreichen: den Sieg über die verhassten Kolonialherren und die Unabhängigkeit Indiens unter seiner Führung.

Und so entsteht ein plakatives, von Religionsskepsis und Geschichtspessimismus zeugendes Lehrgedicht über die Sinnlosigkeit der Suche nach Erlösung im Spannungsfeld von endlosen, im Grunde nur von kurzen Feuerpausen unterbrochenen Kriegen, imperialem Wahn und kollektivem Selbstbetrug. Auch Netajis Instrumentalisierungsversuch ausländischer Machthaber und die »heilige« Mission der Indian National Army scheitern auf der ganzen Linie. Und als sich der wendige, von Grass vom

»verehrten Führer« zum »Führerlein« degradierte Bose nach der deutschen und japanischen Niederlage am Ende des Zweiten Weltkriegs unbeirrt darum bemüht, seinen lebenslangen Traum nunmehr im Schatten der roten Fahne des Gulag-Diktators weiterzuverfolgen und mit sowjetischer Unterstützung nach Delhi aufzubrechen – »Stalin, Kali, Bose – die ortsansässige Dreieinigkeit.« (Zz, 83) –, stürzt sein Flugzeug ab: Ein indisches Trauerspiel. Damit endet diese paradigmatische, in *Netajis Weltreise* am Beispiel des khakifarben uniformierten Ordensträgers erzählte Unheilsgeschichte, die Günter Grass, verstört von indischen Wirklichkeiten, seit seinem ersten Calcutta-Erlebnis immer wieder eingeholt und literarisch verarbeitet hat:

> »Doch heut noch lebt er in Bengalen als Legende.
> Erzählt und auch besungen wird
> das Wunder seiner Wiederkehr.
> Denn frisch geblieben ist der Wahn,
> der ihn weltweit getrieben,
> stets sucht er Auslauf, findet neue Bahn.« (2, 343 f.)

Vonne Endlichkait

Es ist gar nicht so selbstverständlich, dass es dieses Buch, das als eine Art literarisches »Vermächtnis« des Künstlers Günter Grass gelesen werden kann, tatsächlich gibt. Denn nachdem der in die Jahre gekommene Autor 2010 die sog. *Trilogie der Erinnerung* vollendet hatte, ließ er kaum eine Gelegenheit aus, um zu verkünden, dass damit voraussichtlich sein letztes episches Großwerk geschrieben sei. Es fehlten ihm die Kraft und die Lebenszeit für den langen Atem. Das war keine Koketterie. Seine drei autobiografisch fundierten Schriften waren in den letzten sieben Jahren entstanden. Nun fühlte sich der Autor leergeschrieben, wie immer nach besonders großen Herausforderungen, war aber jetzt angesichts seines fortgeschrittenen Alters offensichtlich außergewöhnlich erschöpft. Eine Belastungsgrenze war erreicht, vielleicht sogar überschritten. Deshalb widmete Grass sich im Vorfeld des 50. *Hundejahre*-Jubiläums mit Leidenschaft seinem zweiten Beruf: der bildkünstlerischen Arbeit an Radierungen, die die Jubiläumsausgabe des ihm besonders am Herzen liegenden Romans bereichern sollten. In anderthalb Jahren entstanden mehr als 130 Blätter.

Parallel dazu meldeten sich, erst vereinzelt, später in rascher Folge, die *Eintagsfliegen* zu Wort. Der Lyrikband erschien 2012, stand aber, was die Rezeption angeht, ganz im Schatten der Mediendebatten um die vorab veröffentlichten Gedichte *Was gesagt werden muß* und *Europas Schande*. Das hatte Folgen: Der vehementer denn je öffentlich diffamierte Autor zeigte sich zutiefst verletzt, zog sich aus der Öffentlichkeit zurück und wurde von einem regelrechten Schreib- und Publikationsekel erfasst.

Selbst die Erweiterung des Werkstattberichts (aus *Fünf Jahrzehnte* sollte *Sechs Jahrzehnte* werden) kam nur zögerlich zustande, musste krankheitsbedingt immer wieder verschoben werden und erschien schließlich erst 2014.

Doch schon kurz zuvor, im Herbst des Jahres 2013, passierte erfreulicherweise wieder etwas in der Behlendorfer Werkstatt, allen Zumutungen des Alterns zum Trotz, so »als könne das Ich die Haut wechseln, als sei der Faden zu finden, der Knoten zu spalten, als habe die Fundsache Glück einen wiederholbaren Namen« (2,347):

»Als des Pfeifenrauchers Herz, Lunge, Nieren ihn immer wieder und nochmals in die Reparaturwerkstatt zwangen, wo er als jämmerliches Ich am Tropf hing und ein wachsendes Häufchen Tabletten schlucken mußte, die bunt, rund, länglich die Legenden ihrer Nebenwirkungen wisperten; als das Alter penetrant mürrisch die Fragen ›Wie lange noch?‹ und ›Warum überhaupt?‹ stellte und ihm weder gestrichelte Bilder noch gereihte Wörter von der Hand gingen; als ihm die Welt mit ihren Kriegen und Kollateralschäden entglitt, er nur noch Schlaf, gestückelt zu Häppchen Schlaf suchte – sich fremd geworden, begann er, wehleidig Wunden zu lecken; als auch der letzte Brunnen trockengefallen war, näßte mich, als gäbe es noch diese direkte Beatmung von Mund zu Mund, einer nebenberuflich tätigen Muse Kuß; und schon drängten Bilder, von Wörtern bedrängt, lagen Papier, Stift und Pinsel greifbar nah, machte herbstliche Natur ihr hinfälliges Angebot, brachte Wasserfarben in Fluß, kritzelte ich aus Lust und begann, den Rückfall fürchtend, gierig aufs neue zu leben./ Mich spüren. Federleicht vogelfrei sein, wenngleich seit langem reif zum Abschuß. Schamlos das Tier von der Leine lassen. Dieser und jener werden. Tote erwecken. Mich mit den Lumpen meines Kumpels Baldanders verkleiden. Zielstrebig in die Irre gehen. Unter gestrichelten Schatten Zuflucht suchen. Jetzt sagen!« (2, 347)

So beginnt der erste, unüberlesbar programmatische Text des erst posthum veröffentlichten Bandes, der zunächst, doppeldeutig genug, »Vogelfrei sein« und dann ganz eindeutig »Jetzt« heißen sollte – frei nach dem Faust-Motto: Verweile doch, du bist so schön –, bevor die Wahl aus guten Gründen auf *Vonne Endlichkait* fiel.

Das Setting ist klar: Völlig überraschend, entgegen der eigenen Erwartung, wird das bereits arg gebeutelte Ich »aus todesnahem Schlaf« von einem ganz realen Musenkuss auf das Angenehmste ins Leben zurückgeholt. Eros und Thanatos werden zur belebenden Inspirationsquelle. Und schon will der sich als junger Künstler zunächst ganz bewusst in lyrischer »Askese« Übende und allen farbenfrohen Versprechungen Entsagende (vgl. 1, 92) doch noch einmal wider besseres Wissen »auf immer neuem Blatt« (2, 348) den kunterbunten Verlockungen des Lebens folgen und en passant als »Baldanders« (2, 347) bislang ungeahnte Schattierungen des allgegenwärtigen Grau(en)s entdecken. Mit anderen Grass-Worten: Der liebestolle Verwandlungskünstler möchte doch noch einmal »den Ausgang suchen«, den es nicht gibt, möglichst »schwebend leicht,/ gleich Federn, die dem Blau entfallen«. (2, 348)

Und so findet rhythmisierte Kurzprosa plötzlich wieder ein vielstimmiges Echo in episch wuchernden oder pointiert zugespitzten Gedichten. Plötzlich entstehen eng verbundene Textpaare, die auch vom Zeichner ins Bild gesetzt, weitererzählt oder auf den Doppelpunkt gebracht werden. Plötzlich drängen Liebesbriefe, Selbstgespräche, Lektüreerlebnisse, Eifersuchtsdramen, Schwanengesänge, Gesellschaftssatiren und Augenblicke des Glücks aufs Papier. Von Amor beflügelt entsteht ein berührender Abgesang auf das geliebte Leben, verdichtet zu kunstvollen Miniaturen: altersgewitzt, scham- und schonungslos, trotzig, kraftvoll, kämpferisch und erfrischend unsentimental, ein letztes Aufbäumen mit mal mehr, mal weniger deutlich markierten Kreuz- und Querverweisen auf nun bereits vertraute Vorbilder, wahlverwandte Geister und anregende Antipoden aus den Bereichen der bildenden Kunst (Dürer, El Greco, Tiepolo, Picasso, Cocteau, Jawlensky, Beuys), der Musik (Verdi, Torelli, Schubert, Schumann), der Philosophie bzw. Kulturgeschichte (Montaigne, Nietzsche, Camus, Sartre, Claude Lévi-Strauss) und der Literatur (Walther von der Vogelweide, Rabelais, Grimmelshausen, Jean Paul, Eichendorff, Trakl, Paul Celan, Libuše Moníková, Wolfdietrich Schnurre, Peter Rühmkorf, Hans Magnus Enzensberger).

Selbst die ansonsten wenig wohlwollenden Grass-Kritiker sind im Hinblick auf dieses das künste- und gattungsübergreifende Konzept der *Vorzüge der Windhühner* (1956) weiterentwickelnde Buchkunstwerk fast ausnahmslos voll des Lobes. Im Feuilleton ist nachzulesen:

Vonne Endlichkait gilt unisono als bewegendes Abschiedsgeschenk, als das barock anmutende Lehrbuch eines lebenshungrigen und diesseitsfrommen Bewohners des irdischen Jammertals, als beeindruckende Wort-Bild-Komposition im Zeichen der vier Jahreszeiten, zudem als ein überzeugender Beleg für die von der Liebe zum Detail lebende Buchkunst – nicht umsonst hat Günter Grass das Werk Sarah Winter gewidmet, der langjährigen Grafikdesignerin des Steidl Verlags. Kurzum, wir haben es laut Feuilleton mit einem »Meisterwerklein« zu tun, mit einem letzten großen Wurf, der durch Themenvielfalt und Formenreichtum überzeugt.

Kein Zweifel: Grass zeigt sich im Rahmen dieser sehr persönlichen, von altbekannten, angesichts des nahen Todes jedoch signifikant modifizierten Motivkomplexen durchzogenen *Bilanz* (2, 254) noch einmal als ebenso selbstbezüglicher wie innovativer Sprachkünstler ersten Ranges. Und so wird aus dem auch ohne Zeilenumbruch bewegenden Mundart-Gebrabbel der Nonne Rusch, das ihren Vater im *Butt* kurz vor seiner Hinrichtung beruhigen soll – »Nu haste ausjebarmt bald. Nu wird diä baldich viel besser sain. Nu wirste auf de himmlische Zunftbank dain Platzchen kriegen. Nu mecht diä Kuttelfleck immä jenug sain. Nu laß ma ab vonne Ängstlichkait.« (9, 250) –, fast vierzig Jahre später jenes ganz im Zeichen des unwiderruflichen Endes stehende Titelgedicht seines poetischen Testaments, eines vielgestaltigen Werks, das an orale Ursprünge und tradierte Möglichkeiten der Dichtkunst gemahnt:

»Nu war schon jewäsen.
Nu hat sech jenuch jehabt.
Nu is futsch un vorbai.
Nu riehrt sech nuscht nech.
Nu will kain Furz nech.
Nu mecht kain Ärger mähr
un baldich bässer
un nuscht nech ibrich
un ieberall Endlichkait sain.« (2, 458)

Bei aller Lakonie ein fulminantes Finale. Hier spricht zweifellos jemand, der auch am Lebensende noch davon überzeugt ist, dass die stubenwarme »Mundart der Hauptsprache Kraft« gibt (10, 32). Es wäre demnach fatal, um es mit Gelnhausens Worten aus dem *Treffen in Telgte* auf den Punkt zu bringen, das Haus der Sprache »reinlich halten« zu wollen, denn wer immerzu »dem Besen zuspreche, der kehre am Ende das Leben aus.« (10, 33) Und das gilt sowohl jetzt als auch in alle Ewigkeit, Amen bzw. »Nema« (2, 232), denn erst rückwärts gelesen wird ein Grass'sches Credo aus diesen letzten Glaubenssätzen. Der sechsfachen Wiederholung des »Nu« folgt dreimal die Umkehrung »un«, dann ist endgültig Schluss mit dem schon von Oskar Matzeraths kaschubischer Großmutter (4, 526) »breitmäulig« (9, 21) vorbereiteten Abgesang. Wie auch immer diese regional gefärbte Sprachvariante benannt werden mag, mit der Geburt des *Vonne Endlichkait* abschließenden Dialekt-Gedichts aus dem Geiste literarisch überformter Umgangssprache wird ein unwiderrufbarer Schlusspunkt gesetzt. Damit haben alle auf politische »Appelle« (2, 412) und endlose Fortsetzungsgeschichten (2, 359) hoffenden Doppelpunkte ausgedient. Selbst um »die alte Schuldfrage« (2, 455) und den Camus'schen Stein des tapferen Sisyphos (2, 430) müssen sich nun andere kümmern: »Das ist die Summe. Fehlt noch was,/ das unterm Schlußstrich zählen könnte?« (2, 454) Ja, könnte eine mögliche Antwort lauten, genau dieses Buch, *Vonne Endlichkait*, das fehlte noch. Schauen wir also noch einmal anhand von ausgesuchten Text-Beispielen etwas genauer hin.

Das virtuos inszenierte Wechselspiel aus Kurzprosa, Lyrik und Bleistiftzeichnungen versammelt zum wiederholten Mal einige bezeichnende Gegenstände aus dem Werkstattarchiv des erneut Anlauf nehmenden Wortbildwälzers. Am Anfang der von Vanitas-Motiven dominierten Bild-Komposition des Bandes steht ein sterbender oder gerade gestorbener Vogel, am Ende ein uralter, versteinerter Ammonit. Illustrative Stilleben? Weit gefehlt: Das ist eine Stillstandsinszenierung par excellence. Zwischenzeitlich verlassen die zunächst noch langsamen Fortschritt versinnbildlichenden Schnecken ihr Haus, Pimmel-Pilze erscheinen entwurzelt wie eh und je, Nester bleiben leer, vereinzelte Federn werden von niemandem mehr genutzt. Fallobst, entsaftete Kröten, Tierskelette und ein menschliches Gebiss künden vom nahen Ende nach dem letzten Aufbruch der Natur. Es ist kaum zu übersehen, die Grass'schen »Fundsachen« werden nun explizit zu »Schwundsachen« (2, 424): abgeschnittene Finger, Sargnägel, ein zersplittertes Glas. Alles scheint dem Untergang geweiht zu sein, alles droht zu vergehen. Das betagte, zwischen Schwermut und Leichtsinn changierende Ich möchte dennoch ein letztes Mal versuchen, all das in der verdichteten Zusammenschau zu bewahren. Dazu konfrontiert der Gegner antagonistischer Weltbilder erneut weiche mit harten, schwere mit leichten und runde mit eckigen »Dingen« und lädt sein Motiv-Universum wie gewohnt durch überraschende Bedeutungsverschiebungen und durch ungewöhnliche Kombinationen jenseits von eindimensionalen Dualismusmodellen auf:

»Immer schon befingerte ich Gegenstände, die mir im Blick lagen, die auf Befragen stumm blieben, bis ihnen eine meiner Geschichten aufgeschwatzt wurde./ Der verweigerte Finderlohn. Schon früh, auf dem Schulweg, lag mir ein krausbärtiger Schlüssel quer, dessen Schloß ich lebenslang suchte./ Oft beschworene Erbstücke, Bombensplitter und immer anders gezackter Bruch. Was einen Schatten wirft. Was handlich war und verlorenging. Was unbeachtet verstaubte. Als mich der pflaumengroße Bernstein beglückte, in dessen innerster Kammer ein darwinsches Insekt Gott widerlegte.« (2, 446)

Die Evolution widerspricht der Schöpfungsgeschichte. Gottesbeweise erweisen ihre Unzulänglichkeit. Kirchenlieder und die »allabendlichen Gebete« (2, 353) der Jugend werden – »seit Gott tot ist« (2, 353) – ad absurdum geführt. Das Himmelstor ist verschlossen. Der Sprung in die Transzendenz bleibt unvorstellbar. Dem »gottlosen« Zweifler (vgl. 2, 361 und 399), dem sein Glaube schon früh »verschüttging« (2, 441), liegt es dementsprechend nach wie vor fern, sich an metaphysischen »Spekulationen« (2, 397) über jenseitige Phänomene zu beteiligen. Er bleibt den irdischen Gewissheiten und seiner Rolle als sensibler Federnbläser (2, 443) und zorniger Mahner (2, 412) in der Nachfolge des »Doktor Rabelais« (2, 360) treu. Er liest die Messen rückwärts, pisst in die Suppe »frommer Denkart« (2, 360), und es macht dem heidnischen Katholiken »immer noch Spaß«, »mit dem Heiligen Geist/ um die Wette zu eifern,/ indem ich den alten Taubenzüchter/ mit Rattengeschichten/ zu widerlegen versuche« (2, 441): »Nur was im unmöblierten Nichts geschieht, bleibt eine immergrüne Frage.« (2, 358)

Und diese Frage bleibt ewig unbeantwortet. Anstatt sich vor diesem Hintergrund auf irrationale Verheißungen aller Art einzulassen, konzentriert sich der Skeptiker von dieser Welt auch in einigen Doppelstücken lieber darauf, ganz konkrete Missstände zu benennen. Für den Überzeugungs- bzw. »Gesinnungstäter« ist es offenbar noch immer eine Selbstverständlichkeit und ein Bedürfnis, mit seinen in gesellschaftspolitischen Zusammenhängen weniger subtilen Mitteln »Mutti«-Merkel (vgl. 2, 101 f.) oder die skrupellosen Machenschaften der Rüstungskonzerne (vgl. 2, 373) zu kritisieren. Das gilt ebenfalls sowohl für seinen lyrischen Protest gegen die Aushöhlung des Asylrechts, gegen drohende Drohnenkriege oder zunehmende Fremdenfeindlichkeit (vgl. 2, 393) als auch für prosaische Kommentare zu ganz alltäglichen Schreckensnachrichten über sich gegenseitig verdrängende Krisen (vgl. 2, 399).

Doch mit diesen gut gemeinten Anklagen ist nur eine weitere Facette von vielen der komplexen Komposition benannt. In anderen Doppelstücken gehen Spieltrieb und Formbewusstsein durchaus neue, tatsächlich anregende Verbindungen ein. In ihnen manifestieren sich poetologisch gewinnbringende Ansätze, die ohne den Anspruch auftreten, die Welträtsel kurz vor der Ziellinie doch noch lösen zu wollen. Der lange Atem des Marathonkünstlers, der den Schaffensprozess im Werk selbst reflektiert, spiegelt sich in langen, schlingernden Sätzen und endlos mäandernden Strichen des mit dieser Zeichentechnik ebenfalls vertrauten Bildkünstlers. Und auch für gewagte Vergleiche zwischen dem fiktiven Abmelken von Tintenfischen und dem imaginierten Liebesspiel mit einer Meerjungfrau, dem wir den Neologismus »Nixenbeglücken« (2, 349) verdanken, zeigt sich der Dichter als Totentänzer ebenso offen wie für ein vielstrophiges, nichts beschönigendes Loblied auf die trotz des unaufhaltsamen Verfalls geradezu angebeteten Körper des so genannten »schönen Geschlechts«:

»Der Frauen Leib singe, besinge ich,
mager bis schlank, gerundet in Fülle –
Abklatsch der Göttin in Marmor gehauen –,
bald aber faltig und bläulich geädert,
daß suchend die Hand, immer noch zärtlich
und wie geübt, Knochen spürt, Knöchlein zählt,
als wolle sie Abschied nehmen
von einst bis zur Glätte gespannter,
nun trocken knisternder Haut.« (2, 388)

Im Angesicht des den Anti-Idylliker offensichtlich nicht lähmenden, sondern ein letztes Mal zumindest geistig stimulierenden Todes schwelgt der Verbalerotiker als alle erdenklichen »Grübchen« auskostender Augenmensch noch einmal hemmungslos im jahrtausendealten Kosmos der sexuellen Lust. Und dieses Sinnenfest im Zeichen seines ganz persönlichen Schönheitsbegriffs zelebriert er hier, darauf hat Werner Frizen aufmerksam gemacht, in Anlehnung an Walt Whitmans Gedicht *I Sing the Body Electric* aus der legendären Sammlung *Leaves of Grass* (1855).

Doch die reanimierten Hochgefühle verstärken letztlich nur die Wirkung des nächsten Tiefschlags. Denn die Vorzeichen haben sich radikal verändert. All das, was den Lebemann nach wie vor fasziniert, all das, was sein Dasein bis dato ausgemacht hat, all das, was ihn noch reizen könnte, wird nunmehr von Abschiedsstimmung (2, 387), Verlustängsten (2, 424) und melancholisch stimmenden Rückblicken bzw. Erinnerungen (2, 355) überlagert. Es findet in der Jetztzeit nur noch im Kopf bzw. auf dem Papier statt: »Oder anders gesagt: Die Potenz, dieser Wichtigtuer, hat schlappgemacht. Nur die Lust ist geblieben und tut so als ob. Wenn nun auch sie schwände, anwesend nur als Loch ...« (2, 424)

Dem Liebhaber von warmen und weichen Zufluchtsräumen aller Art drohen jetzt auch die allerletzten Schlupflöcher des Künstler-Ichs verlorenzugehen. Selbst die hymnische Verarbeitung himmlischer Orgasmuserfahrungen im Kontext intensiver Selbstbefragungen (2, 390) wird von »verschlissenen« Wörtern (2, 356) getragen, Körper und Sprache erscheinen gleichermaßen

»verbraucht« (2, 453). Es dominieren dementsprechend vertraute Vergänglichkeitsmotive in Stellvertreterfunktion, etwa der vom Meer immer wieder zerstörte »Kleckerburg«-Gral der Kindheit (vgl. 2, 402). Allüberall herrscht des »Herbstes Mundgeruch« (2, 354) und lässt den finalen Winter ohne Frühlingserwachen erahnen. Das damit einhergehende Interesse an den tiefenpsychologischen Strukturen jeder Wahrnehmung steht nach wie vor im Einklang mit der Betonung von Sinneserfahrungen als Voraussetzung für die Erkenntnis der den Gegenständen angemessenen Form. Dementsprechend droht in diesem Kontext – gewissermaßen als Gegenmodell zur Hogarth'schen »Line of Beauty and Grace« – die formvollendete Schlangenlinie zum zittrigen Schlussstrich zu verkümmern.

Aber auf einen Überlebenstrick konnte sich der närrische Dichter bislang selbst in den trübsinnigsten Zeiten verlassen. Im Zweifels- bzw. Verzweiflungsfall griff er stets zur ästhetisch überzeugend ins Bild gesetzten Selbstironie, so auch hier:

»Als ich, weil kipplig zu Fuß
und vom Gemüt her chronisch wankend,
Halt suchte, mir aber ein Satzgefüge,
von dem ich glauben wollte,
es stehe fest und für immer,
zwischen falschen Zähnen zerfiel,
griff ich nach jenem Ast,
der seit Dürers Kupferstichzeit
knorrig ins Bild ragt

und am Rand eines Abgrundes wurzelt,
über dem ich nun hänge,
komisch baumelnd,
ein zahnloser Narr.« (2, 364)

Dass sein Galgenhumor ihm als »Gaumenkauer, Mümmelgreis« (2, 366), dem die Lunge »den jahrzehntelangen Genuß selbstgedrehter Zigaretten und gutgestopfter Pfeifen zurückzahlte« (2, 400), auch in dieser ausweglosen, an Suizidszenarien gemahnenden Situation dabei hilft, sich am eigenen Zopf aus dem Sumpf zu ziehen, wird an zahlreichen tragikomischen Selbstbildern deutlich. Ein weiteres Beispiel für diese Aporien liefert das auf frühe »Schlüssel-Gedichte« anspielende *Weg ist er weg*:

»Jüngst öffnete ich einen Schrank,
verschlossen seit aschgrauer Zeit.

In ihm hingen Kleiderbügel,
an denen stofflich nichts hing.

Also beschwerte ich Bügel nach Bügel
mit den Klamotten toter Freunde.

Damit sie mir dauerhaft blieben,
legte ich Mottenkugeln in alle Taschen.

Ein Bügel blieb leer,
vermutlich für mich.

> Dann schloß ich den Schrank
> und verschluckte den Schlüssel.« (2, 425)

Aber selbst durch diese kühne Tat ist dem Schnitter natürlich nicht zu entkommen. Darum bereitet sich der lebenslang zum Eskapismus Neigende und stets Unterschlupf Suchende schon beizeiten ganz vernünftig auf seinen Tod vor. Im längsten Prosastück des Bandes *Vonne Endlichkait* geht es dementsprechend um die ganz konkreten, geradezu heiter-gelassenen Vorbereitungen des Ehepaars Grass auf die eigene Beerdigung: insbesondere darum, *Worin und wo wir liegen werden,* also um Friedhofsbegehungen, um die Entscheidung für einen angenehmen Ruheplatz am Rande des Behlendorfer Gottesackers, um das sprichwörtlich letzte Hemd und passgenaue Holzsärge:

»Schon am darauffolgenden Sonntag, der frei von Besuch war, entfernten wir die schützenden Planen, desgleichen die locker aufgelegten Deckel, zogen die Schuhe aus und legten uns in die Kisten. Sie paßten der Länge und Schulterbreite nach. Auf Kommentare wurde verzichtet, so feierlich die Vorwegnahme unserer Einsargung anmutete. Wie seltsam, jeweils des anderen Atem zu hören. Beim Aussteigen wurde mir meine Frau behilflich. Nachdem die Kisten wieder gedeckelt waren, breiteten wir die Planen über unserem letzten Zuhause, ein Vorgang, der frei schweifende Gedanken erlaubte, die aber unausgesprochen blieben. Wenig später bedauerte meine Frau, kein Foto von mir in der Kiste gemacht zu haben, war aber entschlossen, bei nächster Gelegenheit mit ihrem Apparat zur Stelle zu sein. ›Du sahst so zufrieden aus‹, sagte sie./ Gleich nach dem Probeliegen, wie wir den Kellerbesuch nannten, ging unser Leben weiter.« (2, 400 f.)

Zwar kein Foto, aber eine Reihe bunter Aquarelle, die nicht in den sich auf Bleistiftzeichnungen beschränkenden Band eingegangen sind, dokumentieren diese skurrile Szene, die mit zwei »Auferstehungen« endet. Doch auch angesichts des Todes glaubt hier niemand an ein Nachleben jenseits der entsaftete Kröten »unsterblich« (2, 448) machenden, bezaubernd entzaubernden Artistik auf weißem Papier. Nur was im maßgezimmerten Birkensarg vergänglich ist, also die sterblichen Überreste im veralberten »Erdmöbel« (2, 400), könne »als garantiert gelten«: »die Leichenstarre, die grünbläuliche Verfärbung der Haut, gasige, bald platzende Blähungen, beginnende Schimmelpilzbildung und alle weiteren Symptome der Fäulnis, die Würmer«. (2, 398)

Also schrieb Günter Grass auf seiner tabulosen »Gespielin seit Zeiten/ als es noch Windhühner gab« (2, 419) und setzt darauf, dass kommende Generationen den Staffelstab des begeisterten Lesers und begeisternden Geschichtenerzählers aufnehmen, der auf einer formschönen Olivetti »schreiben mußte,/ weil mir vorgeschrieben war [...], worüber, wem zum Trotz, warum/ und [...] zu wessen Nutzen« (2, 454):

»Ich lese: Die war mal Opas Geliebte.
Sogar in die Ferien nahm er sie mit.
Manchmal streichelt er sie.
Mit ihr hat er viele Kinder gemacht,
die längst erwachsen sind.
Jetzt ist sie traurig, weil ihm,
sagt er und zwinkert dabei,
rein gar nichts mehr einfällt ...« (2, 419)

Doch wer könnte daran zweifeln, dass dem engagierten Zeitgenossen auf die allmorgendliche Frage seines Nachbarn über den Gartenzaun in Wewelsfleth und anderswo hinweg »Nu, Liebärchen, waas mecht nu los sain inne Polletik?« (2, 457) gerade in der aktuellen Situation sicher noch so einiges eingefallen wäre. Und selbst wenn seine stets vom Winde verwehten Antworten wie in dieser abschließenden Geschichte mal zu engstirnig, mal zu weitläufig geraten wären, seine Stimme fehlt.

Fazit: »Hier muß nicht alles auf den Punkt gebracht werden«

»Schlage die Trommel und fürchte Dich nicht,
Und küsse die Marketenderin!
Das ist die ganze Wissenschaft,
Das ist der Bücher tiefster Sinn.«
Heinrich Heine

Zusammenfassen heißt Auswählen: Weniger die hierzulande bereits bemerkenswerte Tatsache, dass sich ein Schriftsteller ohne Berührungsängste auf die von der (erinnerten) Zeitgeschichte und vom (vorproduzierten) Zeitgeist diktierten Themen seiner Epoche eingelassen hat, sondern vor allem das ästhetische Niveau, auf dem Günter Grass das immer wieder riskiert hat, sorgt für seine nach wie vor herausragende Bedeutung für die deutschsprachige Literatur:

»Die Spiegelung von Zeitgeschichte durch jeweils gegenwärtige Literatur setzt Autoren voraus, die sich als Zeitgenossen begreifen, denen selbst die trivialsten politischen Vorgänge kein außerästhetischer Störfaktor, vielmehr realer Widerstand sind, die nicht mit jedem geschriebenen Wort der Zeitlosigkeit einverleibt sein möchten und mangelnde Distanz zum augenblicklichen Geschehen durch erzählerische Einfälle auszugleichen vermögen [...]. Dennoch will ich mich nicht in vorgefaßten Begriffen – dort Elfenbeinturm, hier engagierte Literatur – verlieren, vielmehr von meinen Schreib- und Leseerfahrungen berichten, die nie frei waren von zeitgeschichtlichen Belastungen und politischer Dreinrede; bis in meine Ausflüchte und Versteckspiele hinein war ich als Schriftsteller immer auch Zeitgenosse« (22, 348).

Der traditionsbewusste und zugleich innovative Dichter der Gegenworte blieb dazu nicht nur seinem unverwechselbaren »mythe personel«, d. h. seinen in der Schwebe gehaltenen Fundsachen und Motivkomplexen treu, sondern auch der nie aus dem Zwiespalt herausführenden Position der permanenten Revolte in Anlehnung an die Lebensphilosophie des Absurden. Kurz und gut: Bei aller Nähe des philosophierenden Schriftstellers zum Gedankengut der europäischen Aufklärer, d. h. insbesondere zu Montaigne und Kant, aber auch zu Schopenhauer und Nietzsche, scheint doch Albert Camus der dichtende Philosoph zu sein, in bzw. nach dessen Sinn Grass ohne entscheidende Abstriche und mit im Laufe der Zeit nur geringfügigen Akzentverschiebungen denkt und handelt. Camus' antiidealistischer Ansatz, seine »tief humane Sicht menschlicher Existenz und menschlicher Möglichkeiten« (24, 311), überzeugt den sich auf diesseitige Perspektiven beschränkenden Skeptiker lebenslang:

»Ich kann in unserer Situation nur die Camussche Haltung empfehlen, diese Sisyphoshaltung, die gegen Resignation und zynische Hoffnungslosigkeit gefeit ist. Die absurde Situation des Menschen, wie sie Camus beschreibt, erlaubt, weiter tätig zu sein, auch wenn keine Hoffnung besteht.« (24, 312)

Die Frage, wie sich der lebenserfahrene Künstler nach der Besichtigung seines von unermesslichen Verbrechen geprägten Zeitalters in Zukunft verhalten würde, wäre demnach relativ klar zu beantworten: Er würde als Autor und Bürger – das Denken der Revolte ist eine unaufhörliche Spannung[1] – erneut Anlauf nehmen, dem Zweifel huldigen, sich alltäglich sein Knie an eckigen Realitäten aufstoßen und einer sprühenden, nicht zuletzt an seinem Lehrer Döblin geschulten »Tatsachenphantasie« frönen. Er würde sich professionell erinnern, Zunge zeigen und Farbe bekennen. Er würde auf den langen Atem seines irdischen »Privatheiligen« (24, 327) setzen und darauf bestehen, die »Götter« zu lästern, ohne seinerseits vom »royaume des fins«[2] zu träumen. Er würde mit avanciertem Kunstanspruch nach neuen Spielräumen und Möglichkeitsformen suchen und in heiter schwarzen Fabeln das vergessene Gesicht der Geschichte zeichnen, wie es schon in der Nobelpreisurkunde der Schwedischen Akademie hieß. Mit abschließenden Worten: Er würde sich auch weiterhin wahrhaftige Lügengeschichten über sich, seine Zeit und das historische Unterfutter – »Geschichte, Mythen, Schuld« (11, 122) und Scham – ausdenken, weil diese oft vergeblich anmutenden, an das beharrliche Häuten von Zwiebeln erinnernden Anstrengungen für ihn zum schöpferisch tätigen Menschen gehören. Punktum:

»Als mir, wie anderen jungen Männern – es saßen auch Frauen im Kreis – in Düsseldorfs Kunstakademie als Ausweis der Existentialisten die Zigarette an der Unterlippe klebte und wippte, sobald wir Sprechblasen mit Sprüchen füllten, war es der Stein des Sisyphos, den uns – bald nach Kriegsende ins Deutsche übersetzt – Albert Camus antrug. An ihm wetzten wir unsere Zungen. Er konnte von Neinsagern bejaht werden. Wie auch das Wissen: Sobald das Ziel erreicht zu sein scheint, rollt er bergab, unwiderrufbar./ Jadoch, schon verlangt es ihn wieder bergauf. Das ist sein Wille, dem mein Wille hörig ist. Zwar habe ich ihn nicht liebgewonnen, doch gehört er zu mir und schützt davor, auf den Vielversprecher Hoffnung zu setzen. Ihn darf ich preisen, als sei er anbetungswürdig, darf ihn verhöhnen, ihn mal Strafe, mal Geschenk nennen. Er trennt mich vom Neuadel zynischer Plauderer, denen kein Stein bewegenswert ist. Nicht übermächtig, nein, rundlich gibt er sich, ist rollbar, wenn auch mit Mühe. Einladend von menschlichem Maß spricht er, macht Mut. Ihm zu entfliehen bleibt vergeblich; sein Lockruf holt mich ein./ Selbst im Schlaf lege ich Hand an, helfe nach mit der Schulter. Ihm gehört mein Schweiß. Oft verleitet mich Protzsucht, ihn als jemanden zu preisen, der stark macht. Auch eignet ihm, was Sartre, sein Widerpart, mißmutig hat abstreiten wollen, der Anschein von Glück./ Doch jetzt kann ich nicht mehr.« (2, 430)

Epilog: Mein Grass – ein ganz persönlicher Erfahrungsbericht

»Ich ist eine Fiktion, bei der wir bestenfalls Miturheber sind«.
Imre Kertész

And now for something completely different: »Jede Autobiografie, jede Erzählung von uns selbst, egal, welche Form und Sprache sie wählt, egal, welches Drama sie aufrollt, ist und bleibt ein Versuch der Formgebung, versuchte Gestaltung, selbst da, wo es um Vernichtung geht«, behauptet die Georg-Büchner-Preisträgerin Felicitas Hoppe in ihrer Poetikvorlesung »Der Schatz bin ich«[1] unter der bezeichnenden Zwischenüberschrift »Märchen meines Lebens«. Damit gibt sie auch meinem Epilog die Richtung vor. Denn hier geht es zu guter Letzt um das im Rahmen einer literaturwissenschaftlichen Publikation Allerletzte, nämlich um die nachgelieferte Beschreibung des Lebensausschnitts eines einzelnen Forschers durch diesen selbst. Mehr noch: Es geht um Erinnerungsbilder und angemessene Erzählstrategien, das heißt, um literarische Verfahren der Selbstkonstruktion und dementsprechend um die Problematisierung dessen, was man den autobiographischen Pakt nennt, sprich:

die fragwürdige Identität von Autor, Erzähler und Figur. Denn nicht nur Dichter lügen seit annodazumal am liebsten gedruckt, und in Sachen »Eigenliebe« besonders glaubhaft »spiegelverkehrt« (1, 315); so auch Günter Grass in seinem Gedicht *Spiegelbild*:

»Als er sich sattgesehen hatte,
warf Narziß
einen Stein in den Teich.« (1, 315)

Doch Hand aufs Herz: Vielleicht erzählen alle begnadeten Geschichtenerzähler bestimmte Geschichten im Spannungsfeld von Dichtung und Wahrheit bisweilen so oft, bis sie selbst und ihre Zuhörer schließlich fest davon überzeugt sind, all das tatsächlich genau so erlebt oder zumindest wortwörtlich irgendwo gelesen zu haben. Denn Literatur kommt nicht zuletzt von Literatur, und Erinnerungen fußen auf längst beschönigten oder dramatisierten Erinnerungen, die allzu gerne mit Erzählungen verwechselt werden, die wir vielleicht nur vom Hörensagen kennen und – auch davon wusste schon Goethe ein Lied zu singen – gar nicht aus eigener Anschauung besitzen.

Zugegeben: Ich bin nicht Eckermann, und was nun folgt, will deshalb vieles nicht sein: kein pathetisches Bekenntnis, keine Hofgeschichtsschreibung und schon gar keine Apologie, die hat »mein« Grass nicht nötig. (Ausgewiesene Grass-Gegner werden das naturgemäß anders sehen.) Was mir vorschwebt, ist ein ganz persönlicher Erfahrungsbericht, damit die geneigten Rezipienten dieses

Buches ahnen, woran sie mit mir sind. Deshalb plaudere ich abschließend im Rahmen meiner Möglichkeiten und – soweit es die öffentliche Schicklichkeit nach Michel de Montaigne, dem Vater der europäischen Aufklärung, erlaubt – aus dem Nähkästchen. Ich erlaube mir einen zweifellos parteiischen, aber trotz aller Subjektivität hoffentlich interessanten Blick hinter die Kulissen, vor allem dahin, wo für Germanisten ansonsten gilt: Wir müssen draußen bleiben.

Was also gemeinhin im akademischen Diskurs aus guten Gründen zum Problem wird – die mangelnde Distanz zum Objekt der Begierde –, werde ich hier ausnahmsweise in ein exklusives Privileg umdeuten, in ein Privileg, als das ich meine intensive Auseinandersetzung mit Günter Grass und seinen Sprachkunstwerken seit nunmehr vier Jahrzehnten tatsächlich erlebe. Das Ziel meines autofiktionalen Annäherungsversuchs wäre schon dann erreicht, wenn ich auf diesem Fettnäpfchen-Weg zu guter Letzt dazu beitragen könnte, in mehreren Anläufen ein vielleicht noch etwas komplexeres Grass-Porträt zu skizzieren, eine Skizze, die den einen Leser oder die andere Leserin doch noch neugierig auf seine immer wieder neu zu entdeckenden Werke macht.

Mein Grass ist nach wie vor präsent.
Mein Grass setzt auf die Komik des Scheiterns und ist immer für eine Überraschung gut.
Mein Grass bedeutet mir jenseits besitzanzeigender Fürwörter viel.

Um das zu veranschaulichen, möchte ich im Rahmen dieses nachgestellten Werkstattberichts sechs bis sieben Erfahrungswelten unterscheiden, die sich natürlich nicht eindeutig voneinander trennen lassen. Dabei folge ich dem bequemen Hang zur Chronologie: Auf die Textarbeit des Philologen im stillen Kämmerlein folgen Romanrecherchen im Auftrag des Autors;[2] auf gemeinsame Reisen in die außereuropäische Welt folgen der Rückzug ins Manuskript und schließlich die möglichst genaue Lektüre des vollendeten Buches. Einleitend muss allerdings (zu meinem Leidwesen und in ungebührlicher Länge) etwas ganz anderes zentral stehen. Also nicht die Liebe zur Literatur, sondern die sogenannte Öffentlichkeit im Zeitalter der nicht immer sozialen Medien, denn sie prägt das Grass-Vexierbild mehr denn je.

Erstens, Medienerfahrungen: Achtung, Realsatire![3]

– Hör mir bloß mit dem auf. Über den ist längst alles gesagt: Pfeife, Schnauzbart, Breitcordanzug. Eine Marke von vorgestern. Punkt!
– Stimmt, seine Bücher kenne ich zwar auch nicht persönlich, aber die sollen ja ohnehin seit Jahren »unlesbar« sein, »ekelhafte Altmännerliteratur«[4], hoffnungslos überschätzt, der Alte. Immerhin, sein Blechtrommel-Film hat mir ganz gut gefallen, vor allem die Szene mit dem Brausepulver. Und das Ekelding mit den Aalen im Pferdekopf.
– Ja, voll krass! Aber sein ewiges Besserwisser-Gehabe als Möchtegern-Politiker, unerträglich, die Anmaßung in Person![5] Ein echter Beglücker der Menschheit! Ob

in der Zeitung oder auf dem Bildschirm, immer der missmutige Mahner, immer der erhobene Zeigefinger, weiß immer genau, was für uns alle das Beste ist, eine echte Zumutung.

- Echt, der Mann nervt mit seinem selbstherrlichen ICH-ICH-ICH, kann einfach seinen Mund nicht halten; überheblich und realitätsfern, allzu großes Ego und unstillbarer Geltungsdrang, ein fataler Mix.
- Genau. Und dann noch sein gekonnt vermarktetes »GraSS-Geständnis«; von wegen »Gewissen der Nation«, kein Selbstzweifel, nirgends: obernotpeinlich! Das spricht Bände – und zwar gegen ihn, den unverbesserlichen SPD-Doppel-Moral-Apostel.[6]

Vorläufiges Ende der problemlos zu verlängernden Klischeebildkollage im Zeichen von Hohn, Häme und Hass. Ja, es ist traurig, aber wahr, doch auf dieses »Niveau« muss man sich schon herablassen, wenn es um die Grass-Rezeption geht. Mit dem Stichwort »umstrittener Autor« lässt sich dieses medial verzerrte Bild kaum noch adäquat zusammenfassen. Die Anlässe wechseln, doch stets sind die Grass-News gespickt mit hochwillkommenen, offenbar durch nichts aus der Feuilletonwelt zu schaffenden Stereotypen. Alles eine Frage der Perspektive, der Auswahlkriterien und der Methoden im Kampf um Abonnenten und Einschaltquoten. Das räumt auch Ulrich Greiner schon am 29. März 2007 in der *ZEIT* ein:

»Der Verdrängungswettbewerb auf dem Markt der Medien verführt diese dazu, nicht allein auf Qualität und

Ausdauer zu vertrauen, sondern Sensationen zu produzieren und sich selbst marktschreierisch anzupreisen«. Sieben Jahre später, am 21. März 2014, ergänzt er: »Wer die Hitze nicht verträgt, so lautet die alte Redewendung, hat in der Küche nichts verloren. Man kann allerdings beobachten, dass die Hitze zugenommen hat. [...] Nein, Tugendterror kann man das alles nicht nennen. Es handelt sich um Rechthaberei, um Empörungslust, um Denkfaulheit. Wer da nicht mitmacht, braucht gute Nerven.«

Die Folgen liegen auf der Hand, denn eine berühmte »Rampensau« muss ständig durch unser privilegiertes Dorf gejagt werden, um sie anschließend möglichst wirkungsvoll erledigen zu können. Der Zweck heiligt die Mittel. Notfalls ohne Rücksicht auf Verluste. Der Erfolgsdruck ist hoch, und er wächst. Alles dreht sich selbst in »seriösen« Organen allzu häufig um Meinungsmache mit Hilfe von Halbwahrheiten. Streit-Kultur und Qualitätsjournalismus sehen anders aus. Die elementaren Sorgfaltspflichten werden vernachlässigt. Vor fast dreißig Jahren sprach ein kluger *SZ*-Autor vom »Feldzug der Tontaubenschützen«; heute spricht man neudeutsch von einem »Shitstorm«, oft anonymisiert. Mögliche Ursachen liegen gerade im seit Jahrzehnten Fallhöhe garantierenden Fall Grass auf der Hand: persönliche Animositäten, politische oder ästhetische Überzeugungen, sicher auch alte Rechnungen, Neid und oft bestürzende Unkenntnis. Das sind die idealtypischen Bestandteile der üblen, aber die gewünschte Aufmerksamkeit erregenden Nachrede.

Doch genug der allzu billigen Medienschelte. Verdienstvolle, intellektuell redliche Journalisten, die es regional wie überregional nach wie vor gibt, wissen mehr über die Eigendynamik solcher Prozesse. Ich weiß nur, dass es Fakten gibt, die jedermann berücksichtigen könnte, wenn es um die angemessene Würdigung des Lebenswerks von Günter Grass geht. Zum Beispiel die mit zahllosen Selbstaussagen zu belegende, in den letzten Debatten allerdings kaum noch zur Kenntnis genommene Tatsache, dass das gebrannte Kind im Gegensatz zu älteren Zeitgenossen, die sehr viel stärker ins Nazi-System verstrickt oder sogar aktiv schuldig geworden waren, nie ein Geheimnis aus seiner Verblendung in jungen Jahren gemacht hat – ganz im Gegenteil: Grass ist jederzeit ohne Erklärungsnot offensiv mit seiner Vergangenheit als gläubiger »Jungnazi« umgegangen. Etwa 1966 in seiner »Rede an einen jungen Wähler, der sich versucht fühlt, die NPD zu wählen«:

»Zu meiner Person: Ich wurde im Jahre 1927 in Danzig geboren. Mit zehn Jahren war ich Mitglied des Jungvolkes, mit vierzehn Jahren wurde ich in die Hitlerjugend eingegliedert. Als Fünfzehnjähriger nannte ich mich Luftwaffenhelfer. Als Siebzehnjähriger war ich ein Panzerschütze. Und als Achtzehnjähriger wurde ich aus amerikanischer Kriegsgefangenschaft entlassen: Jetzt erst war ich erwachsen. Jetzt erst, nein, vielmehr nach und nach wurde mir deutlich, was man, verdeckt von Fanfarenruf und Ostlandgeschwafel, mit meiner Jugend angestellt hatte. Jetzt erst, und Jahre später in immer erschreckenderem Maße, begriff ich, welch unfaßliche Verbrechen im Namen der Zukunft meiner Generation begangen worden waren. Als Neunzehnjähriger begann ich zu ahnen, welch eine Schuld unser Volk wissend und unwissend angehäuft hatte, welche Last und Verantwortung meine und die folgende Generation zu tragen haben würden. Ich begann zu arbeiten, zu lernen und mein Mißtrauen einer sich schon wieder harmlos gebenden kleinbügerlichen Welt gegenüber zu schärfen.« (20, 213)

Bemerkenswerter noch: Der gelernte Sozialdemokrat erinnert sich schon damals daran, dass Goebbels Fangfrage »Wollt ihr den totalen Krieg?« auch in ihm »opferbereite Weihestimmung auslöste« (20, 215).

Eines der vielen weiteren Beispiele findet sich auch in einem Gespräch mit Irmgard Bach unter dem Titel »Als ich siebzehn war«, das am 2. Juli 1968 im Jugendfunk von *Radio Bremen* gesendet wurde, damals jedoch keine Empörungsstürme ausgelöst oder konkreten Nachfragen provoziert hat:

»[I]ch wurde Anfang '45 an der Ostfront eingesetzt, die zu dem Zeitpunkt allerdings schon in Schlesien verlief; zum Schluß wurde ich in den Kampfraum um Berlin verlegt. Kampf kann ich das nicht nennen, es war eigentlich Angst unterbrochen von Langeweile. Diese wechselnden Einheiten, in denen ich war, waren sogenannte Marschkompanien, zusammengewürfelt aus Sechzehn-, Siebzehnjährigen, alten Männern zwischen 50 und 60, Resten von Volkssturm, eingezogener Waffen-SS, Marine und der sogenannten Hermann-Göring-Spende, die man von der Luftwaffe plötzlich in diese Kampfeinheiten hineingestopft hatte. Ich war in einer Kompanie, die aus Sechzehn-, Siebzehnjährigen bestand und auch einen Zug aus älteren Herren dabei hatte. Als diese Kompanie zum ersten Mal in den Einsatz kam, war sie innerhalb einer halben Stunde dezimiert. Ich habe diese Sechzehn-, Siebzehnjährigen zerschlagen, tot, zerfetzt gesehen. Ich habe in diesen Momenten allerdings nur an mich gedacht, an meine Angst, an nichts anderes als an das Überlebenwollen.« (24, 75)

Ja, es stimmt: Hier handelt es sich noch nicht um das unumwundene öffentliche Bekenntnis, im November 1944 in eine Einheit der Waffen-SS eingezogen worden zu sein, aber es ist schon dicht dran.[7] Die aus offenbar nachwachsender Scham über die symbolträchtigen Runen am eigenen Uniformkragen lange verdrängte Konkretisierung folgt erst sehr viel später: als eine Offenbarung in literarischer Form, aber ebenfalls aus freien Stücken. Auch mir war dieses brisante Detail bis zur Publikation des autobiografisch fundierten Erinnerungsbuches *Beim Häuten der Zwiebel* unbekannt. Aber ehrlich gesagt weiß ich nicht, was sich durch das Wissen, dass es Günter Grass in den letzten Kriegsmonaten ebenso ergangen war wie vielen Deutschen seiner Generation, grundlegend verändert hätte. An Gräueltaten war der Siebzehnjährige ja trotzdem nie beteiligt. Es bleibt also vielmehr zu fragen: Steht das von ihm selbst gezeichnete, im Grunde nur um den Namen der Kampfeinheit ergänzte

Bild tatsächlich in einem angemessenen Verhältnis zum Skandalon, das in den Medien daraus gemacht wurde?

Ich sehe das so: Niemand kann ernsthaft bestreiten, dass Günter Grass schon in den ersten Jahrzehnten nach den »Hundejahren«, die ihn lebenslänglich verfolgt haben, sowohl politische als auch ästhetische Konsequenzen aus der eigenen Verführbarkeit und den Verbrechen der Nationalsozialisten gezogen hat. Erst als zufällig Überlebender wurden ihm die eigenen Versäumnisse und seine Mitverantwortung für all das schmerzlich bewusst. Fortan galt es, den Mund aufzumachen, zu zweifeln, sich einzumischen, den Finger in die Wunden zu legen sowie Täter und Mitläufer, aber auch sich selbst immer wieder in Frage zu stellen:

»Wer in den zwanziger Jahren dieses Jahrhunderts geboren wurde, [...] wem die Mitschuld – bei all seiner Jugend – an dem übergroßen Verbrechen nicht auszureden ist, wer aus deutscher Erfahrung weiß, daß keine noch so unterhaltsame Gegenwart die Vergangenheit wegschwätzen kann, dem ist der Erzählfaden vorgesponnen, der ist nicht frei in der Wahl seines Stoffes, dem sehen beim Schreiben zu viele Tote zu.« (23, 140)

Unterm Strich bleibt: Günter Grass hat seine Lektionen gelernt und sich seitdem als Schriftsteller, Künstler und meinungsstarker Zeitgenosse um die deutschsprachige Literatur und die Demokratie der Bundesrepublik verdient gemacht.

[Ein Postskriptum in eigener Sache: *Beim Häuten der Zwiebel* war das letzte Buch, das mein geliebter Vater, ein engagierter Christdemokrat, Jahrgang 1928, gelesen hat. In unserem Gespräch über seine Lektüreeindrücke kurz vor seinem Tod im Jahr 2007 sagte er zu meiner Überraschung: »Ich weiß gar nicht, warum sich plötzlich so viele über diese SS-Geschichte aufregen, das ist doch damals uns allen so ergangen.« Das war tatsächlich das erste und letzte Mal, dass ich mit unserem Vater über seine Uniform als sechzehn-, siebzehnjähriger Rekrut am Ende des Zweiten Weltkriegs gesprochen habe. Schon deshalb musste dieses Erinnerungsbuch geschrieben werden.]

Mein Grass klagt sich dennoch dafür an, dass er bestimmte Fragen nicht rechtzeitig gestellt hat.
Mein Grass sagt: Fast immer, wenn ich versucht habe, einfach nur zu leben, ist es schiefgegangen.
Mein Grass sagt: Was raus muss, muss raus, sonst macht es mich kaputt.

Tatsache ist aber auch, dass der jahrzehntelang Ross und Reiter beim Namen nennende Wahlkämpfer Günter Grass keineswegs ganz unschuldig an der rhetorischen Eskalation in den Massenmedien war. Denn auch er ist als Staatsbürger mit besonderer Reputation im In- und Ausland nicht davor zurückgeschreckt, ihre Wirkungsmacht stets im Interesse seiner Anliegen zu nutzen. Er bespielte die Podien, die ihm – ein Missgunst förderndes Privileg – vom Beginn seiner rasanten Karriere an zur Verfügung gestellt wurden. Den nicht strafbaren Versuch, die Werk-Rezeption zu steuern, aber auch politische Irrtümer und Fehleinschätzungen inbegriffen. Gewiss, Klappern gehört zum Handwerk, und wer kräftig austeilt, muss auch einstecken können. Doch ist mit diesen Binsenweisheiten tatsächlich jedes Anti-Grass-Pamphlet zu erklären?

Yes, I know, es gibt, weiß Gott, ganz andere Probleme auf der Welt. Dennoch erwähne ich vielleicht noch ein besonders aufschlussreiches Medienereignis, ein Spektakel, das in einem vielseitigen Materialienband des Steidl Verlags bereits ausführlich dokumentiert wurde.[8] Man höre und staune: Ein Gedicht wird zur Topmeldung in der *Tagesschau*. Volker Neuhaus, einer der besten Kenner der Grass-Welt, kommentiert das Geschehen in seiner eindeutig Stellung beziehenden Grass-Biographie so: Am 4. April 2012 hat es Günter Grass, als Reaktion auf die Lieferung deutscher U-Boote an die Atom- und Besatzungsmacht Israel, gewagt, in der *Süddeutschen Zeitung* ein provokatives Antikriegsgedicht mit dem Titel *Was gesagt werden muß* zu veröffentlichen. Dieser bewusst perspektivisch angelegte, sich gegen die Politik der damals aktuellen israelischen Regierung richtende Text sollte zweifellos in die politische Wirklichkeit hineinwirken, ohne alle bekannten Fakten und Hintergründe zum Nahostkonflikt erneut auflisten zu müssen. Die daraus resultierende Verzerrung der Lage im Nahen Osten kann man wie Eva Menasse als »Torheit«[9] kritisieren: Denn was ist mit den Vernichtungsdrohungen gegen Israel? Werden hier nicht leichtfertig aus Opfern Täter gemacht? Hat der Autor sich nur im Sprachgestus und in der Wortwahl vergriffen, oder klingen hier tatsächlich antijüdische Vorbehalte an? Und wie steht es um die nicht thematisierte Verantwortung Deutschlands für die Entstehung des gefährdeten Staates? Ja, über ein solches Gedicht ließe sich trefflich streiten, doch was geschieht stattdessen?

Inszeniert wird ein Skandal ohnegleichen: Unter der Hand wird der Grass-Text noch vor seiner Veröffentlichung Henryk M. Broder zugespielt, so dass der ausgewiesene Polemiker mit seiner am 4. April 2012 zeitgleich online und in der *Welt* publizierten Generalabrechnung den Tenor für die folgende Debatte vorgeben kann: »Nicht ganz dicht, aber ein Dichter. Der Schriftsteller Günter Grass hatte schon immer ein Problem mit Juden, aber so deutlich wie in einem neuen Gedicht über Israel und den Iran hat er es noch nie gesagt.« Der scheinheilige, schon immer erschreckend selbstgerechte, zum Größenwahn neigende Grass sei jetzt offenbar vollkommen durchgeknallt; er ist, so Broder weiter, der »Prototyp des gebildeten Antisemiten«. Das ist verletzend und soll verletzen. Denn wer auch nur ein Buch der *Danziger Trilogie* gelesen hat, weiß: Das ist bösartiger Blödsinn, Rufmord wider besseres Wissen.

Und am 11. April kann man zur Bekräftigung der vernichtenden Urteile in der *FAZ* lesen, es sei ein »Missverständnis, dass Grass als Dichter gilt, nur weil er von früh an Verse schrieb«. Diese wie eine Auftragsarbeit wirkende Schmähschrift schreibt kein Geringerer als Durs Grünbein über den grässlichen »Prediger mit dem Holzhammer«. Er schließt mit den Worten: »Weg du, Günter Grass!«[10]

Doch damit noch nicht genug: Eine ganz andere, nicht weniger unverschämte Volte schlägt Stephan Maus einen Tag später im *Stern*. Maus gibt den operativen, also ganz und gar untypischen Grass-Text kurzerhand als Essenz des Gesamtwerks aus, um gleich das Grass'sche Œuvre in toto zu denunzieren: »klumpige Skulpturen, gichtige Romane, aufgedunsene Gedichte«. Um hier keine größeren Missverständnisse aufkommen zu lassen: Selbstverständlich gibt es selbst im Rahmen dieser Medien-Farce auch Gegenstimmen, die zu differenzierteren Beurteilungen aufrufen. Besonders beeindruckt hat mich die Replik von Ingo Schulze auf den oben zitierten Text seines Freundes Durs Grünbein.[11] Und natürlich geht es mir keinesfalls darum, berechtigte Kritik zu verteufeln. Für fundierte Diskussionen auf Augenhöhe war Günter Grass meiner Erfahrung nach jederzeit bereit. Festhalten möchte ich lediglich, dass sich der Ton der Auseinandersetzungen in befremdender Eintracht verändert hat. Oder wie ist es zu erklären, dass Josef Joffe nicht irgendwo, sondern in der *ZEIT* vom 12. April 2012 unter der Überschrift »Günters neue Freunde« behauptet, dass sich der »Gutdenker« Grass, »der jahrzehntelang die Antifa-Flagge gehisst hat«, durch »den Subtext des Ressentiments« nun ganz kalkuliert »mit der NPD ins Bett« begeben hat?

Keine Frage, die Grenzen zwischen medialer Hetzjagd, verbalem Totschlag und gezielten Diffamierungskampagnen sind fließend. Zu hinterfragen bleibt: Warum löst ein vereinzeltes Prosagedicht in der Tradition von Heine über Brecht bis hin zu Erich Fried – selbst wenn es sicher kein artistisches Meisterwerk ist und sich inhaltlich als eine »krasse historische Dummheit« (so Durs Grünbein) erweisen würde – hierzulande so hysterische Reaktionen aus? Und was mag man jenseits unserer Grenzen über diese unverhohlenen Auslöschungsattitüden im Land der Richter und Henker denken? Manchmal hilft es vielleicht, auch dem vermeintlich unbeteiligten Publikum, kurz innezuhalten und über die gut eingespielten Rollen in diesem Medientheater nachzudenken, bevor das nächste Skandalopfer durchs Weltdorf getrieben wird. Nur deshalb der ganze Aufwand.

Mein Grass denkt fast immer, manchmal sogar bemerkenswert lange, nach, bevor er antwortet.
Mein Grass sucht nach Formen, um das Chaos in verbesserter Ausführung zu präsentieren.
Mein Grass ahnt, warum selbst seine engsten Freunde und Verwandten manchmal kein Verständnis für ihn haben.

Zweitens, Lektüreerfahrungen: Zurück zur Goldschmiedekunst des Wortes. Am Anfang stand die Lust am Text, genauer, meine Begeisterung für *Die Blechtrommel*. Das war vor über dreißig Jahren. »Romane der Adenauer-Zeit« hieß das Seminar. Endlich wurde selbst an der Universität zu Münster ein Werk von einem noch lebenden Autor angeboten, in der allerletzten Semestersitzung, so dass man viel Zeit zur Vorbereitung des Referats hatte. Ich las den bis heute taufrisch gebliebenen Grass-Roman also zum ersten Mal als Student der Literaturwissenschaft, es sollte nicht das letzte Mal gewesen sein. Übung macht den Meister, doch die Latte hing hoch. Mein damaliger Dozent Werner Frizen zeigte mir, wie man sie nach vergeblichen Anläufen dennoch »fröhlich« überspringt, und von Friedrich Nietzsche übernahm ich mein Germanisten-Credo:

»Philologie nämlich ist jene ehrwürdige Kunst, welche von ihrem Verehrer vor Allem Eins heischt, bei Seite gehen, sich Zeit lassen, still werden, langsam werden –, als eine Goldschmiedekunst und -kennerschaft des W o r t e s, die lauter feine vorsichtige Arbeit abzuthun hat und Nichts erreicht, wenn sie es nicht lento erreicht. Gerade damit aber ist sie heute nöthiger als je, gerade dadurch zieht sie und bezaubert sie uns am stärksten, mitten in einem Zeitalter der ›Arbeit‹, will sagen: der Hast, der unanständigen und schwitzenden Eilfertigkeit, das mit Allem gleich ›fertig werden‹ will, auch mit jedem alten und neuen Buche: – sie selbst wird nicht so leicht irgend womit fertig, sie lehrt *gut* lesen, das heisst langsam, tief-, rück- und vorsichtig, mit Hintergedanken, mit offen gelassenen Thüren, mit zarten Fingern und Augen lesen …«[12]

Am vorläufigen Ende dieser Lektüren, geschult am Handwerkszeug der Komparatistik, stand meine 1992 abgeschlossene, 1994 erschienene Grass-Dissertation über das bis dahin vorliegende Gesamtwerk. Das dicke Ding ist in diesem Kontext vor allem deshalb erwähnenswert, weil die Arbeit an diesem Buch mir tatsächlich erste Einblicke in die Werkstatt des Dichters verschafft hat. Vor allem durch einen Besuch des Literaturarchivs in Sulzbach-Rosenberg, das mein Doktor-Vater Walter Höllerer gestiftet hat. Dort liegt seit 1977 ein kleiner Schatz, der Anfang der siebziger Jahre unter nahezu unglaublichen Umständen in Paris aufgefunden wurde. Sein Entdecker heißt John Reddick, ein englischer Germanist. Dazu muss man wissen: *Die Blechtrommel* entstand in den Jahren 1956 bis 1959 in der Hauptstadt Frankreichs. Grass lebte dort mit seiner ersten Frau Anna. Während sie Ballettunterricht nahm und Zwillinge auf die Welt brachte, schrieb ihr Mann wie besessen in einem feuchten Heizungskeller an seinem Debütroman. Sprache hatte ihn, einer oft zitierten Aussage folgend, als Durchfall erwischt. Als die Familie dann 1960 nach Berlin zog, blieb ungewollt ein Koffer zurück, und den fand nun, viele Jahre später, der auf den Spuren des mittlerweile berühmten Dichters wandelnde Forscher. Eine philologische Sensation.

Reddick staunte nicht schlecht, als er im besagten Behältnis neben Briefen, Zeichnungen, Skizzen und Presseberichten auf die zunächst sogenannte »Urtrommel« stieß, genauer gesagt, auf ein Konvolut aus 33 Kapitelentwürfen zur *Blechtrommel,* und zwar aus unterschiedlichen Entstehungsstufen des Manuskripts: »Erstes Kapitel. Der Igel. Wohin versetze ich den Anfang meiner Geschichte, die eigentlich die Geschichte meiner Trommel ist«. Welch himmelweiter Unterschied zum ersten Satz der Druckfassung! Ein gefundenes Fressen für die Forschung.[13] Und genau damit sind wir bei der für mich einschneidenden Erfahrung: Denn dieser Zufallsfund ermöglichte mir damals ungeahnte Einblicke in die Genese des mich begeisternden Romans und erste Hinweise auf die über Jahrzehnte hinweg kultivierte Arbeitsweise des Sprachkünstlers.

Mir fiel es wie Schuppen von den Augen: Weltliteratur fällt nicht vom Himmel, sie wird – im besten Sinne des Wortes – gemacht. Natürlich muss man etwas zu erzählen haben, natürlich braucht man Talent und Inspiration, aber all das ersetzt nicht die Transpiration, das heißt, die konzentrierte Arbeit am Manuskript. Konkret heißt das: Grass schreibt jeden Text zunächst mit der Hand, meistens in unlinierte Blindbände. Dann tippt er ihn mit seiner geliebten Olivetti-Schreibmaschine ab, das alles passiert am Stehpult. Anschließend korrigiert er das Getippte mit der Hand, nimmt immer wieder alle Wörter in den Mund, tippt dann erneut die korrigierte Version ab und so weiter, bis endlich die vorläufige, nun auch im Computer seiner Sekretärin gespeicherte Endfassung an den Verlag geschickt wird.

Der selbstbewusste Selfmademan hat sich immer zu diesem langsamen, für ihn aber unabdingbaren Prozess und zur handwerklichen Komponente des Schreibens bekannt – und auch dazu, dass junge Schriftsteller gute Lehrer brauchen. Vom Geniemythos hält Grass nichts.

Drittens, Rechercheerfahrungen oder der Inhalt als Widerstand. Ich stehe vor der real existierenden Tür zur Werkstatt des Dichters. Schon werde ich hineingebeten. Wenig später komme ich als verdeckter Ermittler mit reizvollen Rechercheaufträgen des Autors wieder heraus.

Und das kam so: Nachdem ich das Manuskript meiner

Doktorarbeit abgeschlossen hatte, fasste ich, ein Literaturwissenschaftler, der sich stets bevorzugt für die Kunstwerke, eigentlich nie für das Leben der Künstler interessiert hat, quasi hinter meinem eigenen Rücken den Entschluss, Günter Grass persönlich zu kontaktieren. Ach, die Eitelkeit, ich wollte einfach erfahren, was er vom Ansatz meiner Dissertation hielt, an der ich schließlich jahrelang intensiv gearbeitet hatte. Warum auch nicht. In diesem Stadium schien mir das weniger problematisch, denn ich hatte ja bereits meine Lesarten entwickelt, ohne auf Sympathien oder Animositäten Rücksicht nehmen zu müssen. Jetzt konnte der Urheber nahezu bedenkenlos ins Spiel kommen.

Günter Grass kannte ich bis dato nur aus dem Fernsehen oder von öffentlichen Auftritten – und er mich gar nicht. Probleme, die einem harmonischen ersten Treffen im Weg stehen könnten, erahnte ich dennoch auf beiden Seiten. Meine Vorbehalte bezogen sich vor allem auf die aktuelle politische Umbruchsituation um 1990. Während Grass sich als populärster Bedenkenträger auf allen Kanälen gegen den aus seiner Sicht überstürzten »Schweinsgalopp« der Wiedervereinigung empörte, zählte ich eher zu denen, die sich bei aller Skepsis erst einmal ganz naiv über den Fall der Mauer freuten. Immerhin war mir kurz nach der Wende meine noch heute bezaubernd sächselnde Frau begegnet, die ich ansonsten wohl nie kennengelernt hätte. Auch wenn ich mittlerweile einräumen würde, dass der zum Schwarzseher der Nation abgestempelte Gegenredner in vielerlei Hinsicht eher ein Hellseher war, hat mich seine rigorose Position – weil

Auschwitz möglich war, darf es kein vereintes Deutschland mehr geben – damals eher abgeschreckt.

Es konnte also schiefgehen, wenn wir unter diesen Vorzeichen aufeinandertrafen. Denn auch Grass hatte, das wusste ich nur zu gut, große Vorbehalte gegen uninspirierte Theoriehengste, insbesondere gegen die im *Butt* beschimpften »Scheißgermanisten« (9, 314), da sie seiner Erfahrung nach nicht genau genug lesen, sondern lieber ihrer Geilheit nach Sekundärem frönen. Ausnahmen bestätigen lediglich die Regel.

Dass es dennoch zu einem Treffen am 20. Februar 1992 kam, habe ich seiner damaligen Sekretärin Eva Hönisch zu verdanken.[14] Sie organisierte ein sehr ungewöhnliches Rendezvous, nämlich eine gemeinsame Autofahrt zu einer Ausstellungseröffnung von Berlin nach Dresden. Ute Grass fuhr den Wagen, ihr Mann hat nie einen Führerschein gemacht. Neben Frau Grass saß eine junge Französin, die nicht Madeleine hieß, aber bleibenden Eindruck hinterließ. Der Autor und ich hockten auf der Rückbank, da gab es kein Entkommen. Und was taten wir? Anstatt über die Gliederung meiner Doktorarbeit zu sprechen, denn das war eigentlich geplant, unterhielten wir uns angeregt über gemeinsame Bekannte wie Walter Höllerer und Marian Szyrocki, haben eine Art »Stadt Land Fluss« gespielt (ich habe dabei sehr schlecht ausgesehen) und uns zur beiderseitigen Überraschung auf Anhieb gut verstanden, ja, sogar bestens amüsiert.

Schon während dieser ersten Begegnung dämmerte mir, was nach und nach zur Gewissheit wurde: Zum einen gibt es den Künstler und trommelnden Zeitgenossen, den omnipräsenten Medien-Grass, von dem einleitend schon zu hören war; eine Institution, einen weltberühmten Schriftsteller und politisch engagierten Bürger, der auf beiden Feldern unübersehbare Maßstäbe gesetzt hat. Diesen oft bitterernsten Grass kennen alle.

Mein Grass schmunzelt gerne in sich hinein, noch lieber bringt er andere zum Lachen.
Mein Grass hat es faustdick hinter den Ohren.
Mein Grass weiß, was er will.

Zurück zu unserer Geschichte, der Autor und sein »verdeckter Ermittler«. Wir springen ins Jahr 1993: Anfang Januar wurde ich von Günter Grass in seine Werkstatt nach Behlendorf eingeladen. Unser zweites Treffen. Inzwischen hatte er eine Grippe genutzt, um meine Doktorarbeit zu lesen, und war offenbar ganz angetan. Nur über meine Kritik an seiner politischen Gebrauchslyrik müssten wir bei Gelegenheit noch mal ausführlicher reden. Doch darum ging es ihm während meines Besuchs nicht. Grass erzählte mir vielmehr sofort, dass er sich auf ein neues Romanprojekt mit dem Arbeitstitel »Treuhand« eingelassen habe. Ein gezeichneter Strukturplan stand auf der Staffelei.

Es ging offensichtlich um Fonty und die staatliche Behörde zur Abwicklung ehemals volkseigener Betriebe; später hieß der vielschichtige Berlin-Roman dann *Ein weites Feld,* denn dieses Zitat eröffnet sehr viel mehr ästhetischen Spielraum. Bei der Röntgenbild-Einteilung in fünf Bücher (5 Finger) und 37 Kapitel (eine fiktive Anzahl an Fingerknöchelchen) blieb es. Aus heiterem Himmel fragte mich Günter Grass damals, ob ich Zeit und Lust hätte, in seinem Auftrag für dieses Projekt zu recherchieren. Und als ich sofort zusagte, drückte er mir auch gleich eine erste, bereits vorbereitete Liste mit Aufträgen in die Hand. Unsere Zusammenarbeit erstreckte sich über zwei Jahre, also bis zur Drucklegung des Romans 1995. Immer neue Lücken taten sich auf, immer neue Fragen wollten beantwortet werden. Der Autor schildert das im Nachhinein so:

»Ich habe ja einige Romane geschrieben, die einer langen Recherchierarbeit bedurften, einer Vorarbeit, auch während des Schreibvorganges. Bis jetzt habe ich das immer alleine machen können. Bei diesem Projekt [...] stellte sich bald heraus, nach einem Besuch in der Treuhand, wo ich mich angemeldet hatte, daß das nicht fortzusetzen war. Nach kürzester Zeit kam der Leiter der Public-Relations-Abteilung, sehr freundlich, sehr zuvorkommend, auf mich zu; aber die unmittelbar folgende Frage war: ›Sie schreiben wohl über uns?‹. Und damit war alles belastet und bedeckt und lief auch Gefahr, ins Gerede zu kommen. Ich mußte das also einstellen und war sehr froh, daß Dieter Stolz bereit war, nicht nur in dem ihm vertrauten Bereich, Fontane-Archiv, also germanistisch orientierte Nachforschungen anzustellen, sondern auch im Treuhandgebäude und in Pressearchiven das eine oder andere noch zusätzlich zu erfragen. Und so haben wir in mehreren Arbeitsstufen die noch fehlenden Informationen zusammengetragen.« (24, 459 f.)

Während ich so quasi als »Undercover-Agent« arbeitete, habe ich viel gelernt. Um wenigstens einen flüchtigen Eindruck davon zu vermitteln, worum es konkret ging, stelle ich zwei Rechercheaufträge vor.

Im Rahmen meiner Besuche des Theodor-Fontane-Archivs in Potsdam ging es unter anderem um Quellen zu biografischen Details. So galt es, beispielsweise herauszufinden, ob es aufschlussreiche Informationen über Fontanes uneheliche Kinder gibt, von denen ihr unglückseliger Vater in einem Brief an seinen Freund Bernhard von Lepel vom 1. März 1849 schreibt: »Meine Kinder fressen mir die Haare vom Kopf, eh die Welt weiß, dass ich überhaupt welche habe«. Da war allerdings nicht viel Neues zu entdecken, vermutlich hat die Familie ganze Arbeit geleistet. Denn das, was Grass besonders interessiert, die Brüche und Widersprüche in jeder Biographie, das, was nicht ins Bild passt, wird häufig ganz bewusst unter den Teppich gekehrt.

Im Rahmen meiner gleichzeitigen Treuhand-Recherchen stand besonders die bewegte Geschichte des Gebäudes im Fokus, die sich als idealtypische Ideologiegeschichte des 20. Jahrhunderts lesen lässt: Von Görings Reichsluftfahrtministerium über das Haus der Ministerien zu DDR-Zeiten bis hin zur Treuhand und zum Bundesfinanzministerium unseres im Zeichen des Kapitalismus wiedervereinigten Landes. Ich stieß auf viele Skandalfälle, aber auch auf unbewusst ausgeblendete oder bewusst verschwiegene Realitäten, auf verdrängte Fakten und eine Fülle von Leerstellen, die der Autor mit seiner Einbildungskraft ausfüllen konnte.

Auf diese Art in den Entstehungsprozess eines poetischen Weltentwurfs involviert zu sein, war natürlich ein großartiges Erlebnis, nicht nur für den Germanisten in mir. Denn ich habe keineswegs nur Materialstapel abgeliefert (ganz bewusst ohne Kopien für mein Privatarchiv zu machen). Günter Grass hat mir vielmehr wiederholt unter vier Augen aus dem noch unvollendeten Manuskript vorgelesen. So konnte ich hautnah miterleben, was der Schriftsteller aus dem Rohmaterial machte, und hatte sogar das schmeichelhafte Gefühl, dass meine spontanen Höreindrücke durchaus auf Interesse stießen. Denn selbst wenn die so wichtige Erzählposition gefunden ist, passiert ja tatsächlich noch sehr viel: Motivnetze werden geknüpft, neue Figurenkonstellationen entwickelt, und bis zuletzt wird an der Form gefeilt.

Zwei Erfahrungen haben sich mir aus dieser Phase besonders eingebrannt: zum einen die Tatsache, dass Günter Grass möglichst genau lügen möchte, wenn es um »höhere Wahrheiten« geht. Als phantastischer Realist setzt er auf den detailgetreu recherchierten Inhalt als Widerstand. Als geschichtsbewusster Künstler verordnet er sich Bleigewichte, damit sich seine Kopfgeburten nicht in belanglose Spielereien auflösen. Zum anderen wurde mir bewusster denn je: Entscheidend für das Gelingen eines Sprachkunstwerks ist am Ende nicht nur, was, sondern vor allem, wie erzählt wird.

Seit dieser Zeit weiß ich auch sehr viel mehr über das, was man eher dem Leben als dem Werk des Künstlers zuordnen würde, mit allen Vor- und Nachteilen, die das haben mag. Ich persönlich erlebe das als einen Glücksfall, selbst wenn es angesichts dieser Erkenntnisse natürlich schwerer fällt, den aus literaturwissenschaftlicher Perspektive gebotenen Abstand zu wahren. Aber wer sonst bekommt auch die nicht-öffentlichen Reaktionen des Autors auf alle Debatten um seine Person ganz ungefiltert mit? Sowohl die beglückenden Momente, etwa die Verleihung des Literatur-Nobelpreises – diese Anerkennung hat Grass nach all den Anfeindungen selbstverständlich sehr gut getan – als auch die negativen Höhepunkte, etwa die Reich-Ranicki-Titelgeschichte des *Spiegel* aus dem Jahr 1995 oder die perfide »Geständnis«-Inszenierung der *FAZ* aus dem Jahr 2006. Diese Angriffe galten nicht nur den Werken und sind, entgegen der landläufigen Meinung, keineswegs spurlos am Hauptbetroffenen vorbeigegangen.

Mein Grass würde sich manchmal gerne verkriechen oder in Staub auflösen.
Mein Grass ist nicht ohne Fehl und Tadel.
Mein Grass bleibt nur sich selbst treu, koste es, was es wolle.

Viertens, Reiseerfahrungen. Wenn jemand eine Reise tut, so kann er was erzählen. Günter Grass ist immer viel und gerne unterwegs gewesen, u. a. in Polen, in Indien, in Tansania, in China und zwei Mal auch im Jemen, zuerst im Dezember 2002.[15] Die Bedenken waren im Vorfeld dieser Reise besonders groß. Immer wieder wurden Entführungsgefahren oder mögliche Attentate beschworen. Doch erfreulicherweise gibt es trotz der unübersehbaren

Risiken Menschen, die nicht dazu neigen, irrationale Ängste zu verbreiten oder sich von geschürter Hysterie anstecken zu lassen und so das Geschäft der Terroristen zu besorgen. Zu diesen Zeitgenossen zähle ich auch Günter Grass, der sich Jahrzehnte lang für die gegenseitige Bereicherung der Kulturen eingesetzt und weltweit Toleranz und die Einhaltung elementarer Menschenrechte eingeklagt hat. Denn stereotype Wahrnehmungsmuster und Feindbildprojektionen, hier wie dort, verstärken die Entfremdung, fataler noch, sie führen zu kriegerischen Katastrophen, die es zu verhindern gilt. Und da ist leider kein Ende in Sicht.

Grass, der nie Skrupel hatte, seinen Ruhm für soziale und politische Initiativen zu nutzen, wollte mit dieser Jemen-Reise ein Zeichen setzen, nicht mehr und nicht weniger, und das ist in vielerlei Hinsicht eindrucksvoll gelungen. Denn der medienerfahrene Intellektuelle nimmt bekanntermaßen kein Blatt vor den Mund. Gereifte Überzeugungen und politisches Verantwortungsbewusstsein gehen Hand in Hand. Wer ihn einlädt, sollte wissen, was er tut. Grass lässt sich nicht umstandslos instrumentalisieren. Er sagt – bei aller Rücksichtnahme auf die überwältigende Gastfreundschaft, bei allem Respekt vor religiösen Gefühlen, die ihm fremd sind –, was aus seiner Sicht der Dinge gesagt werden muss.

Unter diesen Prämissen kann ein oft als Alibiveranstaltung oder Ablenkungsmanöver inszenierter Kultur-Dialog mehr bedeuten als den belanglosen Austausch von diplomatischen Höflichkeitsfloskeln. Bei dieser deutsch-arabischen Begegnung ging es explizit darum,

Erfahrungen und Argumente auf Augenhöhe auszutauschen, unüberbrückbare Differenzen zu benennen, sich im besten Fall aber auch für neue Perspektiven zu begeistern. Nicht nur die wohl bedeutendsten Dichter arabischer Sprache, Adonis und Mahmud Darwish, waren eigens angereist, um in Sanaa mit ihren Kollegen zu diskutieren, sondern auf Wunsch von Grass erstmals auch Schriftsteller u. a. aus dem Irak, die (wie Najem Wali) bereits seit Jahren gezwungen sind, im Exil zu leben. Ein wirkungsvolles Signal der Gastgeber und der Organisatoren, denn dadurch kamen zwangsläufig Themen zur Sprache, die geradewegs ins Zentrum der anhaltend aktuellen Weltkonflikte führten. Es ging unter anderem um den Missbrauch des Begriffs »Heiliger Krieg« durch verblendete Al-Qaida-Kämpfer, um das in der arabischen Welt heftig umstrittene Existenzrecht Israels, um die Trennung von Staat und Kirche, um die Bibel und den Koran als Sprachkunstwerke, um die Rolle der Frauen in der Gesellschaft und nicht zuletzt um alle Spielarten der Liebe in der grenzüberschreitenden Literatur.

Neben diesen Gesprächen hat sich Grass auch ganz konkret engagiert. Nur zwei Beispiele möchte ich erwähnen, weil sie mein Grass-Bild um weitere Facetten erweitert haben: eine Stiftung und einen Staatsempfang.

Zum einen hat Grass, inspiriert von malerischen Hochhäusern in Shibam, die er als »Poesie in Lehm« beschrieb, mit einer spontanen Anschubfinanzierung versucht, zum Aufbau einer Berufsschule für Lehrlinge der traditionellen Lehmbauweise im Hadramaut beizutragen; seine Stiftungsidee stieß bei einheimischen Geldgebern zunächst auf ein so großes Echo, dass kurzfristig sogar die langfristige Absicherung des Schulprojekts möglich erschien. Heute muss man leider konstatieren, dass der Versuch unter anderem an den weitreichenden Folgen des noch immer aktuellen Stellvertreter-Bürgerkriegs im Land gescheitert ist.

Zum anderen setzte der Nobelpreisträger seine Reputation bei einem Empfang des Präsidenten der Republik so geschickt ein, dass ein junger jemenitischer Schriftsteller, der aus begründeter Angst vor Verfolgung durch religiöse Fanatiker das Land verlassen musste, anschließend in den Jemen zurückkehren durfte. Und das kam so: Grass, der eigentlich keine Staatsorden annimmt, sollte vor laufenden Kameras einen Kulturordnen verliehen bekommen. Ein offizieller Akt, mit dem sich vor allem die jemenitische Regierung selbst schmücken wollte. Doch diese Rechnung hatte man ohne den Auszuzeichnenden gemacht. Denn der sagte einleitend zur allgemeinen Überraschung, er könne den Orden nur dann annehmen, wenn der Präsident ihm verspreche, dass Auswüchse von Intoleranz und Gewaltbereitschaft im Jemen konsequent bekämpft würden. Dem Präsidenten entglitt kurz das Gesicht – wie gesagt, vor laufenden Kameras –, aber das Schutz-Versprechen wurde gegeben und später eingelöst. Ein Einzelfall, der Schule machen sollte, auch wenn durch diese Intervention nicht alle Probleme des heimkehrenden Schriftstellers aus der Welt geschafft werden konnten und vielerorts mehr denn je geschossen wird.

Fünftens, Lektoratserfahrungen: Immer, auch im Jemen, war Helmut Frielinghaus dabei. Jahrzehntelang sind Günter Grass und er zusammen durch dick und dünn gegangen, der Autor und sein Lektor, dessen Freundschaft mir ebenfalls sehr wichtig war. Helmut starb nach langer schwerer Krankheit, der er bis zum Schluss an der Seite seiner Lebensgefährtin Susanne Höbel getrotzt hat, ohne Mitleid erheischendes Gejammer, vielmehr mit Leidenschaft lesend und übersetzend; schon das sagt fast alles über diesen liebenswerten Mann.

Ohne ihn ersetzen zu können oder zu wollen, bin ich 2011 in die verantwortungsvolle Rolle des Grass-Lektors geschlüpft. Nun war es also an mir, dem Autor während der Arbeit am Manuskript zur Seite zu stehen, wenn es darum ging, die Dramaturgie zu überprüfen, den epischen Fluss zu beschleunigen oder einen ersten lyrischen Entwurf zu verdichten; wenn es darum ging, den Teufel im Detail zu entdecken, ohne das große Ganze aus dem Blick zu verlieren. Dazu war es unabdingbar, den Finger in die Wunden zu legen, sich selbst und dem Künstler gegenüber ehrlich zu bleiben, gegebenenfalls Tacheles zu reden, ihn zu warnen oder zu bestärken, ganz so, wie der Sachverstand und das Bauchgefühl es verlangten.

Eine bereichernde Herausforderung mehr: Zu Beginn der Manuskriptarbeit, gerade erst sind die Kupferplatten weggeräumt, sitze ich kaum in der Werkstatt, schon fragt der Autor: »Soll ich dir etwas vorlesen? Ich war fleißig, habe ja sonst nichts zu tun.« Sofort liest er mit wachsender Begeisterung einen neuen Text vor, zwischendurch immer wieder Blickkontakt suchend, bis er mich nach einer kurzen Pause erwartungsfroh anschaut. Natürlich möchte auch Günter Grass dann am allerliebsten vorbehaltlos gelobt werden. Wer will das nicht. Doch er kann selbst mit harschen Einwänden und Grundsatzbedenken überraschend gut umgehen. Er ahnt, dass dem Autor, der alles gegeben hat, am Ende unter Umständen die nötige Distanz fehlt. Deshalb ist er meiner Erfahrung nach jederzeit dankbar für Anregungen und fundierte Kritik aus berufenem Munde, nicht zuletzt aus dem Mund seiner Frau. Ja, er weiß es tatsächlich immer wieder zu schätzen, wenn sich sein Gegenüber ohne Scheu traut, auf Dinge hinzuweisen, die problematisch erscheinen.

Natürlich werden nicht alle Vorschläge der gestrengen Erstleser umgesetzt, aber jeder Einwand wird genau geprüft. Denn auch Grass kommt es natürlich darauf an, das Beste aus dem Manuskript herauszuholen, und das geht nur, wenn falsche Rücksichtnahmen vermieden, wenn offene Worte gesprochen werden. Dadurch kommt es selbstverständlich auch zum Disput. Nein, wir waren uns nicht immer einig. Aber gerade ohne diese Auseinandersetzungen auf Augenhöhe hätte das Prozedere keinen Sinn. Klartext, den darf, nein, den muss ein Autor, der ohnehin das letzte Wort hat, von seinem Lektor erwarten. Alles andere wäre eitler Selbstbetrug. Mit Claqueuren ist niemandem gedient.

Ach, das Wichtigste hätte ich beinahe vergessen: Nach langen Arbeitssitzungen gönnten wir uns in der Regel zwei Kurze, niemals Danziger Goldwasser, meistens Birne oder Zwetschge.

Und schließlich ist es dann so weit, nach allerletzten

Korrekturen an den Fahnen wird das neue Buch gedruckt, um (vor-)gelesen zu werden. Ja, auch das ist eine unvergessliche Erfahrung: Günter Grass liest nicht nur unnachahmlich gut, er liest auch sehr gerne, völlig egal, ob er nur einen Zuhörer hat oder ein vielköpfiges, mittlerweile drei Generationen umfassendes Publikum. Er liebt die Aufmerksamkeit, die große und die kleine Bühne. Diese Auftritte sind für ihn ein hochwillkommener, im Grunde sogar ein neue Energie spendender Teil seiner Arbeit. Eine der reizvollsten Veranstaltungen dieser Art waren für den Schriftsteller die Treffen mit seinen Übersetzern aus aller Welt. Diese Übersetzerseminare sind auch mir in allerbester Erinnerung, und zwar als Begegnungen mit durchweg sympathischen Vertretern eines viel zu wenig gewürdigten Berufsstands, einer Zunft, der meine Hochachtung gilt.

Sechstens, Leseerfahrungen oder die Kunst des Übersetzens.[16] Übersetzer, so Günter Grass, sind »die genauesten Leser. Sie nehmen den Autor beim Wort. Unerbittlich sind sie ihm auf der Spur. Sie finden sich nicht bereit, Unverständliches oder dem Autor unterlaufene Ungenauigkeiten als ein nach diffuser Vieldeutigkeit verlangendes Symbol hinzunehmen. Sie wollen es genau wissen. Sie penetrieren den Autor.« (23, 318 f.)

Weil dem so ist, hat Grass es bei seinen Verlagen durchgesetzt, dass nach jedem großen Werk seit dem Roman *Der Butt* ein mehrtägiges Treffen des Autors mit seinen Übersetzern stattfinden kann. Mit ihnen geht er dann das Buch von der ersten bis zur letzten Seite, gegebenenfalls Satz für Satz in gemeinsamen Gesprächen durch.

Mein Grass schreibt laut, liest kürzere und längere Passagen mit Verve vor, um auf wechselnde Rhythmen oder sprachliche Besonderheiten hinzuweisen.
Mein Grass hört aufmerksam zu, steht Rede und Antwort, brilliert als lebenserfahrener Verbalerotiker.
Mein Grass ermuntert dazu, nichts zu glätten oder zu beschönigen und dort, wo es notwendig erscheint, eigene Erfindungen zu machen.

Seitdem spricht nicht nur der Butt viele Sprachen, und ich hatte in den letzten beiden Jahrzehnten das Glück, einige der immer äußerst anregenden Treffen dieses Freundschaftsbundes im Zeichen der Literatur in Gdańsk oder in Lübeck mitzuerleben. Zudem hatte ich das Vergnügen, die letzten beiden Übersetzerseminare zusammen mit Susanne Höbel zu moderieren. Es ging zunächst um die Grass'sche Lyrik von den *Windhühnern* aus dem Jahr 1956 bis zu den 2012 publizierten *Eintagsfliegen*, dann um den 2015 veröffentlichten Band *Vonne Endlichkait* – im Grunde also um den ganzen Grass, was durch ein Statement seines spanischen Übersetzers veranschaulicht werden kann. Miguel Sáenz schrieb: »Günter Grass zu übersetzen ist immer ein Privileg, doch die beste Möglichkeit, ihn kennenzulernen, ist, seine Gedichte zu übersetzen.« Und: »Es heißt oft, um Gedichte zu übersetzen, müsse man Dichter sein – ich sage dann gern, daß man vor allem Übersetzer sein muß.«

Wo er recht hat, hat er recht. Der intensive Gedankenaustausch mit seinen Kolleginnen und Kollegen zeugt vom beglückenden Umgang mit Sprache jenseits des Medienrummels. Unvergesslich, wie sich die Übersetzer 2005 in Gdańsk über eine adäquate Übertragung des weltweit sehr unterschiedlich konnotierten Begriffs »Geliebte« im Kontext der *Blechtrommel* ausgetauscht haben. Zu klären war: Wer schläft hier wann mit wem, wenn überhaupt.

Diese bei allem kritischen Potential von Wohlwollen getragenen Diskussionen sorgen dafür, dass die Grass-Geschichten auf höchstem Niveau über alle Sprachgrenzen hinweg weitererzählt werden können. Gleichzeitig bringt die in diesem Kreis selbstverständliche Atmosphäre – sie ist mit den Adjektiven uneitel, aufgeräumt, heiter, gelassen, akribisch, respektvoll nur unzulänglich umschrieben – genau das auf den Doppelpunkt, was ich in anderen Grass-Zusammenhängen bisweilen vermisse.

Mein Grass zündet seine Pfeife immer wieder neu an, weil sie ihm ausgeht, während er eine zur Anekdote verkürzte Geschichte erzählt, die ich von seiner Frau schon signifikant anders gehört habe.
Mein Grass schreibt Bücher von hohem Wiedererkennungswert, die bei aller Einzigartigkeit des Einzelwerks stets Bezug aufeinander nehmen: inhaltlich, motivisch, poetologisch.
Mein Grass bläst Federn, wälzt Steine, sammelt abgebrannte Streichhölzer.

Ich komme zum Schluss. Ja, er fehlt: der früh geprägte, sich lebenslang an seinen Traumata abarbeitende, bisweilen inkonsequente Rechthaber und erfreulich altersmilde Sturkopf; der bewundernswert produktive Wort-Bild-Künstler auf nie makellos weißem Papier; der lebenslustige, bevorzugt zwischen den Stühlen sitzende Pessimist; der an den Zweifel glaubende Melancholiker und Hedonist; der hilfsbereite Kollege und engagierte (An-)Stifter; der kommunikativ mächtige Radikaldemokrat mit anarchischen Zügen; der Narr vom Stamme Sisyphos; der süchtige Sammler von erfundenen Geschichten und realen Fundsachen; der passionierte Vorleser und erstaunlich aufmerksame Zuhörer; der leidenschaftliche Tänzer; der unverbesserliche, selbst mit angeschlossenem Sauerstoffgerät nicht enthaltsame Pfeifenraucher; der schöne Frauen Liebende; der ein Glas Rotwein auf der Bühne und ein frisch gezapftes Bier nach dem Auftritt nicht Verschmähende; der guten Fußball, deftiges Essen und die Kochkunst Genießende; der eigenwillige Mensch mit all seinen Schwächen und Talenten, Ecken und Kanten; der ebenso angriffslustige wie rechtfertigungsbedürftige Autodidakt im permanenten Selbstbehauptungsmodus; vor allem aber der väterliche Freund der letzten Jahre – ja, er fehlt mir sehr: seine kämpferische Haltung, sein Zuspruch, sein verschmitztes Lächeln.

Im Sommer 2014 besuchte die Fotografin Bettina Flitner Günter Grass in seinem Behlendorfer Atelier. Sie drehte mehrere Kurzfilme für die Initiative »Mein Erbe tut Gutes« und fragte ausgewählte Künstlerinnen und Künstler: »Was bleibt von mir, wenn ich nicht mehr bin?«

Die Grass'sche Antwort mag viele Zeitgenossen, die glauben, ihn gekannt zu haben, überraschen: »Wenn es mir gelungen ist, zwei, drei Bücher geschrieben zu haben, die auch in späteren Zeiten in die Hand genommen werden, dann ist das schon was.«[17]

Was aus meiner begrenzten Perspektive bleibt, ist sehr viel mehr. Es sind untrennbar mit ihm verbundene, mich nach wie vor bewegende Lese- und Lebenserfahrungen, sich ständig verändernde Erinnerungen an gemeinsame Reisen und zahllose Gespräche, ein Gefühl von Dankbarkeit und die Erkenntnis: Mein Grass lebte in seinem Weltenei einen ganz anderen Roman. Am Ende steht die Gewissheit: Ob Lyrik, Drama oder Prosa – im Universum des Schriftstellers Günter Grass hängt alles mit allem zusammen, und sein Lebens-Werk, das sich als gattungsübergreifende Fortsetzungsgeschichte mit aufschlussreichen Konstanten und Entwicklungen lesen lässt, spricht auch in Zukunft für sich:

»WEGZEHRUNG

Mit einem Sack Nüsse
will ich begraben sein
und mit neuesten Zähnen.
Wenn es dann kracht,
wo ich liege,
kann vermutet werden:
Er ist das,
immer noch er.« (1, 352)

Anhang

Anmerkungen

Prolog: Günter Grass – ein (un-)zeitgemäßes Porträt

1 Zur Biographie des Autors unter Berücksichtigung seines politischen Engagements vgl. u. a. Heinrich Vormweg: Günter Grass. In Selbstzeugnissen und Bilddokumenten, Reinbek 1986; Michael Jürgs: Bürger Grass. Biografie eines deutschen Dichters, München 2002; Volker Neuhaus: Günter Grass. Eine Biographie, Göttingen 2012; Harro Zimmermann: Günter Grass und die Deutschen. Eine Entwirrung, Göttingen 2017, und Günther Rüther: Günter Grass. Ein politischer Märchenerzähler und Provokateur. Biographie, Wiesbaden 2022. Als Ergänzung zur vorliegenden Monographie sei auf den folgenden, sich auf das epische Werk des Schriftstellers konzentrierenden Forschungsüberblick hingewiesen: Volker Neuhaus: Günter Grass, 3., aktualisierte und erweiterte Aufl., Stuttgart/Weimar 2010.

2 Friedrich Christian Delius, zit. nach Uwe Neumann (Hg.): Alles gesagt? Eine vielstimmige Chronik zu Leben und Werk von Günter Grass, Göttingen 2007, S. 5.

3 Zit. nach Volker Weidermann: Das Duell. Die Geschichte von Günter Grass und Marcel Reich-Ranicki, Köln 2019, S. 5: »Der SS-Mann und der Jude. Der Dichter und sein Kritiker. Die beiden Deutschen aus Polen. Verstrickt in eine lebenslange Liebesgeschichte mit der Literatur.«

4 Zur Wechselbeziehung zwischen dem Grass'schen Schreibprozess und seiner Arbeit als Bildkünstler und Buchgestalter, die hier nur in Ausnahmefällen berücksichtigt werden kann, vgl. u. a. Ingeborg Hoesterey: Verschlungene Schriftzeichen. Intertextualität von Literatur und Kunst in der Moderne/Postmoderne, Frankfurt/M. 1988, S. 71 ff., Julia K. Schlichting: Zeichnendes Schreiben als Bewältigung von Scham in Günter Grass' »Zunge zeigen« und »Totes Holz«, in: Phra-

sis. Vol. 52. 1, S. 95 ff., sowie die grundlegenden Studie von Viktoria Krason: Auseinandernehmen und Zusammensetzen. Günter Grass und die bildende Kunst, Göttingen 2021, und Heinrich Detering/Lisa Kunze/Katrin Wellnitz: Günter Grass als Buchkünstler. Mit weiteren Beiträgen von Svenja Brand und Max Rauser, Göttingen 2022.

5 Zur Rezeptionsgeschichte vgl. Gert Loschütz: Von Buch zu Buch. Günter Grass in der Kritik, Darmstadt 1968; Heinz Ludwig Arnold (Hg.): Blech getrommelt. Günter Grass in der Kritik, Göttingen 1997.

6 Vgl. dazu und zum Folgenden Heiner Müller: Die Kröte auf dem Gasometer, in: neue deutsche Literatur 15, Heft 1, 1957, S. 160 f.

7 Vgl. dazu Paul Ingendaay: Ein tapferer Mann, in: FAZ, Literarisches Leben, 12.12.2020, S. 18: »Die Reden, Essays und Erzählwerke von Günter Grass sind als großes Geschichtsbuch der Bundesrepublik lesbar; vielleicht das größte seiner Art.«

8 Günter Grass: »Der Leser verlangt nach Zumutungen!«, in: Stern, Nr. 34, 17.8.1995, S. 59.

9 Ders., zit. nach Volker Neuhaus, 2010, a. a. O., S. 254.

Vom privaten Motivkomplex zum poetischen Weltentwurf

1 Werner Frizen: »Die Blechtrommel« – ein schwarzer Roman. Grass und die Literatur des Absurden, in: arcadia 21, Heft 2, 1986, S. 175.

2 Harald Hartung, in Franz Josef Görtz (Hg.): »Die Blechtrommel«. Attraktion und Ärgernis. Ein Kapitel deutscher Literaturkritik, Darmstadt/Neuwied 1984, S. 151 f.

3 Klaus Wagenbach: Günter Grass, in: Klaus Nonnenmann (Hg.), Schriftsteller der Gegenwart. 53 Portraits, Olten/Freiburg 1963, S. 120.

4 Vgl. zur hier skizzierten Vorgehensweise die vorbildliche Interpretation zur frühen Grass-Lyrik von Werner Frizen in: Gerd Labroisse/Dick van Stekelenburg (Hg.): Günter Grass – Ein europäischer Autor? Amsterdamer Beiträge zur neueren Germanistik, Bd. 35, 1992, S. 3 ff.

5 Gertrude Cepl-Kaufmann, in: Rudolf Wolff (Hg.): Günter Grass. Werk und Wirkung, Bonn 1986, S. 34.

Lyrik: Von den ersten »Gelegenheitsgedichten« zu den letzten »Eintagsfliegen«

1 Einen Überblick über die wichtigsten Studien zur Lyrik des Autors geben Werner Frizen: Günter Grass. Gedichte und Kurzprosa. Kommentar und Materialien, Göttingen 2010, Volker Neuhaus, 2010, a. a. O., S. 6 ff., und Benedikt Engels: Das lyrische Umfeld der »Danziger Trilogie« von Günter Grass, Würzburg 2005; zu den folgenden Ausführungen vgl. Dieter Stolz: Vom privaten Motivkomplex zum poetischen Weltentwurf. Konstanten und Entwicklungen im literarischen Werk von Günter Grass (1956–1986), Würzburg 1994, S. 23 ff.; dort finden sich ausführlichere Anmerkungen zur Forschung und speziellere Literaturangaben.

2 Albert Camus: Le mythe de Sisyphe. Essai sur l'absurde, Paris 1942, S. 82.

3 Zum zentralen »Nirwana-Komplex« vgl. Arthur Schopenhauer: Werke in fünf Bänden, hg. von Ludger Lütkehaus, Bd. 1, Zürich 1991, S. 461 und S. 528.

4 Vgl. Friedrich Nietzsche: Werke. Kritische Gesamtausgabe, hg. von Giorgio Colli/Mazzino Montinari, Berlin/New York 1967 ff.; die Kirche ist auch für Nietzsche genau das, wogegen der Gekreuzigte gepredigt hat, sie »ist die Barbarisierung des Christentums« (ebenda, 8. Abt., Bd. 2, S. 403).

5 Vgl. ebenda, 6. Abt., Bd. 3, S. 213 f.; bei Nietzsche heißt es über den »unheilvollen Querkopf« Paulus, den »Erfinder der Christenheit« (ebenda, 5. Abt., Bd. 1, S. 64), dass er durch seine Auslegung der faktisch mit dem Tod endenden Lebensgeschichte des Menschensohns erst den Typus des Erlösers, »die Lüge vom wiederauferstandenen Jesus«, in die Welt gesetzt hat. Der bekehrte Paulus, der nach Nietzsche »Saulus geblieben« (ebenda, 4. Abt., Bd. 3, S. 229) ist – Oskar Matzerath folgt dem »Antichristen« nach (3, 264) –, macht durch seine die Tür zum Jenseits aufstoßende Opfertod-Interpretation aus dem Evangelium »die verächtlichste aller unerfüllbaren Versprechungen«: »Der frohen Botschaft folgte auf dem Fuss die allerschlimmste: die des Paulus. In Paulus verkörpert sich der Gegensatz-Typus zum frohen Botschafter.«

6 Vgl. ebenda, 5. Abt., Bd. 2, S. 284.

7 Vgl. Arthur Schopenhauer: Werke in fünf Bänden, Bd. 1, a. a. O., S. 427: »Diese Ansicht ist mythisch dargestellt in dem Dogma der Christlichen Glaubenslehre, daß wir alle des Sündenfalles Adams (der offenbar nur die Befriedigung der Geschlechtslust ist) theilhaft und durch denselben des Leidens und des Todes schuldig sind.«

8 Albert Camus: Le mythe de Sisyphe, a. a. O., S. 28.
9 Ebenda, S. 134.
10 Ebenda, S. 156.
11 Ebenda, S. 72.
12 Vgl. dazu und zum Forschungsstand im Hinblick auf das Grass'sche Grundsatzgedicht Benedikt Engels: Das lyrische Umfeld der »Danziger Trilogie« von Günter Grass, Würzburg 2005, S. 74–82.
13 Harald Hartung, in: Franz Josef Görtz (Hg.): »Die Blechtrommel«, a. a. O., S. 166.
14 Brigitte May Zissel: Gegenständlichkeit und Weltbild. Eine Untersuchung zur Lyrik von Günter Grass, Tulane University, 1974, S. 228.
15 Albert Camus: Le mythe de Sisyphe, a. a. O., S. 58; Kierkegaard »springt« nach Camus aus Verzweiflung über die Absurdität des menschlichen Daseins in den christlichen Glauben, um »gesund« zu werden; er begeht »philosophischen Selbstmord«.
16 Zit. nach Dieter E. Zimmer: Grass' Marienchronik, in: Die Zeit, Nr. 42, 12.10.1973, S. 9.
17 Schon in der *Blechtrommel* scheint Schmuh, der legendäre Wirt des »Zwiebelkellers«, am 13. Spatzenopfer zu scheitern; die Novelle *Katz und Maus* setzt sich aus dreizehn unheilvollen Kapiteln ohne Happy End zusammen; in den *Hundejahren* wird wiederholt darauf hingewiesen, dass im dreizehnten Kapitel von Otto Weiningers *Geschlecht und Charakter* unter der Überschrift »Das Judentum« der Versuch unternommen werde, nach den Frauen schließlich auch den Juden, »als einer weiblichen Rasse zugehörig, gleichfalls die Seele« (6, 41) abzusprechen.
18 Georg Büchner: Werke und Briefe, München 1980, S. 252.
19 Harro Zimmermann, zit. nach Heinz Ludwig Arnold (Hg.): Blech getrommelt, a. a. O., S. 97.
20 Vgl. zur Vorliebe der Grass'schen Erzähler für bisweilen strukturbildende Buchstabenspiele in der Prosa z. B. Mahlkes angenommenes, von Anfang an feststehendes »Ziel: die Aula« (5, 125) oder die ausufernden Wortreihen von »A wie Abendmahl« über »O wie Oskar« bis hin zu »Z wie Zwiebelkeller« in den *Hundejahren* (6, 546 f.), die signifikanten A–Z-Spielereien mit ernstem Geschichtshintergrund im *Tagebuch einer Schnecke,* die Anrufungen aller Erzengel »von Ariel bis Zedekiel« (9, 240) und die Aufzählung aller Teufel »von Aschomath bis Zaroe« (9, 283) im *Butt* oder die Rolle des »Grimmschen Wörterbuches« in der *Rättin.*
21 Joachim Ringelnatz: Gesammelte Werke. Gedichte und Erzählungen, Köln 2015, S. 583 f.

Theaterspiele: Vom Drama des Absurden zum dialektischen Diskussionsstück

1 Zur Forschungssituation im Hinblick auf das dramatische Werk vgl. Volker Neuhaus: Günter Grass, 2010, a. a. O., S. 9 ff.; Dieter Stolz: Vom privaten Motivkomplex zum poetischen Weltentwurf, a. a. O., S. 160 ff.

2 »Sie fragen mich nach meinen geistigen Ahnen: Büchner, Büchner, immer wieder Georg Büchner! Von ihm kommt alles her. Die Becketts, Ionescos, Adamovs haben alle von ihm gelernt.« (24, 5)

3 Vgl. Heinrich Heine: Sämtliche Gedichte in zeitlicher Folge, hg. von Klaus Briegleb, Frankfurt/M./Leipzig 1993, S. 812 f. (»Die Wanderratten«).

4 Vgl. zur hier in ein poetisches Szenario umgesetzten Willensstruktur auch Thomas Manns Schopenhauer-Essay: »Wille, als Gegenteil ruhenden Genügens, ist an sich selbst etwas fundamental Unseliges; er ist Unruhe, Streben nach etwas, Notdurft, Lechzen, Gier, Verlangen, Leiden, und eine Welt des Willens kann nichts anderes als eine Welt des Leidens sein. [...] Kein erlangtes Objekt des Wollens kann dauernde Befriedigung gewähren [...]. Das Glück? Es wäre die Ruhe. Aber sie eben ist nicht möglich für das Subjekt des Wollens. Jagen, Fliehen, Unheil fürchten, nach Genuß gieren – alles gleich [...].« (Thomas Mann: Gesammelte Werke in dreizehn Bänden, Bd. 9, Frankfurt/M. 1974, S. 540).

5 Vgl. Friedrich Nietzsche: Werke, 5. Abt., Bd. 2, a. a. O., S. 309.

6 Georg Büchner: Werke und Briefe, München 1980, S. 37.

7 Vgl. dazu und zum folgenden Walter Asmus: Pestalozzis Theorie der Menschenführung, Berlin 1934, hier S. 9 ff.; die von Grass vorgenommene Namensänderung muss als Anspielung auf die geistesgeschichtlichen Wegbereiter und Mitläufer des Nationalsozialismus bzw. auf ihre verdrängte Mitschuld an den rassistischen Verbrechen des faschistischen Staatssystems gewertet werden.

8 Für die damit implizierte Ausrichtung des Stücks spricht neben dem generationsspezifisch typisierten Lebenslauf des Kleinbürgers Friböse vor allem die von Purucker ausführlich hervorgehobene »Szene in den Duschräumen«, »ekelhaft, schaurig – aber dennoch wahr« (3, 246). Diese Passage evoziert einen Zusammenhang mit den vom Juden Fajngold in der »Blechtrommel« desinfizierten Duschräumen bzw. den Gaskammern von Treblinka (vgl. 4, 522), denn dort wurden »dreckige« bzw. »unreine Judensäue« von »reinrassigen Ariern« massenhaft systematisch ermordet. Weitere Anhaltspunkte für Verdrängungsmechanismen liefert vor diesem

schrecklichen Hintergrund das Selbstgespräch Friböses über den heruntergeschluckten Schmerz, über das gestapelte Elend, das ihn jedoch nicht zu »erlösenden« Tränen kommen lässt (3, 274); vgl. dazu die von Oskar entlarvte Kompensationsarbeit der »Intellektuellen« des tränenlosen Jahrhunderts im altdeutschen »Zwiebelkeller«, einem Nepp-Lokal in Wirtschaftswunder-Zeiten, in dem die Unfähigkeit zu trauern hemmungslos vermarktet wird. (4, 661 ff.) Bezüge zur deutschen Schuldproblematik ergeben sich ferner aus dem Hinweis auf die 32 dem Juden Anselm ausgeschlagenen Goldzähne (6, 676) und das motivverwandte Gedicht *Kleine Aufforderung zum großen Mundaufmachen* (1, 114).

9 Der Begriff »Hygiene« wird in der *Blechtrommel* stets in eindeutiger Analogie zu Liebesspielen bzw. zur »Triebabfuhr« benutzt (4, 84, 329). Schon in der sogenannten »Urtrommel« heißt es: »Um meine Krankheit mit einem Wort deutlich zu machen, das unter Erwachsenen so oft gebraucht wird wie eine Zahnbürste, sage ich jetzt: Ich liebte die Krankenschwester.« (»Urtrommel«, Schwester Dorothea, S. 5) Der Blechtrommler fühlt sich von ihrer anonymen, Gesundheit verheißenden, intimen Charme ausstrahlenden, das rätselhafte Geheimnis ihrer Weiblichkeit geschickt verbergenden Tracht (vgl. »Urtrommel«, Der Kleiderschrank, S. 4) und ihrem zum erotisch-verklärten Tod verführenden Geruch, »der bei aller vorgetäuschten Hygiene, bei all den ruchbaren Gesundheitsversprechungen mich krank machen sollte« (ebenda, S. 3), gleichzeitig abgestoßen und geradezu magisch angezogen. Auch Oskar kann der seiner Vorstellungskraft entspringenden Versuchung Satans »in weißer Krankenpflegerinnentracht«, dem dunklen Mysterium, den Schwestern weltlicher und geistlicher Art nicht widerstehen (»Urtrommel«, Die Invasion, S. 1): »sie gaben meiner Liebe Richtung und kreuzten mir auf einer Landkarte, die ich leider verloren habe, aber sicher einst finden werde, eine Insel, ein Inselchen an, auf dem es nach Chlor, Aether, Essig und Genesung riechen soll« (»Urtrommel«, Er liegt auf Saspe, S. 9).

10 Friedrich Nietzsche: Werke, 6. Abt., Bd. 2, a. a. O., S. 379; vgl. ebenda, 6. Abt., Bd. 3, S. 92 ff.

11 Günter Grass, zit. nach Ekkehart Rudolph (Hg.): Protokoll zur Person. Autoren über sich und ihr Werk, München 1971, S. 65 f.

12 Volker Klotz, zit. nach Gert Loschütz: Von Buch zu Buch, a. a. O., S. 133.

13 Günter Grass, zit. nach Thomas K. Brown: »Die Plebejer« and Brecht. An Interview with Günter Grass, in: Monatshefte 65, 1973, S. 10.

14 Zum Ansatz des Theaterspiels aus der Sicht des Autors: »Das Stück

versteht sich als Teil einer neuen Aufklärung, die an die Prinzipien der Aufklärung des achtzehnten Jahrhunderts anknüpft. Wir müssen begreifen lernen, daß die Ideologien versagt haben. [...] Die Konsequenz wäre, sich zu einer Position zwischen den Stühlen zu bekennen. Alle Ideologien, die zwangsläufig zu Systemen führen, müssen als gefährlich gelten« (24, 82).

15 Angelika Hille-Sandvoß: Nachwort zur Luchterhand-Werkausgabe (VIII, 563).

16 Vgl. zu diesem zentralen Motivkomplex mit programmatischem Charakter auch die folgende Stelle: »Mein Zahnarzt tröstete mich mit wissenschaftlichen Widerlegungen der Reinheit, die mir bekannt waren.« (7, 155) Die in den *Hundejahren* beschriebene »Pyramidenherrlichkeit« (6, 379) der vom Konzentrationslager »Stutthof« zeugenden Knochenberge, die zur Herstellung von Seife verwendet wurden, stehen in diesem Kontext im Zentrum der Assoziationen. Schon dort wird die Sentenz – »nichts ist rein« (6, 378 f.) – leitmotivisch eingesetzt. Vgl. zur geschichtsphilosophischen Dimension des Motivs: Albert Camus: L'homme révolté, Paris 1951, S. 176: »Rien n'est pur«.

17 Albert Camus: Le mythe de Sisyphe, a. a. O., S. 168.

Romane: Vom weiten Rock zum weiten Feld

1 Kurt Lothar Tank: Günter Grass, erg. und überarb. Neuaufl., Berlin 1974, S. 45; vgl. dazu und zum Folgenden Dieter Stolz: Vom privaten Motivkomplex zum poetischen Weltentwurf, a. a. O., S. 253 ff., und zur Entstehungsgeschichte des Grass'schen Debütromans vgl. ders.: Manuskripte, Typoskripte, Sensationen. Zwei Schlaglichter auf die Genese der »Blechtrommel«, in: Freipass, Band 6, Berlin 2022, S. 73–106.

2 Ann L. Mason: The Skeptical Muse. A Study of Günter Grass' Conception of the Artist, Bern/Frankfurt/M. 1974, S. 82.

3 Friedrich Nietzsche: Werke, 3. Abt., Bd. 1, a. a. O., S. 43. Grass macht sich – ebenso wie Camus – zum Anwalt des die christlichen Moralbegriffe in Frage stellenden Umwertungsphilosophen und wendet sich ausdrücklich dagegen, »Nietzsche als Vorkämpfer des Faschismus« abzuqualifizieren, nur »weil sich Gauredner auf ihn beriefen« (20, 466); vgl. dazu auch Françoise Giroud/Günter Grass: Wenn wir von Europa sprechen. Ein Dialog, Frankfurt/M. 1989, S. 84.

4 Vgl. hierzu die Grass'sche *Ohrenbeichte* (29, 53) vom Februar 1962.

5 »Urtrommel«, Die Nachfolge Christi, S. 3.
6 Ebenda, Schrott, S. 9.
7 Volker Neuhaus: Günter Grass. Die Blechtrommel, 2., überarb. und erg. Aufl., München 1988, S. 100.
8 Robert Leroy: »Die Blechtrommel« von Günter Grass. Eine Interpretation, Paris 1973, S. 147.
9 »Urtrommel«, Die Tribüne, S. 4.
10 Ebenda, S. 4.
11 Albert Camus: Le mythe de Sisyphe, a. a. O., S. 77.
12 Ebenda, S. 56.
13 Christof Eykmann: Geschichtspessimismus in der deutschen Literatur des zwanzigsten Jahrhunderts, Bern 1970, S. 112.
14 Vgl. Czesław Miłosz: Verführtes Denken, Köln/Berlin 1953, S. 136.
15 Vgl. Arno Schmidt: Berechnungen I. Ein Werkstattbericht, in: Texte und Zeichen, Heft 1, 1955, S. 112 ff.
16 Werner Frizen: »Die Blechtrommel« – ein schwarzer Roman. Grass und die Literatur des Absurden, in: arcadia 21, Heft 2, 1986, S. 180.
17 Albert Camus: Le mythe de Sisyphe, a. a. O., S. 129.
18 Karl Günther Simon: Das Absurde lacht sich tot, in: Akzente 5, 1958, S. 417.
19 Günter Grass, zit. nach Michael Harscheidt: Wort – Zahl – Gott bei Günter Grass. Der »phantastische Realismus« in den »Hundejahren«, Bonn 1976, S. 520.
20 In Hesses *Demian* wurde den Lesern noch ganz ernsthaft ein ähnlich komischer Vogel auf dem Weg zu einem Gott namens Abraxas vorgestellt, »wir können uns den Namen etwa denken als den einer Gottheit, welche die symbolische Aufgabe hatte, das Göttliche und das Teuflische zu vereinen«: »Wonne und Grauen, Mann und Weib gemischt, Heiligstes und Gräßlichstes ineinander verflochten, tiefe Schuld durch zarteste Unschuld zuckend – so war mein Liebestraumbild, und so war auch Abraxas.« Der Vogel kämpft sich »aus dem Ei. Das Ei ist die Welt. Wer geboren werden will, muß eine Welt zerstören. Der Vogel fliegt zu Gott. Der Gott heißt Abraxas«. In der gottlosen Welt der *Hundejahre* begegnet den Lesern dagegen der »Große Vogel Piepmatz« (6, 106 ff.), ein ausgestopfter Adler, der das ausgestopfte Lamm schlägt; die zu einer grotesken Erlösergestalt gewordene Selbstaufhebung der Schöpfung unter parodistischen Vorzeichen. Vgl. Hermann Hesse: Die Romane und die großen Erzählungen, Bd. 3, Frankfurt/M. 1980, hier S. 89 ff.
21 Lichtensteins Buch *Die Juden der Freien Stadt Danzig unter der Herrschaft des Nationalsozialismus*, Tübingen 1973, war Günter Grass bereits im Manuskript zugänglich und diente ihm als Hauptquelle

für die Geschichte der Danziger Juden. Hermann Otts Überleben während des Zweiten Weltkriegs hat Grass nach dem Schicksal des Kritikers Marcel Reich-Ranicki gestaltet.

22 Jürgen Rothenberg: Günter Grass. »Das Chaos in verbesserter Ausführung«. Zeitgeschichte als Thema und Aufgabe des Prosawerks, Heidelberg 1976, S. 160.

23 Der vehementen »Hegel-Schelte« bleibt Grass jederzeit treu. Eine Verbal-»Attacke« in Stellvertreterfunktion: »Ich glaube, daß die Hegelsche Geschichtsauffassung, die der Geschichte von vornherein einen Sinn suggeriert, ihr sogar den Weltgeist inthronisiert [...], daß dies eine schreckliche These und Lehre ist, mit Folgen nach links und rechts. Denn in dem Augenblick, in dem wir den geschichtlichen Prozessen von vornherein recht geben, wird jedes Unrecht sanktioniert.« (24, 370) Für Grass ist Geschichte dagegen »zuallererst einmal ein absurder Vorgang, in den Menschen mehr oder weniger geschickt einige Perspektiven hineinzubringen versuchen« (24, 118); eine aus persönlichen Erlebnissen abgeleitete, durch Lektüreerfahrungen vertiefte Überzeugung, die sich von Anfang an in der ästhetischen Struktur seiner literarischen Arbeiten niedergeschlagen hat.

24 Arthur Schopenhauer: Werke in fünf Bänden, Bd. I, a. a. O., S. 22.

25 Albert Camus: L'homme révolté, Paris 1951, S. 313.

26 Werner Frizen: Drei Danziger. Arthur Schopenhauer – Max Halbe – Günter Grass, in: Schopenhauer-Jahrbuch 68, 1987, S. 155.

27 Günter Grass, zit. nach Gertrud Bauer Pickar (Hg.): Adventures of a Flounder: Critical Essays on Günter Grass' »Der Butt«, München 1982, S. 16.

28 Exemplarisch genannt werden in diesem Kontext die »Kreuzzüge im Namen der Nächstenliebe« (9, 646), die Verbrennungen der Häretiker durch ihre Inquisitoren, der gefeierte Einsatz der Guillotine im Dienste des humanen Fortschritts (9, 442), der staatlich verordnete Zwang zur Selbstbefreiung, die stalinistischen Terroraktionen und die nationalsozialistischen Konzentrationslager (9, 556).

29 Die Rolle des Plattfischprinzips, des »unheimlich vernünftigen« Motors der männlich definierten, in diesem Fall von Gewalt bzw. Vergewaltigungen strukturierten Geschichte, lässt sich in Anlehnung an Volker Neuhaus folgendermaßen zusammenfassen (vgl. V, 655): Der Butt steht für alle menschlichen Versuche, der Geschichte und ihrer Entwicklung einen Sinn zu geben, vom Glauben an einen lenkenden Gott, sei es das Butt-Idol, Zeus, der Bibelgott, über den Glauben an den Fortschritt, Hegels Weltgeist, den Marxismus,

Blochs ›Prinzip Hoffnung‹ bis zur ›ideologisch sauberen Überichstütze‹. Der *Butt* ist der Weltgeist der Männersache. Er steht als Synonym für Vernunft, Fortschritt, Aufklärung und Wissensdrang – für Grass zentrale Begriffe, die er nicht nur im Butt problematisiert.

30 Vgl. dazu Werner Frizen: Die Tragödie des Vatertags in Günter Grass' »Butt«, in: Freipass, Band 1, Berlin 2015, S. 178–197.

31 »Wer hat dem lieben Gott/ einst das Konzept versaut?« (2, 231) – fragt sich schon das fiktive Autor-Ich des *Meißner Tedeums* (1966). Dieses Gedicht – ein Gegentext zum Ambrosianischen Lobgesang – kann als ironisch-pathetischer Grass-Hymnus auf eine »graue Messe ohne Credo« gelesen werden. Das hier zitierte, die Motivik der *Bösen Köche* weiterschreibende Butt-Kapitel »Vasco kehrt wieder« (9, 216 ff.) nimmt bereits zahlreiche Themen- und Bildkomplexe vorweg, die zunächst in der Barock-Erzählung *Das Treffen in Telgte* und dann im dreiteiligen Indien-Buch *Zunge zeigen* ausgearbeitet werden. Von zentraler Bedeutung ist in diesem Kontext die »schwarze Kali«, eine Göttin, die als weiblicher Aspekt des Gottes Shiva die Einheit des schöpferischen und zerstörerischen Prinzips verkörpert: »Wir leben in ihrem Zeitalter.« (9, 218) Ihre rote, weit herausgestreckte Zunge – ein Bild, das an die Grass'sche Titelzeichnung der *Hundejahre* erinnert – ist ein Zeichen von Scham und steht gleichzeitig für die Vereinigung der in ihr angelegten Gegensätze.

32 Dieses Kapitel basiert auf Dieter Stolz: Nomen est omen. »Ein weites Feld« von Günter Grass, in: Zeitschrift für Germanistik 7, Heft 2, 1997, S. 321 ff.

33 Vgl. dazu auch Iwan Michelangelo D'Aprile: Grass' Fontane und Fontanes Hoftaller. Fontane-Biographik zwischen Forschung und Fiktion, in: Freipass, Band 4, Berlin 2019, S. 56–71.

34 Hans Joachim Schädlich: Tallhover, Reinbek 1986. Zum Disput zwischen Schädlich und Grass um die Fortschreibung bzw. den »Missbrauch« der Tallhover-Figur vgl. Hans Joachim Schädlich: Zwischen Schauplatz und Elfenbeinturm, Göttingen 2001, S. 25–39, hier S. 38.

35 Zur eminenten Bedeutung des Zitats im europäischen Roman vgl. in diesem Kontext Herman Meyer: Das Zitat in der Erzählkunst, Frankfurt/M. 1988; denn Meyer geht insbesondere auf die bedeutenden Humoristen Rabelais, Cervantes, Sterne und ihre Bedeutung für die deutschsprachigen Erzähler von Jean Paul über E. T. A. Hoffmann bis hin zu Thomas Mann ein; und Günter Grass steht zweifellos – das soll hier betont werden – in dieser erlesenen Romantradition.

36 Friedrich Nietzsche: Werke, 6. Abt., Bd. 3, a. a. O., S. 208 ff.

37 Miguel de Cervantes: Don Quijote, übers. von Ludwig Braunfels, München 1979, S. 495.

38 Vgl. Claus-Ulrich Bielefeld/Günter Grass/Dieter Stolz: Der Autor und sein verdeckter Ermittler. Ein Gespräch, zuerst in: Sprache im technischen Zeitalter 34, Heft 139, 1996, S. 289 ff.; zugleich: Sender Freies Berlin 3, Studio Drei – ForumKultur, Sendung vom 26.2.1996.

39 Gut bzw. frei nach Fontane erfunden scheint auch Fontys Satz »Innerhalb dieser Welt der Mängel lebten wir in einer kommoden Diktatur« (14, 312) zu sein, selbst wenn der selbstbewusste Autodidakt in diesem Fall noch 2014 auf dem Zitatcharakter der Rollenprosapassage beharrt: »Manchmal gibt es einfach eine Ignoranz ohnegleichen. Eine Ignoranz, die nicht nur nicht liest, sondern die auch nicht *nachschlägt*. Was haben wir für Auseinandersetzungen geführt! Ein einziger Satz nur, in ›Ein weites Feld‹ – da sagt Fonty zu seiner Frau: Naja, alles in allem war's schlimm – aber wir können uns beglückwünschen, wir lebten in einer ›kommoden Diktatur‹. Das ist ein Fontane-Zitat. In einem Brief an seine Frau Emilie kriegt er einen Koller und schimpft auf den preußischen Polizeistaat und auf diese Leutnants und Reserveleutnants und alles mögliche, und dann sagt er: Aber alles in allem genommen, leben wir doch in einer kommoden Diktatur. Das ist mir dann in den Mund gelegt worden, als letztes Wort zur DDR, ja, das ganze Buch ist unter dieses Motto gestellt worden. Wirklich, man fragt sich, was haben die Leute eigentlich studiert!« Zit. nach Günter Grass/Heinrich Detering: In letzter Zeit. Ein Gespräch im Herbst, Göttingen 2017, S. 61. Wir haben nachgeschlagen, doch diese Wendung ließ sich in den umfangreichen Fontane-Briefwechseln (auch in abweichender Schreibweise) nicht finden; sie wird dem belesenen Autor bei anderer Gelegenheit in den Sinn gekommen sein. Für seine akribischen Recherchen danke ich dem ausgewiesenen Fontane-Kenner Roland Berbig.

Novellen: Vom scheinheiligen Artistenevangelium zum fiktiven Bericht

1 Vgl. dazu auch Werner Frizen: Matzeraths Wohnung. Raum und Weltraum in Günter Grass' »Die Blechtrommel«, in: Text und Kontext, Heft 1, 1987, hier S. 172.

Erzählungen: Vom Dreißigjährigen Krieg bis zur Jahrtausendwende

1 Vgl. dazu auch den folgenden, die überragende Bedeutung der Werke Grimmelshausens nicht nur für die Grass'sche Poetologie verständlich machenden Artikel von Arno Widmann: 400 Jahre Christoffel von Grimmelshausen – Was seynd Leut vor Dinger?, in: Frankfurter Rundschau, 16.3.2022: »Grimmelshausens Kunst ist ein Kriegsprodukt. Ihr Thema ist immer wieder der Krieg. Ihr Verfahren ist kriegerisch. Sie ver- und zerstört. Dass nichts so bleibt, wie es war, dass auch das wohlschmeckende Mahl endet in Fäkalien, dass der schöne Schein zerschlagen werden muss, um zu einer Wahrheit vorzudringen, an deren Gültigkeit man nach all den Vernichtungen nur sehr zögerlich glauben mag, ist die sich aufdrängende Erkenntnis eines Grimmelshausen-Lesers. Und doch ist auch ein Vergnügen darin. Man erfährt, wie leicht Idole und Ideologien zerstört werden können. Dazu muss man die Perspektive wechseln, mit anderen Augen sehen, was man getan hat. [...] Grimmelshausen hat zu seinem Roman einen Gegenroman geschrieben. Und nicht nur den. Der ›Simplicianische Zyklus‹ besteht aus fünf Romanen, die zusammen nicht etwa ein Bild ergeben, sondern deutlich machen, dass es ein Bild nicht geben kann. Es gibt immer nur Drauf- und Ansichten. Die Welt ist zerschlagen. Selbst der Autor ist viele. Nicht einmal in seinen Geschichten kann er die Welt wieder heil machen. Der Trost der Kunst liegt nicht in der Herstellung einer Illusion, sondern in der Bereitschaft, ihr immer wieder den Garaus zu machen.«

2 Vgl. dazu und zum Folgenden Werner Frizen: »Wie die Sonne unter den Planeten ...«. Poeterey und Musik in Grass' Erzählung »Das Treffen in Telgte«, in: Freipass, Band 2, Berlin 2016, S. 153–173.

3 Vgl. dazu Axel Kahrs: »Er soll wieder da sein, mehr geben, alles«. Die Freundschaft zwischen Günter Grass und Nicolas Born, in: Freipass, Band 4, a. a. O., S. 72–191.

4 Nikolaus Lenau: Sämtliche Werke und Briefe. Band 1, Leipzig und Frankfurt/M. 1970, S. 832–835.

5 Vgl. dazu und zum Folgenden Liu, Hwei-ann: Geschichte und Geschichten. Ein beispielhaftes Modell zur Förderung interkultureller Kompetenz von DaF-Lernern anhand von Günter Grass' »Mein Jahrhundert« und »Fundsachen für Nichtleser«, Taipeh 2019.

6 Volker Neuhaus, 2010, a. a. O., S. 223.

7 Claudia Mayer-Iswandy: Günter Grass, München 2002, S. 212.

8 Zum Verhältnis von Paul Celan zu Günter Grass vgl. u. a. Helmut Böttiger: »Das war die schwierigste Freundschaft, die ich erlebt

habe.« Ein Gespräch mit Günter Grass über Paul Celan und ihre gemeinsame Zeit in Paris, in: Freipass, Band 5, Berlin 2020, S. 15–30, und Arne Barnert (Hg.): Eine »herzgraue« Freundschaft. Der Briefwechsel zwischen Paul Celan und Günter Grass, in: Text. Kritische Beiträge (2004), Heft 9, S. 65–127. Hingewiesen sei im Celan-Grass-Kontext darüber hinaus auf die folgenden Publikationen (auch im Hinblick auf die Nähe der Grundüberzeugungen des jungen Grass zum poetologischen Programm des Lyrikers Celan, gekennzeichnet u. a. durch die folgenden Stichworte: Fugenform, Engführungen, »grauere Sprache« nach dem Zivilisationsbruch, »dialektische Methode«, die in einem ständigen Aufbau und Niederreißen von Bildern besteht, die aus einem Zentrum kommen, das zerstörerisch und schöpferisch zugleich ist; vgl. dazu Helmut Böttiger: Günter Grass: Das Rundschreiben der Claire Goll. Entwurf einer Satire zu Claire Golls Plagiatsvorwurf gegenüber Paul Celan, hg. von Barbara Wiedemann, Westervoort 2002, S. 165; Dieter Stolz: Vom privaten Motivkomplex zum poetischen Weltentwurf, a. a. O., hier S. 69, Anm. 125; Claus-Ulrich Bielefeld/Günter Grass/Dieter Stolz: Der Autor und sein verdeckter Ermittler. Ein Gespräch, a. a. O., hier S. 304–308; sowie Corinna Kleßmann: Literarische Musik über die Shoah. Annäherungen an die musikalische Fugenform bei Celan und Grass, in: Günter Grass. Bürger und Schriftsteller, hg. von Norbert Honsza und Irena Swiatlowska, Wrocław/Dresden 2008, S. 275–296.

9 Vgl. Volker Neuhaus, 2010, a. a. O., S. 223, und Frank Brunssen: Günter Grass, Marburg 2014, S. 169.

10 Vgl. dazu und zum Folgenden Claudia Mayer-Iswandy, a. a. O., S. 210 ff., Volker Neuhaus, 2010, a. a. O., S 221 ff., und Frank Brunssen, a. a. O., S. 167 ff.

11 Vgl. zu diesem Werk- und Themenkomplex auch Heinrich Detering: Windbruch und Wortbruch. Ökologische Krise und romantische Dekonstruktion in Grass' »Totes Holz«, in: Freipass, Band 6, a. a. O., S. 152–176.

Autofiktionen: Vom wegweisenden Erinnerungsbuch zum politischen Wörter-Buch

1 Vgl. dazu und zum Folgenden Dieter Stolz: Auf krummen Wegen. »Kindheitsmuster« bei Christa Wolf und Günter Grass, in: Freipass, Band 6, a. a. O., S. 268–282.

2 Günter Grass, zit. nach Heinrich Vormweg: Günter Grass, Reinbek bei Hamburg 1986, S. 23.

3 Grass, zit. nach Vormweg, S. 19.
4 Grass, zit. nach ebenda.
5 Grass, zit. nach ebenda, S. 22.
6 Grass, zit. nach ebenda.
7 Ebenda.
8 Günter Grass: Sechs Jahrzehnte. Ein Werkstattbericht. Hg. von G. Fritz Margull und Hilke Ohsoling, Göttingen 2014, S. 479.
9 Ebenda., S. 575; vgl. dazu auch Günter Grass: Trilogie der Erinnerung. Beim Häuten der Zwiebel. Die Box. Grimms Wörter. Mit einem Nachwort von Per Øhrgaard, Göttingen 2016.
10 Pablo Neruda: Buch der Fragen, zit. nach Christa Wolf: Kindheitsmuster, Berlin und Weimar 1976, S. 7. Nach dieser Ausgabe wird im Fließtext mit dem Kürzel »KM« und der Seitenzahl in runden Klammern zitiert.
11 Günter Grass: Sechs Jahrzehnte, Göttingen 2014, S. 497.
12 Ebenda, S. 483.
13 Ebenda, S. 497.
14 Zu den genannten Inspirationsquellen und zum aktuellen Forschungsstand vgl. Volker Neuhaus: Günter Grass, 2010, a. a. O., S. 240–248, hier S. 245, und Dieter Stolz: »Beim Häuten der Zwiebel« oder »Ich erinnere mich …«, in: Günter Grass. Literatur – Kunst – Politik. Dokumentation der internationalen Konferenz vom 4.–6.10.2007 in Danzig. Hg. von Marion Brandt, Marek Jaroszewski, Mirosław Ossowski, Gdańsk 2009, S. 103–113, hier S. 107.
15 Vgl. dazu und zum Folgenden auch Dieter Stolz: »Beim Häuten der Zwiebel«, a. a. O., hier S. 109–112.
16 Vgl. Martin Kölbel: Redlichkeit als Hybris? Literarische Strategien der Vergangenheitspolitik in Günter Grass' Autobiographie »Beim Häuten der Zwiebel«, in: Weimarer Beiträge. Zeitschrift für Literaturwissenschaft, Ästhetik und Kulturwissenschaften 63, Nr. 3, 2017, S. 410–423.
17 György Konrád zit. von Günter Grass, in: NGA 23, S. 288.
18 Vgl. dazu das folgende Statement des Ich-Erzählers aus dem *Butt*: »Mich kriegt ihr nicht auf die Couch! An meinem Mutterkomplex verdiene nur ich! Das lege ich fest, testamentarisch: Ich sterbe unbehandelt. Auf meinem Grabstein soll stehen: Hier liegt mit seinem Mutterkomplex!« (9, 481)
19 Vgl. dazu auch Julia K. Schlichting: Die Nach-Vergangenheit als neues Zeitfenster und die Bedeutung des Siebzehnjährigen – Zur Poetologie des Zweifels, in: Ossowski, Mirosław (Hg.): Günter Grass. Werk und Rezeption, Gdańsk 2013, S. 65–74.
20 Zum Roman von Adolf Muschg und zu den zahlreichen erotischen

und erkenntniskritischen Scherzen mit dem Alphabet, den Buchstabengedichten und Menschenalphabeten sowie zur Rolle der Sprache, des Lesens und des Schreibens für die Entwicklung der Identität vgl. hier Werner Frizen: Parzivâl, der andere Simplex: Günter Grass, Wolfram von Eschenbach und Adolf Muschg, in: Freipass, Band 5, a. a. O., S. 90–127.

Fazit: »Hier muß nicht alles auf den Punkt gebracht werden«

1 Vgl. Albert Camus: L'homme révolté, a. a. O., S. 37, und zum politischen Aspekt der Camus'schen Position, die sich für Grass nicht nur durch eine weitgehende Kongruenz von Theorie und Praxis auszeichnet (vgl. dazu auch den Grass'schen Vergleich mit den Positionen Eduard Bernsteins, 24, 317), sondern auch zur Richtschnur seines Handelns als Staatsbürger geeignet zu sein scheint: »Ich habe mich immer zum Revisionismus bekannt und halte diese revisionistische Position – diese Skepsis gegenüber allem Endgültigen, in der Theorie und in der Praxis – für eine Camus'sche Position, eben die des fröhlichen Steinewälzers« (X, 332). »Wer genau hinsieht, wird bemerken, daß meine literarische Arbeit wie mein Versuch, in der Politik Bürgerrechte wahrzunehmen, den gleichen Ansatz haben.« (20, 557)

2 Albert Camus: L'homme révolté, a. a. O., S. 284.

Epilog: Mein Grass – ein ganz persönlicher Erfahrungsbericht

1 Felicitas Hoppe: Sieben Schätze. Augsburger Vorlesungen, Frankfurt/M. 2009, hier S. 99–128, zitiert wird S. 123.

2 Vgl. dazu Roland Berbig: Das neuste Material in Sachen »Fontane«. Dieter Stolz' Korrespondenz mit Günter Grass, in: Berliner Hefte zur Geschichte des literarischen Lebens, Heft 10, 2013, S. 83–91 (und das dort kommentierte Briefmaterial, S. 92–125).

3 Vgl. dazu und zum Folgenden: Dieter Stolz: Mein Grass – ein ganz persönlicher Erfahrungsbericht, in: Freipass, Band 1, a. a. O., S. 113–136.

4 Vgl. dazu u. a. Elke Heidenreich: »Nie wieder ekelhafte Altmännerliteratur«, ein Gespräch mit Christine Eichel, in: Cicero – Magazin für politische Kultur, 25.4.2007.

5 Vgl. dazu u. a. Robert B. Goldmann: Der unerträgliche Günter Grass, in: tacheles. Das jüdische Wochenmagazin, 6.7.2007.

6 Vgl. dazu stellvertretend für viele Polemiken Klaus Bittermann: Beim Lutschen des Brühwürfels, in: Jungle World 37, 13. September

2007, oder den Satiriker Wiglaf Droste: feuer, pfeife, grass, wem nützt das?, in: taz, Die Wahrheit, 6.10.2006: »Es ist genau diese Mischung aus aggressivem Leugnen, Selbstmitleid und Selbstgerechtigkeit, die geistige Zementsäcke wie Grass so abstoßend macht.« Schon in seiner »Wahrheitskolumne« vom 8.2.2002 schreibt Droste im Hinblick auf das Grass'sche Gesamtwerk von der »SPD-Staatsdichterei« eines »aufdringlichen Kaschubiak«, und am 29.8.2003 resümiert er: »Der Gipfel aller spezifisch senilen Belästigung aber ist Günter Grass. Grass ist der Grässlichste, er schlägt sie alle.«

7 Vgl. dazu auch Klaus Wagenbach: Grass hat nichts verschwiegen, in: Die Zeit, Feuilleton, 18/2007, 26.4.2007.

8 Vgl. dazu und zu den folgenden Presse-Zitaten Heinrich Detering/Per Øhrgaard (Hg.): Was gesagt wurde. Eine Dokumentation über Günter Grass' »Was gesagt werden muss« und die deutsche Debatte, Göttingen 2013.

9 Eva Menasse: Rede für Günter Grass, 14. Oktober 2012, Lübeck, in: Berliner Hefte zur Geschichte des literarischen Lebens, 10, 2013, S. 253–257, hier S. 253.

10 Durs Grünbein: Er ist ein Prediger mit dem Holzhammer, FAZ, 11.4.2012.

11 Ingo Schulze: Eine Lösung kann nur allseitige Abrüstung bringen. Die Debatte über das Gedicht von Günter Grass sagt viel über unsere Streitkultur: Eine Erwiderung auf Durs Grünbein, FAZ, 17.4.2012.

12 Friedrich Nietzsche: Werke, 5. Abt., Bd. 1, a. a. O., S. 9.

13 Vgl. dazu Dieter Stolz: Manuskripte, Typoskripte, Sensationen. Zwei Schlaglichter auf die Genese der »Blechtrommel«, a. a. O., S. 73–106.

14 Vgl. dazu und zum Folgenden »Der Autor und sein verdeckter Ermittler«. Ein Gespräch, a. a. O., S. 289–314.

15 Vgl. dazu und zum Folgenden Dieter Stolz: Am Anfang war der Dialog. Günter Grass im Jemen, in: Zeitschrift für KulturAustausch, 53. Jg., Heft 1, 2003, S. 14 f.

16 Vgl. dazu und zum Folgenden auch Dieter Stolz: »Vonne Endlichkait«. Einleitung zum Grass-Übersetzertreffen vom 26.–29. September 2016, in: Freipass, Band 4, a. a. O., S. 156–160.

17 https://www.stern.de/lifestyle/leute/guenter-grass-ueber-die-frage–was-bleibt–3235620.html und https://www.youtube.com/watch?v=JXYcxxUhfFQ (zuletzt aufgerufen am 9.11.2022).

Literaturhinweise

1. Primärliteratur

a) Werkausgaben

Günter Grass: Werke. Neue Göttinger Ausgabe. Herausgegeben von Dieter Stolz und Werner Frizen. 24 Bände, Göttingen 2020 (= NGA, nach dieser Ausgabe werden alle dort aufgenommenen Werke und Schriften sowie Gespräche mit Günter Grass zitiert, und zwar im laufenden Text in runden Klammern: arabische Zahlen für den Band, Seitenzahl):

Band 1: Gedichte und Kurzprosa I
Band 2: Gedichte und Kurzprosa II
Band 3: Theaterspiele
Band 4: Die Blechtrommel
Band 5: Katz und Maus
Band 6: Hundejahre
Band 7: örtlich betäubt
Band 8: Aus dem Tagebuch einer Schnecke
Band 9: Der Butt
Band 10: Das Treffen in Telgte
Band 11: Kopfgeburten oder Die Deutschen sterben aus
Band 12: Die Rättin
Band 13: Unkenrufe
Band 14: Ein weites Feld
Band 15: Mein Jahrhundert
Band 16: Im Krebsgang
Band 17: Beim Häuten der Zwiebel
Band 18: Die Box
Band 19: Grimms Wörter
Band 20: Essays und Reden I (1955–1969)

Band 21: Essays und Reden II (1970–1975)
Band 22: Essays und Reden III (1976–1991)
Band 23: Essays und Reden IV (1992–2011)
Band 24: Gespräche (1958–2015)

Günter Grass: Werkausgabe in zehn Bänden. Herausgegeben von Volker Neuhaus, Darmstadt/Neuwied 1987 (diese Ausgabe wurde nur für nicht in die NGA eingegangene Gespräche mit Günter Grass – Band X – sowie die Nachworte und Kommentare der Herausgeber genutzt; zitiert wird sie nach folgendem Verfahren: römische Ziffern für den Band, Seitenzahl):

Band I: Gedichte und Kurzprosa, hg. von Anita Overwien-Neuhaus/ Volker Neuhaus
Band II: Die Blechtrommel, hg. von Volker Neuhaus
Band III: Katz und Maus; Hundejahre, hg. von Volker Neuhaus
Band IV: örtlich betäubt; Aus dem Tagebuch einer Schnecke, hg. von Volker Neuhaus
Band V: Der Butt, hg. von Claudia Mayer
Band VI: Das Treffen in Telgte; Kopfgeburten oder Die Deutschen sterben aus, hg. von Christoph Sieger
Band VII: Die Rättin, hg. von Angelika Hille-Sandvoß
Band VIII: Theaterspiele, hg. von Angelika Hille-Sandvoß
Band IX: Essays Reden Briefe Kommentare, hg. von Daniela Hermes
Band X: Gespräche mit Günter Grass, hg. von Klaus Stallbaum

b) Zitierte Werke, die nicht (oder nur unvollständig) in die NGA aufgenommen werden konnten (chronologisch geordnet, mit den hier verwendeten Kürzeln):

Zunge zeigen, Darmstadt 1988 (= Zz).
Totes Holz, Göttingen 1990 (= TH).
Unterwegs von Deutschland nach Deutschland. Tagebuch 1990, Göttingen 2009 (= Tagebuch 1990).
Günter Grass/Helen Wolff: Briefe 1959–1994, Göttingen 2003 (= HW).
Willy Brandt und Günter Grass: Der Briefwechsel, hg. von Martin Kölbel, Göttingen 2013 (= WB).
Sechs Jahrzehnte. Ein Werkstattbericht, hg. von G. Fritz Margull und Hilke Ohsoling, Göttingen 2014 (= SJ).

c) Eigenständige Gesprächsbände, die nicht in die NGA aufgenommen wurden:

Françoise Giroud/Günter Grass: Wenn wir von Europa sprechen. Ein Dialog, Frankfurt/M. 1989.

Günter Grass/Heinrich Detering: In letzter Zeit. Ein Gespräch im Herbst, Göttingen 2017.

Günter Grass/Harro Zimmermann: Das Abenteuer der Aufklärung. Werkstattgespräche, Göttingen 1999.

Günter Grass/Matthias Döpfner: Die Springer-Kontroverse. Ein Streitgespräch über Deutschland, hg. von Manfred Bissinger, Göttingen 2006.

d) Weitere Quellen

Das Typoskript der sogenannten »Urtrommel« von Günter Grass; der Abdruck der Auszüge erfolgt mit freundlicher Genehmigung der Leitung des Literaturarchivs Sulzbach-Rosenberg (zitiert als »Urtrommel«, Kapitelname).

2. Sekundärliteratur (eine Auswahl)

a) Bibliographien

Görtz, Franz-Josef: Kommentierte Auswahl-Bibliographie, in: Arnold, Heinz Ludwig (Hg.), Günter Grass. Text + Kritik, Heft 1/1a, 5. Aufl., 1978, S. 175–199.

Hermes, Daniela: Auswahlbibliographie, in: Kritisches Lexikon der deutschsprachigen Gegenwartsliteratur (KLG), Neufassung, München 1995.

O'Neill, Patrick: Günter Grass. A Bibliography 1955–75, Toronto/Buffalo 1976.

b) Sammelbände

Arnold, Heinz Ludwig (Hg.): Blech getrommelt. Günter Grass in der Kritik, Göttingen 1997.

Ders.: Günter Grass. Text + Kritik, Heft 1, 1965.

Ders.: Günter Grass. Text + Kritik, Heft 1, 6. Aufl.: Neufassung, 1988.

Bauer Pickar, Gertrud (Hg.): Adventures of a Flounder: Critical Essays on Günter Grass' »Der Butt«, München 1982.

Detering, Heinrich/Kunze, Lisa/Wellnitz, Katrin: Günter Grass als Buchkünstler. Mit weiteren Beiträgen von Svenja Brand und Max Rauser, Göttingen 2022.

Detering, Heinrich/Øhrgaard, Per (Hg.): Was gesagt wurde. Eine Dokumentation über Günter Grass' »Was gesagt werden muss« und die deutsche Debatte, Göttingen 2013.

Durzak, Manfred (Hg.): Zu Günter Grass: Geschichte auf dem poetischen Prüfstand, Stuttgart 1985.

Frielinghaus, Helmut (Hg.): Der Butt spricht viele Sprachen. Grass-Übersetzer erzählen, Göttingen 2002.

Geißler, Rolf (Hg.): Günter Grass. Materialienbuch, Darmstadt/Neuwied 1976.

Görtz, Franz Josef (Hg.): »Die Blechtrommel«. Attraktion und Ärgernis. Ein Kapitel deutscher Literaturkritik, Darmstadt/Neuwied 1984.

Hermes, Daniela/Neuhaus, Volker (Hg.): Die »Danziger Trilogie« von Günter Grass. Texte, Daten, Bilder, Frankfurt/M. 1991.

Jurgensen, Manfred (Hg.): Grass. Kritik – Thesen – Analysen, Bern/München 1973.

Kölbel, Martin (Hg.): Ein Buch, ein Bekenntnis. Die Debatte um Günter Grass' »Beim Häuten der Zwiebel«, Göttingen 2007.

Labroisse, Gerd/van Stekelenburg, Dick (Hg.): Günter Grass – Ein europäischer Autor? Amsterdamer Beiträge zur neueren Germanistik, Bd. 35, 1992.

Loschütz, Gert (Hg.): Von Buch zu Buch. Günter Grass in der Kritik, Darmstadt 1968.

Negt, Oskar (Hg.): Der Fall Fonty. »Ein weites Feld« von Günter Grass im Spiegel der Kritik, Göttingen 1996.

Wolff, Rudolf (Hg.): Günter Grass. Werk und Wirkung, Bonn 1986.

c) Gesamtdarstellungen und Monographien

Angenendt, Thomas: »Wenn Wörter Schatten werfen«. Untersuchungen zum Prosastil von Günter Grass, Frankfurt/M. 1995.

Arker, Dieter: »Nichts ist vorbei, alles kommt wieder« – Untersuchungen zu Günter Grass' »Blechtrommel«, Heidelberg 1989.

Blamberger, Günter: Versuch über den deutschen Gegenwartsroman. Krisenbewußtsein und Neubegründung im Zeichen der Melancholie, Stuttgart 1985.

Braun, Rebecca: Constructing Authorship in the work of Günter Grass, Oxford 2008.

Brode, Hanspeter: Günter Grass, München 1979.

Brunssen, Frank: Das Absurde in Günter Grass' Literatur der achtziger Jahre, Würzburg 1997.

Ders.: Günter Grass, Marburg 2014.

Cepl-Kaufmann, Gertrude: Günter Grass. Eine Analyse des Gesamtwerkes unter dem Aspekt von Literatur und Politik, Kronberg/Ts. 1975.

Cunliffe, Gordon: Günter Grass, New York 1969.

Dahne, Gerhard: Zur Problematik des Geschichtsbewußtseins im Werk von Günter Grass, Greifswald 1970.

Diller, Edward: A Mythic Journey – Günter Grass' »Tin Drum«, Lexington 1974.

Engel, Henrik D. K.: Die Prosa von Günter Grass in Beziehung zur englischsprachigen Literatur. Rezeption, Wirkung und Rückwirkungen bei Salman Rushdie, John Irving, Bernard Malamud u. a., Frankfurt/M. 1997.

Eykmann, Christof: Geschichtspessimismus in der deutschen Literatur des zwanzigsten Jahrhunderts, Bern 1970.

Fischer, André: Inszenierte Naivität. Zur ästhetischen Simulation von Geschichte bei Günter Grass, Albert Drach und Walter Kempowski, München 1992.

Frizen, Werner: Günter Grass. Gedichte und Kurzprosa. Kommentar und Materialien, Göttingen 2010.

Furch, Hannelore: Der Erzählerdiskurs in »Unkenrufe« und »Im Krebsgang« von Günter Grass, Köln 2013.

Garde, Barbara: »Selbst wenn die Welt unterginge, würden deine Weibergeschichten nicht aufhören.« Zwischen »Butt« und »Rättin« – Frauen und Frauenbewegung bei Günter Grass, Frankfurt/M. u. a. 1988.

Harscheidt, Michael: Wort – Zahl – Gott bei Günter Grass. Der »phantastische Realismus« in den »Hundejahren«, Bonn 1976.

Hoesterey, Ingeborg: Verschlungene Schriftzeichen. Intertextualität von Literatur und Kunst in der Moderne/Postmoderne, Frankfurt/M. 1988.

Holzendorf, Jan: Theologie bei Günter Grass. Eine Untersuchung auf der Grundlage der Lichterlehre Karl Barths und ihrer Rezeption durch Michael Trowitzsch, Berlin/Boston 2021.

Honsza, Norbert: Günter Grass. Werk und Wirkung, Breslau 1987.

Jendrowiak, Silke: Günter Grass und die Hybris des Kleinbürgers, Heidelberg 1979.

Jurgensen, Manfred: Über Günter Grass. Untersuchungen zur sprachbildlichen Rollenfunktion, München/Bern 1974.

Just, Georg: Darstellung und Appell in der »Blechtrommel« von

Günter Grass. Darstellungsästhetik versus Wirkungsästhetik, Frankfurt/M. 1972.
Kaiser, Gerhard: Günter Grass. Katz und Maus, München 1971.
Kniesche, Thomas W.: Genealogie der Post-Apokalypse. Günter Grass' »Die Rättin«, Wien 1991.
Konya-Jobs, Nathalie: Räume in Günter Grass' Prosa, Bielefeld 2016.
Krason, Viktoria: Auseinandernehmen und Zusammensetzen. Günter Grass und die bildende Kunst, Göttingen 2021.
Krumme, Detlef: Günter Grass. Die Blechtrommel, München/Wien 1986.
Leroy, Robert: »Die Blechtrommel« von Günter Grass. Eine Interpretation, Paris 1973.
Liu, Hwei-ann: Geschichte und Geschichten. Ein beispielhaftes Modell zur Förderung interkultureller Kompetenz von DaF-Lernern anhand von Günter Grass' »Mein Jahrhundert« und »Fundsachen für Nichtleser«, Taipeh 2019.
Mason, Ann L.: The Skeptical Muse: A Study of Günter Grass' Conception of the Artist, Bern/Frankfurt/M. 1974.
May, Brigitte Zissel: Gegenständlichkeit und Weltbild. Eine Untersuchung zur Lyrik von Günter Grass, Tulane University 1974.
Mayer-Iswandy, Claudia: Günter Grass, München 2002.
Dies.: »Vom Glück der Zwitter«: Geschlechterrolle und Geschlechterverhältnis bei Günter Grass, Frankfurt/M. u. a. 1991.
Moser, Sabine: Günter Grass. Romane und Erzählungen, Berlin 2000.
Neuhaus, Volker: Günter Grass, 3. aktualisierte und erweiterte Aufl., Stuttgart, Weimar 2010.
Ders., Günter Grass. Die Blechtrommel, 2., überarb. und erg. Aufl., München 1988.
Ders.: Günter Grass. Die Blechtrommel. Kommentar und Materialien, Göttingen 2010.
Ders.: Günter Grass. Hundejahre. Kommentar und Materialien, Göttingen 2010.
Ders.: Günter Grass. Katz und Maus. Kommentar und Materialien, Göttingen 2010.
Ders.: Günter Grass. Schriftsteller – Künstler – Zeitgenosse. Eine Biographie, Göttingen 2012.
Øhrgaard, Per: Günter Grass. Ein deutscher Schriftsteller wird besichtigt. Aus dem Dänischen von Christof Bartmann, Wien 2005.
Paaß, Michael: Kulturelles Gedächtnis als epische Reflexion. Zum Werk von Günter Grass, Bielefeld 2009.
Pietsch, Timm: »Wer hört noch zu?« Günter Grass als politischer Redner und Essayist, Essen 2006.

Preece, Julian.: Günter Grass, Glasgow 2018.
Ders.: A study of the life and works of Günter Grass: Literature, History, Politics, Basingstoke 2003.
Reddick, John: The »Danzig Trilogy« of Günter Grass, London 1975.
Richter, Frank-Raymund: Die zerschlagene Wirklichkeit. Überlegungen zur Form der Danzig-Trilogie von Günter Grass, Bonn 1977.
Ders.: Günter Grass. Die Vergangenheitsbewältigung in der Danzig-Trilogie, Bonn 1979.
Rothenberg, Jürgen: Günter Grass. »Das Chaos in verbesserter Ausführung«. Zeitgeschichte als Thema und Aufgabe des Prosawerks, Heidelberg 1976.
Scherf, Rainer: »Katz und Maus« von Günter Grass. Literarische Ironie nach Auschwitz und der unausgesprochene Appell zu politischem Engagement, Marburg 1995.
Schilling, Klaus von: Schuldmotoren. Artistisches Erzählen in Günter Grass' Danziger Trilogie, Bielefeld 2002.
Schlichting, Julia Kanchana: Die Poetologie des Zweifels. Erzählen und Erinnern in der späten Prosa von Günter Grass, 2021 (an der philosophischen Fakultät der Georg-August-Universität Göttingen eingereichte Dissertation).
Schneider, Irmela: Kritische Rezeption. »Die Blechtrommel« als Modell, Frankfurt/M. 1975.
Scholl, Joachim: In der Gemeinschaft des Erzählers. Studien zur Restitution des Epischen im deutschen Gegenwartsroman, Heidelberg 1990.
Stallbaum, Klaus: Kunst und Künstlerexistenz im Frühwerk von Günter Grass, Köln 1989.
Stausberg, Friederike Laura: Der glückliche Steinewälzer. Der politische Günter Grass in der Berliner Republik. Eine biografische Fallstudie über die kommunikative Macht von Intellektuellen, 2021 (an der Fakultät für Geisteswissenschaften der Universität Duisburg-Essen eingereichte Dissertation).
Stolz, Dieter: Günter Grass, der Schriftsteller. Eine Einführung, Göttingen 2005.
Ders.: Günter Grass. Theaterspiele. Kommentar und Materialien, Göttingen 2010.
Ders.: Vom privaten Motivkomplex zum poetischen Weltentwurf. Konstanten und Entwicklungen im literarischen Werk von Günter Grass (1956–1986), Würzburg 1994.
Tank, Kurt Lothar: Günter Grass, erg. und überarb. Neuaufl., Berlin 1974.
Vormweg, Heinrich: Günter Grass. In Selbstzeugnissen und Bilddokumenten, Reinbek 1986.

Wellnitz, Katrin: Märchen als Roman. Inszenierung und Fortschreibung von Märchen und Sagen bei Günter Grass, 2021 (an der philosophischen Fakultät der Georg-August-Universität Göttingen eingereichte Dissertation).

Weyer, Anselm: Günter Grass und die Musik, Frankfurt/M. u. a. 2007.

Wieser, Theodor (Hg.): Günter Grass. Porträt und Poesie, Neuwied/ Berlin 1968.

Zimmermann, Harro: Günter Grass und die Deutschen. Eine Entwirrung, Göttingen 2017.

Ders.: Günter Grass unter den Deutschen. Chronik eines Verhältnisses, Göttingen 2006.

Zimmermann, Jennifer: Unbarmherzige Augen. Eine Analyse der Scham im Erzählwerk von Günter Grass, Würzburg 2016.

d) Aufsätze (die nicht in den oben genannten Sammelbänden erschienen sind)

Arendt, Dieter: Die absurde Chiffre und die Chiffre des Absurden in Günter Grass' »Danziger Trilogie« oder: »Was die Welt Übertage absurd nennt, schmeckt Untertage real«, in: International Review of Literary Studies, 1989, S. 341–372.

Best, Otto F.: »Doppelleben« zwischen Evolution und ewiger Wiederkehr. Überlegungen zum postgastropodischen Werk von Günter Grass, in: Colloquia Germanica 15, 1982, S. 111–121.

Cory, Mark E.: Sisyphus and the Snail: Metaphors for the Political Process in Günter Grass' »Aus dem Tagebuch einer Schnecke« and »Kopfgeburten oder Die Deutschen sterben aus«, in: German Studies Review, Heft 3, 1983, S. 519–533.

Detering, Heinrich: Zeichensprache. Günter Grass, das Denkmal für die Göttinger Sieben und »Grimms Wörter«, in: Neuhaus, Volker/ Øhrgaard, Per/Thomsa, Jörg-Philipp (Hg.): Freipass, Band 2, Berlin 2016, S. 174–186.

Enderstein, Carl O.: Zahnsymbolik und ihre Bedeutung in Günter Grass' Werken, in: Monatshefte 66, 1974, S. 5–18.

Ewert, Michael: Spaziergänge durch die deutsche Geschichte. »Ein weites Feld« von Günter Grass, in: Sprache im technischen Zeitalter 152, 1999, S. 402–417.

Friedrichsmeyer, Erhard M.: Aspects of Myth, Parody and Obscenity in Grass's »Die Blechtrommel« and »Katz und Maus«, in: The Germanic Review, Heft 3, 1965, S. 240–252.

Frizen, Werner: »Die Blechtrommel« – ein schwarzer Roman. Grass

und die Literatur des Absurden, in: arcadia 21, Heft 2, 1986, S. 166–189.
Ders.: Drei Danziger. Arthur Schopenhauer – Max Halbe – Günter Grass, in: Schopenhauer-Jahrbuch 68, 1987, S. 147–168.
Ders.: Günter Grass. Fundsachen für Nichtleser, in: Deutsche Bücher XXVIII, Heft 1, 1998, S. 30–32.
Ders.: Matzeraths Wohnung. Raum und Weltraum in Günter Grass' »Die Blechtrommel«, in: Text und Kontext, Heft 1, 1987, S. 145–174.
Ders.: »Wie die Sonne unter den Planeten ...«. Poeterey und Musik in Grass' Erzählung »Das Treffen in Telgte«, in: Freipass, Band 2, Berlin 2016, S. 153–173.
Gajek, Bernhard: Dichtung ohne Transzendenz. Gegenreligiöse Verkündigung im Werk von Günter Grass, in: Zeitwende 58, 1987, S. 85–103.
Hummel, Christine: »Ein Narr, der im Novemberregen weint.« Metaphorik und Wirklichkeitsverhältnis der politischen Lyrik von Günter Grass, in: Bergem, Wolfgang (Hg.): Metapher und Modell, Trier 1996, S. 85–101.
Ivanovic, Christine: Fonty trifft Uwe Johnson. Zur Fiktionalisierung Uwe Johnsons als Paradigma der Erzählstrategie in Günter Grass' »Ein weites Feld«, in: Fries, Ulrich/Helbig, Holger (Hg.): Johnson-Jahrbuch 3, Göttingen 1996, S. 173–199.
Jendrowiak, Silke: Die sogenannte »Urtrommel«. Unerwartete Einblicke in die Genese der »Blechtrommel« von Günter Grass, in: Monatshefte 71, Heft 2, 1979, S. 172–186.
Lubich, Frederick Alfred: Günter Grass' »Kopfgeburten«: Deutsche Zukunftsbewältigung oder »Wie wird sich Sisyphos in Orwells Jahrzehnt verhalten?«, in: The German Quarterly, 1985, S. 394–408.
Mahlendorf, Ursula M.: Sculptures and Mother Figures in Günter Grass' Tin Drum, in: The Psychoanalytic Review 66, Heft 2, 1979, S. 227–243.
Mannack, Eberhard: Oskars Lektüre. Zum Verweisungszusammenhang in Günter Grass' »Blechtrommel«, in: From Wolfgang and Petrarch to Goethe and Grass. Studies in Literature in Honour of Leonard Forster, Baden-Baden 1982, S. 587–600.
Neuhaus, Volker: Belle Tulla sans merci, in: arcadia, Heft 3, 1970, S. 278–295.
Ders.: Das christliche Erbe bei Günter Grass, in: Arnold, Heinz Ludwig (Hg.): Günter Grass. Text + Kritik, Heft 1/1988, S. 108–119.
Preece, Julian: Literature and the End of the World: Günter Grass's

»Die Rättin«, in: Williams, Arthur/Parkes, Stuart/Smith, Roland (Hg.): Literature on the Threshold. The German Novel in the 1980s, New York/Oxford/München 1990, S. 321–334.

Reddick, John: Vom Pferdekopf zur Schnecke. Die Prosawerke von Günter Grass zwischen Beinahe-Verzweiflung und zweifelnder Hoffnung, in: Arnold, Heinz Ludwig u. a. (Hg.): Positionen des deutschen Romans der 60er Jahre, München 1974, S. 39–54.

Römhild, Dorothee: »Annähernd schottisch«, »Berliner Spezialitäten«, typisch französisch. Kulinarische Finessen in »Ein weites Feld«, in: Neuhaus, Volker/Weyer, Anselm (Hg.): Küchenzettel. Essen und Trinken im Werk von Günter Grass, Frankfurt/M. u. a. 2007, S. 35–53.

Dies.: Nicht nur »der Hund steht zentral«. Zu Tiermotiven im Werk von Günter Grass, in: Günter Grass. Literatur – Kunst – Politik. Dokumentation der internationalen Konferenz vom 4.–6.10.2007 in Danzig. Hg. von Marion Brandt, Marek Jaroszewski, Mirosław Ossowski, Gdańsk 2009, S. 141–149.

Schlichting, Julia K.: Die Nach-Vergangenheit als neues Zeitfenster und die Bedeutung des Siebzehnjährigen – Zur Poetologie des Zweifels, in: Ossowski, Mirosław (Hg.): Günter Grass. Werk und Rezeption, Gdańsk 2013, S. 65–74.

Schönau, Walter: Zur Wirkung der »Blechtrommel« von Günter Grass, in: Psyche, Heft 7, 1974, S. 573–599.

Simon, Karl Günther: Das Absurde lacht sich tot, in: Akzente 5, 1958, S. 410–419.

Stolz, Dieter: »Ach die Wissenschaft, die Wissenschaft!«. Ein ausgesprochen subjektiver Forschungsbericht zur »Blechtrommel« von Günter Grass, in: Ein Buch schreibt Geschichte. 50 Jahre »Die Blechtrommel«. Hg. von Jörg-Philipp Thomsa, Lübeck 2009, S. 99–109.

Ders.: Am Anfang war der Dialog. Günter Grass im Jemen, in: Zeitschrift für KulturAustausch, 53. Jg., Heft 1, 2003, S. 14–15.

Ders.: Auf krummen Wegen. »Kindheitsmuster« bei Christa Wolf und Günter Grass, in: Freipass, Band 6, Berlin 2022, S. 268–282.

Ders.: »Beim Häuten der Zwiebel« oder »Ich erinnere mich …«, in: Günter Grass. Literatur – Kunst – Politik. Dokumentation der internationalen Konferenz vom 4.–6.10.2007 in Danzig. Hg. von Marion Brandt, Marek Jaroszewski, Mirosław Ossowski, Gdańsk 2009, S. 103–113.

Ders.: Ein Blick in die Werkstatt oder »Sagt nicht: Oh Gott – das gilt hier nicht.«, in: Anselm Weyer/Volker Neuhaus (Hg.): Von Katz und Maus und mea culpa. Religiöse Motive im Werk von Günter Grass, Frankfurt am Main 2013, S. 23–34.

Ders.: »Deutschland – ein literarischer Begriff«. Günter Grass and the German Question, in: Williams, Arthur/Parkes, Stuart/Smith, Roland (Hg.): German Literature at a Time of Change 1989–1990: German Unity and German Identity in Literary Perspective, Frankfurt/M. u. a. 1991, S. 207–224.

Ders.: Der frühe Grass und die Literatur des Absurden (1954–59), in: Germanica Wratislaviensia LXXXII, Mikrofiche 6, 1988, S. 229–378.

Ders.: Günter Grass: Ein weites Feld und kein Ende ..., in: Die Medien und Günter Grass, hg. von Hanjo Kesting, Köln 2008, S. 173–182.

Ders.: Ein jedes Ding hat seine Zeit. Der Spielraum »Novelle« bei Goethe und Grass, in: Bartmann, Christoph/Roswall Laursen Hanne/Lund, Hans Peter (Hg.): Et opmærksomt blik. Litteratur, sprog og historie hen over grænserne. Festskrift til Per Øhrgaard, Kopenhagen 2004, S. 49–63.

Ders.: Manuskripte, Typoskripte, Sensationen. Zwei Schlaglichter auf die Genese der »Blechtrommel«, in: Freipass, Band 6, Berlin 2022, S. 73–106.

Ders.: Mein Grass – ein ganz persönlicher Erfahrungsbericht, in: Freipass, Band 1, Berlin 2015, S. 113–136.

Ders.: »Meine alte Olivetti ist Zeuge«. Die wahrhaftigen Lügengeschichten des Lyrikers Günter Grass, in: Die Vorträge des 1. Internationalen Günter Grass Kolloquiums im Rathaus zu Lübeck, hg. von Hans Wisskirchen, Heinrich-und-Thomas-Mann-Zentrum, Schriftenreihe des Buddenbrookhauses, Lübeck 2002, S. 101–123.

Ders., Nomen est omen. »Ein weites Feld« von Günter Grass, in: Zeitschrift für Germanistik 7, Heft 2, 1997, S. 321–335.

Ders.: »Was auf dieser Welt, welcher Roman hätte die epische Breite eines Fotoalbums?« Photography and the Art of Modern Fiction in the Works of Arno Schmidt, Günter Grass, and Reinhard Baumgart, in: New German Literature, hg. von Julian Preece, Frank Finlay, Ruth Owen, Oxford, Bern u. a. 2007, S. 23–35.

Taberner, Stuart: »Kann schon sein, daß in jedem Buch von ihm etwas Egomäßiges rauszufinden ist«: »Political« Private Biography and »Private« Private Biography in Günter Grass's »Die Box«, in: The German Quarterly 82/4, 2009, S. 504–521.

Wagenbach, Klaus: Günter Grass, in: Nonnenmann, Klaus (Hg.): Schriftsteller der Gegenwart. 53 Portraits, Olten/Freiburg 1963, S. 118–126.

Zimmermann, Hans Dieter: Der Butt und der Weltgeist. Zu dem

Roman »Der Butt« von Günter Grass, in: Diskussion Deutsch 13, 1982, S. 460–469.
Zimmermann, Harro: Skepsis und Melancholie. Über das Lichtenbergische bei Günter Grass, in: Die Horen, Heft 1/1999, S. 126–140.

Zeittafel

1927 Günter Grass wird am 16. Oktober in Danzig-Langfuhr geboren.

1933–44 Besuch der Volksschule und des Gymnasiums Conradinum; Eintritt ins »Jungvolk« und in die »Hitlerjugend«, ab 1942 Luftwaffenhelfer, dann Einberufung zum Arbeitsdienst.

1944–45 Kriegsteilnahme als Panzerschütze bei der Waffen-SS-Division »Jörg von Frundsberg«; leichte Verwundung bei Cottbus, Lazarettaufenthalt in Marienbad; amerikanische Kriegsgefangenschaft; im Rahmen des »Umerziehungsprogramms«: Führung durch das KZ Dachau.

1946 Entlassung aus der Kriegsgefangenschaft; endgültiger Abbruch der Gymnasialausbildung; Gelegenheitsarbeiten auf dem Land und als Koppeljunge in einem Kalibergwerk bei Hildesheim.

1947 Beginn einer Praktikantentätigkeit in den Steinmetzbetrieben Göbel und Moog in Düsseldorf; Grass lebt dort bis 1951 im katholischen Caritas-Heim.

1948–52 Studium an der Düsseldorfer Kunstakademie bei Sepp Mages (Graphik) und Otto Pankok (Bildhauerei); Mitglied einer Jazzband.

1951–52 Autostoppreisen nach Italien und Frankreich.

1953 Umzug nach Berlin, um das Studium als Schüler des Bildhauers Karl Hartung an der Hochschule für Bildende Künste fortzusetzen.

1955 Dritter Preis beim Lyrikwettbewerb des Süddeutschen Rundfunks für das Gedicht *Lilien aus Schlaf*; erste Lesung vor der »Gruppe 47« in Berlin; erste Ausstellungen von Plastiken und Graphiken in Stuttgart, später in Berlin; der Prosatext *Meine grüne Wiese* erscheint in den Akzenten.

1956 Erste Buchpublikation: *Die Vorzüge der Windhühner*; Umzug nach Paris.

1957 Uraufführung des Stücks *Hochwasser* an der Frankfurter Studentenbühne; das Ballett *Fünf Köche* wird in Aix-les-Bains und Bonn aufgeführt.

1958 Premiere des Theaterspiels *Onkel, Onkel* an den Bühnen der Stadt Köln; Preis der »Gruppe 47« für eine Lesung aus dem *Blechtrommel*-Manuskript; Förderpreis des Kulturkreises im Bundesverband der Deutschen Industrie; erste von vielen Reisen nach Polen, in diesem Fall, um dort für seinen Debütroman abschließend zu recherchieren.

1959 *Die Blechtrommel* erscheint; Uraufführungen der Einakter *Noch zehn Minuten bis Buffalo* am Schauspielhaus Bochum und *Beritten hin und zurück* an den Städtischen Bühnen Frankfurt; Uraufführung des Balletts *Stoffreste* an den Städtischen Bühnen Essen; der Süddeutsche Rundfunk sendet die Farce *Zweiunddreißig Zähne* als Hörspielbearbeitung; der Bremer Senat verweigert Grass den von der Jury zuerkannten Bremer Literaturpreis.

1960 *Gleisdreieck*; Rückkehr nach West-Berlin; Berliner Kritikerpreis.

1961 *Katz und Maus*; das Stück *Die bösen Köche* wird in der Werkstatt des Berliner Schillertheaters uraufgeführt; erste politische Arbeiten für Willy Brandt (Anlass: Diffamierungen, die Brandt im Bundestagswahlkampf erfuhr); offener Brief an Anna Seghers (Anlass: der Mauerbau in Berlin).

1962 Französischer Literaturpreis »Le meilleur livre étranger« für *Die Blechtrommel*.

1963 *Hundejahre*; Aufnahme in die Berliner Akademie der Künste.

1964 Uraufführung der Szenenfolge *Goldmäulchen* an den Münchner Kammerspielen; erste von mehreren Reisen in die USA.

1965 Bundestagswahlkampf zugunsten der SPD (52 Veranstaltungen); Georg-Büchner-Preis; Ehrenpromotion des Kenyon-College, USA.

1966 Uraufführung des »deutschen Trauerspiels« *Die Plebejer proben den Aufstand* im Berliner Schillertheater; Reise nach Mexiko.

1967 *Ausgefragt*; Premiere des Films *Katz und Maus* von Hansjürgen Pohland; erste Reise nach Israel.

1968 Carl-von-Ossietzky-Medaille des Kuratoriums der Internationalen Liga für Menschenrechte; *Über das Selbstverständliche*; Fontane-Preis.

1969 *örtlich betäubt*; Uraufführung des Stücks *Davor* am Schillertheater Berlin; Theodor-Heuss-Preis; Reisen durch Osteuropa; erneut Bundestagswahlkampf für die SPD (190 Veranstaltungen).

1970 *Theaterspiele*; das Ballett *Die Vogelscheuchen* wird an der Deutschen Oper in Berlin uraufgeführt; Reise mit dem Bundeskanzler Willy

Brandt zur Unterzeichnung des Deutsch-Polnischen Vertrages nach Warschau.

1971 *Gesammelte Gedichte.*

1972 *Aus dem Tagebuch einer Schnecke*; Bundestagswahlkampf für die SPD (129 Veranstaltungen); verstärkte Hinwendung zu gewerkschaftlicher Bildungsarbeit.

1973 *Mariazuehren*; Reise mit Willy Brandt nach Israel; Beginn von regelmäßigen Werkstattgesprächen mit Kolleginnen und Kollegen aus der DDR in Ost-Berlin (bis 1976).

1974 Austritt aus der katholischen Kirche; *Der Bürger und seine Stimme.*

1975 Erste Indienreise.

1976 Mitbegründer und Mitherausgeber der Zeitschrift *L'76*, fortgesetzt als *L'80*; erneut Engagement im Bundestagswahlkampf für die SPD; Ehrendoktorwürde der Harvard University, USA; Mitbegründer des Autorenbeirats im Luchterhand Verlag.

1977 *Der Butt*; Premio Internazionale Mondello, Palermo.

1978 Stiftung des Alfred-Döblin-Preises; Internationaler Literaturpreis, Viareggio; Alexander-Majkowski-Medaille, Danzig; Reise nach Japan, Indonesien, Thailand, Hongkong, Indien, Kenia.

1979 *Das Treffen in Telgte*; der mehrfach preisgekrönte und 1980 mit einem Oscar ausgezeichnete Film *Die Blechtrommel* von Volker Schlöndorff sorgt für Furore; Chinareise.

1980 *Kopfgeburten oder Die Deutschen sterben aus*; *Aufsätze zur Literatur.*

1982 *Zeichnen und Schreiben I*; Feltrinelli-Preis, Rom; Wiederaufnahme des seit 1959 vernachlässigten bildhauerischen Arbeitens; Reise nach Nicaragua; Eintritt in die SPD.

1983 *Ach Butt, dein Märchen geht böse aus*; Wahl zum Präsidenten der Berliner Akademie der Künste; verstärktes Engagement in der Friedensbewegung.

1984 *Zeichnen und Schreiben II*; *Widerstand lernen.*

1986 *Die Rättin*; Beendigung der Tätigkeit als Präsident der Akademie; *In Kupfer, auf Stein*; Indienaufenthalt von August 1986 bis Januar 1987.

1987 Zehnbändige Werkausgabe; *Es war einmal ein Land* (Lyrik und Perkussion, zusammen mit Günter »Baby« Sommer).

1988 *Zunge zeigen.*

1989 Austritt aus der Berliner Akademie der Künste (Anlass: Streit um eine von der Akademie nicht vorbehaltlos unterstützte Solidaritätsveranstaltung für Salman Rushdie).

1990 *Totes Holz*; *Deutscher Lastenausgleich*; *Ein Schnäppchen namens DDR*; *Schreiben nach Auschwitz* (Frankfurter Poetik-Vorlesung); Ehrendoktor der Universität Poznań.

1991 *Vier Jahrzehnte. Ein Werkstattbericht.*

1992 *Unkenrufe*; Premio Grinzane Cavour; Plakette der Freien Akademie der Künste, Hamburg; Stiftung des Chodowiecki-Preises; Austritt aus der SPD (Anlass: Ablehnung des Asylkompromisses).

1993 *Novemberland*; Premio Hidalgo, Madrid; Premio Comites, Italien (Verleihung in Berlin); Ehrendoktorwürde der Universität Gdańsk/Danzig, Ernennung zum Ehrenbürger der Stadt Gdańsk/Danzig; *Da sagte der Butt* (Lyrik und Prosa, gemeinsam mit Günter »Baby« Sommer); der Steidl Verlag übernimmt die Weltrechte am Werk von Günter Grass.

1994 Großer Literaturpreis der Bayerischen Akademie der Schönen Künste; Medaille der Universidad Complutense, Madrid; Karel-Capek-Preis, Prag (zusammen mit Philip Roth).

1995 *Ein weites Feld*; Hermann-Kesten-Medaille, Darmstadt; Hans-Fallada-Preis, Neumünster; Verlegung des Sekretariats von Berlin nach Lübeck.

1996 Sonning-Preis, Kopenhagen; Samuel-Linde-Preis, Torun/Göttingen; Thomas-Mann-Preis der Stadt Lübeck.

1997 *Fundsachen für Nichtleser*; Werkausgabe in sechzehn Bänden und 23 CDs (Grass liest *Die Blechtrommel*); Premiere des Films *Die Rättin* von Martin Buchhorn; Laudatio auf Yaşar Kemal, Friedenspreisträger des Deutschen Buchhandels, in der Frankfurter Paulskirche.

1998 Wiederaufnahme in die Berliner Akademie der Künste (Anlass: Protestveranstaltung gegen die Verfolgung von Schreibenden am 10. Mai in den Räumen der Akademie); *Rot-Grüne-Reden*; Grass liest seinen Roman *Ein weites Feld* im Gerhart-Hauptmann-Haus auf Hiddensee; *Lübecker Werkstattbericht.*

1999 *Vom Abenteuer der Aufklärung. Werkstattgespräche*; *Fortsetzung folgt ...*: Rede anlässlich der Verleihung des Nobelpreises für Literatur; *Literatur und Geschichte*: Rede anlässlich der Verleihung des Prinz von Asturien-Preises; *Mein Jahrhundert.*

2000 *Ohne Stimme*, Reden zugunsten des Volkes der Roma und Sinti.

2001 *Die Zukunft der Erinnerung.* Mit Czesław Miłosz, Wisława Szymborska, Tomas Venclova; Verleihung des Viadrina-Preises, Frankfurt an der Oder.

2002 *Im Krebsgang.* Erste Jemen-Reise.

2003 *Letzte Tänze.*

2004 Zweite Jemen-Reise; *Fünf Jahrzehnte. Ein Werkstattbericht*; *Lyrische Beute.* Gedichte und Zeichnungen aus fünfzig Jahren; *Der Schatten. Hans Christian Andersens Märchen – gesehen von Günter Grass.*

2005 Indien-Reise; Hans-Chrisian-Andersen-Preis, Kopenhagen; *Freiheit nach Börsenmaß – Geschenkte Freiheit.* Zwei Reden zum 8. Mai

1945; *Wir leben im Ei.* Geschichten aus fünf Jahrzehnten; Premiere des Films *Unkenrufe* von Robert Glinski; Bundestagswahlkampf zugunsten des »rot-grünen Projekts« (5 Veranstaltungen). Erstes Lübecker Literaturtreffen.

2006 *Beim Häuten der Zwiebel.*

2007 *Dummer August.* Gedichte. Lithographien, Zeichnungen; *Catalogue Raisonné.* Radierungen und Lithographien in zwei Bänden; *Uwe Johnson / Anna Grass / Günter Grass. Der Briefwechsel* 1961–1984; Ernst Toller Preis.

2008 *Die Box. Dunkelkammergeschichten.*

2009: *Unterwegs von Deutschland nach Deutschland. Tagebuch* 1990; Eröffnung der Günter Grass Galerie in Gdańsk; Jubiläumsausgabe der *Blechtrommel* sowie zahlreiche Neuübersetzungen in verschiedene Sprachen.

2010 *Grimms Wörter. Eine Liebeserklärung*; Gründung der August-Bebel-Stiftung.

2011 Gründung der Günter und Ute Grass Stiftung.

2012 *Eintagsfliegen. Gelegentliche Gedichte*; Ernennung zum »Europäer des Jahres« durch die Dänische Europabewegung.

2013 *Willy Brandt und Günter Grass. Der Briefwechsel*; *Hundejahre. Die illustrierte Jubiläumsausgabe in drei Büchern*; Hörbuchproduktion *Eintagsfliegen* und ausgewählte *Hundejahre*-Kapitel.

2014 *Sechs Jahrzehnte. Ein Werkstattbericht.*

2015: Günter Grass stirbt am 13. April in Lübeck; *Vonne Endlichkait.*

Über den Autor

Dieter Stolz, Jg. 1960, geboren in Wolbeck/Westfalen, lebt als freier Lektor, Hochschullehrer und Autor in Berlin. Er studierte Deutsch, Geschichte, Pädagogik und Philosophie. Nach dem Ersten Staatsexamen an der WWU Münster promovierte er an der Technischen Universität Berlin mit einer Arbeit über Konstanten und Entwicklungen im literarischen Werk von Günter Grass, der ihn anschließend als »verdeckten Ermittler« für seinen Roman *Ein weites Feld* engagierte. Stolz war von 1993 bis 1999 Wissenschaftlicher Assistent an der TU Berlin, zehn Jahre lang Redakteur der Zeitschrift *Sprache im technischen Zeitalter*, von 2000 bis 2006 Programmleiter beim Literarischen Colloquium Berlin (LCB) und von 2014 bis 2022 Redakteur des interdisziplinären Periodikums für Literatur, bildende Kunst und Politik mit dem Titel *Freipass* im Ch. Links Verlag. Stolz publizierte zahlreiche Bücher und Essays zur Gegenwartsliteratur, erhielt Gastdozenturen an verschiedenen Universitäten im In- und Ausland, unterrichtet seit 2003 im Rahmen des Lübecker Literarischen Colloquiums, leitet Autorenwerkstätten, gehört zahlreichen Jurys an, gab von 2010 bis 2019 die Reihe *Leben in Bildern* im Deutschen Kunstverlag heraus, war von 2011 bis 2019 verantwortlich für das »Grass-Lektorat« des Steidl Verlags und bis 2020 Vorstandsmitglied der Günter und Ute Grass Stiftung. Er ist Mitherausgeber und Kommentator der 2020 erschienenen Günter Grass-Werkausgabe in 24 Bänden (NGA) und seit 2013 Honorarprofessor für das Fachgebiet »Neuere Deutsche Literaturwissenschaft« an der Universität zu Lübeck.

Danksagung

Dieses Walter Höllerer, Norbert Honsza, Marian Szyrocki, Helmut Frielinghaus, Ute Grass, Claudi und meinem Vater nachgerufene Buch hätte ohne die Unterstützung durch meine Familie (alle Oelder und Westkirchener, Hensels, Hoffmänner und Romanautzkys inbegriffen), meine Freundinnen und Freunde sowie zahlreiche Wegbegleiter auf dem literarisch-wissenschaftlichen Feld nicht geschrieben werden können. Ihnen allen möchte ich hiermit von Herzen dafür danken, mir jederzeit ebenso aufmunternd wie kritisch zur Seite gestanden zu haben!

Ein besonders großes Dankeschön gebührt nicht nur in diesem Kontext Bettina und Jakob, Werner und Pitschie, Michael Rölcke und Thorsten Palzhoff, Rainer Casper und Werner Fabig, Martin Regenbrecht und Michael Kemmer, Reinhild Blaschke und Jochen Wittmann, Uwe Seifert und Alice Karstensen, Peter Buhrmann und Anne-Sofie Dideriksen, Greg Bond und Julian Preece, Jürgen Burkötter und Thomas Niessen, Joachim Goesmann und Bernd-Peter Hamels, Kalle Bresch und Hermann Eggenstein, Burkhard Talebitari und Leonie Meyer-Krentler, Elisabeth Moringa und Julia Thranitz, Ralph und Peggy

Seesemann, Isa Glaser und Tanja Nause, Anja Wiedenhöft und Robert Schmidt, Frauke Hopf und Dawit Shanko, Christoph Links und Jana Fröbel, Gabi und Norbert Miller, Hermann Löbbel und Christof Hamann, David Loarec und Stefan Lienenkämper, Simone Stampehl und Susanne Herbeck, Carsten Rohde und Georg Schattney, Viktoria Krason und Jörg-Philipp Thomsa, Ela Pawlikowska-Asendrych und Przemyslaw Sznurkowski (und ihren Kolleginnen in Częstochowa), Miłosława Borzyszkowska-Szewczyk und Mirosław Ossowski, Marta Wróblewska und Marion Hinz, Thomas Klees und Anselm Neft, Jutta Müller-Tamm und Ingo Schulze, Arno Orzessek und Thomas von Steinaecker, Martina und Eugen Ruge, Robert Menasse und Andreas Maier, Steinunn Sigurðardóttir und Reinhard Jirgl, Judith Hermann und Katja Lange-Müller, Kathrin Röggla und Maria Cecila Barbetta, Emine Sevgi Özdamar und Lucy Fricke, Annette Buchholz und Andrea Gerk, Urška Cerne und Tina Jurkovic, Maria Sommer und Barbara Rüschoff-Parzinger, Ulli Janetzki und Hans Dieter Zimmermann, Olaf Rode und Claudia Schütze, Daniela Hermes und Volker Neuhaus, Arthur Williams und Krishna Winston, Grita Löbsack und Susanne Höbel, Eva Hönisch und Anna Grass, natürlich auch meinem T., dem tollen dtv-Team (namentlich den Lektorinnen Charlotte Diedrich und Isabel Eder), unseren wunderbaren Nachbarn in Kreuzberg, den jecken Kölnern, den liebenswerten Sendenhorstern, nicht zu vergessen den Doko-Runden, der Vierten und den Gnadenlosen sowie – last not least – meinen Mentoren Werner Frizen, Ralf Schnell, Peter Schmucker und Hasko Zimmer.